KB020353

경이로운
역사 콘서트

Ask A Historian: 50 Surprising Answers to Things You Always Wanted to Know
Copyright © 2021 Greg Jenner
Korean translation rights © SangSangSquare 2022
All rights reserved.

This edition published by arrangement with The Orion Publishing Group Ltd
through Duran Kim Agency.

이 책의 한국어판 저작권은 듀란킴 에이전시를 통한
The Orion Publishing Group Ltd과의 독점계약으로 주식회사 상상스퀘어에 있습니다.
저작권법에 의하여 한국 내에서 보호를 받는 저작물이므로 무단전재 및 무단복제를 금합니다.

경이로운

— 역사가에게 물어보고 싶은 질문 50 —

역사 콘서트

ASK A HISTORIAN

그레그 제너 **지음** | 서종민 **옮김**

상상스퀘어

내 평생의 변함없는 동반자이자 챔피언인

훌륭한 아내 케이트에게

모두들 잘 지내고 계신가요? 다들 건강히 지내고 계시길 바랍니다. 여러분이 이 글을 언제 읽을지 모르지만, 제가 이 글을 쓰는 지금은 2020년 12월 23일입니다. 평소대로라면 내일 저녁 가족과 크리스마스를 보내러 켄트주로 차를 몰고 가고 있었을 겁니다. 저는 절반이 프랑스인이라 크리스마스이브를 보통 본가에서 보내고, 크리스마스에는 아내의 친정 식구들과 시간을 보내러 아침 일찍 다시 차를 몰고 돌아옵니다. 하지만 안타깝게도 올해는 보통 때와 다르게 시간을 보낼 수밖에 없는 상황이네요. 코로나19 팬데믹은 우리에게서 너무 많은 것을 빼앗았고, 봉쇄령으로 수백만 명이 한 해의 특별한 시기를 사랑하는 사람들과 보내지 못하고 있습니다. 우리 대부분이 모니터나 휴대폰 같은 기술을 통해 다른 사람과 이야기를 나눌 수밖에 없는 상황이죠. 이것도 꽤 효과적인 방법이긴 하지만, 친구, 가족, 동료 혹은 낯선 이들과 얼굴을 마주 보고 함께하는 시간을 고대하는 사람이 저뿐만은 아닐 겁니다.

저는 타고난 수다쟁이입니다. 이야기를 하고, 이야기를 듣고, 웃는 것을 좋아하죠. 팟캐스트를 진행하는 저는 이처럼 힘든 시기에도 계속해서 이야기를 나누고 웃을 수 있는 특권을 누리고 있습니다. 사람들과 어울리는 시간이 정말 그립습니다. 영국 전역에서 사람들을 만나는 일을 가장 좋아했는데, 지금은 코로나19에 그런 기회를 빼앗기고 말았습니다. 처음 이 책을 쓰기로 했을 때만 해도 제 전작인《유명 인사》*의 북콘서트를 열고, 역사에 관한 여러분의 질문을 직접 들어 볼 계획이었습니다. 여러분이 사는 동네에 가서 유명 인사 이야기를 실컷 늘어놓고 난 뒤, 무엇이든 물어볼 수 있는 질의응답 시간을 가져 보려고 했죠. 그 자리에서도 성심성의껏 답변했겠지만, 아마 책의 형태였다면 더 제대로 답했을 겁니다. 그것이 바로 이 책입니다.

아쉽지만 이 행사는 열리지 못했습니다. 불행하게도《유명 인사》는 전 세계적인 비상사태가 터지고 한 주 뒤에 출간됐거든요. 그동안 서점들은 문을 닫았고, 행사는 모두 취소됐으며, 출판업계는 잠시 붕괴 상태에 빠졌습니다. 이상적인 상황은 아니었습니다. 프로모션 행사가 없다는 건 이 책에 쓸 독자 질문을 받지 못했다는 뜻이었습니다. 방법을 바꿀 수밖에 없었습니다. 이 책에서 제가 답하는 질문들은 지난 수년간 들어 온 인상적이고 고전적인 질문들을 제외하면 모두 온라인 설문으로 받은 것입니다. 가슴에 손을 얹고 맹세하건대 책

---

*   《Dead Famous: An Unexpected History of Celebrity》, 국내 미출간

속의 질문들은 모두 여러분에게 받은 진짜 질문입니다. 마음에 걸리는 부분이 있다면 가장 어려운 질문 중 하나를 출판 기획자 도널드가 올린 것 같다는 점입니다. 질문자 이름은 질문자가 허락한 경우에만 밝혔습니다.

저는 대중 역사가입니다. 여러분이 역사 공부에 흥미를 갖도록 돕는 것이 제 직업이고, 또 사람들이 무엇을 궁금해하는지 알아보는 것을 좋아하죠. 사람들이 어려운 질문을 던지면 뭐라고 답해야 할지 몰라 당황하지만, 그 순간 찾아오는 갑작스러운 자아 성찰의 시간도 제겐 큰 즐거움입니다. 무대에서 청중에게 질문을 듣고 답하는 것은 늘 위험이 따르는 일입니다. 어떤 치명적인 폭탄이 제 앞에서 터질지 전혀 알 수 없기 때문이죠. 지금까지 경력을 쌓으면서 2000여 권의 책을 읽은 덕에 대부분 질문에는 어느 정도 논리적으로 답할 수 있지만, 가끔은 어찌해야 할지 모를 정도로 당황할 때도 있습니다.

가장 좋은 질문은 대개 아직 창의력이 풍부한 어린아이들에게서 나옵니다. 제가 가장 좋아하는 질문은 어느 꼬마 아가씨가 던진 것이었습니다. "예수님은 공룡을 알고 있었나요? 공룡이 다 죽어서 슬퍼했나요?" 이 질문이 나오자 처음에는 객석에서 웃음이 터져 나오며 "아이들은 정말 귀엽다니까!"라는 말이 이어졌습니다. 그러나 점차 웃음소리가 잦아들며 숙연한 분위기가 감돌았습니다. 그 어린 소녀가 교황도 진땀을 뺄 만큼 까다로운 신학적 문제를 건드렸다는 걸 깨달았기 때문이죠. 제가 뭐라고 답했는지는 기억나지 않지만, 분명 제대로 답하지 못했을 겁니다. 아마 성경에는 공룡이 죽어서 신이 얼마나 슬퍼했는지 자세히 나와 있지 않다고 얼버무렸던 것 같네요.

이것 말고도 당황스러웠던 질문이 두어 가지 있었는데, 그중 단연 최고는 이 질문입니다. "벽에 구멍을 그려 놓고 누가 그 구멍에 달려들거나 뛰어들게 속인 사람이 있나요?" 익명으로 들어온 질문이라 자세한 내용은 추측할 수밖에 없지만, 루니 툰 애니메이션에서 코요테가 로드 러너를 골탕 먹이려는 내용을 보고 떠올린 질문 같았습니다. 호기심이 생긴 저는 초기 할리우드의 역사를 뒤지기 시작했습니다. 혹시 코미디 영화감독 세실 B. 드밀이 운 나쁜 음주 운전자를 구덩이에 빠뜨리려고 사막 한가운데에 영화 세트장을 지은 건 아닐까요? 아쉽게도 아니었습니다. 열심히 찾아봤지만 별다른 이야기는 없었습니다. 제2차 세계대전 당시 연합국은 노르망디 상륙작전에서 나치의 눈을 피하려고 풍선 탱크와 비행기 모형으로 가짜 군대를 꾸며 미끼로 이용한 적이 있었습니다. 하지만 이것을 답이라고 하려니 본질을 건드리지 못했다는 기분이 들었습니다. 로드 러너의 질문에 한 방 먹은 셈이죠.

앞으로 만나게 될 훌륭한 질문들에는 익숙한 것도 있고 중요한 것도 있고 또 이해하기 어려워서 더 매력적인 것도 있습니다. 이런 질문들이 멋지게 어우러져 있죠. 세계사를 궁금해하는 분들이 이렇게 많다는 사실을 생각하면 정말 기분이 좋아집니다. 평소에 가장 많이 들어오는 질문은 나치와 튜더 왕가에 관한 것인데, 잉글랜드의 왕비 앤 불린은 그야말로 인기 만점입니다. 석기 시대 생활에 관한 몇 가지 질문에 답하느라 최신 고고학 연구를 들여다보는 시간도 재미있었습니다. 가끔 제 개인적인 의견을 묻는 분들이 있어서 답하다 보면 얘기가 삼천포로 빠지거나 대서사를 늘어놓게 되는 경우도 있지만요. 저는 이 책의 전반적인 분위기를 가볍고 명랑하게 유지하되 되도록 정보 전달에 초점을 맞추려고 노력했습니다. 살면서 궁금했던 여러분의 문제들이 제 대답으로 어느 정도 해결되면 좋겠습니다. 나아가 부록에 실린 추천 도서를 길잡이 삼아 여러분이 더 보람찬 발견의 여행을 떠나길 바랍니다. 질문이 놀라운 이유는 대부분 대답 속에 더 많은 질문의 씨앗이 숨어 있어 결국 끝없는 호기심의 순환 고리를 만들어 내기 때문입니다. 이 책을 읽으며 여러분이 역사에 품었던 관심을 충족시키고, 그 관심을 한층 더 키울 수 있으면 좋겠습니다. 그날이 오기를 바라며, '왜 그런가요?'라는 이 일생일대의 질문을 항상 마음속에 간직하길 바랍니다.

마음을 담아,
그레그

3장. 건강과 의학

4장. 음식과 문화

5 장.   역사 편찬

6 장.   동물과 자연

10 장. 전쟁과 전투   339

11 장. 언어와 의사소통   367

12 장. 대중문화와 역사   405

1장
진실 혹은 거짓

FACT OR FICTION?

FACT OR FICTION?

01

지금까지 살았던 모든 사람 중에서
가장 부자는 누구인가요?
어떻게 그렇게 큰 부자가 됐나요?

질문자) 나나 포쿠

역사가가 되기는 어렵습니다. 외국어나 사어死語를 배우고 구시대의 법률 용어를 외워야 하며, 알아볼 수도 없는 악필을 해독해야 합니다. 이제는 아무도 거들떠보지 않는 옛 속어와 농담의 문맥을 파악해야 하고, 머나먼 기록 보관소도 오가야 하죠. 중요한 자료는 부족해도 탈이고 너무 많아도 탈입니다. 알아야 할 게 너무 많다는 근심과 앞으로도 영영 알 수 없을 거라는 걱정을 항상 달고 다녀야 하니까요. 솔직히 역사가는 다들 고통을 즐기는 것 같습니다. 역사가들이 시도하는 작업 중에서도 가장 까다로운 작업을 꼽는다면, 바로 옛날 화폐의 가치를 현대 가치로 환산하는 일입니다. 재화의 가치, 경제 규모, 혹은 당대의 평균 임금 등 무엇을 기준으로 삼는지에 따라 가치가 천차만별로 달라지기 때문입니다.

예컨대 저는 제 전작 《유명 인사》에서 찰스 디킨스Charles Dickens가 1867년 두 번째 미국 투어에서 벌어들인 돈의 가치를 현재 가치로 환산해 보려 했습니다. 그가 쓸어 담은 금액은 4만 5000파운드로 알려져 있는데, 이 돈은 과연 큰돈이었을까요? 얼핏 보면 그렇게 많은 액수처럼 보이진 않습니다. 수십 년의 인플레이션을 거쳤으므로 4만 5000파운드(한화 약 7300만 원 - 옮긴이)라고 해도 별로 대단하다는 생각은 들지 않습니다. 지금이라면 번쩍번쩍한 BMW 5시리즈 한 대를 살 수 있겠지만, 이 정도를 막대한 재산이라고 할 수는 없겠죠. 4만 5000파운드로는 요트는 고사하고 작은 보트도 사기 힘들 테니까요.

1867년의 디킨스에게 4만 5000파운드는 얼마만 한 가치가 있었을까요? 그의 전기 작가들은 이를 약 300만 파운드(한화 약 48억 원 - 옮긴이)로 환산했습니다. 상당한 액수죠. 그러나 전기 작가들이 경제 판단의 기준치로 삼은 것은 1867년의 재화 가치였습니다. 확실히 디킨스는 말 3000필을 살 정도의 돈을 번 셈입니다. 말을 한 마리도 사 본 적이 없는 저로서는 엄청난 숫자로 보입니다. 그러나 디킨스는 직업 상의 이유로 돈을 벌기 위해 미국 투어를 했으니, 당대의 평균적인 개인의 수입과 비교하는 편이 더 좋을 것 같습니다. 박스석을 차지하기 위해 말 한 필 값을 지불할 수 있었던 부자가 아니라, 디킨스를 보기 위해 월급을 털어 2달러짜리 표를 사려고 매표소를 기웃거린 개인의 임금 말입니다. 이 임금을 경제를 가늠하는 단위로 삼는다면 놀랄 만큼 다른 결과가 나옵니다. 디킨스가 표를 팔아 벌어들인 돈은 현재 가치로 300만 파운드가 아니라 3000만 파운드(한화 약 488억 원 - 옮긴이)에 달했습니다. 이 정도면 제대로 된 요트쯤 거뜬히 살 수 있겠네요.

이 이야기를 꺼낸 이유는 부의 역사화에 어마어마한 해석의 여지가 따른다는 점이 잘 드러나기 때문입니다. 나나 포쿠 님이 한 질문으로 돌아가 봅시다. "지금까지 살았던 모든 사람 중에서 가장 부자는 누구인가요?" 이것은 흥미로운 질문이지만, 답하기는 힘든 질문입니다. 아마 앞으로 제가 어떤 말을 하든지 여러분의 머리 위에는 거대한 물음표가 떠오를 겁니다.

이 글을 쓰는 시점을 기준으로 지구상에서 가장 부유한 사람은 일론 머스크로 사유재산이 무려 1850억 달러(한화 약 235조 원 - 옮긴이)에 달합니다. 이렇게 보면 당연히 이 대결의 승자는 일론 머스크라고 생각할 수 있지만, 사실 디킨스와 마찬가지로 기준에 따라 결과가 매우 달라질 수 있습니다. 우선 어느 정도 경계를 정해 봅시다. 역사상 가장 부유한 인물을 찾으려면 가장 많은 사유재산을 보유했던 사람을 찾아야 할까요, 아니면 가장 규모가 큰 경제를 통제했던 사람을 찾아야 할까요? 두 가지는 매우 다른 개념입니다.

먼저 가장 많은 사유재산을 보유했던 사람을 꼽으라면 아마 미국의 석유왕 존 D. 록펠러John D. Rockefeller를 들 수 있을 겁니다. 1937년 그가 세상을 떠났을 당시 부고 기사를 보면, 신형 포드 자동차가 약 750달러 하던 시절에 그가 15억 달러의 재산을 모았다고 나와 있습니다. 지난 85년 동안의 인플레이션을 단순 계산한다면 록펠러의 재산은 다소 실망스러운 금액인 220억 달러(한화 약 28조 원 - 옮긴이)로 환산할 수 있습니다. 이번에는 경제학자처럼 좀 더 전문적인 방법으로 미국 전체 GDP에서 그의 재산이 차지하는 비율이 반영되도록 조정해 봅시다. 그러면 존 D. 록펠러가 미국 총 경제에서 담당했던 2%라는 비율은 오늘날의 화폐가치로 4200억 달러(한화 약 533조 원 - 옮긴이)에 달합니다. 일론 머스크가 디킨스 시대에 살았다면 가난한 집 아이로 보일 만큼 어마어마한 금액이죠. 단순 계산과 경제학자의 계산 사이에 4000억 달러가량의 차이가 있다는 것을 눈여겨봐야 합니다. 록펠러를 오늘날《포브스》선정 부자 30위 정도로 볼지, 아니면 역사상 가장 부유했던 사람으로 볼지를 판가름할 결정적 차이니까요.

이번에는 록펠러를 제외하고 생각해 봅시다. 왕좌를 탈환할 만한 사람이 또 누가 있을까요? 우선 '부자 야코프'라는 별명으로 불렸던 독일의 은행가 야코프 푸거Jakob Fugger를 들 수 있겠습니다. 푸거 가문은 이탈리아 직물 무역으로 막대한 재산을 축적하기 시작했고, 1490년대에 값진 구리 채굴 산업을 휘어잡으면서 본격적으로 재산을 불렸습니다. 이를 계기로 그는 '돈주머니'라는 별명으로 불렸고, 합스부르크 황실 일가의 개인 은행가로 거듭났습니다. 16세기 초 당대의 가장 중요한 몇 가지 정치적 행사를 골짜기처럼 깊은 그의 주머니에서 나온 돈으로 치렀을 정도였습니다.

또한 신성 로마 제국의 황제 막시밀리안Maximilian이 1519년 세상을 떠나자 푸거는 황위 계승권 다툼을 벌이는 두 세력 사이에서 자신의 은행업을 놓고 더 많은 돈을 빌리도록 입찰 싸움을 붙였습니다. 이후 막시밀리안의 손자인 스페인의 카를로스 1세Charles I의 당선을 확보하기 위해 선거인단을 매수했죠. 이로써 카를로스 1세는 네덜란드 및 신대륙 영토를 포함한 스페인 제국과 신성 로마 제국이라는, 두 개의 서로 다른 군사 초강대국을 지배하게 됐습니다. 그야말로 유럽의 정치적 운명을 재편한 왕조 거대 동맹이었죠. 그렇다면 푸거는 어느 정도로 부자였을까요? 그는 1525년에 세상을 떠날 때까지 당시 주화로 200만 굴덴gulden 이상의 금액을 차곡차곡 쌓아 놓고 있었습니다. 5세기에 걸친 인플레이션을 적용해 환산하면 수십억 달러에 불과한 금액입니다. 조금 시시하네요. 그렇지만 푸거가 유럽 경제에서 폭넓게 차지했던 비중으로 계산한다면 그는 록펠러와 어깨를 나란히 하는 수준으로 부상합니다.

군주, 황제, 정치적 지도자 등을 이 경쟁에 포함한다면 문제는 한층 더 복잡해집니다. 과연 이들은 자기 자신의 사유재산을 지배한 걸까요, 아니면 그저 대규모의 경제를 다스렸을 뿐일까요? 남아시아 무굴 제국의 악바르, 페르시아의 다리우스, 마케도니아의 알렉산드로스, 이집트의 람세스, 다수의 중국 황제 등 광활하고 비옥한 토지와 수익성 좋은 무역로에서 엄청난 수익을 벌어들인 대왕들은 얼마든지 떠올릴 수 있습니다. 그 돈은 이들의 소유였을까요, 아니면 이들이 이끄는 정부의 소유였을까요? 저는 후자 쪽으로 더 마음이 기웁니다. 모든 진실을 낱낱이 밝히면서 동시에 흥미진진한 이야기를 하려면, 이 중에서도 가장 부유했을 한 사람을 소개해야 합니다. 바로 서아프리카 말리를 대략 1312년부터 1337년까지 통치했던 만사 무사Mansa Musa입니다.

무사는 오늘날 말리의 국경선보다 훨씬 더 넓은 영토의 제국을 다스렸고, 암염 채굴과 잔인하기 짝이 없는 노예 산업 그리고 무엇보다 유명한 금 채광으로 믿기 어려울 정도의 부를 축적했습니다. 중세 유럽의 예술품이나 대관식에서 왕족이 쓰는 왕관에 사용된 금 대부분이 말리에서 들여온 것이었습니다. 우리가 만사 무사에 대해 어느 정도 명확하게 알 수 있는 이유는 그가 독실한 이슬람교도로서 오늘날 사우디아라비아에 자리한 메카에 성지 순례(하지)를 다녀왔기 때문입니다. 무사는 순례를 어설프게 다녀오지도, 단출한 차림으로 다녀오지도 않았습니다. 대신 그는 수만 명의 하인을 이끌고 대규모 원정에 올랐습니다.

무사는 관광지를 즐기는 교양 있는 사람이었으므로 거대한 군대를 이끌고 잠시 쉴 요량으로 카이로에 들렀습니다. 금 21톤을 가지고 온 그는 베풀고 싶은 기분이 들었는지 엄청나게 많은 보물을 나눠 주었습니다. 이로 인해 이후 20여 년 동안 금값이 제 가치를 잃고 뜻하지 않게 이집트 경제가 붕괴했습니다. 아랍의 역사학자들은 기본적으로 그가 디즈니 영화 〈알라딘〉 속 알리 왕자의 실사판처럼 굉장히 화려한 행렬을 이끌고 마을에 들어섰다고 묘사했습니다. 메카에 당도한 무사는 고국으로 돌아가는 길에 카이로를 지나면서 탁월한 건축가, 시인, 학자, 신학자 등을 모집했고, 도서관으로 유명한 도시 팀북투를 비롯해 자신의 제국을 확장하고 미화하고자 했습니다. 현대 역사가들은 대체로 만사 무사를 역사상 가장 부유했던 사람으로 꼽으며, 그의 재산을 현대 화폐가치 4000억 달러(한화 약 507조 원 - 옮긴이)로 추산합니다.

이렇게 무사, 푸거, 록펠러까지 세 명이 막상막하를 이룹니다. 저는 이 대결에 또 다른 황제 한 사람을 추가하고 싶습니다. 허점을 이용해 은밀하게 빠져나간 황제라는 생각이 들기 때문입니다.

로마의 초대 황제는 카이사르 아우구스투스Caesar Augustus 입니다. 본래 이름은 옥타비우스Octavius로 율리우스 카이사르Julius Caesar가 살해당한 뒤 카이사르의 양자이자 후계자로 선포되어, 카이사르가 가졌던 최강의 정치권력과 전투로 다져진 충성스러운 군대는 물론 그의 사유재산까지 물려받았습니다. 카이사르가 생전에 갈리아 지방을 점령했으므로 상당한 부동산이 여기에 포함되어 있었다는 점에 주목해야 합니다. 이렇게 아우구스투스는 도시국가 로마의 초대 황제로서 어림잡아 총 20억 세스테르티우스sestertius에 달하는 세금과 무역 수입을 관리했습니다. 한편 막대한 사유재산을 가진 일반 시민으로서 마르쿠스 안토니우스와 클레오파트라를 악티움 해전에서 격파한 이후 재산을 더욱 늘려 갔습니다. 놀랍게도 해전에서의 승리는 그에게 영광만 가져다준 것이 아니었습니다. 토양이 비옥한 이 고대 왕국을 곧바로 자신의 개인 부동산 포트폴리오에 끼워 넣게 된 아우구스투스는 이곳의 사적 지주가 됐습니다.

아우구스투스는 돈이 정말 많았습니다. 실제로 재임 초기에는 사비를 털어 카이사르의 구식 군대를 보수한 것이 분명합니다. 군대를 움직이려면 정말 많은 돈이 필요합니다. 고대 경제 전문가인 발터 샤이델Walter Scheidel 교수는 아우구스투스가 막강한 권력을 이용해 다른 부유한 시민들에게 자신의 이름을 유언장에 써넣으라고 협박하고 회유해, 죽을 때 자신에게 재산을 남기도록 강요했다고 지적했습니다. 또한 자신의 심기를 거스르는 정적을 아무런 양심의 가책도 없이 추방하거나 처형하는 한편 그들의 자산을 박탈하기도 했습니다.

샤이델 교수는 아우구스투스가 20여 년에 걸친 강탈과 착취로 얻은 총수입을 엄청난 금액인 14억 세스테르티우스로 추산했습니다. 세스테르티우스 주화 가치를 추산하는 것도 머리 아픈 문제입니다. 당시의 돈은 금속의 가치를 기반으로 삼았지만, 지금의 돈은 정부가 가치를 설정하는 불환지폐니까요. 놋쇠로 된 세스테르티우스 주화 한 개는 오늘날의 가치로 환산하면 50펜스에 불과할 수도 있고 수 파운드에 달할 수도 있습니다. 무엇을 구매하느냐에 따라 크게 달라지겠죠. 예컨대 빵은 저렴했으므로 로마에서는 주화 한 개로 빵 두 덩어리를 살 수 있었던 반면 의복은 이보다 더 비쌌습니다. 어쨌든 14억 개의 주화가 토가(고대 로마 남성 의복 - 편집자) 주머니에서 짤랑거렸다는 말은 상당한 부자라는 뜻이었습니다.

아우구스투스가 카이사르에게 총 얼마를 물려받았는지는 알려지지 않았습니다. 그러나 자신의 업적을 자랑스럽게 나열한 《업적록》을 보면 그가 중간 규모의 개인 궁전과 아폴론 신전을 비롯한 다수의 건축 사업을 자비로 진행했음을 알 수 있습니다. 또한 충성스러운 신하들에게 수억 세스테르티우스를 하사했으므로, 옛날이야기 속의 용처럼 마냥 재물을 끌어안고만 있지는 않았던 게 분명합니다. 골치 아프게도 이 때문에 그의 재산을 추산하기가 한층 까다로워졌습니다. 하지만 개인의 재산과 로마 제국의 자원이라는 두 가지 거대한 수입원을 손에 쥔 카이사르 아우구스투스가 역사상 가장 부유했던 사람이라고 해도 좋습니다. 솔직히 그가 승자라고 단정하자니 조금 겁이 나긴 하지만요.

게다가 일론 머스크가 지금의 추세를 계속해서 이어 나간다면 머지않아 이 문제에 저 대신 답해 줄 수도 있을 겁니다. 상냥하게 부탁하면 저한테도 BMW 한 대 정도는 사 주지 않을까요?

02

죽은 교황을 재판에
세웠다는 게 사실인가요?

질문자 스테프

간단히 말하자면 사실입니다, 스테프 님. 자세히 답하자면… 정말 말도 안 되지만 역시 진짜 사실입니다!

잠시 저와 함께 혼돈의 9세기 속으로 걸어 들어가 봅시다. 겉만 보면 당대는 서유럽의 휘황찬란한 황금기였습니다. 전능한 카롤루스 대제가 새로이 탄생한 프랑크 제국을 지휘했고, 잉글랜드는 능력 있는 앨프레드 대왕의 개혁을 누리고 있었습니다. 각지의 도서관과 수도원에서 지적 풍요를 일구었던 시대이기도 하죠. 그러나 한편으로는 사실상 모든 것이 불타고 있었습니다. 북쪽에서는 바이킹족이 사냥감을 찾아 강과 바다를 위아래로 헤집고 다니며, 845년에는 파리를 공격하고, 860년대에는 요크서를 무너뜨렸습니다. 남쪽에서는 막강한 아랍 군대가 846년 로마를 약탈했습니다. 동쪽에서는 이때까지 잠잠하던 마자르족이 890년대 들어 헝가리에서 서진하여 독일의 바이에른주까지 쳐들어갔습니다.

이 혼란의 소용돌이에서 교황권을 빼놓을 수는 없습니다. 교회의 정치적·신학적 수장인 교황은 본래대로라면 사태를 안정시키는 세력이어야 했지만, 실제로는 그렇지 못했습니다. 800년대의 상황이 좋지 않았다고 한다면, 900년대는 상황이 파국으로 치달았습니다. 가장 큰 문제는 수많은 교황이 도무지 목숨을 부지할 방도가 없었다는 점입니다. 법사학자 도널드 E. 윌크스 주니어Donald E. Wilkes Jr.에 따르면 872년에서 965년까지 동안 스물네 명이 교황의 자리에 앉았다 떠났습니다. 꽤 심각한 상황이었습니다. 특히 896년부터 904년까지 단 8년 동안 무려 아홉 명의 교황이 광란의 자리 뺏기 싸움을 벌였습니다. 20세기 100년 동안의 교황을 모두 합쳐도 아홉 명에 불과하다는 사실을 기억한다면 이해에 도움이 될 겁니다.

이렇게 높은 퇴직률은 전염병이 여러 차례 휩쓸고 지나가면서 생긴 불운일까요? 혹시 교황청 구내식당에 매일 혈관이 당장 막힐 듯한 기름진 음식만 나왔던 건 아닐까요? 사실 혼란스러웠던 한 세기 동안 교황을 지낸 스물네 명 중 일곱 명은 몸이 허약하지도 않았고 심장도 멀쩡했으나 정적에게 살해당하는 바람에 교황직에서 물러나야 했습니다. 당대의 교황 정치는 잔혹하고 무자비했기 때문에 주요 역사가들은 이때를 가리켜 '교황권 최악의 시기'라고 일컫습니다. 900년대의 혼돈을 낳은 주된 원인은 라이벌 가문 사이의 권력 다툼이었습니다. 그중 가장 주목할 만한 가문으로는 터스컬럼 백작 가문, 이름하여 테오필락트Theophylact 가문이 있습니다. 이 가문은 904년 테오필락트 백작의 영애인 마로치아Marozia가 미성년자의 나이로 교황 세르지오 3세Sergius III의 연인이 되면서 명성을 얻기 시작했습니다. 교황 세르지오 3세는 전임자 두 명을 교살하라고 지시한 인물이기도 합니다. 살인자에다 변태라니 과연 어떤 사람이었을까요? 이 자에 대해서는 뒤에서 더 자세히 살펴보겠습니다.

어떤 역사가는 세르지오 3세 재임 시기에 모든 상황이 심각하게 내리막길을 걸었다고 봅니다. 특히 마로치아가 세르지오 3세의 사생아를 낳았고 세르지오 3세가 그 서자를 후대 교황에 앉혔기 때문이죠. 역사가 이몬 더피Eamon Duffy는 교황권의 역사에서 이 시대를 "성 베드로의 성좌가 폭군과 강도에게 돌아가는 포상이자 사납게 들이닥친 범죄와 부도덕의 물결에 뒤덮인 자리로 전락했으며, …강간하고, 살인하고, 도둑질할 준비가 된 사람들이 지역을 지배하게 해줄 승차권이 된" 시기라고 표현했습니다. 충분히 이해할 만한 설명이죠. 그러나 도덕적 선은 이미 수치스러운 위기가 닥치기 7년 전에 전 교황 스테파노 6세Stephanus VI의 악명 높은 '시체 공의회Cadaver Synod' 사건으로 바닥에 떨어져 있었습니다. 질문자 스테프 님의 말을 빌리자면 죽은 교황을 재판에 세운 사건입니다.

897년 1월, 교황에 즉위한 지 불과 7개월밖에 되지 않은 스테파노 6세는 전임 교황 포르모소Formosus의 시체를 무덤에서 꺼내고 특별 공의회(시노드)를 열어 그에게 여러 죄를 물으라고 명했습니다. 포르모소는 라틴어로 '잘생겼다'라는 뜻이지만, 썩어 가는 시체를 땅에서 파내어 교황 예복을 입히고 거칠게 자리에 앉혀 반대 심문을 준비하는 모습은 전혀 보기 좋을 리 없었습니다.

이 재판은 구색 갖추기를 뛰어넘은 보여주기식 재판이었습니다. 죽은 포르모소를 앉혀 두고 정식으로 심문했기 때문이죠. 물론 피고에게는 할 말이 더는 남아 있지 않았겠죠. 하지만 어린 성직자 하나가 포르모소의 복화술사이자 변호사라는 기이한 역할을 맡아 열연하는 동안, 포르모소의 썩어 가는 뼈와 살 뒤에서 교황 스테파노가 고래고래 소리치며 그에게 혐의를 물었습니다. 당시 주교였던 세르지오도 이 재판에 참여했습니다.

말할 필요도 없겠지만, 포르모소는 스테파노가 지어낸 온갖 혐의로 유죄를 선고받았습니다. 이들은 포르모소의 교황 예복을 벗기고 그가 생전에 사람들을 축복할 때 사용한 세 손가락을 잘라 낸 뒤 평민들의 무덤에 다시 매장했습니다. 스테파노는 오래지 않아 이 결정을 후회한 것 같습니다. 어쩌면 포르모소의 지지자들이 그를 다시 무덤에서 꺼내 그 유해를 성유물로 복원할까 봐 우려했을 수도 있습니다. 스테파노는 다시 명령을 내려 포르모소를 도로 관에서 꺼낸 뒤 시체를 테베레 강에 던져 버렸습니다. 그러나 전해지는 이야기에 따르면 이 계획도 실패로 돌아갔고, 수도승인지 어부인지 모를 누군가가 포르모소의 유해를 강에서 건져 냈다고 합니다. 불운의 사나이 스테파노는 이제 어떤 운명을 맞이하게 될까요?

스테파노의 운은 갈수록 기울었습니다. 사실 그는 이 기이한 행동으로 자기 자신과 교황청의 이름에 먹칠을 했습니다. 그런데다 그가 적으로 몰아세운 친포르모소파가 곧 쿠데타를 일으켜 성공했습니다. 이들은 스테파노의 예복을 벗기고 평수도사로 강등시킨 뒤 감옥에 던져 넣고 목 졸라 죽였습니다. 스테파노의 임기는 채 1년도 되지 않았지만, 뒤이은 후임자들에 비하면 놀랍게도 이 1년은 긴 편이었습니다.

추정하건대 이 쿠데타를 꾸민 이들 중에는 스테파노의 뒤를 이어 새로 성좌에 오른 교황 로마노Romanus도 있었을 겁니다. 로마노는 무엇보다 교황이 된 지 불과 4개월 만에 평수도사로 격하되는 수치를 당한 것으로 유명합니다. 로마노는 희망을 잃었고 로마는 교황을 잃었지만, 그 또한 살해당했는지 혹은 단순히 은퇴했는지는 정확히 알 수 없습니다. 뒤이어 나타나 공백을 메운 이는 훨씬 더 인상적인 교황 테오도로 2세Theodorus II입니다. 그는 어부 혹은 수도승이 수습한 교황 포르모소의 유해를 찾아온 뒤 완전한 예를 갖추어 다시 매장했습니다. 또한 시체 공의회의 판결을 뒤집었으며, 현명하고 관대하며 온화한 인물로 정평이 나 있었습니다. 그야말로 위기의 시대 속 교황청에 꼭 필요한 인물이었으니 그에게 어떤 일이 일어났을지는 안 봐도 뻔합니다.

그렇습니다. 테오도로는 즉위한 지 12일 만에 알 수 없는 이유로 세상을 떠났습니다. 즉위한 지 21일이라는 출처도 있지만 12일이라는 편이 어쩐지 더 인상 깊습니다. 또 다른 살인이었을까요? 좀 더 살펴봅시다. 다음 타자는 교황 요한 9세Ioannes IX로 정확히 2년간 교황을 지냈습니다. 그다음은 교황 베네딕토 4세Benedictus IV로 3년 반까지 겨우 버티다가 마찬가지로 의문스러운 죽음을 맞이했습니다. 다음 교황 레오 5세Leo V는 7개월 동안 잠시 등장했다가 잔인하게 교살 당했고, 그 뒤를 이은 대립교황(가톨릭에서 비합법적으로 교황권을 행사하며 합법적인 교황과 대립한 사람 - 편집자) 크리스토포로Christophorus 역시 한층 더 빨리 같은 운명을 맞이했습니다. 연이은 두 건의 살인이 과연 우연일까요? 명탐정이 아니라도 누가 범인인지 쉽게 짐작할 수 있을 겁니다.

범인은 바로 악명 높은 세르지오 3세였습니다. 그는 크리스토포로 다음으로 교황에 오르자마자 포르모소 사후 재판의 뒤집힌 판결을 한 번 더 뒤집었습니다. 그 기이한 재판에 직접 참여했던 세르지오는 죽은 정적의 명성을 또다시 더럽히기로 작정한 상태였습니다. 뒤이어 그는 앞서 언급한 백작의 미성년자 영애 마로치아와 살림을 차렸고, 그 사이에서 낳은 사생아를 후계자로 내정했으며, 열과 성을 다해 교황청의 품위를 떨어뜨렸습니다. 그런 탓에 역사가들은 그를 이른바 교황권 암흑시대의 포문을 연 인물로 여깁니다. 세르지오의 추잡했던 임기 이후에는 교황 요한 10세Ioannes X(재임 914~928)가 어느 성당에서 자신의 동생이 살해당하는 모습을 지켜보고 얼마 뒤 자신도 교살 당했습니다. 또 964년에는 교황 요한 12세Ioannes XII가 정부와 관계를 맺다 이를 목격한 정부의 남편에게 살해당하면서 막장 드라마를 완성했습니다.

간단히 말해 800년대 후반부터 900년대까지의 교황직은 제1차 세계대전 당시의 전투기 조종사만큼이나 위험하고, 평판은 그보다 훨씬 낮은 일이었습니다. 적어도 전투기 조종사들끼리는 후배가 선배의 무덤을 파헤치고 시체를 꺼내 재판에 세우는 모욕적인 일은 없지 않습니까?

적어도 아직까지 그렇죠….

03

앤 불린은 정말 유두가 세 개였나요?
역사 선생님은 이런 이유로 앤 불린이 재판에서
마녀 선고를 받았다는데요.

질문자 MH-B

그 누구보다 질문에 가장 많이 등장하는 인물은 아마 앤 불린Anne Boleyn일 겁니다. 영국 역사를 통틀어 가장 유명한 여성으로 꼽히는 앤 불린은 헨리 8세Henry VIII의 여섯 아내 중 두 번째 아내였고 처음으로 처형을 당했습니다. 순조롭게 권력을 손에 쥐었지만 한순간 극적으로 몰락하고 말았죠. 이런 앤 불린의 삶은 이후 5세기 동안 매혹적인 이야기로 회자됐고, 세대를 거듭할수록 작가들은 앤 불린을 둘러싼 악명에 매번 새로운 이야깃거리를 덧붙였습니다. MH-B 님, 미안하지만 그 역사 선생님은 진위를 파악하기 힘든 미신 같은 이야기에 빠진 것 같네요.

방송가에서 일하는 사람으로서 말하자면 앤 불린은 '황금알을 낳는 거위'나 다름없습니다. 이 글을 쓰는 2020년 11월 기준으로 지난 12개월간 앤 불린을 다룬 본격 TV 다큐멘터리가 세 건 제작됐고, 그중 두 건은 한 채널에서 방영됐습니다. 얼마 전에는 같은 채널에서 내년에 세 번째 앤 불린 드라마 다큐멘터리를 방영하겠다고 발표했죠. 스테파니 루소는 지난 수 세기 동안 여러 각도로 앤 불린을 재해석한 작품들을 분석해 《앤 불린 사후》*라는 탁월한 책을 출간한 바 있습니다. 이 책에서 루소 박사가 말하듯, 영국인들은 앤 불린에게 광적일 정도로 집착합니다.

문제는 우리가 접하는 앤 불린 이야기 대부분이 근거 없는 헛소리거나 반역을 죄목으로 조작된 재판에서 앤 불린의 명성을 추락시키기 위해 꾸민 정치적 낭설이라는 것입니다. 수없이 많은 전기와 소설, TV 드라마, 영화, 다큐멘터리에서 앤 불린을 다루었으나, 어쩐지 그녀가 정말 어떤 사람인지는 여전히 파악하기 어렵습니다. 남성 권력자들에게 짓눌린 비련의 희생자로 볼 수도 있고, 반대로 정의의 심판을 받은 팜므파탈로도 볼 수 있습니다. 다만 확실한 점은 앤 불린이 살아생전에 마녀로 몰린 적이 없고, 유두도 세 개가 아니라는 것입니다.

이 근거 없는 소문은 앤 불린이 세상을 떠난 지 50여 년이 지나고 반란자였던 가톨릭 사제 니컬러스 샌더Nicholas Sander가 퍼트린 악의적인 소문에서 시작됐습니다. 니컬러스는 신교도 엘리자베스 1세Elizabeth I 여왕을 싫어했는데, 엘리자베스 1세의 어머니가 바로 앤 불린이었습니다. 앤을 공격하면 엘리자베스 1세의 명성도 실추시킬 수 있었던 것이죠. 어느 프랑스 병사가 앤의 목을 내려치던 1536년 당시 니컬러스는 어린아이에 불과했습니다. 하지만 성인이 된 그는 가톨릭 망명자로서 로마와 마드리드, 아일랜드를 떠돌며 반란을 일으키는 한편 엘리자베스의 청렴한 왕위 계승권을 훼손시키려 갖은 애

---

* Stephanie Russo, 《The Afterlife of Anne Boleyn: Representations of Anne Boleyn in Fiction and on the Screen》, 국내 미출간

를 썼습니다. 니컬러스의 저서 《영국 교파 분열의 기원과 발달》*은 1586년 이래 주기적으로 재판을 거듭해 1700년까지 15판 이상 인쇄됐으며 개신교 영국인의 얼굴에 먹칠을 하고 싶은 유럽인 작가들에게 영향을 미쳤습니다. 17세기 작가 피터 헤일린Peter Heylin이 정확하게 지적했듯, 그는 니컬러스 샌더라는 본명보다 니컬러스 슬랜더Slander(중상모략가)라는 이름이 더 잘 어울리는 사람이었습니다.

니컬러스는 앤 불린을 이렇게 묘사했습니다. "키가 꽤 크고, 검은 머리에 얼굴이 갸름한 앤 불린은 황달이라도 앓는 듯 안색이 누르스름했다. 윗입술 아래로 앞니 하나가 튀어나왔고, 오른손 손가락은 여섯 개였다. 턱에는 커다란 혹이 달려 있었고, 그 추악한 꼴을 가리기 위해 목을 덮는 깃 높은 드레스를 입었다…. 그러나 입술이 곱고 대체로 외모가 준수했으며, 나름대로 재미있는 사람이었고, 류트 연주에 능했으며 춤을 잘 췄다." 즉 니컬러스는 앤 불린이 어느 정도 매력도 있고 아름답기는 했지만, 이런 외모를 미인이라고 한다면 누구라도 미인 대접을 받았을 것이라고 주장한 셈입니다.

앤 불린을 한 번도 본 적이 없는 니컬러스는 어디서 이런 이야기를 들었을까요? 앤 불린이 혹부리라는 설은 악의적인 내용이 담긴 당대의 몇몇 사료에도 등장합니다. 험담하기 좋아하는 외교관이 벨기에로 보낸 편지에도 이런 이야기가 나오는데, 이후에도 소문은 끊이지 않았습니다. 그럼에도 앤이 혹부리라는 주장을 의심할 만한 이유는 충분합니다. 앤 불린은 국왕의 환심을 사기 위해 오랜 시간을

---

*   Nicholas Sander, 《Of the Origin and Progression of the English Schism》, 국내 미출간

보낸 여성이었지만, 사실 왕실에서 가장 섹시한 여성으로 여겨지지는 않았습니다. 외모보다는 내면과 성격이 더 매력적인 사람이었으나, 그렇다고 외적인 매력이 아주 없는 편도 아니었습니다. 신체적 기형은 아예 지어낸 이야기거나 과장됐을 가능성이 큽니다.

앤 불린에게 여섯 번째 손가락이 있었다는 설은 오늘날 여러 소설과 웹사이트에서 정설로 받아들여집니다. 하지만 이 또한 앤이 세상을 떠나고 수십 년이 흐른 뒤 영국의 작가 조지 와이어트George Wyatt가 남긴 말에서 시작된 것으로 보입니다. 와이어트의 말을 옮겨 보자면 이렇습니다. "실제로 한 손가락의 손톱 옆에 작은 손톱 같은 것이 보였는데, 직접 본 사람들의 말에 의하면 너무 작아서 마치 조물주가 그녀의 손에 더 큰 은혜를 내려 주려던 흔적처럼 보였다. 평소 전혀 이상할 게 없다는 듯 다른 손가락 끝으로 그 흔적을 숨긴다고 했다." 그렇다면 여섯 번째 손가락이라기보다는 작은 사마귀 정도가 아니었을까요?

세 번째 유두나 검은 고양이, 펄펄 끓는 가마솥 이야기는 아직 시작도 안 했습니다. 여하튼 이런 무시무시한 소문들은 헨리 8세의 수석장관 토머스 크롬웰Thomas Cromwell이 앤을 상대로 제기한 재판에서 당연히 증거로 사용됐을 거라고 생각할 수도 있습니다. 그러나 사실 앤은 마술이나 악마 숭배 때문이 아니라 그보다 훨씬 명확한 죄목인 반역, 근친상간, 간통 혐의로 재판에 넘겨졌습니다. 앤 불린은 헨리 노리스, 윌리엄 브레리턴, 프랜시스 웨스턴, 음악가 마크 스미턴 그리고 무엇보다 큰 구설수에 올랐던 남동생 조지 불린까지 총 다섯 명의 남자와 주기적으로 놀아났다는 혐의를 받았습니다.

스미턴만이 혐의를 인정했지만, 이 또한 잔혹한 고문을 통해 받아 낸 자백이므로 믿기 어렵습니다. 다른 이들은 앤과 마찬가지로 결백을 주장했으나, 어차피 간통죄는 사형에 해당하지 않았습니다. 그럼에도 국왕 헨리 8세는 바람피운 아내를 처형해야만 했습니다. 한층 더 강력한 이유가 필요했던 크롬웰은 앤이 왕을 살해하고 연인 중 하나와 결혼하려 했다는 노골적인 반역 혐의를 뒤집어씌웠습니다. 불과 2년 전, 국왕 헨리 8세는 자신이 죽을 수 있는 상황을 도모하기만 해도 반역죄로 간주한다는 법을 통과시켰습니다. 이렇게 빨리 사달이 나지 않았어도 아마 앤은 이 반역죄에 발목이 잡혔을 겁니다.

재판은 시작도 전에 이미 판결이 나 있었습니다. 종종 역사가들은 앤이 재판의 존재를 알기도 전에 헨리 8세가 미리 프랑스 검객들을 보낸 흔적을 발견하곤 했습니다. 게다가 간통 혐의를 쓴 여섯 명 모두 무자비한 편법으로 즉각 처형됐습니다. 보기 드문 법정 음모와 잔혹한 정치사지만, 이 이야기에서도 마법이나 마녀의 기색은 찾아볼 수 없습니다.

분명한 사실이 하나 있다면 그건 16세기 앤에게 쏟아진 비난이 성적인 것이었다는 점입니다. 앤은 다방면으로 공격을 받았는데, 대개는 외국의 대사들이 그녀를 가리켜 난잡하고 천박한 색마라고 비난하면서 앤이 마법의 물약과 사랑의 묘약을 동원해 헨리 8세를 사랑에 빠뜨렸다고 떠벌렸습니다. 헨리 8세도 자신이 마법과 주문, 요술에 넘어간 피해자라고 주장하며 화를 냈다고 전해지지만,* 이는 그

---

* 이는 구설수를 좋아하고 영어도 못하는 어느 대사가 출처도 밝히지 않고 전한 이야기이므로, 완전히 사실이라고는 할 수 없습니다.

저 한 남자가 부적절한 여자에게 속아 결혼했다고 소리친 것뿐이지, 앤이 사탄과 손잡았다는 뜻은 아닙니다. 후대의 많은 소설가와 전기 작가들이 이런 근거 없는 주장으로 앤을 농락하며, 그녀가 마법과 주문을 썼다는 혐의를 받았으니 흑마법과 악마 숭배라는 더 사악한 혐의로 부풀려도 괜찮지 않겠냐고 부추겼습니다. 그러나 재판 기록을 보면 이는 사실이 아니었습니다. 크롬웰과 그가 모은 배심원단은 마법 따위에 관심조차 없었고, 사실상 무엇이든 좋으니 앤을 죽일 구실만을 필사적으로 찾고 있었을 뿐입니다.

마녀 이야기는 20세기 들어 등장한 설이며, 처음 이런 주장을 편 사람은 1920년대의 인류학자 마거릿 머리Margaret Murray입니다. 그녀는 앤 불린과 잔 다르크를 비롯한 몇몇 주요 역사적 인물들이 사실 비밀스러운 고대 이교도 집단에 속했다고 주장했습니다. 물론 완전히 허튼소리였습니다. 역사가들이 잘못된 역사와 싸우느라 진땀을 뺐지만 너무나도 유명한 〈해리 포터〉 영화 시리즈에서 호그와트 벽에 앤의 초상화가 걸리는 바람에 상황은 더 나빠졌습니다. 솔직히 앤이 호그와트만큼 훌륭한 학교에 다녔다면 무장 해제 주문인 '엑스펠리아르무스!'를 외치며 사형 집행인의 칼을 날려 버리고 성을 빠져나오지 않았을까요?

앤에게 마녀라는 수식어가 붙게 된 연유는 쉽게 알 수 있습니다. 대중문화는 마녀를 즐겨 다룹니다. 사악하게 낄낄거리는 초록빛 피부의 노파에서부터 망토를 걸치고 지팡이를 휘두르는 십대 소녀까지 다양한 마녀가 등장하죠. 반면 20세기 여성학에서는 1540년대부터 1690년대까지 유럽을 휩쓴 마녀 광풍이 여성의 권위를 떨어뜨리기 위한 대대적인 여성 혐오적 사업이었다는 해석이 주를 이루었습니다. 간섭을 일삼는 입김 센 왕비가 눈에 거슬렸던 토머스 크롬웰이 거짓말을 퍼트려 왕비를 무너뜨리려 했다는 이야기는 20세기 여성학의 해석과 꽤 잘 맞아떨어집니다. 그러나 오해가 없도록 다시금 말씀드립니다. 이 재판은 마녀사냥이 횡행했던 시대에 실제로 일어난 일이고 정치적 마녀사냥이라고 부를 만하지만, 앤 불린은 마녀라는 혐의로 사형대에 올랐던 것이 아닙니다. 사실 마녀라는 단어는 언급조차 되지 않았습니다.

앤 불린에게는 세 번째 유두가 없었지만, 그런 부스럼이나 상처가 사악하다는 개념은 근세까지 이어진 유산이었습니다. 1600년대에는 대개 그런 부스럼이나 상처를 악마가 몸에 남긴 표식이자 어둠의 세력과 손잡은 상징으로 해석했습니다. 마녀는 유두가 한 개 더 있어서 검은 고양이 같은 악마의 친구에게 젖을 먹일 수 있다는 설도 있었습니다. 영어에는 '마녀의 젖꼭지만큼 차가운as cold as a witch's tit'이라는 관용적 표현이 있는데, 아마도 악마에게 젖을 먹이는 마녀라면 모성애의 온기 따위는 없으리라고 생각한 데서 비롯된 말일 것입니다. 개인적으로는 악마도 저처럼 아이스크림을 좋아할 것 같아 마음이 따뜻해지지만요.

MH-B님, 죄송하지만 그 역사 선생님은 사실과 허구를 혼동한 것 같습니다. 앤 불린처럼 소문이 무성한 사람에게 흔히 벌어지는 일이죠. 분명히 말하자면 앤에게는 세 번째 유두도, 여섯 번째 손가락도, 다섯 명의 내연남도 없었습니다. 앤의 이야기는 있는 그대로 들어도 상당히 흥미롭게 느껴집니다. 그렇지만 작가들은 늘 새로운 관점을 찾으려 애쓰는 듯합니다. 영국인들은 이미 앤 불린을 마녀로 알고 있고, 2010년에는 신시어래의 소설 《불린, 튜더왕조의 뱀파이어》*에서 흡혈귀 여왕으로도 등장했습니다. 그러니 앞으로 지구를 멸망시키려는 외계 로봇으로 둔갑하는 건 시간문제일 뿐입니다. 게다가 솔직히 헨리 8세 같은 남편과 살았던 앤을 누가 비난할 수 있을까요?

---

*   S. Cinsearae, 《Boleyn: Tudor Vampire》, 국내 미출간

04

'아틀란티스의 존재는 외계인이 있다는 증거다.'라는 말은 진짜일까요?

(질문자) 익명

대중 역사가로서 저는 트위터와 유튜브를 보는 데 많은 시간을 쓰면서 사람들이 역사와 관련된 개념을 어떻게 다루는지 살펴보곤 합니다. 최근 가장 걱정스러운 한 가지 추세는 외계인이 피라미드를 건설했다거나 아틀란티스의 원주민이었다고 믿는 사람들이 점점 늘고 있다는 점입니다. 캘리포니아 소재 채프먼대학교에서는 매년 '미국인의 두려움에 관한 설문조사'를 실시해 일반 시민들이 무엇을 걱정하는지 파악하고 어떤 초자연적 믿음이 설득력을 얻고 있는지 살펴봅니다. 2018년 설문에 따르면 설문 참여자 중 41%는 외계인이 고대에 지구를 방문했다고 믿고, 57%는 아틀란티스가 실제로 존재했다고 믿었습니다. 2016년에는 이 수치가 큰 폭으로 증가했는데, 개인적으로 상당히 걱정되는 대목입니다. 이제 그 이유를 설명하겠습니다.

우선 파도에 잠긴 잃어버린 고대 도시 아틀란티스를 살펴봅시다. 이 유명한 이야기의 기원은 고대 그리스의 철학자 플라톤입니다. 플라톤은 대화 형식의 저작물인 《티마이오스》와 《크리티아스》에서 스승 소크라테스가 세 사람을 모아 천지창조와 과거 아테네가 외세에 대항한 방법을 논했다고 전했습니다. 글에 등장하는 티마이

오스Τίμαιος와 크리티아스Κριτίας는 아틀란티스가 고도로 발달한 섬 기반의 강대국이며 아프리카와 유럽에 몇 군데 식민지를 두었다고 말했습니다. 크리티아스는 아틀란티스의 발전한 사회를 상세하게 묘사했는데, 한마디로 아틀란티스가 까닭 없이 아테네를 상대로 전쟁을 일으켰다가 그리스인에게 장엄하게 패배했다는 이야기였습니다. 자만심을 더욱 부풀리려는 듯, 아틀란티스가 곧이어 자연재해로 멸망했다고도 덧붙였습니다.

크리티아스는 이 이야기를 어떻게 알게 됐을까요? 어렸을 때 할아버지가 들려주었다고 합니다. 할아버지는 할아버지의 아버지에게서 들었고, 할아버지의 아버지는 명망 높은 정치가 솔론Σόλων에게서 들었고, 솔론은 어느 현명한 이집트인 사제에게서 들었고, 그 이집트인 사제는… 글쎄요. 어디선가 들었다고 합니다. 신빙성이 떨어지는 인상을 풍기지만 실제로 세계 각지의 구전 역사는 수 세대에 걸쳐 지식을 전하고 수많은 토착 공동체가 의미를 찾는 기반입니다. 따라서 이 이야기를 꼭 무시해야 한다고 말하지는 않겠습니다. 그렇지만 플라톤이 말한 이집트인 사제는 아틀란티스와 아테네의 전쟁이 이로부터 9000여 년 전에 일어났다고 했습니다. 오늘날 석기 시대로 알려진 시기보다 훨씬 전이고, 아테네가 존재하지도 않던 시기입니다.

심히 의심스러운 이야기들입니다.

어설픈 세부 사항들을 무시한다면, 도시가 물에 잠겼다는 대목은 말이 될까요? 어쩌면 그럴 수도 있습니다. 예전부터 상당한 조사가 이루어졌으나 결코 확실히 증명된 적 없는 어느 이론에서는 아틀란티스가 크레타섬의 미노스 문명을 가리킨다고 가정했습니다. 약

3500년 전에 강성했던 이 청동기 사회는 오늘날의 산토리니인 테라에서 대규모 화산 폭발이 일어나 아크로티리 마을을 쑥대밭으로 만들고, 해일이 해안가 지역사회를 집어삼킨 이후 갑작스럽게 쇠퇴했습니다. 그러나 크레타섬은 수면 아래로 가라앉지 않았습니다. 지금도 그 자리를 지키고 있고, 어떤 사람들은 이곳을 멋진 휴양지라고 생각하기도 합니다. 고고학자와 과학자, 고대 역사학자들은 엄연한 사실을 두고 굳이 지루하고 고리타분하게 장황한 궤변을 늘어놓고 있습니다. 화산 폭발이 일어났던 건 확실하지만, 나머지는 논쟁의 여지가 다분합니다.

추측과 가설이 난무하고 있기는 하지만 미노스 아틀란티스 이론에는 명백한 허점이 있습니다. 플라톤은 아틀란티스가 지브롤터해협 서쪽으로 대서양에 솟은 엄청난 규모의 섬이라고 말했습니다. 이로 인해 아틀란티스의 위치를 두고 온갖 가설이 등장하면서 파로스, 사이프러스, 사르데냐, 몰타 등의 섬이거나 터키 해변, 스페인 남부, 아조레스 제도, 카보베르데, 카나리아 제도, 아일랜드, 브리튼, 핀란드, 덴마크, 스웨덴 또는 카리브해의 수많은 제도 등이 거론됐습니다.

르네상스 시대에 들어서면서 이슬람과 비잔틴의 학자들이 기억에서 사라진 플라톤의 글을 유럽 사상계에 다시 한 번 소개했습니다. 그와 같은 시기에 크리스토퍼 콜럼버스가 신대륙을 발견하는 한편 스페인 정복자들이 멕시코의 마야를 마주했죠. 그러니 르네상스 시대의 사상가들이 마야인을 아틀란티스 주민이라고 의심했다 해도 그다지 놀랍지 않습니다. 이때부터 어떤 사람들은 아틀란티스가 남극에 있었다고 주장하기도 했으니까요. 남극의 초강대국을 다스리는 어느 펭귄 종족이 아테네가 거슬린다며 누가 대장인지 보여 주려고 1만km를 헤엄치다 갑자기 지진해일에 잡아먹혔다? 말도 안 되는 이론이지만 솔직히 꽤 맘에 듭니다.

어떤 사람들은 플라톤이 말한 아틀란티스가 성서에 나오는 노아의 대홍수와 관련된 민족 공동의 기억이라고 주장합니다. 실제로 대홍수 신화는 다수의 고대 문화에서 발견되는데, 이는 공동의 트라우마가 존재함을 암시합니다. 바닷물이 갑자기 어느 저지대 도시를 삼켜 버렸을 수도 있습니다. 아틀란티스를 열성적으로 찾아다니는 사람들은 잃어버린 도시 트로이를 생각해 보라고 말합니다. 트로이는 순전히 문학작품에 등장하는 신화 속의 도시라고 여겨져 왔죠. 하지만 1870년대에 독일의 아마추어 고고학자 하인리히 슐리만Heinrich Schliemann이 트로이의 장엄한 성벽을 발견하면서 상황이 바뀌었습니다. 고대의 서사시가 고고학적 발견을 이끈 선례가 된 것이죠.

그러나 트로이의 발견이 아틀란티스를 더 의심스럽게 만드는 것 같습니다. 초강대국이었다는 아틀란티스는 고대 문헌에서 단 한 번밖에 언급되지 않았습니다. 하지만 트로이는 그리스의 예술과 문화에서 폭넓게 묘사된 덕분에 슐리만이 터키 서부에서 트로이를 찾아야 한다는 사실을 알 수 있을 정도였죠. 매우 강성한 아틀란티스가 실제로 존재했다면 그리스가 아틀란티스를 무찌른 모습이 도자기를 비롯해 온갖 곳에 도배 돼 있지 않았을까요? 제 말에 실망했다면 유감이지만, 그리스인들이 아틀란티스에서 손을 뗀 것은 아틀란티스가 진짜가 아니었기 때문입니다.

플라톤은 대개 서양 정치철학의 창시자로 불립니다. 그의 저서 《국가론》은 정의와 행복 그리고 이상적인 도시국가를 운영하는 방법을 다룬 기념비적인 글로, 사회를 다스리는 방법과 적대 세력을 대하는 방법에 주로 초점을 맞춥니다. 이 점으로 미루어 본다면 아틀란티스는 국가가 자만과 탐욕, 호전성에 심취하면 어떻게 되는지 보여주는 풍자적 이야기가 분명합니다. 이 이야기는 역사적 기록이 아니라 우화이고, 강대국의 몰락을 통해 인과응보를 주의하라고 경고하는 가상의 반反유토피아주의적 사례연구입니다. 어떤 학자들은 라이벌 페르시아 제국을 겨냥한 이야기로 보기도 하고, 또 어떤 학자들은 아테네 민주정 자체에 대한 공격으로 보기도 합니다.* 어쨌든 골자는 아틀란티스인이 도덕적으로 우월한 아테네인에게 패배했고, 플라톤 또한 공교롭게도 도덕적으로 정의로운 아테네인이었을 뿐이라는 말입니다. 참 기가 막힌 우연이네요.

아틀란티스가 플라톤이 살았던 시대보다 9000년 전에 사라졌다는 사실은 의도적으로 보일 만큼 엉뚱한 환상이며, "오래전 멀고 먼 은하계에…"라고 시작하는 〈스타워즈〉의 오프닝 크레딧과 견주어도 손색이 없습니다. 스토리텔링의 정확성을 따지자면 그야말로 플라톤은 정확히 아는 게 없다고 할 수 있습니다. 아틀란티스는 진짜가 아니니까요. 플라톤은 철학적 문제를 논하기 위해 이 이야기를 지어냈습니다. 우리가 아틀란티스를 아는 이유도 플라톤의 제자 아리스토텔레스가 플라톤의 이야기를 전했기 때문이죠.

---

* 플라톤은 대중에게 투표권을 주는 방식이 별로 좋지 않다고 생각했습니다. 오늘날 이 생각은 영국의 오디션 프로그램 〈디 엑스 팩터〉와 도널드 트럼프에 의해 증명되었습니다.

아틀란티스 이야기에는 허점이 많지만(어쩌면 그렇기 때문에), '미국인의 두려움에 관한 설문조사'는 미국인들이 아틀란티스에 점점 매료되는 추세를 보여줍니다. 아틀란티스는 대중문화에서 반복적으로 등장합니다. 우선 DC 코믹스의 〈아쿠아맨〉 시리즈, 여러분이 잘 모를 수도 있는 디즈니 만화영화 〈아틀란티스: 잃어버린 제국〉과 〈인어공주〉에도 등장합니다. 쥘 베른의 고전 소설 《해저 2만 리》와 이 작품에서 영감을 받아 제작한 영화 〈잃어버린 세계를 찾아서〉에도 등장합니다. 〈어쌔신 크리드: 오디세이〉와 〈툼 레이더〉 등의 비디오게임도 있죠. 〈스타게이트 아틀란티스〉라는 드라마 시리즈에서는 아예 외계인이 등장합니다. 외계인이라니 말 다했죠….

할리우드는 사람들 사이에 외계인이 섞여 있다는 이야기에 집착하는 경향이 있습니다. 그중 상당수 작품은 여기서 한발 더 나아가 외계인을 인간의 고대사에 등장시키곤 하죠. 리들리 스콧 감독의 화려하지만 황당한 영화 〈프로메테우스〉에서는 고도로 발달한 휴머노이드 생명체가 지구의 수원에 자신의 DNA를 뿌려 인류를 자신의 유전학적 후손으로 만듭니다. 그런 뒤 꽤 정기적으로 찾아와 인간이 어떻게 지내는지 살펴보면서 언젠가는 인간이 자신들과 합류할 수 있도록 스코틀랜드에 행성 지도를 남겨 두고 가죠.

〈프로메테우스〉의 크로스오버 시리즈이자 한층 더 황당한 영화 〈에이리언 VS. 프레데터〉는 고대 남극의 피라미드를 배경으로 펼쳐집니다. 이 피라미드를 건설한 인간들은 수천 년 동안 프레데터를 신으로 섬기면서, 외계 생명체인 대군주가 심심풀이로 사냥을 할 수 있도록 인간을 바쳐 왔습니다. 또 〈트랜스포머: 패자의 역습〉에서는 악당들이 이집트 기자Giza의 대피라미드에 태양 파괴 장치를 숨겨 둡니다. 유네스코가 펄쩍 뛸 일이죠.

이런 할리우드 오락 영화는 시간 가는 줄 모르게 재미있죠. 그렇지만 사실을 다뤄야 할 다큐멘터리와 책에 외계인 판타지가 끼어들면 우울한 기분이 듭니다. 유튜브, 팟캐스트, 미국의 TV 쇼에는 이런 소재들이 난무하죠. 특히 문제가 아주 심각한 미국의 TV 시리즈 〈에인션트 에일리언〉은 방송 시간 내내 공상과학의 허구를 마치 타당한 고고학적 이론인 양 내보냅니다. 7세기 장례 석관을 보면 마야 왕이 우주선을 타고 떠났다는 사실을 알 수 있을까요? 아니요! 수정 해골은 고대 멕시코인과 수성의 외계 생명체를 이어 주는 고리일까요? 아니요, 그 수정 해골은 19세기 독일에서 만든 가짜입니다! 페루의 나스카 지상화는요…? 말도 꺼내지 마세요!

이런 헛소리는 모두 에리히 폰 데니켄이 펴낸 블록버스터 도서 《신들의 전차》*가 나오면서 해일처럼 밀려들기 시작했습니다. 1960년대 출판된 이 책은 지금까지 6500만 부 이상 팔렸습니다. 그저 재미있고 아무 해를 끼치지 않는다고 생각할 수도 있을 겁니다. 하지만 이처럼 경이로운 고대의 구조물들이 비유럽계 문명에서 건설됐다고 하기에는 너무 고도로 발달했으니 화성인이 만든 게 분명하다는 논리는 상당히 모욕적으로 들립니다. 여기서 다시 아틀란티스를 살펴봅시다. 아틀란티스 이야기의 이면에는 생각보다 더 사악한 역사가 숨어 있습니다.

---

* Erich von Däniken, 《Chariots of the Gods》, 국내 미출간

1880년대, 미국의 정치인 이그나시우스 L. 도넬리Ignatius L. Donnelly는 《아틀란티스: 대홍수 이전의 세계》에서 아틀란티스가 문명의 요람이자 에덴동산이었으며 이곳에서 모든 거대 문명이 출현했다고 주장했습니다. 또한 후대 사람들이 아틀라티스인을 신으로 오해하고 추대했으며 고대 그리스, 인도, 스칸디나비아 등의 다신교 만신전에도 그 영향이 남아 있다고 생각했습니다. 도넬리 또한 아틀란티스가 그 유명한 성서 속 대홍수에 휩쓸려 사라졌으며, 몇 명만이 간신히 탈출했다고 주장했습니다.

도넬리의 뒤를 이어 등장한 사람은 오컬트 철학자 헬레나 블라바츠키Helena Blavatsky입니다. 신지학협회Theosophical Society의 공동 창립자인 헬레나는 아틀란티스인이 인도 아리아인의 기원이며 탁월한 지혜와 기술, 텔레파시로 소통할 수 있는 능력을 통해 다수의 거대 문명에 영감을 불어넣었다고 주장했습니다. 물론 아리아인 우월주의라는 말이 고개를 쳐들기 시작할 때마다 여러분의 머릿속에 경고의 비상벨이 울릴 겁니다. 얼마 뒤 한 세대의 게르만족 작가들이 나타나 한층 더 난해한 아이디어를 펼치면서 이른바 툴레협회Thule Society의 탄생을 주도했습니다. 그러면서 아리아인의 아틀란티스를 인도에서 스칸디나비아의 얼어붙은 땅과 북극권, 즉 금발에 푸른 눈을 한 이들의 조상이 살았다고 알려진 곳으로 옮겼습니다.

1912년, 《빙하 우주 개벽론》*이라는 책이 등장했습니다. 이 책의 저자인 오스트리아의 발명가 한스 회르비거는 세계 빙하 이론이라

---

*   Hanns Hörbiger, 《Glacial Cosmogony》, 국내 미출간

는 말도 안 되는 설에서 대규모 얼음 폭발로 행성이 탄생했다고 주장했습니다. 그는 유성을 타고 지구에 날아든 신성한 정자의 후손으로서 다른 이의 생각을 읽고 전기를 자유자재로 다룰 줄 아는 우월한 인간종이 북극의 아틀란티스에 살았다고 주장했습니다. 고대를 지배한 이들의 운명은 우주를 떠돌던 얼음 위성들이 지구에 부딪히면서 성서 속 대홍수가 일어나 아틀란티스가 물에 잠기면서 막을 내렸습니다. 그러나 일부 아리아인은 이곳을 탈출해 티베트와 인도에서 불교를, 일본에서는 신도神道를 창시했다고 합니다. 이곳을 탈출한 또 다른 후손으로는 그 유명한 예수 그리스도가 있다고 하네요. 그럼요, 왜 아니겠어요! 물론 예수가 유대인이었다는 성가신 문제는 무시하기로 한 듯합니다.

천문학이나 지질학 지식이 없었던 회르비거는 자신이 계시를 받았다고 주장했습니다. 이런 헛소리를 들으면 실소를 감추기 어렵지만, 사실 사이비과학 같은 그의 사상에는 인종차별주의가 깊숙이 배어 있었습니다. 그가 주장하는 신학에서 유대인, 슬라브인, 아프리카계 민족은 진화론상 유인원의 후손으로 짐승과 같은 이등 인간이며, 북유럽계 아리아인은 이들보다 우월한 종이었습니다. 회르비거의 뒤틀린 과학을 열렬하게 지지했던 인물로는 히틀러의 오른팔인 하인리히 힘러Heinrich Himmler가 있었습니다. 여기에 히틀러 관련 인물이 등장하는 이유는 세계 빙하 이론이 유대인 지식층이 점령한 근대 물리학을 부정하기 때문이기도 했습니다. 아인슈타인 없이 우주를 설명할 수 있다면 반유대주의 정권은 사이비과학 이론이라도 얼마든지 대환영이었습니다.

회르비거는 1931년 세상을 떠났지만, 다른 이들이 그의 뒤를 이어 지휘권을 쥐었습니다. 힘러가 설립하고 헤르만 비르트Herman Wirth가 초대 회장을 맡은 자민족중심주의 단체인 '조상 전래유산 연구 및 교수회Ancestral Heritage Research and Teaching Society'는 아리아계 아틀란티스 문화가 한때 지배적이었다는 증거를 찾기 위해 고고학자, 언어학자, 역사학자, 음악학자를 파견했습니다. 이 단체는 마블 코믹스 유니버스에 등장하는 나치 소속의 과학부 하이드라와 영화 〈레이더스〉의 악당이 탄생하는 데 일조했습니다. 그렇지만 슬프게도 현실에서는 나치 일당을 혼내 줄 캡틴 아메리카도 인디아나 존스도 나타나지 않았죠.

힘러가 히틀러를 비롯한 다른 나치 당원들보다 훨씬 더 오컬트에 심취한 편이긴 했지만, 에릭 컬랜더의 멋진 저서 《히틀러의 괴물들》*에서 드러난 것처럼 히틀러도 세계 빙하 이론을 지지했습니다. 컬랜더는 이런 사상이 독일 문화 전반에 널리 퍼졌다고 했지만, 리처드 에번스 경Sir Richard Evans과 같은 다른 역사가들은 일부만 이 이론을 지지했다고 주장했습니다. 어느 쪽이 사실이든 소위 말하는 아틀란티스 외계인 계열의 아리아인 우월주의는 1100만 명을 조직적으로 살해한 홀로코스트를 뒷받침한 파시스트 우생학 계획에 의심할 여지 없이 스며 있었습니다. 제 증조부도 그 피해자였습니다.

그러므로 누군가가 고대의 기념물을 외계인이 만들었다고 한다면, 그자는 비유럽계 문명의 공학적 독창성을 부정하고 각 민족의 자

---

* Eric Kurlander, 《Hitler's Monsters: A Supernatural History of the Third Reich》, 국내 미출간

랑스러운 역사를 빼앗아 가는 셈이며, 나아가 제3제국의 해로운 이념으로 오염된 독毒 우물에서 사상을 길어 올리는 셈입니다. 아무리 순진한 생각이더라도 제발 사람들이 고대 외계인 같은 헛소리는 그만뒀으면 합니다. 무엇보다 아틀란티스 이야기는 플라톤이 민주주의가 최악인 이유를 두고 벌인 논쟁에서 이기기 위해 한 말이니까요!

2장

원조와 최초

ORIGINS & FIRSTS

ORIGINS & FIRSTS

최초의 유머집은 언제 나왔나요?
그중 재미있는 유머도 있었나요?

질문자 존

Q 숲에서 가장 깨끗한 나뭇잎은 뭘까?

A 호랑가시나무 이파리. 누구도 감히 똥 닦는 데 쓰지 않을 테니까.

제가 가장 좋아하는 중세 시대 유머입니다. 기발하지는 않지만 술자리에서 이 얘기를 했을 때 꽤 호응을 얻었죠. 이 유머는 짧고 간단하지만 메시지가 분명합니다.

이 유머는 애매하게 웃긴 수수께끼들을 모은 짧은 유머집《재미있는 질문Demaundes Joyous》*에 수록돼 있습니다. 헨리 8세가 즉위하고 얼마 뒤인 1511년에 영어로 출판된 이 책이 솔직히 그렇게 재미있다고 할수는 없습니다. 이 책에 담긴 수수께끼 대부분은 현대의 독자들이 이해하기 어렵기도 하고요. 셰익스피어 희곡의 난해한 인용문을 보고 웃을 줄 아는 사람이라 해도 마찬가지입니다. 사실 호랑가시나무 개그가이 책에서 가장 웃긴 유머고, 그다음부터는 수준이 극히 떨어집니다.

Q 전 세계 사람의 4분의 1을 살해한 사람은 누구일까?

A 카인. 아벨을 죽였을 때 세상에는 네 사람밖에 없었으니까.

---

* 《Demaundes Joyous》, 국내 미출간

Q 양 떼 속에서 소 한 마리를 어떻게 찾을 수 있을까?

A 눈을 뜨고 본다!

사실 두 번째 농담은 어이가 없어서 웃음이 나기도 합니다. 질문을 듣고 기발한 대답을 기대했다가 허탈해서 놀라게 되는 거죠. 중세식 허무 개그라고나 할까요. 코미디에서는 기대나 예상을 뒤엎는 전개가 큰 비중을 차지하고, 최고의 농담꾼들은 사람들의 예상을 비켜가는 데 일가견이 있으니까요.

예를 들어 '닭은 왜 길을 건넜을까?'라는 질문에 '길을 건너기 위해서'라는 당연한 대답으로 웃음을 유발하는 유명한 유머가 있습니다. 그런데 요즘 트위터에서는 사실 자살하고 싶은 닭이 '저세상에 가려고' 그랬다는 비관적인 대답이 인기를 끌고 있다고 합니다. 매사에 너무 진지하게 생각하는 버릇이 있는 현대인들이 의도적으로 비틀어 놓은 유머의 요점을 제대로 이해하지 못하는 전형적인 예라고 할 수 있죠. 양 떼 속에서 소 한 마리를 찾는 유머와 마찬가지로 길을 건너는 닭 유머는 단독으로 나오지 않고 여러 다른 기발한 수수께끼에 이어 나오도록 설계되었습니다. 머리를 열심히 굴려야 하는 수수께끼를 몇 개씩 듣고 난 뒤라면 다음 질문에도 괴상한 말장난이 숨어 있겠거니 예상하게 됩니다. 그러니 '길을 건너기 위해서'라는 뻔한 답을 들으면 예상과 한참 다른 대답에 실소가 터지고 한 방 먹었다며 고개를 절레절레 젓는 반응이 나오게 되죠.

이것이 유머의 필수 요소입니다. 유머는 듣는 사람이 맥락을 잘 알아야 하고, 대부분은 문화적 범주 내에서 작동하게 마련이죠. 오래전 유행했던 유머가 현대의 독자들에게 먹히지 않는 이유도 이 때문입니다. 세상은 끊임없이 변화하고, 우리가 생각하는 것도 무서워하는 것도 사용하는 은어도 달라집니다. 과거의 말장난은 이제 통하지 않고, 기술은 하루가 다르게 발전하죠. 코미디는 그 시대의 문화를 반영하고, 문화는 절대 오랜 시간 같은 자리에 머무르지 않습니다.

유머의 의미는 매우 빠르게 사라질 수 있습니다. 역사학자 밥 니콜슨Bob Nicholson 박사는 '빅토리아 시대의 유머Victorian Humour'라는 재미있는 트위터 계정을 운영합니다. 여기에 올라오는 개그는 아마 저 같은 부류나 완벽하게 이해할 수 있을 겁니다. 저는 코미디 업계에서 일하고 유머를 만들어 내서 돈을 벌고 19세기에 대해서도 빠삭한 역사가니까요. 그렇지만 저 또한 이 개그들을 황당무계하게 느끼거나, 고장 난 로봇이 영어를 일본어에서 다시 영어로 재번역한 수준으로 이해할 수 없는 경우도 있습니다. 그 당시에는 이것이 정말 웃긴 개그였을까요? 아니면 일부러 재미없게 만든 썰렁한 개그일까요?

물론 시대를 초월하는 주제도 있습니다. 세계에서 가장 오래된 유머는 약 3900년 전 오늘날의 이라크인 고대 수메르에서 전해 오는 방귀 유머입니다.

태초부터 한 번도 존재하지 않았던 것이 있다. 남편 무릎에 앉아 방귀를 뀐 적이 한 번도 없는 여인이다.

청동기 시대 농담치고는 괜찮지 않나요? '존재하지 않았던'과 '뀐 적이 한 번도 없는'이라는 이중부정 때문에 한 번에 이해하기가 어렵지만, 조금만 생각해 보면 귀여운 장면을 상상해 볼 수 있습니다. 남편이 매력적인 아내를 무릎에 앉혀 두고 로맨틱하게 사랑을 속삭이는 순간, 갑자기 뿡 소리가 나면서 미간이 찌푸러지는 냄새가 방 안가득 퍼진다면 어떨까요? 주변에 다른 사람이라도 있다면 더 당황스럽겠죠. 시트콤의 한 장면이라 해도 손색이 없겠습니다. 백문이 불여일견이라고, 종이에 인쇄한 글이나 점토판에 새긴 문자로 읽기보다는 실제 퍼포먼스로 봐야 더 웃긴 종류의 개그일 겁니다.

그렇지만 존 님의 질문은 '가장 오래된 유머는 무엇인가요?'가 아니라 '최초의 유머집은 언제 나왔나요?'였습니다. 상당히 다른 질문이죠. 유머집은 읽을 목적으로 만든 것입니다. 시트콤 배우들이 재해석해서 보여 주는 공연이 아니라 책에 쓰여 있는 유머죠. 또 여러 유머가 한 권에 담겨 있어야 할 겁니다. 이런 것을 찾으려면 얼마나 오래전으로 거슬러 올라가야 할까요?

고대 그리스인들은 유머를 사랑했고, 그중 가장 위트 있는 극작가는 아리스토파네스Αριστοφάνης였습니다. 그가 평생 지어낸 대범하고 비현실적이며 추잡하기 그지없는 방귀 개그는 큰 인기를 끌었고, 그의 희극은 현대의 번역가들이 대부분 순화시키긴 했어도 이때부터 공연이 끊이지 않았습니다. 그러나 아리스토파네스의 희극에 트림과 방귀가 난무하기는 했어도 그가 짧은 유머 모음집을 펴내지는 않았습니다. 고대의 코미디에 대해 더 알고 싶다면 메리 비어드 교수의 저서 《고대 로마의 웃음》*을 읽어 보는 게 좋지만, 이번에는 연극,

---

* Mary Beard, 《Laughter in Ancient Rome: On Joking, Tickling, and Cracking Up》, 국내 미출간

시, 도자기 이야기를 건너뛰고 진짜 유머집으로 넘어가 보겠습니다. 여기서 《육십The Sixty》이 등장합니다.

고대 그리스의 작가 아테나이오스Aθήναιος는 어느 만찬에서 철학자들이 나눈 유머러스한 대화를 담아 《저녁 연회의 철학자들 Deipnosophistae》이라는 책을 썼습니다. 그는 알렉산드로스 대왕의 아버지인 마케도니아의 왕 필리포스 2세가 코미디를 아주 좋아했다고 전합니다. 필리포스 2세는 가장 웃긴 유머를 들으려면 '육십회The Sixty Club'에 가야 한다는 말을 들었습니다. 육십회는 육십 명의 재기 넘치는 이야기꾼이 아테네 교외의 퀴노사르게스라는 언덕에 위치한 헤라클레스 사당에 정기적으로 모여 술을 마시며 철학적 담소를 나누는 모임이었습니다. 얼마나 재미있는 이야기를 나누었으면 수백 킬로미터 떨어진 적국의 왕까지 가고 싶어 했을까요. 필리포스 2세는 아테나이오스의 조언에 따라 이들에게 은화를 보내고 최고의 유머를 글로 적어 보내 달라고 요청했습니다. 기원전 336년 필리포스 2세가 살해당하기 전 어느 시점에 집필된 이 책이 아마도 최초의 유머집일 것입니다.

아쉽게도 육십회의 걸걸한 유머는 역사 속에서 자취를 감추었습니다. 또 로마의 유명 극작가인 플라우투스Plautus의 희극에 인용된 유머집도 지금은 찾을 수 없습니다. 그러나 이후 집필된 《웃음 애호가Philogelos》는 현존합니다. 서유럽 제국이 벼랑 끝에서 불안정하게 흔들리던 시기인 기원후 4~5세기에 집필된 것으로 추정되는 이 책은 사실상 전혀 알려진 바 없는 히에로클레스Ιεροκλες와 필로겔로스 Φιλόγελως가 썼습니다. 이 책에는 265가지 유머가 담겨 있는데, 흥미로운 점은 전형적인 캐릭터들이 반복적으로 등장한다는 것입니다. 예컨대 바보, 의사, 구두쇠, 겁쟁이, 내시, 재담가, 우울한 사람, 술고래, 여성 혐오자, 음란한 여자 등이죠. 현대 영국 유머에는 구두쇠 스코틀랜드인, 멍청한 아일랜드인, 꼬시기 쉬운 에섹스 소녀 등이 등장하는데, 이런 전형적인 유형의 인물들과 매우 유사합니다.

이제 이 책의 유머가 지금도 우리에게 웃음을 주는지 살펴볼까요? 265가지 유머 가운데 대부분은 형편없기 짝이 없고, 무슨 이야기를 하는지 알 수조차 없는 것도 있습니다. 그렇지만 웃음이 새어 나오는 유머도 몇 가지 있습니다. 그리스어를 문자 그대로 번역하면 어떻게 해도 재미가 없으니, 조금 매끄럽게 다듬어서 21세기 술자리에서도 통하는 이야기로 바꿔 보겠습니다.

1. 심술궂은 남자의 집에 왕진을 나간 의사가 남자를 진찰했습니다. "열이 심하네요." 그러자 심술궂은 남자가 대답했습니다. "당신 열은 나을 것 같소? 저기 침대가 있으니 어디 누워서 열을 재 보시오!"

2. 바보가 수영을 하다 물에 빠져 죽을 뻔했습니다. 이후 바보는 수영을 할 줄 알게 되기 전까지 절대로 물에 들어가지 않겠다고 결심했습니다.

3. 환자: 의사 선생님, 의사 선생님! 저는 아침에 일어날 때 어지럽고 30분은 지나야 괜찮아져요.

의사: 그러면 30분 누워 있다가 일어나세요!

4. 남자가 바보에게 말했습니다. "이봐요, 저번에 당신이 판 노예가 죽었어요." 그러자 바보가 대답했습니다. "신께 맹세하는데 저랑 있을 때는 살아 있었어요."

5. 두 바보가 저녁을 먹으러 갔습니다. 저녁을 먹은 뒤 두 사람 모두 예의상 서로를 집까지 바래다주었습니다. 그날 밤 두 사람은 모두 한숨도 자지 못했습니다.

6. 지친 바보가 베개도 없이 침대에 누웠습니다. 그러고는 노예에게 항아리를 베고 잘 테니 가져오라고 시켰습니다. 항아리는 베개로 쓰기에 너무 딱딱하지 않느냐고 노예가 말하자 바보가 대답했습니다. "그럼 항아리 속에 깃털을 채워!"

7. 바보가 친구를 보고 깜짝 놀라 소리쳤습니다. "너 죽었다고 들었는데!" 친구가 대답했습니다. "내가 네 눈앞에 이렇게 살아 있는데!" 그러자 바보가 대답했습니다. "네가 죽었다고 한 사람이 너보다 더 믿을 수 있는 사람이거든."

8. 바보가 노예들과 배를 타고 가는데 갑자기 사나운 폭풍이 몰아쳐 모두 빠져 죽기 일보 직전이었습니다. 노예들이 무서워서 울기 시작하니 바보가 그들을 보고 말했습니다. "걱정하지

마. 내가 죽으면 유언장에 너희를 해방해 달라고 쓸게!"

9. 동네 쌍둥이 중 한 명이 죽었다는 소식을 바보가 들었습니다. 바보는 홀로 남은 쌍둥이 형제의 집으로 가 물었습니다. "죽은 게 너니, 아니면 네 형제니?"

10. 바보가 볼일을 보려고 마을에 가려는데 친구가 와서 그에게 부탁했습니다. "열다섯 살짜리 노예 두 명만 사다 줄래?" 그러자 바보가 대답했습니다. "그래. 혹시 두 명을 못 구하면 서른 살짜리로 한 명 데려올게!"

이 중에서 읽다가 웃은 유머가 하나라도 있나요? 노예 이야기가 있어서 지금의 윤리 기준에서는 재미있다기보다 비인간적으로 들릴 수도 있을 겁니다. 하지만 저는 살면서 이와 유사한 유머를 많이 들어봤습니다. 《웃음 애호가》가 웃음 폭탄까지는 아니지만, 현존하는 가장 오래된 유머집을 보고 지금 여러분도 한두 번은 낄낄댈 수 있을 겁니다.

06

최초의 월요일은 언제였나요?

질문자 토머스

월요일은 최악입니다. 위대한 철학자 고양이 가필드가 우리에게 가르쳐 주었죠. 가필드의 지혜에는 한계가 없습니다. 물론 직업도 없는 고양이가 어쩌다 월요일을 질색하게 됐는지는 알 수 없습니다. 회사를 다니지 않으니 월요일에 출근하는 문제로 짜증이 난 건 아닐 거예요. 어쩌면 주말 내내 함께 있던 주인 존이 출근을 해야 해서 짜증이 났을지도 모릅니다. 그렇다면 '난 월요일이 싫어!'라는 가필드의 좌우명은 사실 분리불안의 고통이 담긴 구슬픈 시적 표현이라 할 수 있겠습니다. 아니면 게으르고 변덕스러운 자신에게 라자냐를 가져다줄 집사가 집에 없어서 화가 났을지도 모르죠. 후자일 가능성이 클 것 같습니다.

어쨌든 토머스 님이 굉장히 좋은 질문을 해 주었습니다. 좋은 질문이 대부분 그렇듯, 이 질문도 엄청나게 복잡한 속사정을 단순함이라는 가면으로 가리고 있는 게 분명합니다. 미국 드라마 〈러시아 인형처럼〉에는 주인공이 자신의 36살 생일인 월요일이 무한 반복되자 약에 취해 "목요일이라니, 참신하네!"라고 외치는 장면이 나옵니다. 이 멋진 드라마의 팬이 아니라면 아마 '월요일을 만든다.'라는 개념에 대해서 한 번도 깊이 생각해 본 적이 없을 겁니다. 분명 요일은 비스킷이나 스머프, 인종차별처럼 인간이 만든 산물입니다. 그렇다면 요일은 언제 만들어졌을까요? 그리고 어떻게 지금의 이름을 가지게 됐을까요? 솔직히 이 질문에 완벽한 정답을 내놓기는 어렵지만, 몇 가지 가장 그럴듯한 추측을 살펴볼 수는 있습니다.

시간 기록의 역사가 시작됐을지 모를 흥미로운 장소는 청동기시대의 이라크입니다. 고대 수메르인들은 5000여 년 전부터 부지런히 장엄한 도시를 건설했고, 이집트인들과 나란히 고도로 발달한 문명을 세웠습니다. 이곳에는 점성술과 천문학을 융합하고 시간을 이해하는 데 초점을 맞춘 학문이 있었습니다. 게다가 수메르인은 숫자 7의 순수함에 매료되어 있었다고 하니 한층 더 흥미롭습니다. 7이라는 요소가 이들의 문헌에 상당히 자주 등장하기 때문에 일주일이 7일이어야 한다고 정한 최초의 사회가 이들일 것이라는 주장이 제기되고 있습니다. 어쩌면 7일마다 눈에 띄게 변화하는 달의 모양을 보고 그랬는지도 모르겠습니다. 이 설은 온라인에서 자주 사실처럼 인용되지만, 이를 뒷받침하는 역사적 증거는 없습니다.

아직 의심스러운 면이 있지만 이 신비로운 이야기보따리를 조금만 더 뒤져 보겠습니다. 흥미로운 이야기들이 많거든요. 청동기 시대의 시간 기록은 대체로 해와 달이 이루는 음양의 이중 운동을 근거로 삼았고, 수메르인이 아카드인과 바빌로니아인에게 밀려났던 기원전 2000년대에는 대략 30일간 이어지는 달의 주기에서 초승달new moon이 관찰될 때만 새로운 한 달의 시작을 선포할 수 있었습니다. 고대의 점토판에 기록된 보고서를 보면 사제가 달을 관찰하기 어려울 만큼 하늘이 흐린 날이면 그 전달을 하루 더 늘릴 수도 있었다고 합니다.

이렇게 만든 달력은 아마 신성한 의식을 주관하는 데 사용하는 종교 달력이었을 겁니다. 일반인들이 일상생활에 사용하는 민간 달력도 이와 나란히 존재했는데, 이 달력은 훨씬 더 규칙적이어서 세금을 내고 빌린 돈을 갚을 날을 알 수 있었습니다. 1년은 30일씩 12개월로 구성되는데, 단순해 보이지만 사실 이를 모두 더해도 365일이 되지 않을 때가 있었습니다. 그럴 때는 종종 열세 번째 달을 추가해 부족한 일수를 맞추어야 했습니다.

요컨대 바빌로니아인과 신아시리아인의 신성한 시간 기록은 매우 똑똑한 사제들이 추적한 태양과 달, 화성, 수성, 금성, 목성, 토성의 위치를 기반으로 삼았습니다. 하지만 이들은 아직 그다음 단계인 행성의 움직임을 예측하는 데까지 이르지 못했습니다. 우주 질서의 안정적인 패턴, 즉 천문학을 알았다기보다는 신이 천체의 움직임을 통해 미래의 일들을 말해 준다고 믿었습니다. 천문학을 점성술에 동원한 셈이죠. 이런 관습이 수 세기 이어진 끝에 기원전 600년대에는 예측 천문학이 등장했고, 여기에 더해 천구의 황도대라는 새로운 개념이 등장해 고대 그리스까지 전파됐습니다.

바빌로니아인들은 늦어도 3700년 전부터 행성의 존재를 알고 있었습니다. 그러나 토성의 날, 태양의 날, 달의 날, 화성의 날, 수성의 날, 목성의 날, 금성의 날처럼 행성의 이름을 일주일의 각 요일에 붙이는 관습은 기원전 4세기 알렉산드로스 대왕의 잔혹한 정복욕 덕분에 그리스의 학문이 이집트와 페르시아의 지식과 뒤섞인 이후에야 등장했습니다. 실제로 우리가 사용하는 이 이름들은 바빌로니아, 이집트, 페르시아, 그리스가 아니라 로마에서 비롯된 이름입니다.

여기서 짚고 넘어가야 할 점이 한 가지 더 있습니다. 학자들은 7일로 이루어진 일주일이 언제 등장했는지 알지 못합니다. 인터넷에서는 청동기 시대 바빌로니아인에게 기꺼이 그 공로를 돌리는 듯하지만, 저는 이 주장이 얼마나 타당한지 잘 모르겠습니다. 그럼 다른 역사학자의 도움을 받아 보면 어떨까요? 그래서 저는 아시리아의 과학 및 의학 전문가인 무디 알 라시드Moudhy Al-Rashid 박사에게 물었습니다. 그랬더니 저보다도 더 확신할 수 없다는 답이 돌아왔습니다. 무디 박사는 고맙게도 동료들과 논의해 본 뒤 다음과 같은 답장을 보내주었습니다.

> 어떤 시기에는 일곱 번째 날이 어느 정도 중요하게 여겨졌다는 약간의 증거가 남아 있습니다. 예컨대 제7일, 14일, 20일, 28일 등인데, 이는 달의 주기와 어느 정도 관련된 게 분명해 보입니다. 이런 날에는 특정 활동이 금지됐습니다. 구아시리아 시대(기원전 2000년경에서 기원전 1600년경까지)에는 일주일이 5일이었다는 증거도 있습니다.

고대 바빌로니아에서 일주일이 7일이었다는 증거는 그다지 결정적인 것 같지 않습니다. 어떤 학자들은 고대의 유대인이 앞선 바빌로니아의 전통에서 일부 요소를 빌려와 반복되는 성일聖日(안식일)을 중심으로 한층 고정된 체계를 만드는 혁신을 일으켰다고 주장하는데, 꽤 설득력 있습니다. 바빌로니아 가설에 논의의 여지가 있다고 한다면, 확실히 말할 수 있는 것은 7일로 이루어진 일주일이 적어도 2500년 전에 등장했다는 것뿐입니다.

그러나 일주일이 반드시 7일이어야만 한다는 고정관념에 빠져서는 안 됩니다. 유대인과 바빌로니아인, 그리스인의 전통을 한데 섞은 천문학 기반의 모형이 마침내 승리를 거두고 인도와 중국까지 전파됐지만, 이와는 다른 시간 기록 체계도 엄연히 존재하니까요. 고대 이집트에서는 무려 10일을 일주일에 욱여넣었고, 이탈리아의 에트루리아인과 초기 로마인은 비틀스의 노래 〈일주일에 8일Eight Days a Week〉을 예견한 듯 일주일을 8일로 정하고 각 요일에 A부터 H까지 알파벳 순서대로 이름을 붙였습니다. 이 체계는 로마 역사에서 놀랄 만큼 오랫동안 지속됐고, 율리우스 카이사르의 시대에 이르러서야 다른 체계로 대체되기 시작했습니다. 이후 기원전 300년대에 콘스탄티누스Constantinus 대제가 7일로 구성된 일주일을 로마의 관습으로 공식 지정하면서 완전히 폐지됐습니다.

이제 월요일에 관해 한층 더 깊이 파고들어 보겠습니다. 엄밀히 따지면 월요일은 일주일 중 잘못된 날에 지정돼 있습니다. 무슨 말이냐고요? 좀 더 자세히 설명하겠습니다.

지금으로부터 2000여 년 전, 그리스의 작가 플루타르코스Πλούταρχος는 〈행성 이름에서 따온 요일 이름의 순서는 왜 실제 행성의 순서와 다른가?〉라는 제목의 글을 썼습니다. 제가 보기에 이 제목은 철학 논문이라기보다 술에 취해 새벽 3시에 쓴 지식인의 글처럼 보입니다. 어쨌든 이 제목을 보면 아마 이런 생각이 들 겁니다. '순서가 다르다는 게 무슨 말이지?' 안타깝게도 플루타르코스의 논문은 사라지고 없지만, 그래도 우리는 이 도발적인 제목이 대체 무슨 의미인지 추측해 봐야 할 것 같습니다.

플루타르코스는 고대 천문학자들이 실제 행성을 관찰한 순서가

요일의 순서에 반영되지 않은 이유를 물었습니다. 학자들 사이에서는 어떤 행성이 가장 멀리 떨어져 있고, 그 순서를 어떻게 정해야 좋을지 의견이 분분했습니다. 그러나 하늘을 관찰하는 이들은 대부분 가장 먼 토성에서 시작해 목성, 화성, 태양, 금성, 수성 그리고 마지막으로 달을 꼽았습니다. 그렇다면 일주일은 토요일로 시작해서 목요일로 이어지고, 그다음은 화요일, 일요일, 금요일, 수요일 그리고 마지막으로 월요일이 돼야 할 겁니다. 그러나 실제로는 그렇지 않죠. 왜 그럴까요? 플루타르코스의 사라진 논문 이외에도, 또 다른 두 가지 이론을 고대의 글에서 찾아볼 수 있습니다. 그중 마음에 드는 것은 로마의 작가 카시우스 디오Cassius Dio가 발전시킨 이론입니다. 이제부터 다소 희한한 이야기가 나오니 집중해 주세요.

카시우스 디오는 한 주가 168시간으로 나뉘고, 24시간이 지날 때마다 새로운 하루가 시작된다고 했습니다. 이것은 바빌로니아인들이 12의 배수로 계산하기를 좋아한 데서 비롯된 계산법이며 한 시간이 60분인 이유도 이 때문입니다. 매일의 첫 번째 한 시간은 가장 중요한 시간 또는 관리자controller라고 했는데, 이를 각 신神-행성에게 바쳤기 때문에 그날의 하루는 첫 시간에 해당하는 신의 이름으로 불렸습니다.

간단하게 말하자면 제1일의 제1시는 가장 멀리 떨어진 토성에게 바치는 시간이므로 그날은 토요일이 됐고, 제2시는 그다음으로 먼 신-행성인 목성에게, 제3시는 그다음으로 먼 수성에게 바치는 식으로 이어졌습니다. 선택할 수 있는 행성이 일곱 개뿐이므로 결국 제8시는 다시 한 번 토성에게 돌아갔습니다.

그러나 제25시가 찾아오면 사실상 새로운 날이 밝은 셈이므로 첫 60분을 차지하는 신이 관리자가 되고, 그 신의 이름을 따 해당 요일의 이름을 지었습니다. 이날에 기리는 신은 그 전날에 기린 신과 다를 수밖에 없는데, 25를 7로 나누었을 때 딱 떨어지지 않기 때문입니다. 고대의 천문학자들은 천계의 행성 순서를 토성-목성-화성-태양-금성-수성-달이라고 보았지만, 이렇게 하면 한 주의 각 요일은 24시 관리 체계에 따라 다음과 같이 배정됩니다.

- 고대인이 생각한 천계의 행성 순서 (멀리 있는 순)
  - 토성, 목성, 화성, 태양, 금성, 수성, 달

시간\일자	1시	2시	3시	4시	5시	6시	7시	8시	9시	10시	11시	12시	13시	14시	15시	16시	17시	18시	19시	20시	21시	22시	23시	24시
1일	토	목	화	일	금	수	월	토	목	화	일	금	수	월	토	목	화	일	금	수	월	토	목	화
2일	일	금	수	월	토	목	화	일	금	수	월	토	목	화	일	금	수	월	토	목	화	일	금	수
3일	월	토	목	화	일	금	수	월	토	목	화	일	금	수	월	토	목	화	일	금	수	월	토	목
4일	화	일	금	수	월	토	목	화	일	금	수	월	토	목	화	일	금	수	월	토	목	화	일	금
5일	수	월	토	목	화	일	금	수	월	토	목	화	일	금	수	월	토	목	화	일	금	수	월	토
6일	목	화	일	금	수	월	토	목	화	일	금	수	월	토	목	화	일	금	수	월	토	목	화	일
7일	금	수	월	토	목	화	일	금	수	월	토	목	화	일	금	수	월	토	목	화	일	금	수	월

- 요일의 순서
  - 토성의 날, 태양의 날, 달의 날, 화성의 날, 수성의 날,
    목성의 날, 금성의 날

신기하죠? 영어를 사용하는 나라에서 월요일은 달의 날입니다. 월요일을 가리키는 영어 'Monday'는 고대 영어 'Moñandæg'에서 비롯됐는데, 이는 달의 신을 가리키는 고대 노르웨이어 'Máni'에서 온 것으로 추정됩니다. 물론 로마인들은 고대 노르웨이어를 사용하지

않았죠. 로마에서 사용한 라틴어로 월요일은 '달의 날'이라는 뜻의 'Dies Lunae'였고, 이것이 프랑스어로 월요일을 뜻하는 'Lundi'가 됐습니다.

사실 영어와 프랑스의 이름 짓기 전통에는 상당한 차이가 있습니다. 고대 게르만 신들이 영어권의 요일을 지배하기 때문이죠. 티르Tiw가 화요일Tuesday을, 보딘Woden이 수요일Wednesday을, 토르Thor가 목요일Thursday을, 프리야Freya가 금요일Friday을 가져갔습니다. 반면 프랑스어에서는 로마의 전통을 따라 달Lunar의 월요일Lundi, 화성Mars의 화요일Mardi, 수성Mercury의 수요일Mercredi, 목성Jupiter의 목요일Jeudi, 금성Venus의 금요일Vendredi, 토성Saturn의 토요일Samedi이라고 부르죠. 일요일을 뜻하는 'Dimanche(디망슈)'는 '신의 하루'를 뜻하는 'Dies Domenica'에서 비롯된 단어로, 이 단어만이 비기독교의 다신 숭배를 떠나 기독교의 개념을 수용했습니다. 반대로 스페인어에서는 성일Sabbath을 일요일이 아닌 토요일로 여기고, 이에 따라 토요일을 'Sábado(사바도)'라고 부릅니다.

토머스 님의 질문은 '최초의 월요일은 언제였나요?'였습니다. 7일로 구성된 일주일이 월요일 자체보다 더 오래전에 생겼을 가능성이 있습니다. 고대 유대인들은 일곱 개의 요일을 구분할 때 행성의 이름에서 따온 이름을 쓰지 않고 그저 1부터 7까지 숫자로 불렀기 때문입니다. 달에게 자신의 이름을 딴 요일이 생긴 시기는 신아시리아의 황도대가 그리스 세계에 확실히 뿌리를 내린 2400여 년 전부터입니다. 토머스 님, 이것으로 대답이 됐을까요? 솔직히 깔끔하게 해결되지 않은 듯한 찝찝함이 아직 남아 있군요.

가필드가 월요일을 싫어했던 이유가 바로 평일의 첫째 날, 즉 주인 존이 행복한 주말을 보낸 끝에 기어이 일을 하러 가야 했던 날이기 때문이라면, 2400여 년 전의 월요일은 사실 그 기준에 전혀 들어맞지 않는 날이었을 겁니다. 일주일을 8일로 여겼던 다신교도 로마인들에게 한 주는 사실 토요일에 시작했고, 월요일은 한 주의 세 번째 날이었으니까요. 그러다 기독교인들이 나타나 유대인들의 토요일인 성일이라는 개념을 빌려서 한 주의 시작을 일요일로 바꾸고, 하느님이 천지를 창조하신 뒤 휴식을 취하는 날이라고 했습니다. 이로써 일요일은 창조론의 제7일이자 새로운 한 주의 첫째 날이 되는 겁니다. 조금 헷갈리긴 하네요….

이렇게 월요일은 한 주의 세 번째 날에서 일요일에 뒤이은 두 번째 날이 됐고, 이는 미국을 비롯한 수많은 나라에서 공통의 문화적 전통으로 남아 있습니다. 그러나 19세기에 산업화가 진행되고 노동의 리듬이 대규모로 변화하면서 1900년대 초에 이르러 주말이라는 새로운 시간 개념이 탄생했습니다. 그 결과 월요일에 세속적이고 경제적인 새 의미가 부여됐고, 월요일은 국제표준화기구가 공식 인정하는 표준이 됐습니다. 그렇게 일요일이 아닌 월요일이 한 주의 시작을 알리게 된 것이죠.

그러니까 토머스 님, 월요일은 적어도 2400여 년 전에 등장했지만, 가필드가 싫어할 만한 월요일은 사실 생긴 지 한 세기밖에 되지 않았답니다!

07

윈드러시 세대가 영국에 처음 도착했을 때
마주한 상황은 어땠나요?

질문자 마샤

1948년 7월 21일, 엠파이어 윈드러시Empire Windrush라는 이름의 배 한 척이 에섹스의 틸버리에 정박했습니다. 본래 독일의 여객선이었던 이 배는 독일의 전쟁 배상금에 포함되어 영국에 인수된 이후 카리브해와 중앙아메리카에서 사람들을 영국으로 실어 나르는 데 쓰였습니다. 당시 이 배는 500여 명의 사람을 태웠다고 전해지지만, 영국 국립문서보관소에 따르면 사실 카리브해 섬의 주민 802명을 포함한 1027명의 승객을 태우고 있었다고 합니다.

평생을 대영제국의 시민으로 살았던 이 배의 승객 대부분은 모국(영국)에서 새로운 삶을 시작하고자 했습니다. 이들을 초대 구성원으로 하는 윈드러시 세대는 1948년부터 1973년 사이에 영국으로 건너와 정착한 아프리카-카리브해 이주민 위주의 공동체입니다. 실망스러울 만큼 통계가 부실하긴 하지만, 이들의 수는 1958년까지 12만 5000여 명으로 늘어났으며 이후로는 약 50만 명까지 불어났습니다.

널리 알려진 바와 달리, 윈드러시 세대에는 1973년 이전까지 남아시아, 아프리카 및 기타 영연방 지역에서 영국으로 건너온 사람들도 있었습니다. 그러나 '윈드러시 호'라는 상징적인 배가 카리브해 이야기와 직결되기도 하고 제가 가장 잘 아는 역사이기도 하므로, 이번 답변에서는 카리브해 출신 이주민들에게 집중해 보겠습니다.

그다음으로 흔한 오해는 1948년에 처음으로 영국에 흑인이 대규모로 유입됐다는 오해입니다. 사실 윈드러시 호는 100명 이상의 아프리카계 카리브해 출신 이주민을 태우고 온 세 번째 배이며, 이보다 앞선 1947년에 오먼드Ormonde 호와 알몬자라Almonzara 호가 있었습니다. 게다가 영국은 제2차 세계대전 도중 15만 명의 흑인 미국군을 대부분 대단히 환영했던 적도 있습니다. 더 흥미로운 점은 1700년대 말에 이미 적어도 2만여 명의 흑인이 잉글랜드에 살고 있었으며, 흑인의 존재는 로마 시대까지 거슬러 올라간다는 점입니다.*

윈드러시 세대 사람들이 영국 이민을 택한 이유는 여러 가지였으며, 그중에는 영국에 대한 소속감도 있었습니다. 전쟁 중 영국의 군대에서 복무한 이들도 있었고, 자신이 어릴 적에 살았던 제국과 감정적 유대감을 느끼는 이들도 있었습니다. 많은 이들이 더 나은 삶을 살 수 있으리라는 꿈을 품고 배에 올랐는데, 이것은 천진난만한 로망이라기보다 절망 끝에 매달린 실낱같은 희망에 가까웠습니다.

영국의 카리브해 식민지는 경제 발전을 이루지 못한 지역이었습니다. 노예제가 폐지된 지 한 세기가 지난 후에도 플랜테이션 체계에서 거의 벗어나지 못했으며, 대공황으로 모든 구조적 문제가 더욱 악화됐습니다. 1930년대에는 섬마다 노동 쟁의, 기아 행진, 폭력 사태가 빈번하게 발생했습니다. 이곳 사람들은 더 나은 생활수준을 갈망했습니다.

---

* 이 이야기에 관해서는 데이비드 올루소가David Olusoga 교수의 탁월한 역사 이야기 《흑인과 영국 Black and British》, 하킴 아디Hakim Adi 교수의 논문집 《흑인 영국인의 역사: 새로운 시각들Black British History: New Perspectives》을 강력하게 추천합니다. (국내 미출간)

1938년에 영국 정부는 조사를 위해 왕립 위원회를 파견했습니다. 조사 결과를 낱낱이 담은 〈모인 보고서Moyne Report〉는 제2차 세계대전이 발발하면서 완성이 지연됐고, 1945년에 마침내 출판됐을 때도 두루뭉술한 해결책을 제시해 실망만 안겨 주었습니다. 어느 정도 기금이 카리브해로 전달됐으나 이 또한 역부족이었습니다.

한편 영국의 상황도 그다지 장밋빛은 아니었습니다. 파시즘과 싸우고 난 뒤의 영국 경제는 시궁창에 처박혀 있었고, 노동자가 부족해 무려 130만 개의 일자리가 비어 있었습니다. 아프리카계 카리브해 주민들은 신문을 펼칠 때마다 바다 건너에서 보내는 구인 광고의 폭격을 맞았습니다. 직업이 없어 낙담한 상태의 영국 식민지 주민들이 이런 구인 광고를 봤다면 당연히 '런던이야말로 나를 위한 곳이구나!'라고 생각하지 않았을까요?

이런 사람들은 누구보다 열심히 일할 테니 영국 노동당 정부가 두 팔 벌려 이들을 맞이했으리라고 생각할 수도 있겠습니다. 정말 그랬을까요? 아닙니다. 대신 정부는 일자리가 있다는 소문을 가라앉히기 위해 노동부에서 사절을 파견했습니다. 자메이카, 트리니다드, 바베이도스 등의 주민들에게 영국은 여러분이 필요치 않고, 여러분을 원하지도 않고, 영국에 와 봤자 끔찍하게 추운 겨울과 폐렴 때문에 고생이나 하게 될 테니 오지 말라고 설득했습니다. 그러나 이미 신문에 구인 광고가 가득했으니 다소 헛된 시도였죠.

겁주는 방법은 통하지 않았습니다. 클레멘트 애틀리Clement Attlee 영국 총리는 윈드러시 호가 항행 허가를 받았을 때 별로 기뻐하지 않았고, 오히려 아프리카로 뱃머리를 돌릴 수는 없는지 고민했습니다. 윈드러시 호가 틸버리에 도착했을 때는 모든 탑승객이 영국 여권을 가지고 있었으므로 법적으로 이들을 돌려보낼 구실이 없었습니다. 그러자 정부는 다른 정책을 펼치기 시작했습니다. 이민자들이 공동체를 형성하여 더 많은 이민자를 끌어들이지 못하도록 영국 내에서 가능한 한 뿔뿔이 흩어지게 한 것입니다.

마샤 님은 이 이민자들이 영국에 처음 도착했을 때의 상황을 물었습니다. 하선한 승객 대부분은 미리 약속해 둔 일자리나 중개자를 만나러 떠났습니다. 남은 230여 명은 클래팜 커먼 공원 지하의 버려진 방공호로 보내졌습니다. 이민자들은 지저분한 나무 승강기를 타고 어두컴컴한 지하로 내려가 얇은 담요와 이층 침대를 배정받았습니다. 지역 자원봉사자들이 이민자들에게 뜨거운 차와 물이 뚝뚝 떨어지는 빵 쪼가리를 배급했습니다. 내리쬐는 열대의 햇빛에 익숙했던 이민자들에게는 상당한 충격이었습니다. 훗날 한 이민자는 이렇게 회상했습니다. "거주지라고 제공된 어둑하고 축축하고 곰팡내 나는 터널들을 영문 모를 눈으로 쳐다보았습니다. 그곳은 드문드문 가구를 놓은 토끼 굴처럼 원시적이고 온기가 없었습니다. 그렇지만 낯설고 새로운 땅에서는 별다른 대안이 없었습니다."

따뜻한 환영이라고 할 수 없는 이 상황은 결코 우연이 아니었습니다. 내부적으로 이들을 제거하고자 했던 노동당 정부는 이들이 만드는 인종적 부조화가 안 그래도 쌓여만 가는 영국의 골칫거리에 또 다른 짐을 얹을까 두려웠습니다. 한 하원의원은 카리브해에서 오는 이민자들이 "여러 우려 중에서도 특히 우리 국민과 사회의 조화, 국력, 결집력을 해치고 불화와 불행을 불러올 가능성이 있다."라고 선언했습니다. 식민 장관 아서 크리치 존스Arthur Creech Jones는 영국의 혹독한 겨울이 이민자들을 쫓아낼 것이라면서 불안해하는 동료들을 달랬습니다. 그러나 열심히 일하는 이민자들은 오래지 않아 영국 고용주들 사이에서 수많은 러브콜을 받았으며, 이민자들이 떠나지 않으리라는 점은 분명해졌습니다.

훗날 기념비적인 저서 《인내력: 영국 흑인의 역사》*를 쓴 저널리스트 피터 프라이어는 틸버리에서 하선하는 많은 이민자와 대화를 나눈 뒤, 3주 후에 다시 연락해 어떻게 지내는지 살펴보았습니다. 그의 보고는 이렇습니다. "76명이 주조 공장에서 일했고, 15명은 철도에서, 15명은 노동자로, 15명은 농장 일꾼으로, 10명은 전기 기술자로 일하고 있었다. 다른 이들도 매우 다양한 직업을 갖게 됐으며 우체국 사무직, 자동차 생산라인 노동자 또는 배관공이 되기도 했다." 이처럼 초기 단계의 윈드러시 세대는 대부분 남성으로 구성됐습니다. 이들은 아서 크리치 존스 장관의 예상과 반대로 영국에서 맞이하는 첫 번째 겨울을 견뎌내고 봄바람 속에서 수선화가 피어날 때까지 열심히 일했습니다.

처음에는 아프리카계 카리브해 출신 이민자 규모가 크지 않았습니다. 1948년 10월 또 다른 180여 명의 이민자가 오르비타Orbita 호를 타고 리버풀에서 하선했으나 그 이후 2년여 동안은 수백 명 수준에 그쳤습니다. 윈스턴 처칠이 다시 한 번 지휘권을 잡은 1951년에는 이민자가 연간 1000명 증가했고, 1953년에는 3000명이 더 증가했습니

---

*   Peter Fryer, 《Staying Power: The History of Black People in Britain》, 국내 미출간

다. 초기에는 이민자 대부분이 남성이었습니다. 온 가족이 이민을 오려면 너무 많은 돈이 필요했기 때문에 남은 이들은 돈을 모아 뱃삯이 마련되는 대로 가족을 따라 이주했습니다. 그러다 1954년이 되자 새로운 이민자 수가 1만 명으로 급증했습니다. 왜 이렇게 갑자기 늘어난 걸까요?

아마 〈모인 보고서〉가 발표된 이후에도 카리브해의 생활환경이 여전히 극도로 좋지 않았기 때문일 겁니다. 영국이 식민지를 정치적으로 독립시킬 기미조차 없고 수많은 실업자가 아무런 도움도 받지 못하는 상황에서 이들에게 남은 유일한 희망은 가족을 떠나 배에 오르는 일뿐이었습니다. 1955년에는 4만 2000명이 바다를 건넜고, 이후 안정적인 유입세가 이어지면서 영국 국민건강보험, 다수의 호텔, 런던 교통회사 같은 주요 고용주들도 병원, 호텔 혹은 버스에서 일할 아프리카계 카리브인을 모집하기 시작했습니다.

모국이 풍요와 교양, 예절의 나라라고 가르치는 식민지 교육 체계에서 자라난 이들에게 영국에서의 삶은 너무나 많은 것을 약속하는 듯했습니다. 도로를 황금으로 포장했대도 믿었을 겁니다. 그러나 영국은 전쟁으로 만신창이가 된 상태였고, 1954년까지 여전히 식량을 배급했으며, 구할 수 있는 일자리라고는 비숙련 직종뿐이었습니다. 피터 프라이어는 1950년대에 런던에 온 카리브해 출신 이주민 중 절반 이상이 이곳에서 얻은 새로운 직업보다 더 능력이 뛰어나다는 사실을 발견했습니다. 이들은 야간 근무, 육체노동, 길거리 청소를 도맡거나 백인들이 꺼리는 서비스직에서 일했습니다. 게다가 무엇보다 날씨도 끔찍했죠.

많은 윈드러시 세대가 일반적으로 비슷한 감정을 느꼈을 겁니다. 역사학자 데이비드 올루소가 교수는 회고록에서 가장 많이 사용된 단어가 '실망'임을 자신의 저서에서 지적했습니다. 스스로 영국인이라고 생각했던 사람들은 자신들이 비천한 일자리밖에 구할 수 없다는 사실에 모욕을 느꼈습니다. 무엇보다 살 곳을 찾는 일이 좌절할 만큼 힘들었습니다. 많은 집주인이 이민자에게 방을 내주지 않았고, 집주인의 목소리에 공공연한 혐오가 담길 때도 있었습니다. 그러나 가장 흔한 거부는 방이 갑자기 나가서 안타깝다는 식으로 말하는 거짓 위로였습니다. 이처럼 기운 빠지는 차별 때문에 잔혹한 악덕 집주인들은 오히려 주머니를 불리기가 더 쉬워졌습니다. 이들은 흑인 공동체를 지지하는 척하다가 나중에 본색을 드러내며 사람들을 착취하는 악당이었죠. 그중 가장 악명 높은 자가 바로 피터 래크먼Peter Rachman이었습니다.

영국 길거리에서 흑인들을 점점 더 쉽게 볼 수 있게 되면서 긴장감도 높아졌습니다. 역사학자 어맨다 비드날Amanda Bidnall은 영국 미디어가 처음에 윈드러시 세대를 긍정적으로 비추었다는 점을 밝혔습니다. 1940년대부터 1950년대 중반까지 뉴스영화와 신문에서는 식민지 출신 사람들을 가리켜 대영제국을 위해 자신의 소임을 다하는 자랑스러운 애국자라고 따뜻하게 묘사했습니다. 그러나 연간 이민자 수가 4만 2000명에 달하자 분위기가 급속도로 변했습니다. 혐오가 당연한 일이라는 분위기가 만연했습니다. 아프리카계 카리브해 출신 사람들은 덜떨어진다, 글을 읽지 못한다, 병에 걸렸다, 성범죄를 일으킬 수 있다, 심지어는 식인을 한다는 생각까지 널리 자리 잡았습니다. 백인과 흑인 간의 우정이나 로맨스를 역겹거나 위험하다고 보는 사람들도 많았습니다.

적의와 인종차별주의는 폭력을 낳기 시작했습니다. 윌리스 콜린스Wallace Collins라는 젊은 자메이카인은 런던에 도착한 첫 주말에 깜둥이라는 욕설과 함께 목에 칼을 들이대는 사람을 마주쳤습니다. 이런 일은 아주 흔하게 벌어졌습니다. 1958년 노팅엄에서 일어난 세인트 앤 폭동에서는 칼을 휘두르는 거대한 폭력배 무리가 소규모 흑인 집단을 무자비하게 공격했습니다. 술집에서 한 흑인 남자가 동네의 젊은 금발 백인 여자와 이야기를 나누는 모습이 목격되면서 폭력 사태로 번졌다는 소문이 돌았습니다. 경찰이 도착할 때까지 1000여 명이 폭동에 휘말렸고, 끔찍한 부상을 입어 치료를 받아야 했던 사람들도 많았습니다.

그다음 주에는 런던 서부에서 악명 높은 노팅 힐 폭동이 일어났습니다. 이번 폭동도 흑인 남편과 스웨덴인 아내 부부를 악의에 찬 무리가 둘러싸면서 시작됐습니다. 다음 날 이 아내는 자신의 인종에 반하는 범죄를 저질렀다는 이유로 공격을 당했습니다. 런던 각지에서 모여든 400여 명의 백인 남자들이 인종차별 구호를 외치며 아프리카계 카리브인의 집에 쳐들어가 흑인들을 공격하고 그들의 가게에 불을 질렀습니다.

폭력범들은 체포돼 기소됐지만, 다수의 피해자는 자기들 편을 들어주는 경찰관들이 거의 없었다고 회고했습니다. 수많은 피해자와 현장 경찰관들이 폭넓은 증언을 내놓았으나 고위 경찰관들은 이를 무시했습니다. 모든 사태를 인종차별주의자가 아니라 단순한 깡패가 벌인 짓이라고 치부하려 했죠. 모두가 나서서 영국에 그토록 공공연한 혐오가 만연하다는 수치스러운 진실을 가리고자 애썼습니다.

피해자들의 심정은 실망과 환멸에 그치지 않았습니다. 이것은 배신이었습니다. '모국'이라는 표현과 포용적인 영국이라는 허울 좋은 말은 알고 보니 신기루였습니다. 배런 베이커라는 이민자는 훗날 인터뷰에서 이렇게 회고했습니다. "폭동 전까지 전 영국인이었습니다. 유니언잭 아래에서 태어난 사람이었죠. 그렇지만 인종 폭동으로 제가 누구인지 깨닫게 됐습니다. 그들은 저를 충직한 자메이카인으로 바꿔 놓았습니다. 그렇게 생각하지 않는다면 누구보다 제 자신을 속이는 셈이 됐을 겁니다."

노팅힐에서 벌어진 충격적인 폭력 사태는 갖은 비난을 받았으나, 미디어와 일부 정치인은 여전히 반이민 분열을 부추겼습니다. 위대한 정치인조차 마찬가지였습니다. 3년 전인 1955년, 해럴드 맥밀런 Harold Macmillan의 일지에는 윈스턴 처칠이 '영국을 백인의 나라로 만들자!'라는 말을 보고 개인적으로 '좋은 선거 구호' 같다며 마음에 들어 했다고 기록되어 있습니다. 1968년에는 정치인 이넉 파월Enoch Powell 이 '피의 강' 연설을 통해 대규모 이민에 반대했다가 섀도캐비닛(19세기 이래 영국에서 시행되어 온 제도로 야당에서 정권을 잡았을 경우를 예상하여 조직하는 내각 - 편집자)에서 퇴출당했지만, 핵심적인 보수 유권자들 사이에서는 상당한 인기를 얻었습니다.

이는 반세기 전 영국의 이야기입니다. 그러나 슬프게도 현대의 정치인들 또한 계속해서 윈드러시 세대에게 실망을 안겨 주고 있습니다. 마샤 님은 윈드러시 세대가 막 도착했을 때의 상황을 물었지만, 훨씬 더 최근에는 한층 심각한 배신이 수면 위로 드러났습니다. 아프리카계 카리브해 출신 이민자들만의 문제는 아니었습니다. 2018년, 《가디언》이 터트린 윈드러시 스캔들에서는 1973년 이전 영연방 및 식민지에서 영국으로 이주한 취약 계층 사람들이 오랫동안 적법한 시민권을 가지고 있었음에도 영국 이민국이 이들의 권리를 부정하고 심지어 추방했다는 사실이 밝혀졌습니다. 이민자들에게 '적대적인 환경'을 만들겠다는 테리사 메이Theresa May 전 총리의 반反이민 정책은 이민자를 경솔하고, 잔인하고, 훗날 밝혀진 바에 의하면 불법적인 방식으로 괴롭혀 비참하게 살아가게 했습니다. 적어도 열한 명이 조국에서 추방당했고, 상소하기 위해 싸우다가 망명 중 세상을 떠났습니다.

그러니까 마샤 님, 말씀드리기 부끄럽지만 윈드러시 세대는 영국의 재건을 돕기 위해 왔다가 이들을 보호해야 할 사람들에게 두 번이나 내쳐지고 말았습니다.

생일은 언제부터 축하하거나 기념하는 날이 됐나요?

질문자 애나

애나 님은 어떤지 모르지만, 저는 한 번도 생일을 즐겨 본 적이 없습니다. 적어도 제 생일은 그랬죠. 비록 케이크를 정말 좋아하고 당연히 선물도 좋아하지만, 이 땅에 발붙이고 살아온 지난 38년 동안 기억에 남을 만한 생일은 거의 없습니다. 예외가 있다면 다소 감정이 격해진 두 번의 생일이 있네요. 첫 번째는 아침 댓바람부터 몸에 혹이 있다는 소식을 듣고 곧 죽겠다고 생각했던 스물한 번째 생일, 두 번째는 극심한 자살 충동과 오랜 우울증을 이겨 내고 친구들과 가족들의 진심 어린 축하를 받았던 서른 번째 생일이었습니다.

생일은 삶을 축하하는 날이지만, 어쩐지 제 멍청한 머리로는 생일이 곧 피할 수 없는 죽음을 상징하는 것처럼 보입니다. 제가 나이 드는 걸 끔찍하게 싫어하는 구질구질하고 염세적인 노인네라서 그런 건 아닙니다. (사실 그런 이유도 없잖아 있지만요) 그보다는 적어도 고대 유대인의 관습까지 거슬러 올라가는 먼 옛날의 전통이 아직도 계속되는 것처럼 보이기 때문입니다. 유대교의 주요 율법을 담은 경전 《탈무드》에 따르면 위대한 예언자 모세는 자신의 120번째 생일에 숨을 거두었습니다. 죽을 날이 미리 정해져 있다는 개념은 제품 라이선스 기간이 만료된 소프트웨어를 떠올리게 하는데요. 이처럼 사람이 자신에게 할당된 시간이 끝나는 즉시 숨을 거두는 모습은 초기 기독

교 신학에서도 찾아볼 수 있습니다. 예수 그리스도는 거룩한 수태고
지가 있었던 날이자 하느님께서 '빛이 있으라.' 하시며 천지를 개벽한
3월 25일에 숨을 거두었다고 전해집니다.

이와 별 관련 없는 잡학 지식을 말씀드리자면, 자신의 생일에 최
후를 맞이한 사람 중에는 영국의 문호 윌리엄 셰익스피어, 영화배우
잉그리드 버그만, 카이사르 암살의 공범인 로마의 카시우스, 르네상
스의 화가 라파엘 등이 있습니다. 카시우스는 주요 전투에서 패배한
뒤 카이사르를 찔렀던 바로 그 단검으로 자결했습니다. 반면 라파엘
은 여자 친구와 과도하게 사랑을 나누다 목숨을 잃었다고 합니다.
어떤 죽음이 더 나은지에 관해서는 우리 모두 같은 생각일 것 같습
니다.

이제 자신의 생일을 기억하는 최초의 사람으로 돌아가 봅시다.
모세가 역사적 실존 인물이라고 가정했을 때 그가 지구상에 살았던
시기는 정확히 알 수 없습니다. 다만 여러 학자들은 모세가 기원전
1300년대에 태어나 기원전 1200년대를 살았다고 추측합니다. 그렇
다면 120살의 모세는 생일이 알려진 가장 나이 많은 사람이자 가장
옛날 사람이 됩니다. 하지만 모세가 생일을 기념하는 무언가를 했다
는 이야기는 전하는 바가 없습니다. 어쩌면 그는 너무 늙은 자신을
보며 몹시 슬퍼했을 수도 있습니다. 평생 사막을 방랑하고 산을 오르
며 살아왔으니 무릎 관절이 남아나지 않았을 테니까요.

잘 알려진 생일 기념식을 논하려면 모세의 유명한 적수를 살펴봐
야 합니다. 〈출애굽기〉에서 어느 전능한 이집트 파라오는 유대인들
을 잔인하게 노예로 부리며 도시와 기념물을 건설하는 데 동원했습

니다. 그렇다면 여기에 등장하는 파라오는 누구였을까요? 현대 학자들은 파라오 중에서도 흔히 람세스 대왕으로 불리는 람세스 2세에게 비난의 화살을 돌리는 경향이 있습니다. 실제로 람세스 대왕은 거대한 도시를 건설하고 곳곳에 자신의 웅장한 조각상을 세우는 데 심혈을 기울였습니다.

람세스가 자신의 실제 출생일을 기념했는지, 신성神聖으로 다시 태어난 날, 즉 통치자 파라오가 된 날을 기념했는지는 확실히 알 수 없습니다. 그러나 둘 중 적어도 하루는 기념한 것으로 보이므로 사실상 이날을 생일로 봐도 좋을 듯합니다. 관광 안내서에 자주 등장하는 이야기로는 람세스가 이 두 날을 모두 기념했다고 합니다. 심지어 건축가들이 아부심벨에 자신의 거대한 신전을 건설할 때 1년 중 이 두 날, 각각 2월과 10월의 하루에 자신을 본뜬 조각상이 햇빛을 받아 빛나도록 방향에 주의하라고 지시했다고 합니다. 실제로 그 이틀 동안은 조각상들이 햇빛을 받아 너무나도 아름답게 빛나지만, 이것이 생일과 관련됐다는 증거는 전혀 없습니다.

물론 예언자나 파라오는 특수한 부류에 속하므로, 평범한 사람들도 생일에 고깔모자를 쓰고 촛불을 불며 소원을 빌었는지는 알기 어렵습니다. 일반 대중이 생일을 축하했다는 증거를 찾아보려면 고대 그리스의 역사가 헤로도토스Ηρόδοτος의 글을 살펴볼 수 있겠습니다. 그는 2500년 전 중동 및 서아시아 전역에 걸친 거대한 아케메네스 제국의 페르시아인들이 사회적 지위와 상관없이 생일을 성대하게 축하했다면서 다음과 같이 썼습니다. "모두가 가장 소중히 여기는 날은 자신의 생일이다. 이날이 되면 당연히 다른 날보다 더 푸짐하게 식사

한다. 부자들은 소나 말, 낙타, 당나귀 고기를 화덕에 통째로 구워 먹고, 가난한 사람들은 소보다 못한 음식을 먹는다. 음식 종류가 다양하지는 않지만 매우 화려하고, 한꺼번에 차려서 먹지는 않았다." 듣기만 해도 군침이 도네요.

한편 로마인들은 자신의 생일뿐 아니라 친구, 고객, 윗사람 그리고 황제의 생일을 축하하는 데 특히 열심이었습니다. 실제로 당시에는 상대방에게 자신이 신경 쓰고 있음을 알리는 게 중요했고, 특히 그 상대방이 자기 가족이나 경력에 영향을 미칠 수 있는 사람이라면 더 중요했습니다. 지금까지 남아 있는 로마 시대의 생일 축하 메시지들은 근엄하고 지나치게 감성적이고 장황하게 들립니다. 혹시라도 로마인들이 생일을 맞은 사람에게 짓궂은 농담이 적힌 생일 카드를 보내는 요즘 사람들의 행동을 봤다면 썩 유쾌해하지는 않았을 겁니다.

한편 마르쿠스 아우렐리우스Marcus Aurelius 황제의 생일 축하 메시지는 우리에게 의도치 않은 웃음을 줍니다. "생일에는 주인공을 위해 벗들이 서약의 기도를 올려야 마땅하나, 짐은 그대들을 나 자신과 같이 사랑하므로 그대들의 생일에 나를 위해 기도하겠다." 황제님, 정말 황공하옵나이다! 혹시 당신 자신을 위한 선물은 준비하지 않으셨나요? 하여튼 뻔뻔하십니다. 마르쿠스 아우렐리우스는 그 성정으로 미루어 보자면 아마 자신의 실제 생일dies natalis, 수많은 벗과 가족의 생일, 때때로 돌아오는 전 황제들의 탄신일 기념식 그리고 자신이 황제가 된 날dies imperii을 비롯해 여러 번의 생일을 챙겼을 겁니다. 이처럼 특별한 날들이 온 달력에 빼곡히 차 있으니 아마 늘 선물에 파묻혀 살았을 테고, 그중 대부분은 자기가 자기에게 주는 선물이었을 겁니다.

　로마인들이 이처럼 생일 챙기기를 좋아했다면 과연 어떤 방식으로 생일을 축하했을까요? 우선 생일 파티를 열었다는 점은 확실히 알 수 있습니다. 고대 로마의 하드리아누스 방벽은 스코틀랜드를 건국한 픽트인들이 브리타니아(로마가 정복했던 영국의 지방 - 편집자)에 접근하는 것을 막기 위해 쌓은 북방의 성벽입니다. 고고학자들은 이 하드리아누스 방벽의 군사 요새에서 빈돌란다 목판Viondolanda tablets을 발굴했는데, 여기에는 병사들과 그 가족들 그리고 연락병들이 주고받은 메시지가 적혀 있습니다. 이 중에는 클라우디아라는 여성이 친구 술피시아를 생일 파티에 초대하는 내용이 있습니다. 이 파티에서는 아마 선물을 주고받고, 특별한 흰색 튜닉을 입고, 의례용 향을 피우고, 작은 케이크를 나누어 먹었을 것으로 보이며, 동물을 바치는 희생제를 열고 불의 제단에 특별한 포도주를 뿌렸을 수도 있습니다. 재미있을 것 같지만, 로마의 생일은 신나게 파티를 벌이는 날이라기보다 신성한 통과의례를 치르는 날이었습니다.

　마무리하기에 앞서 생일의 역사에 관한 놀라운 점을 한 가지 더 알려드리겠습니다. 애나 님, 애나 님의 생일은 매년 같은 날에 찾아오지 않습니까? 옛날에는 매년 생일이 다른 날인 사람들도 있었습니다. 미국의 초대 대통령 조지 워싱턴은 스무 살까지 2월 11일을 생일로 알고 살았지만, 그 이후로는 평생 2월 22일 생으로 살았습니다. 그가 별난 변덕을 부렸기 때문이 아니라 영국이 옛 율리우스력을 버리고 새로운 그레고리력을 사용하기 시작하면서 벌어진 일입니다. 참고로 1752년까지만 해도 조지 워싱턴은 아직 자랑스러운 영국인이었습니다. 새로운 체계를 도입하기 위해 9월 2일의 다음 날을 9월 14일로 바꾸면서 11일이 사라진 겁니다.

워싱턴은 이처럼 사라진 11일을 감안하여 21번째 생일을 전해 생일로부터 365일 지난 날로 옮겨야 했습니다. 2월 11일에서 딱 1년 지난 시점이 묘하게도 2월 22일이 된 셈이죠. 엄밀히 말하자면 한 살 더 먹는 날에 원래 나이보다 일주일 반 정도 더 젊었던 겁니다!

3장

건강과 의학

HEALTH & MEDICINE

HEALTH & MEDICINE

09

20세기 이전의 여성들은
생리할 때 어떻게 했나요?

질문자 앨리

아, 옛날이여! 저는 일상의 역사를 다룬 첫 번째 저서의 출간 기념회를 다니면서 공개 이벤트를 열 때마다 이 질문을 가장 많이 받았습니다. 물론 답변을 할 수는 있지만 늘 예외가 있을 수 있다는 단서 조항을 달고 싶습니다. 인간 종이 탄생한 이래로 세상에는 대략 540억 명의 여성이 살았으므로, 포괄적인 답변을 했다가는 천차만별인 개개인의 경험을 과도하게 일반화할 위험이 있기 때문입니다. 더군다나 모든 여성이 월경을 경험하지는 않습니다. 그렇더라도 모든 질문에 이런 식으로 변명하며 발뺌했다가는, 이 책은 돌이킬 수 없이 지루해질 겁니다. 그러므로 여기에서는 제가 가장 잘 아는 영역인 유럽과 아메리카에 국한해서 이야기한다는 단서를 붙이겠습니다.

우선 짚고 넘어가자면 많은 여성에게 생리는 그저 매달 며칠씩 피를 흘리고 불편을 겪는 데 그치는 일이 아니라 건강을 좌우하는 심각한 문제였습니다. 항생제가 없던 시절, 즉 식량이 부족하고 풍토병이 상존하던 시절에는 수많은 사람이 비타민 결핍, 질병, 스트레스, 혹은 엄청난 피로에 시달렸습니다. 고대 의학 전문 역사학자 크리스티 업슨 사이아Kristi Upson-Saia 박사는 팟캐스트에서 로마인들이 대부분 건강이 좋지 않았고, 건강이 좋은 경우는 손에 꼽을 정도로 드물었다

093

3장. 건강과 의학

고 말했습니다. 알렉산드라 로드Alexandra Lord 박사는 실제로 18세기 에 든버러의 빈곤층 여성들이 영양가 있는 음식을 구하기 어려운 겨울에 월경을 걸렀다는 사실을 밝혀냈습니다. 1671년에 제인 샤프라는 산파는 월경이 "어떤 때는 너무 이르고, 어떤 때는 너무 늦으며, 양이 너무 많거나 너무 적기도 하고, 완전히 멈춰 아예 찾아오지 않을 때도 있다."라는 말을 남기기도 했습니다.

고대와 중세 시대에는 이런 호르몬 불균형을 제대로 이해하지 못했습니다. 저명한 그리스인 의사 히포크라테스Ἱπποκράτης와 갈레노스 Γαληνός를 비롯한 영향력 있는 사상가들은 인체의 체계가 흑담즙, 황담즙, 점액, 혈액 등 네 가지 체액으로 구성된다고 보았습니다. 체액은 사람의 성격이나 기질을 결정하는데, 여기에서 우울한melancholic, 잔인한sanguine, 침착한phlegmatic 등의 감정 형용사가 비롯됐습니다. 또한 체액의 균형이 깨지면 병이 생긴다고 보았습니다. 일반적으로 장기가 너무 뜨겁거나 너무 차갑거나 너무 습하거나 너무 건조할 때 문제가 생긴다고 여겼고, 인체의 자연스러운 균형을 되찾기 위해 식습관을 바꾸거나 피를 뽑는 사혈 요법을 사용했습니다.

훗날 아리스토텔레스의 영향력을 등에 업은 히포크라테스식 전통에서는 남성에게 더 뜨겁고 건조한 체액이 흐르기 때문에 폭력에 더 이끌리지만, 한편으로는 배뇨, 배변, 땀, 코피, 수염, 굵고 시퍼렇게 튀어나온 정맥을 통해 불필요한 불순물을 더 효율적으로 배출할 수 있다고 했습니다. 반면 여성에게는 차갑고 습한 체액이 흐르기 때문에 코피도 수염도 나지 않으며 혈관이 얇고 남자들만큼 음식을 소화하지 못한다고 했습니다. 그리고 나쁜 물질은 오직 자궁을 통해 몸

밖으로 배출해야 한다고 보았습니다. 그런데 몸에 나쁜 물질이라면 당연히 위험한 물질이라고 생각하지 않았을까요?

이런 생각은 종교적 교리에도 영향을 미친 듯합니다. 히브리 성경의 〈레위기〉 15장에서는 체외 배출이 불순하고 불결하다고 했고, 정통 유대교의 종교법인 할라카에서는 월경 중인 여성의 성행위를 금지하고 일주일 동안 흰 천 위에서 잠을 잔 뒤 신성한 미크바 목욕을 해야 한다고 했습니다. 이슬람교와 힌두교의 일부 전통에도 비슷한 규칙이 있습니다. 생리혈은 단순히 약간 끈적끈적한 피가 아니라 아예 오염물질이라고 보는 시각이 널리 퍼져 있었습니다. 월경에 대한 공포를 가장 기이하게 표현한 말은 대大 플리니우스Plinius의 외설적인 의견에서 찾을 수 있습니다. 로마의 학식 있는 자연주의자였던 그는 기원후 79년 베수비오 화산이 폭발했을 때 모두가 도망쳐 나오던 곳으로 무모하게 들어갔다가 명을 달리한 사람이었습니다. 그는 생리혈이 마치 화학물질을 실은 덤프트럭에서 흘러나온 유독물질이라도 되는 듯 "새 포도주가 시큼해지고, 곡식이 메마르고, 접붙인 나무가 죽고, 정원의 씨앗이 말라비틀어지고, 과일이 나무에서 떨어지고, 쇠붙이의 날이 무뎌지고, 상아의 광택이 흐려지고, 벌집의 벌이 죽고, 청동과 철이 한순간 녹으로 뒤덮이며, 끔찍한 냄새가 가득 퍼지고, 그 맛을 본 개는 미쳐 버리며, 그 개에게 물리면 치료할 수 없는 독이 옮는다."라고 묘사했습니다. 지하철에서 옆자리에 앉은 남자가 갑자기 자기 여동생이 생리를 하는 바람에 벌이 집단 폐사했다고 얘기하기 시작한다면 얼른 자리를 피하는 게 좋을 겁니다.

그리스·로마 시대의 이런 생각들은 수 세기 동안 끈질기게 이어졌습니다. 중세에는 생리 중인 여성이 눈짓만 해도 남자에게 저주를 내릴 수 있고, 생리혈이 단순한 자궁 내막이 아니라 마치 영화 〈에이리언〉에 나오는 끔찍한 괴생물체의 혈관을 흐르는 산성 물질인 것처럼 한 방울이라도 닿으면 음경의 연약한 살갗이 화상을 입을 수 있다는 믿음이 널리 자리 잡았습니다. 또한 중세 사람들은 용감하거나 혹은 음탕한 남자가 생리 중인 여성과 관계를 맺어 임신시킨다면, 그 여자는 남자의 열기를 빼앗아 기력을 얻지만, 남자는 여자의 차가운 습기 때문에 크게 쇠약해진다고 믿었습니다. 그렇게 태어난 아이는 약하고 기형이며 빨간 머리가 된다고도 믿었죠. 게다가 생리의 위험성은 나이가 들어도 떨어지지 않는다고 생각했습니다. 여자들은 평생에 걸쳐 위험할 정도로 많은 생리혈을 비축하기 때문에 폐경기가 가까워지면 눈과 코에서 유독한 증기가 새어 나와 가까이에 있는 아이나 동물을 오염시키고, 심지어는 죽일 수도 있다고 보았습니다.

물론 과거에도 수많은 여성이 끔찍한 생리통을 겪었을 겁니다. 중세 시대의 수녀원장 힐데가르트 폰 빙엔Hildegard von Bingen은 이브가 아담에게 에덴의 선악과를 먹으라고 말한 죄로 생리통이라는 벌을 받았다고 설명했습니다. 제가 이 이야기를 꺼낸 이유는 중세 시대에 일부 수녀들이 극한의 단식과 사혈을 통해 생리 주기를 억눌렀고, 생리가 멎으면 하느님이 그들의 신앙심에 감명 받아 대대로 내려오는 형벌을 면제해 주셨다고 믿었기 때문입니다. 물론 이는 극도의 빈혈 때문이거나 앞서 18세기의 에든버러 여자들과 마찬가지로 곤궁한 겨울을 보낸 탓이었습니다.

이처럼 무시무시한 전략들이 있었지만, 고대 의학서에서는 규칙적인 월경 주기가 여성의 건강에 매우 중요하다고 논했습니다. 많은 여성에게는 불안정한 생식기관을 제자리로 돌려놓는 일이 가장 시급했죠. 다수의 의학 지침서에는 월경 문제가 있는 기혼 여성이라면 주기적으로 섹스를 하고 건강한 음식을 먹으라는 조언이 담겨 있습니다. 저에게도 도움이 될 것 같군요. 이 방법이 효과가 없으면 허브와 포도주 또는 으깬 과일과 채소로 만든 페서리(pessary, 자궁의 위치 이상을 바로잡거나 피임하는 데 쓰는 반구형의 기구 - 편집자)를 질 속에 삽입하는 가벼운 치료법을 사용했습니다. 영화배우 기네스 펠트로의 뷰티 브랜드에서 다룰 법한 내용이지만, 이것은 이제부터 소개할 방법들에 비하면 약과였습니다.

이발과 의술을 겸하던 당시 의사들이 불규칙한 생리 주기 때문에 칼을 대는 일은 다행히 최후의 수단으로 여겨졌습니다. 하지만 히포크라테스라면 아무런 양심의 가책도 없이 젊은 여성의 정맥에서 피를 뽑아냈을 겁니다. 그에게는 모든 피가 다 똑같았을 테니까요. 이마저도 효과가 없다면 결국 자궁을 자극해 활성화하는 수밖에 없었습니다. 자, 이제부터 정말 기이한 방법이 나옵니다. 히포크라테스는 죽은 딱정벌레, 특히 가뢰과 딱정벌레의 사체를 질에 한가득 밀어 넣으면 딱정벌레가 분비하는 유독물질이 부종을 일으키고 혈액순환을 촉진한다고 조언했습니다. 가뢰류 딱정벌레는 역사상 가장 악명 높은 독극물이자 사용량에 따라서는 최음제도 될 수 있습니다. 도랑 치고 가재 잡는 격이지만, 저라면 이런 위험천만한 스릴은 사양하겠습니다.

독성이 있는 딱정벌레 사체를 질에 밀어 넣는다니, 상상을 초월하는 이야기들로 몸서리치게 하는 〈믿거나 말거나〉 같은 프로그램이 떠오릅니다. 하지만 고대 의사들은 이 방법을 고집했고, 그렇지 않으면 자궁이 메말라 몸속을 정처 없이 떠돌다 촉촉한 장기를 찾아 달라붙는다고 믿었습니다. 실제로 그리스의 의사 아레타에우스Aretaeus는 사궁이 인간의 몸속에 사는 독립적인 동물에 가깝다고 생각했습니다. 다행히 그는 이 동물이 강한 향에 약하다고 생각했습니다. 그래서 역겨운 냄새가 나는 혼합물을 마셔서 자궁을 제자리로 돌려보내거나, 소시지로 개를 유인해 다람쥐 사냥에 이용하는 것처럼 달콤한 향기가 나는 페서리를 질에 삽입해 자궁을 제자리로 유인할 수 있다고 생각했습니다. 이런 논리로 으깬 과일을 질에 넣었던 걸까요? 기네스 펠트로한테는 비밀로 하는 게 좋겠네요.

이런 치료법은 여성이 생식기관의 건강을 회복할 수 있게 고안된 방법들이었습니다. 어쨌든 아이를 낳는 일은 중요한 종교적·사회적 의무였기 때문입니다. 물론 의사들은 여자들이 치료를 받지 않으면 점점 미치광이가 되고 생리혈이 심장으로 몰려 열, 발작, 우울을 일으킨다고 믿었습니다. 게다가 무시무시하게도 과도한 남성적 행동을 유발해 욕을 하거나 화를 내거나 큰 소리로 자기 의견을 내세우게 될 수 있다고 생각했죠. 이런 증상은 1600년대에 히스테리증으로 알려졌는데, 이 단어는 그리스어로 자궁을 뜻하는 '히스테리아hysteria'에서 온 말이었습니다. 초창기에는 자궁 장애라고 여겨졌던 질병이 1600년대에 이르자 남성에게도 영향을 미칠 수 있는 신경학적 장애로 거듭났다니, 다소 혼란스러운 역사가 있는 병이라고 할 수 있겠습

니다.[*]

지금까지 근대 이전의 유럽 여성들이 생리 주기가 일정하지 않을 때 들었던 조언을 살펴보았습니다. 이번에는 건강이 양호할 때 월경 중 위생을 어떻게 관리했는지 알아봅시다. 무모하지만 인터넷에서 떠도는 이야기를 믿어 보자면, 히포크라테스는 부드러운 천을 감은 작은 나무 막대를 원시적인 탐폰으로 사용할 수 있다고 말했다고 합니다. 그럴듯하게 들리지 않나요? 그러나 이런 주장은 아마도 최근에 나온 잘못된 해석인 것 같습니다. 고대 생리의학을 연구하는 역사학자 헬렌 킹Helen King 교수는 이 주장이 사실이 아님을 밝히기도 했습니다. 실제로 고대에 탐폰이 유행했다고 하더라도 이를 뒷받침하는 증거는 없습니다.

한편 생리대에 관해서는 2000년 전 로마 여성들이 사용했다는 상당한 증거가 남아 있으며, 이런 관습은 이보다 훨씬 오래됐을 것으로 보입니다. 사실 이는 그다지 복잡한 기술이 아닙니다. 생리대란 재활용 천이나 품질이 낮은 천을 다리 사이에 끼워 생리혈을 흡수시킨 뒤 세탁하고 재사용하는 것이었습니다. 생리대는 시대마다 다양한 이름으로 불렸습니다. 성경에서는 '생리용 헝겊'으로 칭했고, 의학 역사학자 사라 리드Sara Read 박사는 셰익스피어 시대의 잉글랜드에서 생리대를 클로우트clout라고 불렀다는 사실을 발견했습니다.

---

[*] 히스테리가 생리적인 문제인지 감정의 문제인지에 관한 논쟁은 19세기 및 20세기 초에도 격화됐습니다. 지그문트 프로이트는 많은 것을 뒤집었지만, 어쨌든 남성도 히스테리를 부릴 수 있다고 말했습니다. 그러나 일반적으로 히스테릭하다는 말은 여전히 성차별적인 맥락에서 사용되며, 대개 격양된 감정을 드러내는 여성을 비하할 때 쓰입니다. 그러나 이상하게도 영어에서는 굉장히 웃긴 사람을 칭찬할 때도 이 형용사를 사용합니다. 알쏭달쏭한 이 단어에는 수많은 메시지가 뒤섞여 있습니다.

여러분은 클로우트를 속바지 안쪽에 댔을 거라고 생각하겠지만, 놀랍게도 속바지는 상당히 최근에 만들어진 것입니다. 1800년대 이전 대부분의 유럽 여성은 속옷을 입지 않은 채 생활했습니다. 그렇다면 클로우트를 어떻게 고정했을까요? 잉글랜드의 엘리자베스 1세 여왕은 면 생리대 또는 '네덜란드 면으로 만든 밸롭vallopes of Holland cloth'을 찰 수 있도록 허리에 두르는 검은색 실크 거들 세 개를 가지고 있었다고 합니다. 실크가 살림에 부담이 될 수 있었겠지만, 이런 물건은 다양한 계층의 여성들이 쉽게 착용할 수 있었을 겁니다.

천을 대지 않고 옷이나 바닥에 피가 흘러내리게 두는 방식도 흔했습니다. 오늘날 이렇게 하는 여성은 찾아보기 힘들죠. 그 이유는 19세기 말에 일어난 '세균 이론' 혁명 때문입니다. 박테리아와 바이러스라는 무시무시한 개념을 소개한 이 이론은 개인위생의 수준을 크게 끌어올리는 결과를 낳았습니다. 럭셔리한 비누 브랜드와 초기 데오도란트가 등장했으며, 자존감 떨어지는 잔소리를 늘어놓는 신개념 가스라이팅 마케팅도 등장했습니다. 광고업자들은 얼른 가까운 가게로 달려가 삶을 다시 행복하게 만들어 줄 값비싼 기적의 제품을 사라고 부추겼습니다. 예나 지금이나 과대광고는 마찬가지였나 봅니다.

1900년대부터 1910년대에 이르는 에드워드 시대의 우아한 여인들은 세탁 가능한 면 기저귀를 사용했습니다. '생리용 에이프런'이라고 불리던 이 기저귀를 치마 속에 거들이나 벨트로 고정했고, 엉덩이 쪽에는 혹시 피가 새어도 겉으로 보이지 않게 보호용 고무 치마를 입었습니다. 또한 하체를 따뜻하게 유지하고 품위와 체면을 지키기 위해 발목 길이의 가랑이 없는 속바지도 고정 장치 위에 입었습니다.

그러나 이처럼 거추장스러운 속옷은 점차 사라졌고, 대신 고대 기술을 살짝 변형해 만든 위생적인 일회용 패드나 탐폰을 사용하기 시작했습니다.

제1차 세계대전 중에 셀루코튼Cellucotton이라는 회사는 참호의 병사들을 위해 목섬유로 야전용 붕대를 만들어 공급했습니다. 나중에 알고 보니 야전 간호사들이 이 야전용 붕대를 자신들의 바지 안에 넣는 데에도 사용하고 있었습니다. 셀루코튼은 뜻밖에도 흡수력이 좋고 위생적인 클로우트의 업그레이드 버전을 만든 셈이었죠. 이런 사실을 알아낸 셀루코튼은 간호사들을 비난하는 대신 새로운 상업 브랜드 코텍스Kotex를 만들어 패드를 홍보했고, 믿을 만한 제품이 주는 편안함과 안정성을 강조하는 광고 캠페인을 벌였습니다. 현명한 처사였죠.

탐폰은 미국의 접골사 얼 하스Earle Haas 박사가 발명했습니다. 그는 1920년대에 애플리케이터 탐폰을 개발했는데, 이것은 질에 손을 대지 않고도 흡수체를 삽입할 수 있었습니다. 탁월한 아이디어였지만 시장 출시에는 어려움이 있었고, 결국 1933년에 발 빠른 독일계 이민자인 거트루드 텐드리히Gertrude Tendrich에게 특허를 판매했습니다. 텐드리히는 오직 재봉틀과 공기 압축기만 가지고 탐폰을 손수 만들기 시작했습니다. 독일인들은 손재주가 좋기로 소문이 자자하지 않습니까. 이 여성 1인 공장은 오래지 않아 탐팩스Tampax라는 회사로 거듭났고, 오늘날에는 전 세계 탐폰 시장의 절반을 차지하고 있습니다. 아마 얼 하스의 후손들은 스톡옵션을 챙겨 두지 않은 걸 땅을 치고 후회했을 겁니다.

10

고초열(꽃가루 알레르기)은 옛날에도 알레르기였나요? 아니면 현대인들이 도시에 살면서 생긴 병인가요?

(질문자) 익명

저는 만성 천식 환자에다 다채롭고 박진감 넘치는 온갖 알레르기를 갖고 있습니다. 겨울이면 숨소리가 색색거리고, 가까이에 고양이라도 있으면 병든 사람처럼 헐떡이며, 말 근처에만 가도 재채기를 하고, 강아지가 옆으로 지나가면 눈물이 폭포수처럼 쏟아집니다. 갑각류를 먹으면 에어백처럼 순식간에 부어오르고, 견과류는 손만 대도 목구멍이 간지러운 데다 자칫 입에 넣었다가는 남은 하루를 제대로 망치기가 십상이죠. 꺼져 가는 모닥불을 되살릴 때 쓰는 변성 알코올 같은 경우는 가까이 가면 댐을 개방한 듯 눈물이 터집니다. 예민하기 짝이 없는 제 면역 체계는 마치 고장 난 자동차 경보음처럼 한 달에 몇 번씩 비상 모드에 돌입합니다. 그러나 희한하게도 고초열은 겪어 본 적이 없습니다. 아마 꽃가루 천지인 곳에 있어도 코한번 훌쩍이지 않을 겁니다.

고초열은 역사학자들이 까다롭게 생각하는 문제입니다. 고초열 hay fever이란 병명이 등장한 것은 고작 200년밖에 되지 않았으며, 먼 옛날의 증상을 보고 진단을 내리기는 결코 쉽지 않기 때문입니다. 확실히 고대 중국과 이집트, 그리스의 의학 문헌에서는 여름 알레르기의 흔적을 찾아볼 수 있습니다. 이 문헌을 쓴 이들은 환경적 요인 때문에 숨이 가빠지거나 코가 불편해졌을 가능성이 있다고 보았지만, 아마 이것은 천식이나 감기였을 겁니다. 사실 역사 속에서 고초열을 가리키는 가장 오래된 증거는 라제스Rhazes라고도 알려진 탁월한 페르시아인 학자, 아부 바크르 무함마드 이븐 자카리야 알 라지Abu Bakr Muhammad ibn-Zakariya al-Razi가 9세기 말에 남긴 글에서 찾아볼 수 있습니다. 그는 장미 덤불이 강력한 향기를 내뿜는 봄철에 코가 막힐 수 있다는 논지를 설득력 있게 펼쳤습니다. 딩동댕, 정답입니다!

그렇다면 현대의 고초열은 어떨까요? 이 이야기의 주인공은 리버풀의 의사 존 보스톡John Bostock입니다. 그는 1819년 의학 논문에서 어느 환자를 괴롭히는 온갖 증상을 묘사했는데, 누가 봐도 '부비강' 증상임을 알 수 있습니다. 사실 그 환자는 보스톡 본인이었습니다. 그는 어린 시절부터 '주기적으로 눈과 가슴에 증상이 있었고' 6월에 특히 심했으며, 이를 치료하기 위해 사혈과 냉수 목욕, 아편을 비롯한 다양한 극단적 치료법을 시도했습니다. 그는 같은 증상의 환자 28명을 더 밝혀내 1828년 후속 논문을 저술했습니다. 1800년대 당시에는 귀 안의 유스타키오관과 코에 사는 기생충이 일으키는 전염성 질병이 카타르성 난청으로 알려져 있었습니다. 보스톡은 논문에서 자신이 겪는 질병을 가리켜 카타르성 난청과 대조적으로 '여름 카타르'라고 불렀습니다.

보스톡은 이 질병이 고초乾草, 즉 볏짚 때문이 아니라 여름의 뜨거운 열기 때문에 생기는 증상이라고 강력하게 주장했습니다. 하지만 이 시점에서 그의 첫 논문을 읽은 이들은 이미 해당 증상을 가리켜 고초열이라는 더 쉬운 이름으로 불렀습니다. 다양한 의학 연구가 뒤를 이었는데, 그중에서도 가장 인상적인 연구자는 1870년대에 일련의 엄청난 실험을 통해 꽃가루를 범인으로 지목한 찰스 해리슨 블래클리Charles Harrison Blackley였습니다. 그는 공기 중의 꽃가루 수와 바람 부는 날 꽃가루가 이동할 수 있는 거리, 꽃가루를 용액에 희석했을 때 일으킬 수 있는 알레르기 반응 등을 측정했습니다. 곧이어 그는 꽃가루가 고초열의 주요 원인임을 정확하게 밝혀냈습니다. 문제가 해결된 것 같죠? 좋습니다!

그렇지만 아직 축하하기에는 이릅니다.

블래클리는 온종일 꽃가루를 뒤집어쓰고 일하는 농부들이 고초열을 앓는 경우가 아예 없는 반면, 좋은 집에 살며 고상한 미술 이론서 따위를 읽는 교양 있는 환자들이 이상하게도 의원에 찾아와 캑캑대며 코를 훌쩍인다는 곤혹스러운 사실을 발견했습니다. 여기서 그는 두 가지 가능성을 추론했습니다. 오랜 시간 꽃가루에 노출된 시골 사람들에게 면역력이 생겼거나, 아니면 매우 교양 있는 부류들만 고초열이라는 병에 걸릴 수 있다는 가설이었습니다. 물론 그의 의견은 첫 번째 이론에 훨씬 더 가까웠지만, 후자의 이론이 더 큰 인기를 끌었습니다.

19세기 말에는 영국과 미국의 특권층 사이에서 불안이 고조됐습니다. 너무나 많은 신문물이 기존의 질서를 위협하고 있었습니다. 여자들이 반바지를 입고 자전거를 타고 선거권을 요구하는 한편, 동성애자와 양성애자들은 자신들의 소위 성도착 범죄를 합법화하려고 소송을 제기하고 있었습니다. 앵글로색슨 인종이 우월하다는 상상은 아프리카 전장에서 계속되는 패배로 흔들리고 있었습니다. 새로운 고속 통신 기술도 삶을 더 괴롭고 복잡하게 만드는 것처럼 보였습니다. 이런 불안의 소용돌이 속에서 우월한 지적 능력과 혈통, 교양을 겸비한 사람만 걸릴 수 있다는 가상의 새로운 신경성 질병인 신경쇠약증이 출현했습니다. 이 질병은 세간에서 아메리카니티스Americanitis로 불렸습니다. 기묘하게도 고초열은 이런 논리에 휘말렸습니다.

의학 역사학자 마크 잭슨 교수는 그의 탁월한 저서 《알레르기, 현대 질병의 역사》*에서 코를 훌쩍이는 것이 인종, 계층, 성별 구분의 지표가 됐다고 설명했습니다. 1887년 앤드루 클라크 경Sir Andrew Clark의 강의에서도 이런 주장을 찾아볼 수 있습니다. 강의에서 클라크 경은 고초열이 "여자보다 남자를, 교육받지 못한 이보다 교육받은 이를 선택하는 것을 보니 신경계와의 관련성이 한층 더 여실히 드러나며 …더운 곳보다 온화한 곳을 더 좋아하고, 시골보다 도시를 찾으며, 어떤 기후든 찾아가는 곳마다 앵글로색슨 인종 혹은 최소한 영어를 하는 인종을 대상으로 삼는다."라고 했습니다.

1903년에는 이들의 뒤를 이어 미국인 의사 윌리엄 던바William Dunbar가 자신감 넘치는 우생학자의 인종차별적 논리를 들고 나타났는데, 그의 논리를 살펴보자면 이렇습니다. "야만인 그리고 사실상 문명화된 국가의 노동자 계층도 고초열에 걸리지 않는다는 사실은 …고초열을 고등 문명의 결과 중 하나로 보아야 한다는 뜻이다." 이 얼토당토 않은 주장의 기반이 된 모렐 매켄지 경의 저서 《고초열과 발작성 재채기》**에는 다음과 같은 설명이 나옵니다. "고초열 환자들

---

*   Mark Jackson, 《Allergy: The History of a Modern Malady》, 국내 미출간
**   Sir Morell Mackenzie, 《Hay Fever and the Paroxysmal Sneezing》, 국내 미출간

은 이 질병이 교양 있는 사람에게서만 발병한다는 사실에서 약간의 위안을 얻을 수 있겠으며, …지적 수준이 높아질수록 이런 경향이 두드러진다고 말할 수 있다. 그러므로 우리 민족이 고초열에 잘 걸린다는 것은 우리가 다른 인종에 비해 우월하다는 증거로 보아도 좋다."

분별력이 있다면 이들이 청소와 더러운 일 따위를 하인에게 시키기 때문에 평상시에 알레르기를 유발할 만한 물질에 노출되지 않아 면역력이 생기지 않았으리라는 이론을 세울 수 있을 겁니다. 그러나 이제 부유한 남성의 질병으로 알려진 고초열 환자들 사이에서는 이처럼 비참한 몸 상태가 됐다는 비뚤어진 자부심이 생겨났습니다. 실제로 1911년에는 미국인 의사 윌리엄 하드William Hard가 고초열이 "미국인만의 특성이 됐고 …영국인들은 우리의 적수가 되지 않는다."라고 말했습니다. 그러면서 마치 무자비한 고초열 재채기가 옛 식민국에 그림자를 드리우는 선도적인 문명의 증거인 양, 국가 간에 라이벌 의식을 불태우기도 했습니다.

물론 의사들은 고초열을 이렇게 홍보하며 재미를 봤습니다. 부유한 고객층에게 '지적 수준이 너무 높아서' 아픈 것이라고 아첨하며 추켜세운 뒤, 좋은 소식이 있다면 값비싼 건강관리 클리닉에서 이를 치료할 수 있다고 제안하는 겁니다. 부유한 남성들의 질병이 좋은 이유는 바로 치료법에 프리미엄을 붙일 수 있다는 점이었습니다. 게다가 치료사들은 다른 환자들과 모여서 함께 치료를 받으면 증상을 완화할 수 있을 뿐 아니라 수준이 비슷한 사람들끼리 고초열 중심지를 이룰 것이라며, 콧물을 쫓는 자리가 고위층끼리의 사회적 교류의 장이 되리라고 했습니다. 고초열 치료 휴양은 햄프턴에서 보내는 여름휴가와 크게 다르지 않았습니다.

고초열 진단을 자랑하며 흐르는 콧물을 뛰어난 자질의 징표처럼 내세우는 사람들을 가리켜 언론에서는 '고초열광단hayfeverites'이라고 조롱했지만, 이들은 그다지 신경 쓰지 않는 듯했습니다. 오히려 미국에서는 1874년 전미 고초열 협회를 설립하고 여기에 가입하는 것을 기쁘게 여기는 사람들이 등장했습니다. 이 협회는 매년 모임을 개최했는데, 첫해의 장소는 뉴햄프셔의 화이트마운틴이었고, 그 이듬해에는 뉴욕 주의 아름다운 애디론댁산맥에 자리한 레이크 플래시드 클럽이었습니다. 회비가 결코 저렴하지 않았지만, 이곳이 꽃가루로부터 안전한 피난처라는 것은 확실했습니다. 게다가 흑인이나 유대인은 이 협회에 가입할 수 없었습니다. 이들은 인종적으로 우월한 앵글로색슨 백인 신교도 '재채기쟁이들'만큼 이곳이 필요하지 않다는 논리였습니다.

1906년에 이르자 클레멘스 폰 피르케Clemens von Pirquet가 새로 만든 과학 용어인 알레르기를 여기저기에 갖다 붙이기 시작했습니다. 알레르기 상태는 특권의 상징처럼 여겨졌지만, 고초열은 점차 영국과 미국 사회의 다른 계층으로 퍼져 나갔으며 세계 각지에서도 나타났습니다. 고초열의 확산은 대규모 산업화와 도시로 이주하는 농촌 인구의 증가에 따른 영향으로 볼 수 있었습니다. 혹은 누구든지 비누와 소독제를 살 수 있게 되면서 가정이나 일반 사람들의 위생 수준이 개선됐고, 그 결과 가짜 질병을 물리치는 데 면역 체계가 과도하게 가동된 탓도 있었습니다.

1930년대에 이르자 전체 미국인의 5%가 여름만 되면 재채기를 하게 됐고, 신문의 일기예보에서는 꽃가루 농도를 보도하기 시작했습니다. 미국에서는 돼지풀이 주범이었고, 영국에서는 잔디 꽃가루, 프랑스에서는 노송나무, 일본에서는 삼나무가 범인이었습니다. 고초열 발생률은 그 이후로 계속 증가했고, 우생학자들의 우월론은 물거품처럼 사라졌습니다. 확실히 저는 특히나 드문 사례인 것 같습니다. 천식 환자들이 대개 가장 먼저 고초열에 굴복하기 때문입니다. 제가 제 멍청한 면역 체계에 고마워할 일은 없을 줄 알았는데, 이번만은 예외로 해야겠습니다. 잘했다, 이 녀석아!

11

유럽인들은 정말로 미라를 땅에서 파내어 먹었나요?

(질문자) 케이티

어릴 적 저는 제국주의 모험 이야기에 푹 빠져 살았습니다. 모래늪에 빠지거나, 부족민 전사들이 노래를 부르며 저를 거대한 솥에 담그려고 하면 어떻게 빠져나오는 게 좋을지 한참을 생각하며 지냈던 기억이 나네요. 사실 저는 모래늪 이야기에 정신이 팔려 있었기 때문에 식인 문화를 접한 건 영화 〈양들의 침묵〉에서 본 것이 거의 전부라고 할 수 있습니다. 그렇지만 식인 행위가 오직 오지의 정글 숲에서나 벌어졌던 일이라는 오랜 식민지주의적 사고방식이 남아 있죠. 글쎄요, 만약 그렇게 생각하신다면 '시체 의학corpse medicine'이라는 단어를 소개해 드려야 할 것 같습니다. 케이티 님, 맞습니다. 유럽인들은 땅에서 파낸 미라를 먹었습니다.

고대부터 전 세계 각지의 어떤 사람들은 배고파서가 아니라 다른 이의 생명력을 흡수하여 자신을 치유하기 위해 인간을 먹었습니다. 로마인들은 특히 열정적이었죠. 간질을 치료하기 위해 죽은 검투사의 피를 마셨고, 젊어서 죽은 사람의 피일수록 효험이 강하다고 여겼으며, 간을 먹으면 의학적으로 여러 효과가 있다고 믿었습니다. 〈양들의 침묵〉에서 한니발 렉터는 이탈리아의 유명한 키안티 와인을 사람의 간에 곁들여 먹기도 하죠. 같은 논리로 1500년대에는 빈곤층 사람들이 방금 머리가 잘린 사형수의 피를 한 방울이라도 받으려고 단두대 근처를 서성였습니다. 실제로 피를 마셨는지는 정확히 알 수 없지만, 아마 피를 받아 모은 데에는 모종의 이유가 있었을 겁니다. 당대의 몇몇 작가들은 피를 가열해 끈적한 마멀레이드로 만드는 요리법을 제안하기도 했습니다. 유혈이 낭자한 할리우드 영화에서나 볼수 있을 법한 잔혹한 이야기입니다.

피를 구할 수 없는 경우, 기원전 2세기 말 그리스·로마의 의사 갈레노스는 땅에서 파낸 뼈를 고아 만든 국물을 추천하기도 했습니다. 그는 환자가 역겨워할 수 있으니 무엇으로 만들었는지 말하지 말라는 현명한 충고도 덧붙였습니다. 17세기에는 아일랜드의 자연철학자이자 화학자이며 초기 왕립학회의 유명 인사 중 하나였던 로버트 보일Robert Boyle이 시체의 두개골에 낀 이끼가 코피를 치료하는 데 좋다고 추천했으며, 두개골에 구멍을 뚫으면 간질 발작을 예방할 수 있다고 했습니다. 보일과 동시대를 살았던 잉글랜드의 의사 토머스 윌리스Thomas Willis는 두개골 조각을 초콜릿에 섞어 먹는 것을 좋아했다고 합니다. 《찰리와 초콜릿 공장》을 공포 영화로 만든다면 이런 장면이 나오지 않을까요?

한편 전사자들의 시체를 처리한 뒤 얻은 인간의 지방도 흔히 약재로 사용됐습니다. 실제로 리처드 석스 박사는 탁월한 저서 《미라, 식인종, 뱀파이어: 시체 의학의 역사, 르네상스부터 빅토리아 시대까지》*에서 유럽 역사의 다양한 시기에 걸쳐 인간의 머리카락, 뇌, 심장, 간, 소변, 생리혈, 태반, 귀지, 타액, 대변까지 사실상 거의 모든

---

*   Richard Suggs, 《Mummies, Cannibals and Vampires: The History of Corpse Medicine from the Renaissance to the Victorians》, 국내 미출간

부위를 약재로 사용했다고 설명했습니다.

그렇지만 케이티 님은 콕 집어 미라 이야기를 물었으니 이제 미라에 집중해 봅시다. 가장 고전적인 미라라고 한다면 저는 붕대로 휘감은 고대 이집트인이나 〈스쿠비 두〉에서처럼 붕대를 칭칭 감고 주인공 일행을 겁주려는 문지기가 떠오릅니다. 붕대만 감겨 있다면 미라가 된 고양이도 좋습니다. 사실 미라를 뜻하는 영어단어 'mummy'는 페르시아/아랍어 단어인 'mumiya'에서 비롯됐습니다. 대략 고위층 이집트인의 시체를 코팅하는 데 사용했던 끈끈하고 기름진 물질을 가리키며, 현재는 도로를 포장할 때 쓰는 역청이라고도 부릅니다. 그러니까 엄밀히 말하자면 미라에서 중요한 건 붕대보다 역청인 셈이죠.

고대 이집트인의 미라는 중세 시대 말부터 약용으로 소비됐지만, 유럽에 수입되는 물량은 늘 부족했습니다. 당연히 수요 공급의 법칙이 작용한 덕에 수많은 사기꾼 사업가들이 죽은 지 얼마 안 되는 시체를 지역 이집트인 주민들에게서 가져오거나 아라비아 또는 카나리아 제도에서 수입해 오븐에 구워 새 미라를 만들었습니다. 17세기의 여러 문헌에서는 이런 유사품을 주의하라는 문구를 찾아볼 수 있지만, 여전히 많은 이들이 속아 넘어갔는지 이런 관행이 계속됐습니다. 미라를 구입한 이후에는 잘 보존된 미라의 살에서 기름을 짜내고 이를 약용 혼합물에 섞어 기침, 골절, 외상, 고통스러운 궤양, 통풍, 피로, 중독, 마비를 비롯한 온갖 고통을 치료하는 데 사용했습니다. 이 용액은 '미라 시럽'이라는 전혀 달콤하지 않은 이름으로 불리기도 했습니다.

이 시럽은 어떻게 만들었을까요? 1651년 존 프렌치는 저서 《증류의 기술》*에서 다음과 같이 설명했습니다. "단단하게 굳은 미라의 살을 110g 정도로 작게 썬 다음, 테레빈유에 희석한 와인 280g과 함께 매끈한 그릇에 담되 4분의 3은 비워 놓는다. 그다음 말똥에 파묻어 한 달 동안 삭힌 뒤 이를 꺼내 즙을 짜내고, 이 즙을 한 달 동안 순환시킨 뒤 마니카 히포크라티스Manica Hippocratis(원뿔 모양 천 주머니)에 넣어 불순물을 걸러내고 남은 수분을 증발시키면 밑바닥에 기름 비슷한 물질이 남는데, 이것이 바로 진정한 미라의 정수다. 이 정수는 모든 감염을 막는 탁월한 예방약이다…."

이런 조제법을 제안한 사람은 존 프렌치가 처음이 아니었습니다. 중세 이슬람 세계의 위대한 '학문의 왕' 이븐 시나Ibn Sina도 의학 논문에서 미라를 마조람, 타임, 딱총나무 꽃, 보리, 장미, 렌틸콩, 대추, 커민 씨드, 캐러웨이, 사프란, 카시아, 파슬리, 옥시멜, 와인, 우유, 버터, 피마자, 오디즙과 함께 섞어 먹으라고 권했습니다. 여러분은 어떨지 모르지만, 제 입맛에는 놀랍게도 맛있을 것처럼 보이네요. 감히 말하자면 채소맛 미라 요리쯤 되겠네요. 제가 죽은 사람을 먹겠다는 건 아니지만, 정말 어쩔 수 없이 먹어야만 한다면 오디즙을 섞은 것이 좋을 것 같습니다.

또한 중세 아라비아에서는 벌꿀로 사람을 방부 처리하는 전설적인 관습이 있었다는데, 이 미라 이야기는 달콤할 것 같지만 역겹기도 하네요. 중국인 이시진李時珍이 후대에 남긴 글을 보면 아라비아에

---

* John French, 《Art of Distillation》, 국내 미출간

서는 일부 노인들이 다른 이들을 위해 자신의 생애 마지막 몇 개월을 희생했다고 합니다. 이들은 오직 꿀만 먹고 꿀로 목욕했기 때문에, 나중에는 마치 일종의 인간 꿀벌이라도 된 듯 말 그대로 꿀을 싸는 지경에 이르렀습니다. 이들은 추정컨대 급성 당뇨 등으로 사망했을 테고, 이후 그 시체를 수백 년 동안 묻어 두었다가 꺼내 약으로 먹었다고 합니다.

다시 유럽으로 돌아와 봅시다. 유럽에서 약용으로 미라를 먹었다는 이야기는 셰익스피어, 존 던, 에드먼드 스펜서 등 영국 르네상스 문학 작가들의 고전에서도 찾아볼 수 있습니다. 1500년대 초의 프랑스 국왕 프랑수아 1세François I는 사냥하다 어딘가에 부딪혀 멍이 들 때를 대비해 으깬 미라와 대황을 섞은 약을 작은 주머니에 담아 들고 다녔다고도 알려졌습니다.

그러나 프랑수아 1세가 세상을 떠나고 왕위를 물려받은 아들 앙리 2세Henri II는 미라 열풍에 전혀 동의하지 않았던 사람을 왕실 의사로 고용했습니다. 앙브루아즈 파레Ambroise Paré는 16세기 의학의 거물 중 하나이자 일찍이 실험을 통해 치료 효험을 발견하는 방식을 옹호했던 사람이었습니다. 그는 수백 번의 실험을 통해 미라가 사실 굉장히 잘못된 치료제이며 속쓰림, 구역, 구취 등의 의도치 않은 부작용이 발생한다는 점을 발견했다고 발표했습니다. 멋지군요! 그렇지만 그의 악평이 제대로 번역되지 않았는지 한 세기 이후에도 잉글랜드, 스코틀랜드, 아일랜드의 국왕 찰스 2세Charles II는 여전히 면역력 증강을 위해 미라 가루와 두개골주를 챙겨 먹었다고 합니다.

오래됐든 별로 오래되지 않았든 시체를 먹어 치운다는 역겨운 이야기에 구역질이 나는 분들도 많을 겁니다. 그러나 기독교에서는 신학에서부터 이미 신성한 식인 풍습을 포용하고 있습니다. 가톨릭 성체, 즉 성찬의 포도주와 빵이 예수 그리스도의 살과 피가 된다고 믿는 화체설이 그 주인공이죠. 그러니 3000년쯤 된 이집트인의 마른 살점을 믹는 것도 그렇게 낯선 일은 아니지 않았을까요? 1492년 병환이 깊던 교황 인노첸시오 8세Innocentius VIII가 유대인 소년 세 명의 피를 마셨다는 설도 같은 논리로 설명할 수 있을 듯합니다. 이는 어쩌면 수혈을 시도한 최초의 사례일 수도 있습니다. 사실은 교황과 셈족을 음해하기 위해 퍼트린 선전처럼 들릴 만큼 수상쩍은 이야기지만, 뱀파이어 교황이라는 으스스한 이미지가 맘에 들어 살짝 언급해 보았습니다.

19세기 초부터 사람들이 미라의 효험보다 미라의 역사적 의의에 더 큰 관심을 보이기 시작하면서 시체 의학은 점차 사라졌습니다. 미라의 인기가 높아지자 영국의 외과의사 토머스 '미라' 페티그루Thomas 'Mummy' Pettigrew는 미라를 풀어헤쳐 전시했고, 그가 미라의 역사에 관해 쓴 책은 시체 의학의 역사에 관한 주요 소스의 하나로 자리 잡았습니다. 아, 여기서 소스란 뿌려 먹는 소스가 아니라 원전을 말하는 겁니다. 혹시 아직도 피로 만든 마멀레이드가 머리에서 떠나지 않았을까 봐 말씀드렸습니다. 갑자기 오디 마멀레이드가 당기는데, 저만 그런가요?

12

세상에서 가장 이상하고 겉보기에 전혀 신뢰할 수 없는 과거의 치료법 가운데 실제로 의학적 효과가 있는 방법은 무엇인가요?

질문자 폴

인간은 꽤 오래전부터 이 땅에 발붙이고 살았고, 그동안 수많은 병을 치료하기 위해 온갖 종류의 치료법을 실험했습니다. 어떤 치료법은 효과가 있었고, 어떤 방법은 해롭지도 않고 효과도 없었으며, 또 어떤 방법은 오히려 위험했습니다. 곧 살펴볼 테니 기대해 주세요! 어쨌든 폴 님은 역사 속에서 사용된 치료법 가운데 겉보기에 완전히 말도 안 되는 것 같지만 나중에 과학적으로 실제 효험이 증명된 방법이 있었는지 물어보셨습니다. 폴 님, 재미있게도 그런 경우는 꽤 많답니다.

거머리 이야기부터 시작해 보겠습니다. 거머리라고 하면 저는 가장 먼저 BBC의 고전적인 시트콤 〈블랙애더〉가 떠오릅니다. 16세기를 배경으로 하는 이 시트콤에서는 주인공 에드먼드 블랙애더가 돌팔이 의사를 찾아갔다가 흡혈 기생충이 만병통치약이라는 말을 듣습니다.

> 블랙애더: 당신네 의사 양반들은 어떤 병이든 죄다 거머리를 갖다 쓰는 것 같소. 귓병이 나면 귀에 거머리를, 변비가 생기면 엉덩이에 거머리를….

사실 이처럼 치료 목적으로 온갖 곳의 피를 뽑는 방식이 오늘날에는 허용되지 않을 테지만, 1800년대 이전까지 역사의 대부분에서는 고대의 이론인 4체액설(94쪽 참조)을 의학의 정설로 여겼습니다. 다시 말해 열, 두부 부상, 흉부 감염이 있거나 단순히 상태가 좋지 않은 환자들에게 과도한 혈액을 뽑아내는 표준 치료법을 사용했다는 뜻입니다. 거머리 20마리면 약 0.5L 정도의 피를 빼낼 수 있었습니다.

연못에 사는 흡혈 벌레를 널리 활용한 방법은 중세 시대의 터무니없고 끔찍하고 으스스한 방식이란 생각이 들겠지만, 사실 이런 방법은 중세 시대와 전혀 관련이 없습니다. 거머리는 1500년대 들어서야 사용되기 시작했고, 중세 시대에 피를 뽑을 때는 잘 벼른 칼을 썼습니다. 역사 속 수많은 환자가 온몸의 피를 40~50%가량 뽑힌 뒤 숨을 거두었는데, 그 대표적 인물이 조지 워싱턴입니다. 그는 호흡기 감염과 의사의 지나친 열성 탓에 사망했습니다. 워싱턴의 친구이자 의사였던 윌리엄 손턴William Thornton이 한발 늦게 도착했지만, 사실 그도 워싱턴의 차가운 주검에 양의 피를 수혈해 되살리려는 무의미한 시도를 했죠. 갑자기 비디오게임 〈레지던트 이블Resident Evil〉의 한 시리즈로, 좀비가 된 조지 워싱턴이 등장하는 〈프레지던트 이블President Evil〉을 만들어 보면 어떨까 하는 생각이 드네요. 그렇지만 어쨌든 의사들의 잘못된 조치는 거머리 탓이 아니었습니다.

이전과 용도가 달라지긴 했으나, 거머리는 근대 외과수술에 다시 한 번 등장해 성형외과 의사들의 못난이 조수 역할을 맡았습니다. 거머리가 배출하는 혈액 응고 물질이 환자의 혈류에 들어가면 절단된 신체 부위를 다시 붙이는 정밀 재건 수술에 도움이 되기 때문입니다.

재건한 혈관은 과도하게 붓기 쉬운데, 거머리가 이 과잉 혈액을 배출시키는 데다 피를 빨아먹는 과정에서 손수 분비한 천연 마취제를 주입하기 때문에 환자는 아무런 고통도 느끼지 못합니다. 거머리가 겉모습은 못난이일지 몰라도 정말 다재다능한 조수네요!

거머리의 도움을 받았던 인물 중에는 나폴레옹 보나파르트가 있습니다. 1815년 워털루 전투 전날, 프랑스 황제 나폴레옹은 차갑고 축축한 말안장에 너무 오래 앉아 있었던 나머지 심한 치질에 걸렸습니다. 시대를 판가름할 전투가 코앞으로 다가온 전날 밤, 나폴레옹은 외과의사 도미니크 장 라레Dominique-Jean Larrey를 불렀습니다. 여기서 라레가 거머리를 붙여 치질을 가라앉히고 전장의 마법사를 다시 전장으로 돌려보낸 것으로 추정됩니다. 이때가 처음은 아니었으며, 나폴레옹은 변비 치료에도 거머리를 사용했습니다.

프랑스인이 항문에 거머리를 붙인 것 이외에도, 야만적인 수술처럼 보이지만 오늘날 사용되는 치료법의 기반이 된 또 다른 성공 사례로 항문 농양 절개법이 있습니다. 1300년대 영국의 선도적인 외과 의사였던 존 아던John Arderne은 항문 종양 및 치루 질병에서 믿을 만한 의사였습니다. 게다가 그가 살았던 시기는 갑옷 입은 기사들이 종일 말안장에 엉덩이를 쓸리던 백 년 전쟁의 시기였습니다. 그는 다음과 같이 썼습니다.

항문 부근에 종기가 자라면 저절로 터질 때까지 그대로 두어서는 안 되며, …매우 날카로운 랜싯으로 과감하게 열어 고름과 썩은 피를 내보내야 한다. 그렇지 않으면 …항문과 이어지는 직장이 항문으로 빠져나올 것이며 …안팎으로 터져버리면 완벽한 실력을 갖춘 외과 의사가 손을 대지 않는 이상 치료할 수 없다. 그렇게 되면 첫날부터 이를 치루라고 부를 수 있겠다.

이 이야기를 보면 자연스레 프랑스의 유명한 군주, 태양왕 루이 14세Louis XIV가 떠오릅니다. 그에게 치루가 생긴 1600년대 말에는 존 아던의 치료법이 잊히고 말았는지 의사들이 아무런 치료법을 내놓지 못했습니다. 그때 샤를 프랑수아 펠릭스Charles-François Félix라는 용감무쌍한 외과 의사가 몇 달간 자선병원에 온 농민들을 상대로 찌르고 째는 실험을 수도 없이 이어 갔습니다. 과연 농민들이 기꺼이 자원했는지는 확실히 알 수 없지만, 아마 그중에는 감염 때문에 목숨을 잃은 이들도 있었을 겁니다. 어쨌든 펠릭스는 치루 연구를 성공시키겠다고 굳게 다짐한 상태였습니다. 결국 그는 치루를 터트리는 자신만의 방법을 개발한 뒤, 이 방법으로 국왕의 엉덩이에 돌진했습니다. 수술은 기적적으로 성공했습니다. 당시에는 국왕 루이 14세가 하는 모든 행동이 유행하여 신하들도 수술을 받겠다고 나섰습니다. 당황한 펠릭스는 현명하게도 정말 필요한 경우가 아니면 더는 항문샘을 째지 않겠다며 거절했습니다.

폴 님, 계속 엉덩이 얘기만 해서 죄송합니다. 어린이용 역사 프로그램에 자문으로 일하다 보니 눈높이가 낮아진 것 같네요. 그렇지만 엉덩이의 역사에 관해 들려 드릴 이야기가 아직 남아 있으니 조금만 참아 주세요. 기원후 1세기에 페다니우스 디오스코리데스Πεδάνιος Διοσκουρίδης라는 그리스인 의사가 로마군에 고용됐습니다. 저명한 약제사로서 약초 사용법을 다룬 중요한 책을 저술하기도 한 페다니우스는 '토르페도'라는 전기가오리를 이용해 탈항 환자를 치료할 수 있다고 했습니다. 좋게 말해 멍청한 소리지 솔직히 완전히 미친 소리처럼 들릴 겁니다.

그러나 2017년 〈해부학 저널Journal of Anatomy〉에 게재된 논문에서는 항문 직장에 전기 자극을 가하면 "환자를 치료하는 데 긍정적인 효과가 있다고 보고된다."라고 했습니다. 시술 결과 "직장과 항문에 관련된 모든 조직의 구조(형태)뿐 아니라 무엇보다 근육에 구조적 도움이 되므로 …변실금에 대한 비침습적 치료술로 A.R.E.S의 적용 가능성이 강화된다."라고 설명했습니다. 쉽게 말해 페다니우스의 전기가오리 치료가 환자를 설득하는 데는 시간이 좀 들지 몰라도 실제로 좋은 아이디어였다는 것입니다.

자꾸 항문 얘기를 해서 죄송하지만, 이 얘기는 도저히 빼놓을 수가 없네요. 전기에 흠뻑 빠져 있던 독일의 저명한 과학자이자 탐험가 알렉산더 폰 훔볼트Alexander von Humboldt는 1790년대에 자기 자신에게 직접 실험을 했습니다. 그는 아연으로 끝을 덧댄 전극을 입에 물고, 약 10cm 길이의 은 전극을 직장에 삽입한 뒤 전원을 켜 전류를 흘려보냈습니다. 이 처참한 결과를 읽으면 아마 웃어야 할지 울어야 할지 모르실 겁니다.

전기자에 전하를 넣으니 구역질과 함께 쥐어짜는 듯한 느낌과 불편한 복부 경련이 일어났고, 뒤이어 엄청난 복부 통증이 따랐으며… 의도치 않은 방광 배출이 뒤를 이었다….

이어지는 내용은 더 가관입니다.

이보다 더 놀라웠던 점은 …전극을 직장에 더 깊숙이 넣자 눈앞
에 밝은 빛이 보였다는 것이다.

'더 깊숙이' 넣었다는 대목에서 저는 매번 놀라고 맙니다. 무슨 저
런 마조히스트가 다 있을까요! 훔볼트가 목숨을 부지한 게 천만다행
입니다. 죽기라도 했다가는 가족들이 장례식장에서 눈물을 흘리면
서 "알렉산더는 그토록 사랑했던 자가 직장 감전을 시도하다 우리 곁
을 떠났습니다. 많은 이들이 그를 그리워할 것입니다."라고 추도사를
해야 했을 테니까요.

사실 제가 훔볼트 이야기를 꺼낸 이유는 그가 1799년부터 1804년
까지 남아메리카의 동식물을 탐험했기 때문입니다. 위험천만한 일
이지만 훔볼트는 맹수의 발톱에 깊은 상처를 입더라도 수술용 실을
대신해 대자연의 힘을 빌려 상처를 봉합할 수 있었을 겁니다. 이쪽
세계에서는 크고 날카로운 턱으로 유명한 개미의 일종인 버첼군대
개미가 그 위용을 뽐냅니다. 아즈텍인을 비롯한 중앙아메리카 및 남
아메리카의 수많은 민족이 이 군대개미를 원시적 수술 봉합사로 사
용했습니다. 개미가 피부를 물게 두었다가 머리를 잘라서, 벌어진 상
처를 마치 스테이플러처럼 개미 턱으로 봉합하는 것이죠.

목 잘린 개미 해골로 바느질을 한다니 괴상하기 짝이 없습니다.
하지만 진짜 괴상한 두개골 수술이라면 사람들이 서로의 머리에 구
멍을 뚫던 석기 시대 후기를 탐험해야 합니다. 당시에는 살아 있는

사람들의 머리에 구멍을 냈지만, 사이코패스 살인마가 한 짓은 아니었습니다. 구멍 뚫린 두개골의 절반 이상에는 이후 수년간 치유된 흔적이 남아 있는데, 이는 대부분이 살아남았다는 의미입니다. 그렇다면 왜 이런 위험을 무릅썼던 걸까요? 이처럼 구멍을 뚫는 행위는 아마 두통, 간질, 외상으로 인한 뇌 손상 혹은 정신병을 치료하기 위해서였을 것으로 추정됩니다. 게다가 이런 행위는 오랜 기간 계속됐습니다. 천두trepanning or trephining라는 이름으로 알려진 이 행위는 전 세계 각지에서 나타났으며 유럽과 중국, 남아메리카, 아프리카 등의 여러 유적에서 증거가 발견됐습니다.

1860년대 프랑스의 외과의사이자 인류학자인 폴 브로카Paul Broca가 석기 시대의 천두와 관련된 증거를 처음 확인했을 때, 그의 동료 외과 의사들은 당황스러워했습니다. 천두는 역사 전반을 통틀어 계속된 방법이긴 했지만, 당시 의사들은 천두를 하면 환자의 사망률이 매우 높다고 알고 있었기 때문입니다. 그런데 동굴에 살았던 선사 시대 사람들이 천두를 하고도 살아남았던 겁니다. 무엇이 달랐을까요? 빅토리아 시대의 외과 의사들이 신경 쓰지 않았던 부분이 있으니, 바로 더러운 메스와 씻지 않은 손 때문에 수술 후 감염될 가능성이 크다는 점이었습니다. 게다가 하루에 여러 명의 환자를 치료했으니 상황은 더욱 나빠졌죠. 반면 석기 시대 사람들은 그처럼 예약을 받아놓고 환자들을 대기시키지는 않았을 겁니다.

이후 세균 이론이 널리 알려지고 수술용 소독제를 사용하기 시작하면서 천두는 뇌가 부어오른 두부 외상 환자에게 사용할 수 있는 유용한 응급 처치 방법으로 자리를 잡았습니다. 놀랍게도 이는 석기시대 사람들이 오늘날 교통사고 피해자가 받을 법한 두개골 수술로 생명을 구할 수 있었으며, 많은 이들이 살아남아 우리에게 그 이야기를 들려주었다는 뜻입니다.

소독제 말이 나왔으니 살균 이야기로 마무리를 짓겠습니다. 2015년, 이느 미생물학 연구지에서 1200년 전의 의학적 치료법으로 슈퍼 박테리아 중 하나인 황색포도상구균MRSA을 죽일 수 있다고 발표하면서 전 세계 신문의 1면을 장식했습니다. 양파, 마늘, 릭, 포도주, 소의 위 담즙을 청동 냄비에 9일 동안 재운 액체가 놀랍게도 미국에서 매년 1만 명 이상의 희생자를 발생시키고 항생제도 듣지 않았던 박테리아를 쓰러뜨린 겁니다.* 고대 영어로 된 9세기의 문헌 《볼드의 의서Bald's Leechbook》**에서 발견된 이 조합법은 속눈썹 모낭염의 치료법이라고 나와 있었지만, 현대의 연구자들이 이 중세 시대 제조법을 재구성하자 놀랍게도 현존하는 가장 강력한 항생제와 견줄 만큼 살균 효과가 뛰어났습니다.

폴 님, 이처럼 기이하지만 기적 같은 수많은 치료법을 통해 우리가 알 수 있는 점은 때때로 인류가 첫 번째 시도 만에 답을 찾아냈다는 것입니다. 어쩌면 오래전 잊힌 문헌에서 더 놀라운 의술이 우리를 기다리고 있지 않을까요? 그렇지만 저는 전기뱀장어에 제 엉덩이를 보여 줄 생각은 추호도 없습니다. 아무리 그래도 지켜야 할 선이란 게 있으니까요.

---

*   Freya Harrison, Aled E. L. Roberts, Rebecca Gabrilska, Kendra P. Rumbaugh, Christina Lee, Stephen P. Diggle. 「A 1,000-Year-Old Antimicrobial Remedy with Antistaphylococcal Activity」 『MBio Journal』.

**   《Bald's Leechbook》, 국내 미출간

13

현대를 제외한다면 역사 속 어떤 시대가 좀비 바이러스에 가장 잘 대처할 수 있었을까요?

질문자 알렉스

안녕하세요, 알렉스 님. 전 세계적으로 퍼진 팬데믹이 벌써 해를 훌쩍 넘기고 있네요. 팬데믹 시대에 살아 보니 자유를 통제받는 여러 제한 조치들이 여간 불편하지 않습니다. 저는 퇴근 후 친구들과 한잔 기울이는 일이 낙이었습니다. 우리의 일상이 산산조각 날 만큼 처참한 좀비 바이러스가 퍼지면 정부에서 술집 영업시간을 제한하고 공공장소에서 좀비에게 물리지 않게 갑옷을 입으라고 할까 봐 걱정입니다. 어쨌거나 사람을 물어뜯는 좀비 떼가 거리를 활보하면 술집이고 영업시간이고 생각할 겨를이 없기는 하겠지만요.

할리우드 영화에서는 좀비 아포칼립스가 한번 시작되면 상황이 걷잡을 수 없이 악화된다는 것을 무서울 정도로 생생하게 보여 줍니다. 감염된 환자가 곧바로 위협으로 돌변하기 때문이죠. 일단 좀비가 되면 입원 치료를 할 게 아니라 곧바로 목을 잘라 버려야 합니다. 하지만 가족이 좀비가 된다면 아무리 피를 뒤집어쓴 채 알아들을 수 없는 괴성을 지른다고 해도 그 좀비를 죽이자니 감정적으로 너무나 고통스러울 겁니다. 아마 수많은 사람이 단 몇 초를 망설이다 끝내 사랑하던 사람에게 물려 목숨을 잃고 좀비 무리에 합류하게 되겠죠. 그러니 좀비 숫자가 치솟고, 결국 군대가 나서서 화염방사기를 동원해 감염된 사람들을 잔인하게 진압해야 할 겁니다. 끔찍하기 짝이 없습니다.

코로나바이러스 때와 마찬가지로 좀비 사태에서도 도시의 인구밀집도가 특히 큰 문제를 낳을 겁니다. 영국 북부의 레이크 지방보다는 런던에서 더 심각한 문제가 생기겠죠. 좀비가 과연 갓 걸음마를 시작한 아기와 비슷한 속도로 어기적거리며 휘청댈지 혹은 야생의 맹렬한 운동선수처럼 우리에게 달려들지, 영화광들이 벌여 온 오랜 논쟁도 결정적인 요소가 될 겁니다. 2015년 코넬대학교 연구진은 좀비가 맹렬한 운동선수처럼 움직인다고 가정하고 통계 모형을 이용해 계산해 봤습니다. 그 결과 수백만 명이 사는 도시는 감염재생산지수(ℝ)가 치솟으면서 고작 24시간 만에 지옥의 불구덩이로 돌변하지만, 반대로 시골 지역은 대응하고 적응할 시간을 벌 수 있다고 설명했습니다.

여기서 알렉스 님의 가설을 살펴봅시다. 역사 속 어떤 사회가 좀비 사태에 가장 잘 대응할 수 있는 무기를 가지고 있을까요? 우선 확실히 짚고 넘어가자면, 이 질문은 만약의 상황을 가정한 것입니다. 이런 질문이 문제가 될 수 있는 이유는 뒤에서 더 자세하게 설명하겠습니다. 그렇지만 알렉스 님, 이 가설은 영화로 만들기 좋을 뿐 아니라 이 책을 읽은 영화 제작자가 저작권료로 수백만 파운드를 제시할 만큼 굉장한 아이디어입니다. 하지만 이번만큼은 제가 양보하겠습니다. 질문을 받고 오랫동안 생각해 보았는데 좀비 사태를 가장 잘 견딜 만한 역사 속 사회로 여러 곳을 꼽을 수 있을 듯합니다. 다만 이 책에서는 제 나름대로 정한 유용한 기준을 바탕으로 가장 덜 논쟁적인 대답을 제안하겠습니다.

다음은 제가 생각해 본 변수들입니다. 좀비 아포칼립스에 맞서는 역사 속 사회라면 다음 사항을 모두 충족해야 합니다.

- 도시보다는 시골에 가까운 인구 분포
- 머리를 벨 수 있는 날 선 무기를 일반적으로 사용함
- 군사 훈련과 일반 대중의 기능 훈련이 자리를 잡음
- 바다나 강과 가깝고 선박이 많음 (좀비가 헤엄칠 줄 모른다고 가정)
- 좀비에게 물려도 뚫리지 않는 방호복을 충분히 공급할 수 있음
- 좀비에게 물리면 바이러스가 퍼진다는 사실을 이해할 수 있음
- 좀비와 관련된 미신 또는 문학이 존재해 좀비라는 개념 자체를 받아들일 수 있음
- 다른 사람에게 경고할 수 있는 통신망이 존재함

저는 어떤 곳을 택했을까요? 제가 한때 중세를 연구한 적이 있어서인지는 몰라도 좀비를 물리칠 만한 곳으로 가장 먼저 떠오른 장소는 그림처럼 아름다운 스칸디나비아의 피오르입니다. 좀비 아포칼립스를 헤치고 살아남고 싶다면 바이킹족과 함께하는 게 가장 안전할 것 같습니다. 지금부터 그 이유를 살펴봅시다.

바이킹 사회는 전적으로 시골의 농촌 사회였습니다. 고고학자들이 추정한 인구수에 따르면 중세 초기의 스칸디나비아 마을은 대개 수백 명 정도의 규모였으며, 베르겐과 같은 주요 도시도 수천 명에 불과했습니다. 실제로 일부 학자들은 바이킹 시대의 노르웨이와 덴

마크에서 전체 인구 중 90% 이상이 도심지 바깥에서 살았을 것으로 추정합니다. 이처럼 인구가 소규모 지역 공동체 단위로 분산돼 있었기 때문에 좀비가 상업 중심지를 쑥대밭으로 만들고 난 뒤에는 드나들기가 여간 불편하지 않았을 겁니다. 잡아먹을 사람이 더는 남지 않게 되거나, 최악의 상황이 닥치기 전에 마을 사람이 도움을 청했을 테니까요.

대중문화에서 일반적으로 그리는 이미지와는 달리, 바이킹 사회는 사이코패스처럼 폭력적이지 않았습니다. 바이킹들은 도끼를 들고 뛰어다니기보다 교역과 농사, 시 암송, 낚시 등에 훨씬 더 많은 시간을 들였습니다. 그렇다고 싸움 앞에서 숨는 사람들은 아니었습니다. 사회의 대부분이 날 있는 무기를 가지고 있었는데 검이나 도끼, 단검 같은 전투용 무기뿐 아니라 농기구도 있었습니다. 목숨이 걸린 상황이라면 정원용 괭이로도 굉장히 끔찍한 짓을 벌일 수 있었죠. 또한 정식 군사 훈련을 받은 전사들은 몸을 물어뜯으려는 좀비들을 막아낼 수 있는 갑옷이 있었을 겁니다.

전사들뿐 아니라 농부, 뱃사람, 대장장이, 목수, 어부 등 힘세고 튼튼한 사람들이 많았으며, 이들은 대체로 싸움에서 목숨을 건질 수 있었을 겁니다. 게다가 바이킹 사회에는 최하층 노예 계층이 있었는데, 이들은 분명 고된 육체노동에 익숙했을 겁니다. 늘어놓자면 끝도 없지만 바이킹족은 성인 남자들만 든든한 게 아니었습니다. 좀비 사태가 일어나면 바이킹족 소년들도 전투에 가담할 수 있었을 테니까요. 소년들은 어릴 때부터 기본적인 무술 훈련을 받는데다, 열여섯 살부터 성인으로 보긴 해도 열두 살 정도만 되면 검, 작살, 투창, 활,

도끼 등을 수월하게 다룰 줄 알았기 때문입니다.

바이킹족 여성도 만만치 않습니다. 북유럽 신화에서는 방패의 처녀라는 뜻의 스칼드메르skjaldmær라고 불리던 바지 입은 여성 전사들이 이곳저곳을 활보하고, 바다를 건너고, 전장에서 싸우고, 왁자지껄하게 놀았다는 멋진 이야기들이 등장합니다. 그러나 바이킹족의 젠더를 연구하는 역사학자 유디트 예시Judith Jesch 교수와 요한나 카트린 프리드릭스도티르Jóhanna Katrín Friðriksdóttir 교수는 이런 등장인물이 오늘날의 슈퍼 히어로와 비슷한 역할을 맡았으며, 일반적인 여성의 삶을 대변하지는 않는 것으로 보인다고 경고했습니다. 그들은 바이킹 여성이 덜 폭력적인 다른 방식의 힘을 가졌다고 강조했습니다.

그렇긴 하지만 지금도 바이킹 세계의 여성 전사들에 관한 다수의 연구가 진행되고 있으며, 최근에는 멋진 고고학적 발견이 전 세계의 미디어를 애타게 하고 있습니다. 최근이라고는 했지만, 사실 여성 전사의 존재가 최초로 발견된 시기는 1878년입니다. 스웨덴 비르카에서 발견된 이 전사의 무덤은 다수의 무기와 사냥 도구가 함께 매장되어 있었으며, 군사 야영지 옆에서 발견됐기 때문에 1970년대까지만 하더라도 남성의 유해로 추정됐습니다. 그러나 최근 염색체 분석 결과 생물학적 여성의 유해임이 밝혀졌습니다. 바이킹 여자들이 남자들만큼이나 강했다니! 온라인에서는 기쁨의 환호성이 터져 나왔습니다.

그러나 주의해야 한다는 의견도 뒤따라 등장했습니다. 몇몇 전문가들은 유골에서 전투로 인한 부상이나 주기적인 신체 단련의 증거인 근육 발달의 흔적을 찾아볼 수 없다고 지적했습니다. 이들은 이 여성이 천하를 주름잡던 전사가 아니라 정치적 거물이었고, 함께 매장된 무기나 사냥 도구가 전사로서의 능력보다는 지도자로서의 지위를 상징하는 물건이었으리라고 추정했습니다. 혹은 정말 훌륭한 전사였거나 아예 풋내기 병사여서 한 번도 다치지 않았던 건 아닐까요? 흥미롭게도 이 연구의 제1저자이자 제가 읽어본 최고의 책인 《바이킹, 잿더미와 느릅나무의 아이들》*의 저자 닐 프라이스 교수는 이 유해가 여성 전사였을 가능성이 크며, 고고학자들이 앞으로 더 많은 사례를 발견할 가능성을 인정했습니다. 그러나 프라이스 교수는 이 유해의 주인공이 XX 염색체를 가지고 있으나 남자로 살았을 수도 있고, 이런 경우를 포함해 다양한 가능성을 고려해야 한다고 주의 깊게 강조했습니다.

프리드릭스도티르 교수도 저서 《발키리: 바이킹 세계의 여성》**을 통해 이런 주장에 동조했습니다. 아이슬란드 신화 속에서 전사의 신분은 기본적으로 남성형이며, 이로 인해 문헌에 나오는 스캴드메르는 대부분 강인한 여성 전사로 묘사됐음에도 무기를 들 때는 남성의 이름과 대명사로 불렸다고 지적했습니다. 이것은 단순한 문학적 장치일까요, 아니면 북유럽 사회에서 젠더를 표현했던 방식을 엿볼 수 있는 단서일까요?

온갖 의문을 제기할 수는 있지만, 확실한 답은 알 수 없습니다. 비르카에서 발견된 이 유해의 염색체 구조는 과학적인 사실이지만, 그 해석에는 논의의 여지가 있습니다. 직접 물어볼 수 있다면 좋겠지만,

---

*   Neil Price, 《Vikings, The Children of Ash and Elm》, 국내 미출간
**   《Valkyrie: The Women of the Viking World》, 국내 미출간

슬프게도 그럴 수는 없습니다. 그렇지만 지금까지 발견된 고고학 및 문헌 증거를 바탕으로 생각해 본다면 둘 중 어느 가능성도 배제할 이유는 없어 보입니다. 어떤 바이킹족은 트랜스젠더였거나 고정된 젠더를 가지지 않았을 수도 있고, 그게 아니라면 단순히 여성 전사였을 수도 있습니다. 다만 수많은 바이킹 여자들이 대담하고 기량이 뛰어났으며, 함께 살아가는 남자들이 사냥이나 교역을 위해 몇 주씩 자리를 비워 여자들끼리 삶을 헤쳐 나갈 때가 많았으리라는 점만큼은 확실하다고 말할 수 있습니다. 바이킹 여성들은 잉글랜드의 앵글로-노르만족과 비교했을 때 법적으로나 정치적으로 영향력이 있었으며, 때때로 침략자나 도적떼의 급습, 탈출한 동물, 주정뱅이 싸움꾼들을 처리해야 했을 가능성도 있습니다. 만약 바이킹 여자들이 집에서 만든 꿀술에 절은 남자들의 요란한 술판을 처리할 수 있었다면 분명 좀비도 처리할 수 있었을 겁니다.

물론 굳이 싸울 필요가 없었을 수도 있습니다. 바이킹이 유리한 또 다른 이유는 이들이 탁월한 뱃사람이어서 롱십(longship, 바이킹들이 쓰던 좁고 긴 배 - 편집자), 교역선, 고기잡이배 등 다양한 종류의 선박에 언제든지 올라탈 수 있었기 때문입니다. 실제로 이들은 각기 다른 수역에 알맞은 다양한 배를 가지고 있었기 때문에 어떤 상황이 닥치더라도 재빨리 적응할 수 있었을 겁니다. 이들은 피오르, 넘실대는 강, 심지어 망망대해 같은 대서양에서도 능숙하게 항해했습니다. 유명한 탐험가인 레이프 에릭슨Leif Erikson은 저 멀리 북아메리카의 뉴펀들랜드에까지 도달했습니다. 대부분의 북유럽 촌락이 주로 해변이나 수로 옆에 형성됐기 때문에 좀비 떼가 몰려와도 그저 모두 바이킹선에 올라타고 안전거리를 확보한 뒤 불붙인 화살을 퍼부어 해결했을 수도 있습니다.

바이킹 사회가 좀비 사태에서 거뜬히 살아남았을 거라는 제 주장에 한층 힘을 실어 주는 마지막 단서는 아이슬란드 바이킹족의 신화에 실제로 일종의 좀비 괴물이 등장한다는 점입니다. 아이슬란드 바이킹족은 노르웨이, 덴마크, 스웨덴의 바이킹족과 약간 다릅니다. 아이슬란드의 《그레티스 사가》*에 등장하는 드라우그draugr는 썩어 문드러졌지만 죽지 않은 시체로 대부분 자신의 매장품을 지키고 지내지만, 때로는 무덤에서 튀어나와 사람이나 동물을 공격했습니다. 할리우드의 전형적인 좀비들은 밤새 술을 마신 뒤 다음 날 화장실에서 눈을 뜨고 비척비척 일어나 바지를 걷어 올리고 걷는 것처럼 기운 없이 비틀거리는 모습이죠. 반면 드라우그는 초인적인 힘과 상당한 지능을 가졌습니다. 그러나 인간일 때의 정체성이나 기억은 남아 있지 않고, 감각도 느끼지 않으며, 악취 나는 몸을 흑마법으로 되살려 놓았기 때문에 다른 모습으로 변신할 수 있었습니다. 또한 낮에도 어둠을 부르고, 사람들에게 저주를 내리고, 마을에 질병을 퍼트리고, 사람들의 꿈속에 쳐들어갈 수 있었습니다.

그렇다면 신화의 주인공 그레티르Grettir는 이런 위협에 어떻게 대응했을까요? 그는 드라우그의 목을 자른 뒤 머리통을 무릎 사이에 두었습니다. 참 쉽죠? 드라우그는 중세 시대 영국 설화에 등장하는 레버넌트revenant와도 비슷합니다. 뱀파이어와 좀비를 섞은 듯한 레버

---

* 《Grettis Saga》, 국내 미출간

넌트는 본래 죄인으로, 밤이 되면 악취 나는 몸을 일으켜 마을에 찾아와 사람들을 괴롭힌다고 했습니다. 12세기의 연대기 작가 뉴버그의 윌리엄William of Newburgh은 레버넌트가 벌였다는 소동에 관해 기록하기도 했는데, 사람을 물지 못하도록 입에 벽돌을 쑤셔 넣거나 목을 잘라 해결할 수 있다고 했습니다. 이런 문화적 두려움은 신화를 넘어 실제 관습으로 확장된 것으로 보이며, 중세의 무덤에서 유골의 턱 사이에 벽돌을 끼워 놓거나, 유골의 머리가 없거나, 머리통이 무릎 사이에 놓여 있는 경우가 발굴된 바 있습니다.

이처럼 중세 시대 사람들은 이미 좀비 아포칼립스를 막기 위해 전력을 다하고 있었습니다. 알렉스 님의 질문에 제대로 대답이 됐으면 좋겠네요. 혹시 돈 많은 영화 제작사 중에 이 이야기를 갖다 쓰고 싶은 분 없을까요? 저희 에이전시에 연락해 주세요, 아시겠죠? 감사합니다!

4장

음식과 문화

FOOD

14

최초의 채식주의자는 누구였나요?

질문자) 레브

레브 님, 제가 신실한 종교를 가진 사람은 아닙니다만, 이 질문의 답이 맹목적일 만큼 분명하다고 여기는 분도 많을 겁니다. 최초의 채식주의자는 아브라함 종교에서 이 지구상에 처음으로 발 딛고 살았다는 최초의 인간, 아담과 이브입니다. 〈창세기〉에서 하느님은 새로 창조한 이 낭만적인 커플을 에덴에 던져 놓으시고는 냉장고에 포스트잇을 붙여 놓듯 선악과를 제외한 채소와 과일만 먹어야 한다는 말을 남기셨습니다. 지상낙원에 사는 동물들은 서로를 잡아먹을 수 없었습니다. 에덴에 사는 사자와 호랑이들은 망고 스무디와 케일 칩을 정말 좋아했나 봅니다.

물론 상황이 처참하게 돌아가는 바람에 아담과 이브는 에덴에서 쫓겨났습니다. 선악을 알게 된 인간은 이제 망나니로 거듭났고, 이를 애석하게 여긴 하느님은 초기화 버튼을 누르듯 거대한 홍수를 일으켜 노아와 그가 만든 해양 동물원을 제외한 만물을 휩쓸어 버렸습니다. 대홍수 이후 하느님은 식사 예절에 대한 규제를 완화하여 고기를 먹어도 좋다고 선언했는데, 아마 이 때문에 노아와 그가 방금 구출한 동물들 사이에 어색한 눈빛이 오갔을 겁니다. 한배를 탄 채식주의자들이 말 한마디에 순식간에 맛있는 점심 메뉴가 됐으니까요.

간단하게 말하자면 유토피아 버전의 채식주의는 가장 오래된 아브라함 종교인 유대교에서 찾아볼 수 있습니다. 이 개념이 실제로 얼마나 오래됐는지는 학자들 사이에 의견이 분분합니다. 히브리어 성경에서 가장 앞부분을 차지하며 기독교에서 '모세오경'이라고 부르는 토라는 기원전 6세기가 되어서야 쓰인 것으로 추정됩니다. 그러나 그 속에는 분명 3000여 년 전 다윗 왕과 솔로몬의 시대로 거슬러올라가는 요소들도 있습니다. 이런 채식주의가 단순히 창조 신화의 한 요소에 지나지 않았는지 혹은 고대 유대인의 일상생활에도 녹아 있었는지가 핵심 질문일 것 같습니다. 먹을거리에 관한 고대 율법에서는 대개 고기를 유대교 율법에 따라 먹으라고 했으니, 아마 유대인들이 채식주의자는 아니었을 듯합니다.

아담과 이브를 제외하면 어느 곳을 살펴볼 수 있을까요? 고대 이집트를 비롯한 고대 유라시아 사회에서는 고기를 그다지 많이 먹지 않았다고 알려져 있는데, 아마도 단순히 고기가 너무 비쌌거나 고기를 대량 생산하기 어려웠기 때문일 겁니다. 저보고 냉소주의자라고 한다면 할 말은 없지만, 너무 비싸다는 이유 하나만으로 안심 스테이크를 먹지 않는 사람을 채식주의자라고 할 수는 없을 것 같습니다. 그런데 대중 역사서에는 고대 이집트의 종교 사제들이 순결한 육체를 유지한다는 엄격한 종교적 이유로 채식을 했다는 말이 자주 등장합니다. 정말 그랬을까요? 아마 어떤 시대를 이야기하는지에 따라 달라질 것 같네요.

대략 3000~4500년 전인 청동기 시대가 남긴 다양한 무덤의 비문을 바탕으로 알아낸 바에 따르면, 성직자는 신성한 사원에서 동물 희생제를 주관했으며 그 특권으로 남은 고기를 사랑하는 사람들과 나누어 먹을 수 있었습니다. 실제로 2010년 맨체스터대학교 연구진은 이집트 사제들의 미라를 조사한 결과 일부 역사서의 주장과 달리 사제들이 청정한 생활을 고집하지 않았다는 점을 밝혀냈습니다. 이들은 매일 거위 고기 햄버거로 호화로운 축제를 벌였던 것이나 다름없으며, 기름진 음식 탓에 동맥 혈관이 막혀 50대가 되기도 전에 심장마비로 사망하는 이들도 많았습니다.

그렇다면 이집트 사제들이 채식주의자였다는 일반적인 설은 어디에서 비롯됐을까요? 추측건대 아마 이집트 역사에서 이보다 훨씬 후대의 시기인 말기 왕조 시대에서 나온 듯합니다. 당대 이집트 문화는 고대 그리스인 여행자이자 역사가였으며 기원전 425년에 사망한 헤로도토스가 온갖 사건을 기록해 둔 덕분에 꽤 많은 부분이 알려져 있습니다. 당시 이집트는 페르시아에 점령당했는데, 같은 시기에 영적 채식주의가 그리스와 인도, 페르시아, 중국에서 거의 동시다발적으로 부상하기 시작했습니다.

그렇다면 채식 열풍에 갑자기 불을 지핀 유명인은 누구였을까요? 아마 최초의 채식주의 철학자는 리하르트 슈트라우스Richard Strauss가 작곡한 곡으로 널리 알려진 자라투스트라Zarathushtra일 겁니다. 자라투스트라는 기원전 7세기경 태어난 페르시아인 사제로, 최고신 아후라 마즈다에게 유일신 계통과 함께 종교와 사회를 개혁하라는 계시를 받았다고 주장했습니다. 그는 고기를 먹지 않고, 동물 희생제를 제한했으며, 지금도 현대 이란의 많은 조로아스터교인들이 그의 선례를 따르고 있습니다.

자라투스트라가 역사상 최초의 채식주의자라고 자신 있게 주장할 수는 없고, 그렇게 주장하더라도 스스로 무덤을 파는 꼴이 될 겁니다. 그러나 자라투스트라의 사상이 페르시아가 지배하는 이집트 전역에 퍼졌고, 그로 인해 자칭 채식주의자 사제들의 관행에 영향을 미쳤을 가능성이 있습니다. 그렇다면 고대의 가장 유명한 채식주의자이자 철학자, 수학자, 과학자였던 그리스인 피타고라스도 이들에게서 큰 영향을 받았을 겁니다. 신빙성이 다소 떨어지는 설에 의하면, 피타고라스는 기원전 535년 연구를 위해 이집트에 갔다가 페르시아인에게 포로로 붙잡혀 바빌론으로 보내졌습니다. 하나 이상의 고대 사료에 따르면 피타고라스는 심지어 자라투스트라 본인과 직접 함께 연구했다고 전해지지만, 이 이야기는 어느 정도 과장됐을 가능성을 감안해야 할 것 같습니다.

피타고라스가 그저 삼각형을 좋아하고 빗변을 제곱하는 데 집착했던 따분한 샌님이라고 생각할 수도 있겠습니다. 그렇지만 사실 그는 음계를 수학으로 풀어내는 한편 가장 기이한 컬트 교주 중 하나로서 신비주의적 종교를 직접 창시해 2000여 명을 개종시키기도 했습니다. 고대 사료를 있는 그대로 받아들인다면 이 교단의 규칙은 꽤 가혹했던 듯합니다. 새로운 신도는 5년 동안 침묵 서약을 지켜야 했고, 5년을 채울 때까지 피타고라스의 얼굴을 마주 볼 수 없었습니다. 이들은 고기도 먹지 않았는데, 고기가 마음을 더럽혀 예지몽을 꾸지 못하게 된다고 생각했기 때문입니다. 나아가 동물로 만든 옷도 입지 않았고 콩도 먹지 않았는데, 세상을 떠난 친구들의 환생한 영혼이 콩에 깃들어 있기 때문이었습니다.

그렇습니다. 콩을 먹는다는 것을 일종의 기이한 식인 행위로 여겼기 때문에 이들의 채식 식단에서는 누에콩이 제외됐습니다. 고대의 어느 이야기에 따르면 피타고라스는 환생한 옛 친구들을 짓밟는 게 싫어서 콩밭을 가로질러 피하느니 차라리 성난 군중에게 맞아 죽는 편을 택했다고 합니다. 판단은 여러분의 몫이지만, 죽음 앞에서도 굴하지 않고 신조를 지킨다는 것은 엄청난 헌신이 필요한 일입니다. 피타고라스의 고기 혐오가 너무나도 유명했기 때문에 20세기 초까지도 유럽과 북아메리카에서는 채식주의자를 피타고리안Pythagorean이라고 부르기도 했습니다.

피타고라스가 신비주의 종교를 키워 나가던 기원전 6세기, 인도에서도 나타푸타 마하비라Nataputta Mahavira의 가르침이 낳은 자이나교와 고타마 싯다르타가 창시한 불교가 나란히 부상하면서 종교적 채식이 자라나고 있었습니다. 불교는 잔혹한 전쟁을 벗어나 관대한 통치를 펼쳤던 전능한 황제 아소카 대왕과 함께 남아시아 전역에 전파됐습니다. 게다가 불교가 인도 전역으로 뻗어 나가던 때에 중국에서 자라나기 시작한 도교와 유교도 훗날 채식을 일부 받아들였지만, 이를 엄격한 규칙으로 삼지는 않았습니다. 실제로 어떤 문헌에서는 공자가 어느 곡조를 듣고 깊이 감명한 나머지 3개월 동안 고기를 끊었으나, 이후 소량의 고기를 다시 먹기 시작했다고 이야기합니다.

채식주의자들은 지금까지 수백만 명에 달했을 수도 있지만, 그들 모두의 삶이 기록으로 남아 후대에 전해지지는 않았으므로, 최초의 채식주의자가 누구인지는 아마 영원히 알 수 없을 겁니다. 그러나 약 2500여 년 전 고대 세계의 여러 거대 제국에서 주요 철학자들이 윤리적 채식을 주창했고, 이것이 낙수 효과처럼 더 넓은 사회에 전파됐다는 점만큼은 분명히 알 수 있습니다. 채식이 20세기 들어 유행하기 시작했다고 생각하는 사람들도 종종 있지만, 영국만 해도 1800년대 중반 급진 정치, 기독교 사회주의, 절제 운동, 초기 페미니즘과 함께 채식이 상당한 인기를 끌었습니다.

물론 최근에는 단순한 채식주의vegetarianism가 아니라 완전 채식주의veganism를 지향하는 사람들도 상당수 보입니다. 이 또한 오래 지속되면서 혁명으로 거듭날지는 앞으로 지켜봐야 할 흥미로운 문제일 것입니다. 토마토소스에 넣어 삶은 콩을 얹은 토스트를 너무나 좋아하는 사람으로서 저는 세상이 피타고리안 채식으로 돌아갈까 봐 겁이 납니다. 그렇게 되면 점심 메뉴에서 선택의 폭이 처참하게 좁아질 겁니다. 콩은 먹게 해 주면 안 될까요?

15

카레는 만들어진 지 얼마나 됐나요?

질문자 익명

굉장히 다른 두 가지 대답을 드릴 수 있을 것 같습니다. 아주 오래된 카레도 있고, 비교적 최근에 나온 카레도 있습니다. 그렇지만 언제나 그렇듯 카레를 어떻게 정의하는지에 따라 달라지겠죠. 너무 성의 없는 대답 아니냐고요? 자, 그럼 지금부터 좀 더 성의 있는 답변을 시작하겠습니다.

오늘날 카레는 세계 음식으로 거듭났습니다. 일본식 카레, 태국의 그린 카레, 자메이카의 염소고기 카레, 말레이시아의 렌당 카레, 몰디브의 생선 카레, 남아프리카공화국의 버니 차우 카레 빵 그리고 정통 카레인 남아시아의 빈달루, 발티, 티카 마살라 등이 있습니다. 그런데 카레는 정말 남아시아가 정통일까요? 많은 식문화 역사학자들은 카레가 영국에서 시작됐으며 문화 도용(어느 한 문화집단이 다른 문화집단의 문화나 정체성 요소를 차용하는 것으로, 특히 그 문화에 대한 이해 없이 차용하는 것을 의미한다 - 편집자)의 전형적인 예시라고 주장합니다.

꽤 최근까지도 카레라는 단어는 인도 아대륙에서 사용하는 수많은 언어로 아무 의미 없는 말이었습니다. 타밀어로 매운 소스를 일컫는 카릴kari 또는 카리kari가 변형됐다는 설이 가장 유력하며, 1498년 포르투갈의 항해자 바스쿠 다 가마Vasco da Gama가 아프리카를 돌아 인도에 상륙한 지 수 년 뒤부터 이 단어를 사용하기 시작했습니다. 카리kari는 포르투갈인의 입을 거쳐 카리caree가 됐다가 점차 커리curry로

자리를 잡았습니다(우리나라에서는 일본의 영향을 받아 '카레'라고 한다 - 옮긴이). 흥미롭게도 중세 영어에는 이와 매우 유사한 큐리cury라는 단어가 있는데 '요리하다'라는 의미로 쓰였습니다. 사실 영국도서관이 소장한 1390년대의 요리책 《큐리의 형태》*에는 캐러웨이, 육두구, 카르다몸, 생강, 올리브유, 후추 그리고 사프란 밥으로 만든 요리가 나오는데, 재료만 보면 맛있는 카레처럼 보입니다. 그렇지만 큐리와 카레는 전혀 관계가 없으며, 단어의 형태가 이상할 만큼 비슷한 것도 우연일 뿐입니다. 향신료가 어마어마하게 비쌌다는 점도 눈여겨봐야 하겠습니다. 예컨대 육두구는 전 세계에서 오직 인도네시아의 반다 제도에서만 생산했으며, 1년에 한 번씩만 아랍 상인의 무역선에 실려 베네치아에 도착한 뒤 영국에 들어왔습니다.

오늘날 영국 사람들은 카레에 푹 빠져 있습니다. 2019년의 추산에 따르면 영국 경제에서 카레 전문점이 차지하는 규모는 약 50억 파운드(한화 약 8조 원 - 옮긴이)라고 하는데, 아마 그중 5분의 1 정도는 제가 먹은 마늘맛 '난'이 차지할 것 같습니다. 너무 맛있잖아요. 영국 카레 열풍의 뿌리는 1600년대 초로 거슬러 올라갑니다. 당시 막 설립된 동인도회사의 수완 좋은 대리상들은 동남아시아 대부분을 다스리는 무굴 제국의 황제 자한기르에게 아첨해 포르투갈을 몰아내는 데 성공했고, 이로써 영국 상인들이 인도의 항구와 자원에 더 많이 접근할 수 있게 됐습니다. 1700년대 중반에 이르자 동인도회사는 권력을 휘두르면서 상업적으로 몸집을 키웠고, 이권을 보호하고 수탈에 박차

---

* 《The Forme of Cury》, 국내 미출간

를 가하기 위해 군대까지 동원했습니다. 황금이 샘솟는 듯한 외국의 영토를 마음대로 주무를 수 있었으니, 상당히 많은 영국인 젊은이들이 너도나도 부자가 되겠다는 꿈을 안고 동인도회사에 입사해 배를 탔습니다.

남아시아의 맛은 많은 이들을 사로잡았습니다. 이 중 일부는 먼 옛날로 거슬러 올라갑니다. 고고학자들이 최근 인도와 파키스탄 등지의 청동기 시대 문명인 하라파 문명 유적지에서 발굴한 4500년 된 그릇의 표면에도 강황, 가지, 마늘, 생강의 잔여물이 남아 있었습니다. 듣기만 해도 군침이 돌지만 여기에는 가장 중요한 맛이 빠져 있습니다. 인도 음식에는 늘 다양한 향신료가 들어가는데, 모든 향신료가 인도에서 나지는 않았습니다. 그러나 고대에도 아시아, 아프리카, 유럽, 중동과 폭넓은 교역이 이루어졌기 때문에 호로파, 양파, 코리앤더, 커민, 시나몬, 펜넬, 타마린드 등을 실크로드를 통해 수입하는 한편 흑후추를 수출했습니다. 예컨대 우리는 300년대의 부유한 로마인들이 향신료로 범벅된 파르티아 닭고기 요리를 즐겼다는 사실을 알고 있습니다.

그러나 요리에 가장 큰 변화가 생긴 시기는 크리스토퍼 콜럼버스가 새로운 향신료 교역료를 찾아다니다가 얼떨결에 신대륙에 당도한 1492년으로부터 수십 년이 지난 뒤에야 시작됐습니다. 신대륙에서 고추를 본 콜럼버스는 이를 후추로 착각했습니다. 유럽인들은 곧이어 감자와 토마토를 비롯한 새로운 식자재들을 받아들였고, 이것이 매운 고추와 함께 1500년대 해상 무역로를 따라 인도의 고아Goa 지방에 처음 수입된 뒤 인도아대륙 전역으로 전파됐습니다.

이제 중요한 질문 하나를 살펴봅시다. 카레는 아메리카산 고추가 알려지기 전부터 존재했을까요? 네, 존재했습니다. 다만 그걸 카레라고 부를 수 있는지는 잘 모르겠네요. 저는 강한 향신료를 잘 먹지 못하는 데다 달콤한 코코넛 마살라 카레를 가장 좋아하기 때문에 어떤 것이 진짜 카레인지 판단할 만한 사람은 아닌 것 같습니다. 그렇지만 정통 남아시아 요리 중에도 향이 강하지 않은 음식이 많으니 꼭 핵폭탄급으로 매워야 정통 카레인 것은 아닙니다. 오히려 풍미가 더 중요한데, 이렇게 본다면 약간의 여지가 생깁니다. 고대 하라파 문명의 요리법은 아주 밋밋하지는 않고 후추와 겨자를 섞은 강렬한 타격감이 미뢰를 간지럽히는 맛입니다. 그렇지만 이것을 카레라고 부를 수 있을까요? 저는 감히 판단할 위치가 아닙니다.

그럼 전문가의 말을 들어봅시다. 1970년대에 인도 요리책을 펴내 많은 서양인에게 인도 요리를 알린 마두르 재프리Madhur Jaffrey와 여러 음식 역사가들에 따르면, 우리가 아는 카레는 영국 식민지 시대에 남아시아의 다채로운 요리를 단일 메뉴로 뭉뚱그려 취급하면서 만들어진 음식입니다. 따라서 콜럼버스 이전에는 존재하지 않았습니다. 인도가 영국을 접하기 전인 중세 시대만 하더라도, 어느 중국인 작가의 말을 빌리자면, 인도 사람들은 음식에 매우 까다롭고 수백 가지 요리법을 가지고 있으며 매일 다른 요리를 먹었다고 합니다.

그러나 영국 식민지인은 이처럼 오감을 자극하는 멋진 요리들을 단 하나의 요리법으로 축약해 버렸습니다. 음식 역사학자 리지 콜링엄Lizzie Collingham은 이런 상황을 다음과 같이 표현했습니다.

카레는 영국인이 낯선 인도식 스튜와 라구(ragout, 육고기로 만드는 소스의 일종 - 편집자)를 총칭하는 말이었을 뿐 아니라, 나아가 인도에 사는 영국인들이 먹는 음식 한 가지를 가리키기도 했다. 어떤 외과 의사는 카레가 "매우 다양한 재료를 섞은 요리"라며 "생강, 육두구, 시나몬, 정향, 카르다몸, 코리앤더, 카이엔 고추, 양파, 마늘, 강황을 절구에 찧어 가루로 만든 뒤 기버터ghee를 넣어 반죽처럼 만들고 …염소고기나 닭고기를 넣어 끓인다."라고 했다.

이로 인해 전 인도아대륙의 식문화가 인도인들이 사용하지도 않는 잘못된 이름과 함께 고작 한 가지 범주 안에 갇혀 버린 것은 물론이며, 카레의 맛이 카레 가루로 알려진 맛 한 가지뿐이라는 이상한 개념까지 생겨났습니다. 영국 본토로 돌아온 동인도회사 직원들과 그 가족들은 또다시 저녁마다 찐 소고기와 눅눅한 채소를 먹으며 남아시아의 화려한 향신료들을 그리워했습니다. 이 수요를 충족시키기 위해 일반적인 향신료를 한데 섞은 카레 가루를 수입했는데, 이때부터 이국적인 카레가 영국인들의 입맛을 점령하기 시작했습니다.

1747년에는 중산층 가정주부들의 스타였던 해나 글라스Hannah Glasse가 당대를 풍미한 요리책을 펴냈는데, 이 책에 영문으로 된 최초의 카레 요리법이 들어 있었습니다. 사람들은 곧 카레 가루가 맛있는 식재료이자 아플 때 먹는 약이라고 여겼습니다. 1784년의 어느 광고에서는 카레를 다음과 같이 홍보했습니다.

저명한 솔란데르가 동인도에서 들여온 풍부한 맛의 카레 가루를 현지의 맛 그대로 전합니다. 지금 바로 에어 가 부근 피카딜리 23 번지 솔리스 향수 전문점에서 만나 보세요. 이 가루만 있으면 유명한 동인도 음식과 가장 호화로운 소스를 만들 수 있습니다. 맛도 좋고 몸에도 좋은 카레 가루는 위장을 부드럽게 자극해 소화를 도와줍니다.

카레를 판매한 최초의 식당은 1773년의 '노리시 스트리트 커피 하우스'였습니다. 뒤이어 1796년에는 사라 셰이드Sarah Shade라는 이름의 노동자 계층 여성이 인도에서 돌아와 커민과 카르다몸의 맛을 그리워하는 사람들을 위해 카레 가판대를 열었습니다. 셰이드는 인도에서 살았을 때 호랑이에게 공격을 받았으나 살아남았고, 전투에서 두 번이나 다쳤지만 이 또한 견뎌냈다고 합니다. 운이 좋다고 해야 할지 나쁘다고 해야 할지 잘 모르겠네요.

영국 최초의 인도 음식 전문점은 1810년 셰이크 딘 무함마드Sake Dean Mahomed가 연 곳으로 런던에 자리했습니다. 매력적인 남자였던 무함마드는 인도 태생으로 오랫동안 여행을 하다 잉글랜드에 정착했고, 런던의 부유층에게 인도식 두피 마사지를 선보이며 다양한 고위층 인맥을 쌓았습니다. 곧이어 힌두스탄 커피 하우스를 개업한 그는 진정한 인도를 경험할 수 있는 곳을 만들고자 했습니다. 대나무로 만든 가구를 들여놓았고, 물담배를 피울 수 있었으며, 부유한 고객층에게 다양한 인도식 요리를 대접했습니다. 그러나 힌두스탄 커피 하우스는 채 2년을 못 넘기고 문을 닫았습니다. 고정 지출이 너무 높았던 탓일까요? 주인의 외국 혈통이 폐업에 영향을 미쳤을까요? 확실

히 알 수는 없지만, 영국 국적의 백인들이 운영하는 다른 카레 가게들은 이곳보다 훨씬 잘됐습니다.[*]

물론 20세기에는 남아시아 요리를 판매하는 식당이 우후죽순 생겨나면서 마을과 도시마다 카레 전문점이 자리를 잡았지만, 식당 주인들은 영국인들이 금요일 저녁에 식당에 와서 어떤 음식을 주문하든 간섭해선 안 된다는 점을 알고 있었습니다. BBC의 시트콤 〈굿니스 그레이셔스 미〉에서는 아시아인 친구들이 영국식 식당에서 대담하게도 여기서 제일 맛없는 음식을 달라고 하며 주문하는 장면이 나옵니다. 가장 매운 카레에 도전하는 영국인들을 풍자한 개그였죠. 실제로 저도 처음 카레를 먹으러 갔을 때 친구들이 빈달루 카레를 주문했다가 고추 폭격을 맞고 폭포처럼 땀 흘리는 모습을 지켜봤던 적이 있습니다. 적지 않은 돈을 내고 벌칙을 받듯 입속에 불지옥이 펼쳐지는데도 괜찮은 척하며 매운 카레를 먹던 친구들이 황당했던 기억이 납니다.

자기들이 인도 향신료를 다 먹어 치우지 못하면 식당의 영국계 아시아인 종업원이 조롱이라도 할 거라고 생각했던 걸까요? 어쩌면 그럴지도 모르겠습니다. 그렇지만 빈달루, 티카 마살라, 마드라스, 코르마 등은 인도 정통 요리가 아닙니다. 웍에 빠르게 볶아 낸 유명한 발티 카레는 1970년대 버밍엄에서 처음 만든 요리로 추정됩니다. 최근에는 빈달루 카레보다 더 매운 파알Phaal 카레가 등장했지만, 제

---

[*]   다행히 셰이크 딘 무함마드는 유행에 민감한 브라이턴으로 거처를 옮기고 자칭 삼푸 박사가 되어 국왕을 비롯한 고위층 손님들을 모시는 해피 엔딩을 맞이했습니다. 그는 상당한 영향력을 행사했으며, 오늘날 삼푸라는 단어를 널리 퍼트린 것도 무함마드 덕분일 가능성이 있습니다.

가 친구들과 인도 음식을 먹으러 다닐 때만 해도 빈달루 카레가 가장 매웠습니다. 빈달루 카레는 마늘과 식초에 재운 포르투갈식 고기 요리인 카르느 드 비냐 달루스carne de vinha d'alhos를 잘못 발음해 만들어진 말입니다. 포르투갈인이 고아 지방에 처음 왔을 때 그 지역 요리사에게 이 시큼한vinegary 포르투갈식 요리를 만들어 달라고 부탁했는데, 이때 요리사가 몇 가지 향신료를 추가한 것입니다. 1600년대에는 아메리카 대륙에서 온 고추가 추가됐고, 현대에 들어 눈물 나게 매운맛을 원하는 영국인들의 입맛에 맞게 재해석하면서 지금의 빈달루 카레가 탄생했습니다.

한마디로 카레가 얼마나 오래됐는지 대답하기는 어렵습니다. 카레의 핵심 요소는 무려 4500년 전으로 거슬러 올라갑니다. 그렇지만 오늘날 영국에서 먹는 카레는 남아시아 요리에 현대 유럽인의 욕망을 덧씌운 요리입니다. 동시에 아시아 계통의 요리사들이 손님의 입맛에 맞추려고 18세기 영국인을 위해 만든 요리법을 따르되, 지구 반대편에서 온 재료를 넣고 카레라는 국적 불명의 이름을 붙인 요리입니다. 마두르 재프리는 "찹 수이(일종의 채소 볶음으로 대표적인 미국식 중화 요리 - 옮긴이)라는 이름이 중국 음식의 격을 떨어뜨리는 것과 마찬가지로, 카레라는 이름은 위대한 인도 요리 문화의 격을 떨어뜨린다."라고도 했습니다.

재프리는 사람들에게 셀 수 없이 다양한 정통 인도 음식을 널리 알리고 싶어 했지만, 그럼에도 베스트셀러 요리책《궁극의 카레 바이블》*을 낼 때는 카레라는 말을 쓸 수밖에 없었습니다. 그러니 카레는 고대부터 이어져 내려온 음식이라고 볼 수도 있고, 식민 시대의 산물로 볼 수도 있습니다. 오랜 통념을 뒤집으려는 현대의 요리사들이 있으니 앞으로 이야기가 어떻게 흘러갈지는 모르겠습니다. 그렇지만 카레는 그게 무엇이든 간에 오늘날 영국에서 엄청난 인기를 끌고 있으니, 앞으로도 당분간 없어지지는 않을 듯합니다. 사실 치킨 티카 마살라는 영국 대표 음식이라고 해도 과언이 아니니까요.

---

* 《The Ultimate Curry Bible》, 국내 미출간

16

요리는 어떻게 발달했나요? 어쩌다가 빵이나 치즈를 만들었고, 왜 달걀흰자를 분리해 되직해질 때까지 휘저었나요? 그러니까 누가 머랭을 처음 만들었고, 왜 만들었나요?

(질문자) 알렉스

알렉스 님, 질문의 전개 방식이 너무나 근사하네요. 처음에는 인류의 요리 역사에 대한 광범위한 질문을 던졌지만 너무 폭넓다고 생각했는지 이내 세 가지 음식으로 좁혔네요. 마지막에는 그것도 너무 많다고 생각했는지 마치 빵집 진열장을 한참 들여다보다 마음의 결정을 내린듯 머랭 이야기를 물었으니까요. 알렉스 님께 박수를 보냅니다. 질문은 이렇게 던져야죠!

　게다가 저는 머랭만 보면 눈앞에 슬리퍼를 둔 강아지처럼 군침이 도는 사람이기 때문에 이 질문이 더 반갑습니다. 저희 부모님이 아직도 종종 이야기하는 어린 시절의 추억 중에는 25년 전 부모님의 친구분이 마련한 크리스마스 파티에 갔다가 제가 주인공이 되어 버린 날이 있습니다. 파티 주인은 메리라는 아리따운 분이었는데, 디저트로 파인애플을 잘게 다져 얹은 머랭을 구워 산처럼 쌓아 두셨습니다. 그리고 저는 그 자리에서 열세 개를 줄줄이 먹어 치우고 말았죠. 저는 접시에 머랭을 잔뜩 담으면 예의 없어 보일까 봐 한 번에 한 개씩만 가져왔고, 제가 디저트 테이블과 제 자리를 오갈 때마다 다른 손님들은 즐겁다는 듯 저를 흥미롭게 구경했습니다. 생각해 보면 설탕만 150g에 파인애플 한 통까지 총 2000kcal는 해치운 듯합니다. 배탈이 안 났던 이유는 아직도 모르겠지만, 단 것을 너무 많이 먹어서 저녁 내내 머리가 몽롱했던 기억이 납니다.

알렉스 님이 던져 준 서너 개의 질문 중 빵과 관련된 내용은 다음 질문에서 다루도록 하겠습니다. 그럼 먼저 치즈부터 살펴보죠. 최근의 고고학 연구는 적토마에 모터라도 단 듯 빠르게 변하기 때문에, 여러분이 이 글을 읽을 즈음에는 이미 철 지난 내용이 되어 있을 수도 있습니다. 어쨌든 최근 브리스톨대학교 연구진은 폴란드에서 발견된 치즈 생산용 체에 남은 유제품 잔여물을 분석했는데, 그 결과 5000년 전의 것으로 밝혀졌습니다. 터키 북부에서 발견된 6500년 전의 항아리에서도 유제품의 흔적이 남아 있었습니다. 별로 놀라운 일은 아닙니다. 사실 치즈는 꽤 간단하게 만들 수 있거든요. 보통 우유에 구연산을 더하기만 하면 우유가 응고되면서 응유와 유청이 분리되기 때문입니다.

선사 시대에는 레몬즙을 짜 넣는 대신 소나 양의 위산을 사용했을 가능성이 큽니다. 이런 위산에 든 레닛이라는 효소는 우유에 레몬즙과 같은 작용을 합니다. 어쩌다 소 내장의 즙을 우유에 짜 넣었는지는 막연히 추측할 수밖에 없습니다. 내장에 구멍을 뚫어서 체로 쓰려고 했을까요? 아니면 내장을 늘려 우유 주머니로 썼을까요? 어느 쪽이든 유청을 분리했다는 건 유당불내증이 있는 신석기인 대다수도 종일 방귀를 뀌거나 속쓰림을 겪지 않고 치즈를 먹을 수 있었다는 뜻입니다.

일반적인 요리를 논하자면 엄청나게 큰 주제가 될 겁니다. 여기서는 최근 하버드대학교와 예일대학교의 아시리아 학자 및 음식을 연구한 화학자와 역사학자들이 공동으로 진행한 연구를 소개하겠습니다. 연구진은 바빌로니아 점토판에 지금까지 알려진 가장 오래된 문자인 설형문자로 적힌 청동기 시대 요리법을 재구성하는 데 성공했습니다. 적어도 4000년 이상 된 이 요리들은 단순히 아무 재료나 냄비에 넣고 끓인 게 아니라 맛과 식감을 여러 방식으로 실험한 요리였습니다. 현재 이라크에서 먹는 일종의 양고기 스튜도 이런 요리에 해당하죠. 게다가 이 점토판에는 다른 문화의 요리법까지 적혀 있었습니다. 청동기 시대에도 유행을 선도하는 요리 연구가가 이국적인 요리를 소개하는 일이 종종 있었나 봅니다. "여러분, 엘람 사람들의 수프를 드셔 보셨나요? 만들기도 쉽고 맛도 일품이랍니다!"

그렇다면 이제 중요한 질문을 살펴봅시다. 머랭은 어떻게 탄생했을까요?

설탕부터 시작해 봅시다. 사탕수수 원당을 가장 먼저 소비한 곳은 태평양 제도였고, 처음으로 정제한 곳은 고대 인도였습니다. 꿀보다 훨씬 달콤한 설탕이 빠르게 세계 각지로 퍼져 나갔을 것 같지만, 모든 것을 정복할 기세로 남아시아에 쳐들어간 알렉산드로스 대왕은 설탕을 음식이라기보다 귀한 약재라고 생각했습니다. 따라서 1000년대가 되기 전까지 유럽인의 디저트 접시에 설탕이 오르는 일은 없었습니다. 대신 중동 문화권에서는 설탕 소비가 발달했는데, 처음에는 약재로 취급되다가, 나중에는 부유층이 즐기는 별미로 여겨졌습니다. 이들은 설탕이 일종의 향신료라고 생각했습니다. 요리사들은 설탕을 끓여 결정화하거나 마지팬(아몬드, 설탕, 달걀을 섞은 것으로 과자를 만들거나 케이크 위를 덮는 데 씀 - 편집자) 반죽을 만들었으며, 나중에는 이를 기절할 정도로 달콤한 순수 설탕으로 정제하는 전문가로 거듭났습니다.

이후 악명 높은 십자군 전쟁이 발발하면서 학살이 자행되는 한편 정교한 이슬람 문화를 유럽인들이 약탈하듯 헤집고 다니는 사태가 벌어졌는데, 설탕의 달콤한 맛도 예외는 아니었습니다. 1200년대 베네치아에서 설탕 무역이 시작됐고, 1400년대에 이르러서는 포르투갈과 스페인이 각각의 식민지인 마데이라섬(1419년 발견)과 카나리아 제도(1402년부터 1496년까지 점령)에서 사탕수수를 재배했습니다. 사탕수수 경작은 수익성이 좋았기 때문에 훗날 아메리카 대륙의 식민지에도 그대로 적용됐습니다. 설탕 수요가 급증하면서 아프리카 노예무역이라는 또 다른 비극이 펼쳐졌습니다. 강제 노역으로 브라질을 금광으로 만들었던 전례를 모방하듯, 영국은 바베이도스로 흑인 노예를 데려와 하얀 금으로 불리는 설탕을 재배하게 했습니다.

이런 지정학적 상황을 거쳐 1500년대에는 설탕이 한층 폭넓게 사용됐으니* 이 시기의 요리책에 머랭이 등장하기 시작한 것도 우연이 아닙니다. 사실 머랭이라고는 했으나, 과연 머랭이라고 부를 수 있을지는 해석의 여지가 있습니다. 음식 역사학자 앨런 데이비슨Alan Davidson은 다른 이들과 마찬가지로 머랭의 전신이 달콤한 크림과 달걀흰자로 만든 폭신폭신한 요리인 스노snow였다고 설명했습니다.

---

* 노예의 노동력을 기반으로 한 플랜테이션 체계는 잔혹하고도 효율적이었으며, 이로 인해 유럽 내 설탕 소비량이 대폭 급증했습니다. 1700년에 1.8kg에 불과했던 1인당 연간 설탕 소비량은 1800년이 되자 8kg으로 치솟았습니다. 1750년대에는 유럽에 들어오는 모든 수입품 중 절반을 설탕이 차지했습니다.

1653년 프랑스어에서 번역된 스노 요리법은 이렇습니다.

우유 적당량에 밀가루 푼 물을 소량 넣고 끓여 잘 풀어 준 다음, 달걀흰자를 여섯 개 이상 넣고 저어준 뒤 설탕을 더한다. 준비되면 다시 불에 올리고 나머지 달걀흰자를 넣은 뒤 깃털로 휘저어 매끈해질 때까지 섞거나, 나머지 달걀흰자를 튀겨 다른 달걀에 붓는다. 솥뚜껑이나 뜨거운 화덕 삽으로 살며시 옮긴 다음 달콤한 물을 곁들여 대접한다.

한 가지 짚고 넘어가자면 유럽인들은 1500년대까지 포크를 사용하지 않았기 때문에, 요리사들은 달걀흰자를 체에 거르거나 자작나무 가지 다발을 두 손바닥 사이에 끼우고 돌리거나 거품기처럼 짧게 쥐고 휘저어 거품을 내야 했습니다.

엘리너 페티플레이스Elinor Fettiplace라는 부유한 영국 여성이 1604년에 쓴 요리책에는 제가 어릴 적 크리스마스에 먹었던 머랭과 사뭇 다른 버전의 머랭 요리법이 수록돼 있습니다.

설탕 680g과 고운 백색 밀가루 한 줌, 달걀흰자 열두 개 분량을 곱게 거른 뒤, 아니스 열매 소량을 으깨어 넣고 한데 섞다가 죽처럼 되직해지면, 종이 틀에 붓고 화덕에 넣어 맨치트가 되면 꺼낸다.

몇몇 음식 역사가들은 거품을 낸 달걀흰자와 설탕이 들어가는 이 음식이 초기 머랭이라고 주장합니다. 하지만 밀가루도 들어가는 데다 흰 빵의 일종인 맨치트manchet라고 불렀으므로, 머랭과 비슷하게 생겼을지 몰라도 진짜 머랭은 아니라고 할 만한 여지가 있습니다.

그러나 17세기 말에는 처음으로 단단하게 거품을 내어 머랭을 만들었고, 이를 슈가 퍼프sugar puff라고 불렀습니다. 그렇지만 혼란스럽게도 비스킷이라고 부를 때도 있었습니다. 그렇다면 머랭이라는 이름은 언제 처음 등장했을까요? 가장 유명한 설은 1720년 스위스의 작은 마을 마이링엔에서 일하던 요리사 가스파리니Gasparini가 만들었다는 이야기입니다. 또 다른 설로는 폴란드의 과자 마르찐카marzynka가 기원이며, 폴란드 국왕 스타니스와프 레슈친스키를 위해 처음 개발됐다가, 그 딸이 1725년 루이 15세와 결혼하면서 프랑스에 들여왔다는 이야기도 있습니다.

둘 다 매력적이지만 불가능한 이야기입니다. 머랭이라는 단어는 1691년 프랑수아 마시알로가 펴낸 요리책 《왕족과 부르주아의 요리법》*에 당당하게 등장하기 때문입니다. 당시 마시알로는 국왕 루이 14세의 매력적인 동생이자 오를레앙 공작이었던 필리프 1세Philippe d'Orléans의 개인 요리사였습니다. 필리프 1세는 전투에서도 맹렬히 이름을 떨쳤지만, 여러 젠더를 오가는 양성애자이자 여자와 결혼하고 남자 애인을 두었으며 왕궁에서 화려한 드레스를 입는 사람으로도 유명했습니다.

누가 머랭을 처음 개발했고 왜 머랭이라고 부르게 됐는지는 정확

---

* François Massialot, 《Le Cuisinier Royal et Bourgeois》, 국내 미출간

히 알 수 없습니다. 다만 적어도 1700년대에 페이스트리 요리사들이 뿔이 뾰족하고 단단한 머랭 디저트를 흔히 만들었다는 점만큼은 알 수 있습니다. 머랭의 뿔이 뾰족하게 서는 이유는 설탕과 달걀흰자를 섞을 때 아미노산으로 인해 거품이 단백질로 코팅되면서 단단한 구조가 만들어지기 때문입니다. 초기 요리법에는 크림이 들어갔는데, 크림에 포함된 지방 때문에 이런 현상이 잘 일어나지 않아 16세기의 스노는 더 폭신폭신하고 부드러운 식감이었습니다.

머랭 위에 과일이나 잼, 커스터드 크림 등을 올려도 머랭이 꺼지거나 토핑이 떨어지지 않을 만큼 단단한 머랭을 만들려면 구리로 만든 대접*에 재료를 섞는 것도 한 가지 방법입니다. 구리는 대부분의 다른 소재보다 화학적 반응성이 뛰어나기 때문에 머랭 만들기에 크게 도움이 됐습니다.

1800년대 말에는 딸기가 머랭을 무너뜨릴까 봐 걱정하는 요리사들을 위해 또 다른 치트키가 등장했습니다. 포도주를 만들고 나면 산성의 가루 잔여물인 주석산이 남는데, 주석산은 이산화탄소를 발생시켜서 빵을 만들 때 사용하는 효모와 비슷한 역할을 했습니다. 탄산가스를 더해 조금 더 단단하게 만든 머랭을 스위스 머랭이라고 하는데, 기본적인 프랑스 머랭이나 오븐에 구운 이탈리아 머랭과는 조금 다릅니다. 이후 머랭을 만들기 위한 여러 잔기술이 등장했습니다. 이런 기술들을 모두 섭렵한 호주의 호텔 주방장 허버트 삭스Herbert Sachse는 1935년 러시아의 유명 발레리나 안나 파블로바Анна Павловна에게

---

* 프랑스에서는 구리 대접을 닭의 엉덩이라는 뜻의 '퀼 드 풀cul de poule'이라고도 부릅니다.

바친다는 의미로 그녀의 이름을 딴 파블로바라는 상큼하고 녹진한 머랭 디저트를 만들었습니다.

그러나 파블로바의 이름을 딴 달콤한 디저트는 머랭을 제외하고도 여러 가지가 있었습니다. 역사가들은 누가 처음으로 파블로바에게 디저트를 바쳤는지를 두고 지난 90년간 설전을 벌여왔죠. 이처럼 머랭 자체는 너무나 매력적이지만, 머랭에 얽힌 역사는 기대만큼 순수하거나 달콤하지 않았습니다. 저는 앉은자리에서 머랭 한 봉지를 다 먹고도 아쉬운 걸 보니 나중에는 설탕 때문에 죽을지도 모르겠습니다. 파인애플까지 얹으면 최악이겠죠?

17

인류는 빵 만드는 방법을 어떻게 발견했나요?

(질문자) 이멜다

이멜다 님이 주신 질문이지만 앞서 알렉스 님이 주신 머랭 질문에도 빵에 관한 내용이 있으므로 여기에서 한 번에 답하겠습니다. 이런 질문이 많다는 점은 놀라운 일이 아닙니다. 2020년 코로나바이러스 팬데믹으로 전 세계가 멈췄을 때 공황에 빠진 영국인들은 가장 가까운 마트로 달려가 두루마리 휴지를 대량으로 구매했습니다. 그리고는 휴지를 먹을 수 없다는 사실을 뒤늦게 깨달았다는 듯 다시 가게로 달려가 파스타 매대를 싹쓸이했습니다. 집에 돌아간 이들은 파스타가 아닌 음식을 그리워하며 따분하고 불안한 시간을 보내기 시작했고, 그렇게 유럽 전역에서 밀가루 부족 사태가 터졌습니다.

그렇습니다. 매일 쏟아지는 무시무시한 뉴스 기사와 일일 감염자 통계 이외에도, 팬데믹이 일으킨 가장 놀라운 사건 중 하나는 영국 전역에서 빵 굽기에 관한 관심이 폭증했다는 점입니다. 마음을 다스리기 위해 빵을 굽는지 혹은 집에서 저렴하게 끼니를 떼우기 위해서인지는 몰라도, 어쨌든 사람들은 갑자기 사워도(sourdough, 공기 중의 젖산세균과 효모를 배양하여 만든 밀가루 반죽 또는 그 반죽으로 만든 빵 - 편집자)에 열광하기 시작했습니다. 인스타그램과 트위터를 보면 마치 매일 빵 축제가 열리는 듯했습니다. 당시 언론과 평론가들은 이를 놀라워했고,

효모와 밀가루 공급자들도 수요를 맞추기 위해 갖은 애를 썼습니다. 그러나 곰곰이 생각해 보면 그렇게 놀랄 일은 아닌 듯합니다. 〈그레이트 브리티시 베이크 오프〉를 비롯한 유명 TV 프로그램으로 영국 사람들은 갓 구운 따끈한 빵이 주는 포근함과 안락함을 갈망하게 됐지만, 일이 바빠 혹은 가족들을 돌보느라 바빠서 빵 구울 시간을 낼 수 없었습니다. 그런데 갑자기 많은 사람이 집 안에 갇힌 생활을 하게 됐고, 남는 건 시간뿐이었습니다. 진지하게 빵을 구워 볼 수 있게 된 거죠!

그러나 제 생각에는 이외에도 다른 이유가 더 있는 듯합니다. 영국 사람들에게 빵은 기본 중의 기본입니다. 빵은 영국인의 식탁에 매일 오르고 지구상 대부분의 나라에서 먹는 음식입니다. 영양가 있고 포만감이 크며 단순한 음식인 빵은 종종 빈곤층에게 꼭 필요한 구원이나 다름없었으며, 역사 속 다수의 문화에서도 빵을 중요하게 여겼습니다.

고대 그리스 시인 호메로스Oμηρος는 신들이 넥타르를 먹고 사는 반면, 인간은 빵을 먹고 산다고 했습니다. 아랍어를 사용하는 이집트에서 빵을 가리키는 단어인 'aish'를 문자 그대로 해석하면 '삶'이라는 뜻입니다. 로마에서는 사회가 제대로 기능하려면 반드시 빵이 필요했기 때문에 국가가 나서서 빈곤층 시민 20만 명에게 무료로 빵을 배급했습니다. 빅토리아 시대의 영국에서는 빵 색깔이 사회적 신분을 대변했는데, 갈색 빵을 먹으면 중산층이었고 흰 빵을 먹으면 부유층이었습니다. 게다가 굶주린 빈곤층은 빵 폭동을 일으켰고 이것이 혁명으로 이어지기도 했습니다. 이 혁명에 대해서는 마리 앙투아네트가 가장 잘 알 것 같네요. 글루텐 프리와 무탄수화물 식단이 존재하긴 하지만 여전히 빵은 영국인의 정체성과 직결돼 있으며, 그 뿌리는 문명의 여명까지 거슬러 올라갑니다. 사실 빵의 흔적은 그 이전 시기에도 찾아볼 수 있습니다.

제가 2000년대 초반의 우울한 시기를 지나 파란 머리의 고고학과 학생이던 시절만 하더라도 농경은 신석기 시대, 즉 1만 2000여 년 전에 시작됐다고 알려져 있었습니다. 이 시기에 인류는 처음으로 촌락을 형성하고 가축을 기르기 시작했으니, 이제 식량을 찾아 황량한 땅을 헤집고 다닐 필요 없이 한자리에 정착해 뒷마당에서 먹을거리를 기르기로 했다는 이야기가 완벽하게 들어맞는 듯했습니다. 그러나 지금은 이미 3만 년 전에도 인류가 실험 삼아 농경을 시도했다는 놀라운 증거들이 발견되고 있습니다. 3만 년 전이라고 하면 신석기 시대가 아닌 완연한 구석기 시대의 영역입니다.

우선 중앙유럽에는 2만 8000~3만 년 전의 유적지가 다수 남아 있는데, 이곳에서는 채소를 짓이겨 가루를 만들었던 흔적이 남아 있습니다. 가루는 어떤 의미일까요? 확실하지는 않지만, 어쩌면 이 단서가 멋진 이야기로 이어질 수도 있겠습니다. 이스라엘의 갈릴리 해안가에는 2만 3000년 전의 또 다른 유적지가 있는데, 연구진은 이곳에서 고대 인류가 야생 밀과 보리, 심지어 수많은 종류의 잡초를 비롯한 140종의 식물을 모았다는 사실을 발견했습니다. 잡초가 있다는 것이 특히 흥미로운 지점입니다. 아시다시피 잡초는 우리가 예쁜 꽃을 심는 순간에 마치 초대받지 않은 손님처럼 흙에서 고개를 내밀고는 기껏 경작한 땅에서 다른 연약한 꽃들을 괴롭히며 마구잡이로 자랍니다. 그러니 토양 표본에서 잡초가 발견됐다는 사실은 놀랍게도 인류가 야생 작물을 먹었을 뿐 아니라 직접 길렀을 수도 있음을 보여 줍니다. 물론 이것은 인류가 확실히 농경을 시작한 시기보다 1만 1000년도 더 전의 일입니다

이뿐이 아닙니다. 고고학자들은 곡물을 가공하는 맷돌 석판과 추수용 낫의 흔적도 발견했습니다. 2만 3000~3만 년 전에 형성된 이 유적지들은 선사 시대 사람들이 아침 사냥을 나가기 전에 죽을 한 사발씩 먹었다고 말하려는 걸까요? 아니면 집이라는 개념이 생기기 한참 전부터 빵을 구웠다는 최초의 증거일까요? 석기 시대 제빵사가 제빵 서바이벌 TV 프로그램에 나간다면 재미는 있겠지만, 이처럼 이른 선사 시대에 빵을 구웠다는 이론은 그럴듯하면서도 완전히 신뢰가 가지는 않습니다.

이제 1만 4500년 전 요르단으로 이동해 봅시다. 당시 이곳에서는 나투프 문화 사람들이 반半정착 촌락을 형성하고 살았는데, 수렵채집이 기본이었으나 추가로 농경을 시도하기도 했습니다. 이 시기에 이르면 실제로 원시적인 빵을 구웠다는 증거가 남아 있습니다. 발굴을 주도한 고고학자 아마이아 아란츠 오타에귀Amaia Arranz-Otaegui 박사는 화덕의 잿더미 한가운데에서 효모를 넣지 않고 구운 납작한 빵의 증거를 발견했으며, 아마도 절구나 맷돌로 곱게 갈아 만들었을 가능성이 크다고 말했습니다. 아마이아 박사는 이들이 "곡물과 부들 덩이줄기를 함께 빻아 고운 가루를 내고, 가루에 물을 부어 반죽을 만든 뒤, 반죽 덩이를 뜨거운 잿더미에 묻거나 납작한 돌에 올려 구웠을 것"이라고 설명했습니다.

그렇다면 왜 침팬지처럼 풀을 곧바로 뜯어 먹지 않고 가루로 만들었을까요? 아마이아 박사는 그 이유를 이렇게 설명했습니다. "빵을 만드는 데 필요한 변형 공정, 이를테면 곡물 도정, 제분, 건조, 조리, 가열 등은 섬유소가 많은 왕겨를 비롯해 해롭고 소화하기 어려운 부분을 제거하고, 전분기를 늘리고 단백질 소화를 도우며, 특별한 맛을 만들어 냅니다." 그렇죠. 곡물 껍질이 잔뜩 들어간 크루아상을 누가 먹고 싶어 하겠습니까? 저는 별로일 것 같습니다. 그러므로 제빵은 활동에 필요한 열량을 소화할 가장 안전하고 맛있는 방법이었을 수도 있습니다.

그렇지만 이들이 매일 같이 빵을 실컷 먹었을 것 같지는 않습니다. 생산되는 빵의 양은 매우 적었을 테고, 제빵 과정에는 상당한 노동력이 필요했을 겁니다. 아마 특별한 날에만 별미로 먹거나 종교의식에 사용했을 수도 있습니다. 농경이 제대로 자리를 잡지 못했다면 재료도 부족했을 겁니다. 그러나 나프타 문화 사람들은 수천 년에 걸쳐 요리법을 가다듬었고, 곡물을 더 안정적으로 재배할 수 있게 되자 빵을 대량으로 생산해 주식으로 삼았습니다. 이런 변화는 이집트, 메소포타미아 문명과 수메르, 파키스탄과 인도를 비롯한 인더스 계곡의 하라파 문명 등 청동기 문명의 확장을 뒷받침했습니다.

청동기 시대의 거대한 도시국가에서는 통통한 빵을 굽는 데 필요한 돔 형태의 화덕을 갖춘 대형 제빵소를 지었지만, 본래 이들은 납작한 빵을 즐겼습니다. 발효과정, 그러니까 효모를 넣어 탄산가스로 반죽을 부풀리는 공정은 아마 순전히 우연으로 시작됐을 겁니다. 어쩌면 어느 칠칠치 못한 맥주 양조사가 자기가 만든 맥주에 취한 나머지 빵 반죽에 맥주를 쏟았을 수도 있죠. 사실 맥주는 액체 형태의 빵이나 다름없습니다. 일부 고고학자는 이런 초기 사회에서 맥주가 빵만큼이나 혹은 그보다 더 중요한 열량 공급원이었다고 주장하기도 합니다. 인류가 언제부터 효모의 놀라운 효과를 이해했는지는 알려지지 않았습니다. 매우 일찍부터 시작됐을 가능성이 있으나, 학자들은 적어도 이집트와 메소포타미아가 들어선 3000년 전보다 먼저 시작되지는 않았을 것으로 봅니다.

그러니 인류가 빵 만드는 방법을 어떻게 발견했냐고 묻는다면 수많은 시도와 실패, 몇 번의 우연, 적지 않은 노력 그리고 아마도 맥주 한 사발을 더해 찾아냈다고 답할 수 있겠습니다. 어쩌면 이 실험은 생각보다 훨씬 더 일찍 시작됐을 수도 있습니다. 그렇다면 고고학자들은 빵의 역사를 통해 인류 대서사의 기본 원칙을 다시 생각해 볼 수도 있겠습니다.

5장
역사 편찬

HISTORIOGRAPHY

18

저는 동물학자이고 공룡을 정말 좋아합니다. 공룡은 선사 시대 생물이잖아요. 그렇다면 역사는 언제 시작됐나요?

(질문자) 크리스

아이고 세상에! 크리스 님은 방금 저주받은 질문을 던져 지칠 줄 모르고 싸우는 과거 역사가들의 망령을 불러냈습니다. 지금 제 방에는 무엇이 역사고 무엇이 역사가 아닌지를 정의하겠다며 서로의 오류를 지적하고 고함을 지르는 유령들이 잔뜩 모여 있습니다. 제발 고스트 버스터즈한테 전화해서 E. H. 카Edward Hallett Carr가 G. R. 엘튼Geoffrey Rudolph Elton의 머리채를 잡고 있다고 전해 주실래요?

역사가들은 역사를 연구하는 사람들이니 이 질문에 쉽게 답할 수 있으리라 생각했다면 아마 제 대답에 놀랐을 겁니다. 역사학자들이 대체로 '논쟁'을 벌이는 집단이라는 중요한 사실을 간파했다면, 학계 전반의 성격도 파악할 수 있을 겁니다. 크리스 님을 위해 동물학계를 예시로 설명할 수도 있습니다. 제가 공룡 전문가는 아니지만, 최근 공룡 가계도에 한바탕 소동이 일어나지 않았나요?

제가 알기로 본래 모든 공룡은 파충류와 비슷한 공룡 혹은 조류와 비슷한 공룡으로 분류되는데, 최근에는 오르니토스켈리다Ornithoscelida라는 전혀 다른 세 번째 범주가 등장해 상당한 논쟁을 불러일으킨 듯합니다. 아직 합의되지 않은 문제 앞에서는 역사학자들도 마찬가지입니다. 역사학자들은 의미론적이고 철학적인 논쟁에

사로잡히기도 하고, 과거에 대한 사고방식을 뒤흔드는 새로운 종류의 증거도 마주해야 합니다. 결국 역사라는 말에는 여러 가지 의미가 있어서, 역사의 시발점이 언제라고 합의하기는 어렵습니다. 그러나 저는 역경에 굴하지 않는 사람이니, 이제 진흙탕 속으로 걸어 들어가 보겠습니다.

우선 역사라는 단어가 품은 명백한 문제부터 짚어 보겠습니다. 역사라는 단어는 짜증스러울 만큼 모호하며 온갖 상황에서 다양하게 사용되고 있습니다. 더군다나 '과거'라는 말과 거의 동의어처럼 쓰이죠. 기념일에 관한 팟캐스트나 책 혹은 인터넷 기사에서는 '역사 속 오늘' 같은 표현을 쉽게 찾아볼 수 있습니다. 또한 병원에서는 환자를 진찰할 때 환자의 병력patient history을 조사하고, 인터넷에서 본 재미있는 사이트가 영 떠오르지 않으면 검색 기록internet history을 샅샅이 뒤지기도 하죠. 운동선수가 메달을 따거나 정부가 법안을 통과시킬 때면 '새로운 역사를 쓴다.'라는 수식어를 붙여 줍니다. 사실 역사가 지금까지 일어난 일을 총칭한다고 하면 많은 이들이 당연하다는 듯 고개를 끄덕일 겁니다.

역사란 과거에 일어난 모든 일을 가리키고, 역사적이라고 하면 미래에도 기억할 만큼 중요한 일을 말합니다. 일상생활에서 이런 표현을 사용하는 데는 아무런 문제가 없지만, 전문 역사가로서 저는 명확한 이해를 위해 더 정확한 언어를 사용하고자 노력합니다. 고지식한 샌님처럼 말해 보자면 역사는 과거의 시대 또는 장소를 가리키는 말이 아닙니다. 역사는 과거에 일어났다고 생각되는 일을 재구성하려는 지적인 노력을 일컫습니다. 역사가들은 추리소설 속 명탐정이 대저택에서 일어난 살인사건을 조사하는 것과 똑같은 방식으로 역사를 연구합니다. 구할 수 있는 증거를 바탕으로 하나씩 답을 찾아 나가는 식이죠. 애석하게도 역사가들은 용의자를 모두 응접실에 모아 두고 범인을 지목하는 사치를 누릴 수 없고, 애초에 범인을 지목할 수 있는 사람도 역사가 중 일부에 불과합니다.

저는 추리소설 작가 애거서 크리스티의 열렬한 팬이 아니라서 잘은 모릅니다. 하지만 소설에 등장하는 유명한 탐정인 에르퀼 푸아로나 미스 마플이 살인 용의자를 지목하면, 용의자는 그 즉시 모든 사람이 보는 가운데 자신의 범행을 자백하고, 탐정은 자신의 추론 능력을 과시하는 장면이 꼭 나온다고 합니다. 반면 역사학자들이 죽은 자에게서 자백을 받아내는 경우는 극히 드물고, 역사학자 대부분은 평생 불완전한 결론을 그리며 살아갑니다. 사실 저는 종종 역사가라는 직업이 한 번도 만나 본 적 없는 사람의 초상화를 그려야 하는 화가와 다름없다고 말합니다. 초상화 주인의 지갑이나 근무 일지, 식당에서 밥을 먹은 영수증 혹은 몸에 걸쳤던 옷가지 따위를 볼 수 있고, 실제로 이를 통해 그 사람에 관해 상당히 많은 정보를 얻을 수도 있습니다. 하지만 자칫하면 누군지 전혀 알아볼 수 없는 초상화를 그리게 될 수도 있습니다.

이제 중요한 차이점을 살펴봅시다. 과거는 바꿀 수 없습니다. 과거를 바꾸려면 영화 〈백 투 더 퓨처〉처럼 드로리안 자동차로 만든 타임머신을 타고 시속 140km로 달리는 방법밖에 없습니다. 반면 역사는 끊임없이 변합니다. 각 세대가 저마다 과거를 다른 시각으로 바라보면서 논쟁과 해석의 대소동이 펼쳐집니다. 이것이 바로 역사 연구의 정수입니다. 따라서 국민 영웅으로 추대되는 인물이 사실 노예 소유주였다는 점을 지적했다가 '역사가들이 역사를 다시 쓰려 한다.'며 비난하는 신문 사설을 마주할 때면 저는 웃어야 할지 울어야 할지 모르겠습니다. "당연하죠!"라고 소리 지르고 싶기도 합니다. 역사가들은 늘 역사를 다시 씁니다. 동네 서점에 진열된 신간 역사책들만 봐도 알 수 있지 않나요?

이제 크리스 님이 한 질문으로 돌아가 봅시다. 역사는 언제 시작됐을까요? 지적 행위로서의 역사를 개척한 사람이라고 한다면 대개 고대 그리스 할리카르낫소스의 헤로도토스를 꼽습니다. 기원전 430년경 그가 저술한《역사》는 그리스와 페르시아의 전쟁을 다룬 대작으로, 학자가 직접 탐방을 다니고 방대한 증거를 모아 자신이 어떠한 판단을 내리게 된 이유를 설명한 최초의 정통 문헌입니다.

사실 역사를 뜻하는 영어단어 history는 연구 또는 조사를 뜻하는 그리스어 historia에서 유래했습니다. 이를 이유로 대개 헤로도토스를 가리켜 역사의 아버지라고 하지만, 사실 그가 말을 지어냈다고 의심하는 사람들은 그를 '거짓말의 아버지'라고 부르기도 합니다. 고대 그리스인들 사이에서는 리디아의 크산토스Ξάνθος와 람사쿠스의 카론Χάρων을 비롯한 역사가 세대도 언급됐습니다. 하지만 현대 학자들은 이들이 헤로도토스보다 앞선 세대인지, 후대인지, 동시대인이었는지 판단하지 못하고 있습니다. 연구는 앞으로도 계속되겠지만, 당분간은 헤로도토스가 명예의 전당을 계속 차지할 것으로 보입니다.

그렇다면 역사 연구가 약 2500년 전에 시작됐다고 봐도 무방할까요? 그럴 수도 있습니다. 하지만 자기보다 앞서 벌어진 일들이 있음을 깨닫고 이를 기록해야겠다고 생각한 최초의 사람이 헤로도토스라는 뜻은 아닙니다. 헤로도토스와 그 동료들을 분석하려는 자료 비평에서 벗어나 기준을 조금만 바꿔 본다면, 그보다 훨씬 더 앞선 시대의 역사적 서사를 찾을 수 있습니다. 고대 유대교의 〈판관기〉는 히브리 성경의 이른바 〈신명기〉 계열 문헌 중 하나로, 헤로도토스보다 한 세기는 더 이르게 저술된 것으로 추정됩니다.

헤로도토스의 탐구적인 글은 논평이 주를 이루지만, 이와 달리 〈판관기〉는 단순히 전통적인 이야기 구조를 통해 주요 인물과 두드러지는 사건, 원인과 결과를 전달하면서 이스라엘 사람들이 야훼의 눈에 들었다가도 다시 눈 밖에 나기를 반복하는 과정을 설명합니다. 역사가의 비판적인 논조가 들리지 않아 역사 연구서처럼 느껴지지 않을 수 있지만, 더 넓은 관점에서 보자면 이 문헌은 곧 이스라엘 민족의 역사이자 그들이 바빌론 유수에 이르는 과정을 담고 있습니다. 그렇다면 여기서 중요한 질문 한 가지를 살펴봅시다. 역사는 검증과 설명에 초점을 맞춘 지적 행위여야 할까요? 아니면 단순히 과거에 일어난 사건을 전하기만 해도 역사라고 할 수 있을까요?

만약 후자라고 한다면 고대 이집트 혹은 바빌로니아의 문헌에서도 다수의 역사기록을 찾아볼 수 있습니다. 우리가 이런 지식을 누릴 수 있는 이유는 약 5400여 년 전에 문자가 발명됐기 때문입니다. 가장 먼저 수메르인이 점토판에 갈대 펜으로 삼각 기호를 눌러 새기는 문자 체계인 설형문자를 발명했고, 얼마 뒤 이집트인이 상형문자를 발명했으며, 그로부터 수백 년 이후 중국에서도 그들만의 초기 문자를 사용하기 시작했습니다. 이런 기술은 인류의 앞길을 바꾼 대혁신이었으며, 대개 문자가 발명된 시점을 기준으로 역사 시대recorded History가 시작됐다고 봅니다.

그러므로 이 시점 이전에 일어난 모든 일은 자연스레 고고학자들의 몫으로 돌아가면서 1851년 대니얼 윌슨Daniel Wilson이 처음 명명한 선사 시대라는 투박한 이름을 달게 됐습니다. 그런데 최근에는 호모 사피엔스와 초기 호미닌(진화 경로에 따른 분류에서 현생인류와 현생인류의 근연종들을 집합적으로 이르는 말 - 편집자) 조상들의 석기 시대를 가리켜 유사 이전 시대pre-History라고 하고, 도구를 사용하는 직립 보행 유인원이 출현한 300만 년 전보다 더 먼 옛날에 대해서는 지질학이나 공룡과 관련된 내용을 가리켜 선사 시대prehistory라고 부르는 경향이 있습니다. 공식적인 용례는 아니지만 대개 유사 이전 시대라고 하면 인류의 이야기이고, 선사 시대는 그렇지 않다고 봅니다. 한편 대자연의 장엄한 신비를 연구하는 학문은 대 플리니우스의 유명한 저서《박물지aturalis historia》를 본떠 자연사natural history라고 칭하니 한층 더 헷갈릴 수밖에 없습니다.

그러나 아직 놀라기는 이릅니다. 역사학이 분석적인 학문이 아니라 단지 과거에 일어난 인류의 사건, 인물, 원인과 결과를 구조적으로 나열하는 서사에 불과하다고 한다면, 이제 문자라는 족쇄에서 벗어나 호주 빅토리아주에 사는 원주민 참우룽족이나 미국 오리건주에 사는 원주민 클라마스족도 살펴볼 수 있습니다. 이들이 여러 세대를 거쳐 정확하게 되풀이하고 암송해 전한 구전 설화에는 놀랍게도 1만 년 전 조상들의 이야기까지 담겨 있기 때문입니다.

여기까지만 들어도 입이 떡 벌어질 만큼 놀랍지만, 그 정확성은 더 놀랍습니다. 패트릭 넌 교수를 비롯한 현대 지질학자들은 이들의 설화에 자주 등장하는 화산 폭발, 홍수 및 주요 자연 현상을 그 지역에 남은 물리적 증거와 비교해 설화의 정확성을 검증할 수 있었습니다. 패트릭 넌 교수의 흥미로운 저서 《기억의 끝자락》*에서는 문자를 사용하기 전의 고대 민족들이 구전 역사를 통해 민족의 결집력을 키웠을 뿐 아니라, 환경 변화로 새로운 문제가 닥칠 때 살아남을 수 있도록 귀중한 지혜를 후대에 전했다고 설명합니다.

그러므로 역사의 역사가 언제 시작됐는지를 두고 소동이 벌어질 여지는 분명 너무나 많지만, 혹자는 인류가 수천 년 동안 역사적 사고를 이어 왔다고 주장합니다. 우리가 어떤 사람이었는지를 안다면 지금 우리가 어떤 사람인지를 더 잘 이해할 수 있고, 그 반대도 마찬가지이기 때문입니다. 위대한 학자 E. H. 카는 1961년 고전적인 저서 《역사란 무엇인가?》에서 역사학자들이 어떤 세상에 사는지에 따라 그들이 먼 옛날에 대해 던지는 질문과 그 속에서 찾으려 하는 의미가 달라지기 때문에 역사학은 '지금, 여기'에 달려 있다고 말했습니다.

지금 읽고 계신 이 책도 마찬가지입니다. 여러분이 궁금해하는 질문들에서 21세기 사람들의 관심사가 드러나고, 제 대답에서는 제 미묘한 편견이 드러날 겁니다. 과거 이야기를 하려면 현재 이야기를 하지 않을 수 없습니다. 그러니 어떻게 보면 이 책은 결국 제가 사랑하는 축구팀 토트넘 홋스퍼와 그들이 안겨 주는 괴롭고 참담한 실망

---

*   Patrick Nunn, 《The Edge of Memory》, 국내 미출간

감에 관한 이야기입니다. 고대 그리스의 어느 사건에 관한 비유라고 생각했을 수도 있겠지만, 사실 그냥 마우리시오 포체티노 감독이 토트넘에서 그렇게 무너진 게 아직도 가슴이 아파서 하는 말입니다. 포체티노 감독님, 정말 사랑했습니다….

19

시대 이름은 누가 정하나요?
영국에는 과거에도 엘리자베스 시대가 있었는데,
미래 역사학자들은 지금 시대를
뭐라고 부를까요?

질문자 앨리슨

정말 멋진 질문입니다, 앨리슨 님. 조금은 독특한 방식으로 이 질문에 대한 대답을 시작하고자 합니다. 2008년, 저는 BBC의 새로운 어린이용 TV 프로그램 〈끔찍한 역사〉의 역사 자문으로 일하기 시작했습니다. 우스꽝스러운 코미디 프로그램이었지만 사실을 기반으로 했고, 저는 일곱 살 어린아이들도 재미있게 볼 수 있을 만한 이야기 속 역사를 제작진에게 설명하는 역할을 맡았습니다. 즐겁고도 고된 일이었지만, 이를 통해 저는 과거에 대한 우리의 학습된 사고방식에서 잘못된 부분을 발견할 수 있었습니다. 아시다시피 역사의 시대 구분은 축구의 핸들링 규칙과 비슷합니다. 누구나 그게 무엇인지 알지만, 정확히 설명해 보라고 하면 갑자기 대혼돈이 시작되죠.

〈끔찍한 역사〉는 테리 디어리Terry Deary의 베스트셀러 어린이 역사 책 시리즈를 바탕으로 했습니다. 이 시리즈는 《들썩들썩 석기 시대》, 《어두컴컴 중세 시대》, 《이왕이면 이집트》, 《켈트족이 꿈틀꿈틀》 등 한 권에 한 가지 시대를 다루었습니다. 반면 〈끔찍한 역사〉 제작진은 한 편 속에서도 여러 시대를 오가고 싶어 했습니다. 어린이 시청자들이 헷갈릴 수도 있었기 때문에 제작진은 테리 디어리의 책 제목 열어

섯 가지 중 하나를 삽입해 각 장면의 시대를 표시했습니다. 다른 시대로 넘어가기 전에 그 시대를 대변하는 캐릭터가 등장해 어떤 시대인지 소개했죠.

저는 열여섯 가지 시대를 다음과 같은 연대순으로 정리해 제작진에게 넘겼습니다.

- 석기 시대
- 이집트
- 그리스
- 로마
- 색슨
- 바이킹
- 중세 시대
- 르네상스
- 아스테카
- 잉카
- 튜더 왕조
- 스튜어트 왕조
- 조지 왕조
- 빅토리아 시대
- 제1차 세계대전
- 제2차 세계대전

경이로운 역사 콘서트

저는 시대 순서를 뒤죽박죽 섞은 다음 제작진에게 올바른 순서를 맞춰 보라며 유명 퀴즈 프로그램의 진행자라도 된 양 우쭐거렸습니다. 누군가가 바이킹과 튜더 왕조의 순서를 잘못 놓았을 때는 틀렸다고 지적하기까지 했죠. 도대체 왜 그랬을까요? 그렇게 잘난 척을 하던 저는 한순간 역풍을 맞았습니다. 작가 한 분이 시대를 어떻게 구분하는지 물어본 그 순간, 저는 제가 늘어놓은 시대 순서에 논리적 문제가 가득하다는 점을 깨닫고 당황을 감추지 못했습니다.

우선 다수의 범주가 서로 겹칩니다. 로마, 그리스, 이집트는 각기 다른 문명이지만 로마는 그리스를 점령했고, 그리스계 프톨레마이오스 왕조와 로마는 이집트를 분할 통치했습니다. 그러니 알렉산드로스 대왕과 함께 싸웠던 마케도니아 왕조의 사령관이자 프톨레마이오스 왕조의 초대 파라오인 프톨레마이오스 1세의 후손, 클레오파트라 7세의 이야기를 하려면 어떤 시대 표지판을 띄우는 게 맞을까요? 클레오파트라는 로마인이었을까요, 그리스인이었을까요, 아니면 이집트인이었을까요?

한편 중세 초기의 영국, 테리 디어리의 표현을 빌리자면, 색슨 왕조 시대는 바이킹 왕조와 공존했으나, 저는 두 왕조를 각기 다른 시대로 구분했습니다. 게다가 보통은 두 왕조 모두 더 큰 범주인 중세 시대에 속하지만, 저는 중세 시대를 1066년부터 1485년까지로 한정했습니다. 물론 아스테카와 잉카도 중세 시대에 속할 수 있지만, 저는 이 또한 각각 다른 시대로 보았습니다. 나아가 르네상스 시대는 프랑스와 이탈리아에서 1300년대부터 시작됐다고 할 수 있으나, 당시 영국에서는 흑사병, 백 년 전쟁, 농민 반란 등 중세 시대의 굵직한 사건들이 한창이었습니다. 반대로 미켈란젤로 등 일부 위대한 르네상스 예술가들은 1500년대를 살았으나, 저는 이 시기를 튜더 왕조 시대로 구분했습니다.

튜더 왕조를 이야기하자면 끝도 없습니다. 튜더 왕조는 본래 웨일스 가문이지만 16세기 들어 완전히 잉글랜드를 중심으로 이어졌죠. 같은 시기 스코틀랜드에서는 스튜어트 왕조가 왕권을 차지했으나, 잉글랜드에서는 여왕 엘리자베스 1세가 세상을 떠난 1603년이 돼서야 스튜어트 왕조 시대가 시작됐습니다. 그러니 〈끔찍한 역사〉에서는 스튜어트 왕조의 스코틀랜드 여왕 메리 1세Mary Stuart 이야기를 튜더 왕조 시대로 구분할 수밖에 없었습니다. 게다가 프로그램에 자주 등장하는 한 캐릭터인 셰익스피어는 튜더 왕조 시대와 스튜어트 왕조 시대에 걸친 인물이었으므로 혼란이 가중됐습니다.

역사가들은 튜더 왕조 시대와 스튜어트 왕조 시대를 근세라는 더 큰 범주에 넣습니다. 여기서 근세가 언제부터 언제까지냐고 묻는다면, 이에 대답하기 위해 중세사학자 및 르네상스 전문가와 설전을 벌여야 하므로, 그 질문은 못 들은 걸로 하겠습니다. 그다음은 근대인데, 일부 역사가들은 1700년도 이후를 모두 근대라고 부르는 한편, 영국인들은 이름이 죄다 '조지George'였던 하노버 왕조의 네 왕에서 이름을 따 이 시대를 조지 시대라고 부릅니다. 그렇다면 국왕 윌리엄 4세William IV와 1832년 선거법 개혁은 어디에 넣어야 할까요? 윌리엄 4세의 재위 기간은 빅토리아Victoria 여왕이 즉위하기 전이지만 그래도 그를 빅토리아 시대에 욱여넣어야 할까요? 아니면 따로 떼어서 윌리엄 시대를 만들어야 할까요? 그건 아닐 것 같습니다.

국왕 에드워드 7세dward VII도 문제입니다. 그의 재위 기간은 10년에 불과했고 테리 디어리도 '에드워드'라는 이름이 들어간 책을 쓰지는 않았습니다. 그래서 제작진은 그의 이야기를 다룰 때 빅토리아 시대 또는 제1차 세계대전 시대에 넣어야 했습니다. 에드워드가 즉위할 때는 어머니 빅토리아 여왕이 이미 세상을 뜬 후였고, 제1차 세계대전이 발발했을 때는 그가 세상을 떠난 후였습니다. 또 1920년대와 1930년대도 갈 곳을 잃었죠. 이 시기의 일들은 제1차 세계대전의 결과로 보아야 할까요? 아니면 제2차 세계대전의 원인이었을까요? 체계를 따르려면 둘 중 어느 하나에는 속해야 하는데, 사실 어느 쪽에도 속한다고 할 수 없습니다. 머리가 너무 아프네요.

제작진과 회의할 때마다 제 머릿속에서는 이처럼 한바탕 폭풍이 몰아쳤습니다. 아직도 여기에서 완전히 벗어나지는 못한 것 같네요. 그러나 저 혼자 시간의 늪에 빠졌던 경험은 시대 구분의 장엄한 역사에 비하면 새 발의 피입니다. 역사가들은 수 세기에 걸쳐 이런 논쟁을 벌이고 있습니다. 학자 A. 건가다란A. Gangatharan은 시간이 끊임없는 연속체이지만 "역사가들은 구획을 분할하는 과정을 거쳐 의미를 만들어 내야 한다."라고 썼습니다. 즉 역사가들은 인류의 삶이라는 거대한 덩어리에서 더 많은 의미를 찾아내기 위해 임의로 경계를 설정합니다. 역사가들은 과거를 논평하고 시대를 나눌 만큼 중요한 사건들을 골라 과도기적 분수령으로 삼습니다. 그렇다면 이런 분수령은 당대 사람들에게도 큰 변화를 가져왔을까요? 분명 그런 경우도 있었을 겁니다. 그러나 1250년 1월 1일에 "어젯밤까지는 중세 성기盛期였는데, 오늘 아침은 중세 후기처럼 느껴진다."라고 말한 사람은 아무도 없었을 겁니다.

앨리슨 님은 한 시대의 이름을 누가 정하는지 물어보셨죠. 답은 간단합니다. 역사가들이 정합니다! 그러나 이는 상당한 고뇌가 필요한 작업이고, 결코 재미로 하는 일이 아닙니다. 기원후 400년대 초 상당한 영향력을 행사했던 기독교 신학자 히포의 아우구스티누스Augustinus Hipponensi는 각각 1000년씩 이어지는 세계의 여섯 시대를 정의했습니다.

1. 에덴의 창조부터 대홍수까지
2. 대홍수부터 아브라함까지
3. 아브라함부터 다윗 왕까지
4. 다윗 왕부터 바빌론 유수까지
5. 바빌론 유수부터 예수 그리스도의 탄생까지
6. 예수 그리스도의 탄생부터 재림까지 (현재 메시아가 재림을 보류 중입니다…)

성서를 바탕으로 한 이 시대 구분법은 이후 1000여 년 동안 사용됐으며, 이후 르네상스에 이르러서야 저명한 역사가 레오나르도 브루니Leonardo Bruni가 새로운 사고방식을 개척했습니다. 브루니는 과거를 고대, 중세, 근대라는 세 가지 시대로 구분했고, 현대의 역사가들은 이를 바탕으로 고대 후기, 중세 전기, 중세 성기, 중세 후기, 르네상스, 근세, 계몽주의 시대, 낭만주의 시대, 기나긴 18세기 등 수많은 하위 범주를 덧붙이고 있습니다. 역사가들만 이런 작업에 관여하지는 않았습니다. 1860년대에는 고고학자들이 연구실 문을 박차고 들어와 외치기도 했습니다. "좋은 아침입니다. 저희가 막 석기 시대라는 개념을 만들었는데, 혹시 가장 앞쪽에 놓아 주실 수 있을까요?"

모든 역사가가 시대 구분법을 사용하지만, 어떤 시기가 언제 시작하고 끝나는지는 저마다 의견이 갈립니다. 농담이 아니라 제가 이 글을 쓰는 지금도 던 손더스Dawn Saunders라는 역사가가 트위터에서 다음과 같은 투표를 진행하고 있습니다.

질문: '기나긴 18세기'란 언제부터 언제까지일까요?

1) 1688년~1815년

2) 1660년~1831년

3) 1660년~1850년

4) 1700년~1800년

응답자의 절반가량이 1번을 골랐지만, 여기에 더해 아홉 가지 다른 가능성도 제기됐습니다. 저 또한 1688년부터 1832년까지라는 모험적인 답변을 제시했는데, 왜냐하면 저는 성가신 사람이기 때문입니다. 한 시대의 시작과 끝을 정하는 데 열세 가지의 선택지가 존재한다니 말도 안 된다고 생각할 수 있지만, 문화의 분수령은 역사학자가 무엇을 기준으로 삼는지에 따라 달라집니다. 문헌이 될 수도 있고 종교, 건축, 예술, 언어, 정치, 군사 기술, 과학 발전, 개발, 제국 등이 될 수도 있습니다. 주요 전쟁의 날짜에 관해서도 합의에 이르기가 이상하리만치 어렵습니다. 제1차 세계대전은 누구나 1914년부터 1918년까지로 알고 있지만, 실제로는 그렇지 않았습니다.

1918년 11월 정전협정이 체결되면서 폭력이 막을 내렸지만, 베르사유조약이 비준된 것은 1919년입니다. 미국에서는 의회가 비상 전쟁 권한을 1921년 3월까지 가지고 있었고, 이를 이용해 악명 높은 금주법을 통과시키기까지 했습니다. 어떻게 이런 일이 가능했을까요? 미국의 워런 하딩Warren Harding 대통령은 1917년 참전한 전쟁을 끝내기 위해 1921년 7월 2일 양원 공동 결의에 서명합니다. 미국 정부는 7월 2일 전까지 자국이 여전히 법적으로 독일과 전쟁 상태에 있다고 판단한 것이죠. 로버트 거워스Robert Gerwarthr 교수를 비롯한 일부 역사가들은 최근 여기서 더 나아가 1923년이 되어야 유럽에 평화가 찾아왔다고 주장했습니다. 이를 제1차 세계대전의 종전일로 보는 편이 더 좋을까요?

역사가들이 시대 이름을 정할 때는 종종 당대에 사용하지 않았던 시대착오적 이름을 가져오기도 합니다. 아스테카인들은 스스로를 아스테카Aztec라고 칭하지 않았고 대신 멕시카Mexica라고 했습니다. 바이킹족은 스스로 바이킹이라 칭하지 않았고, 고대 그리스인들은 자신들을 헬레네스Hellenes라 칭했으며, 고대 중국인은 한족漢族이었습니다. 튜더 왕가의 군주들은 튜더라는 이름을 밝히고 싶지 않았으며, 헨리 튜더의 정적이었다가 패배한 리처드 3세는 스스로를 플랜태저넷Plantagenet이라 칭하지 않았습니다. 콘스탄티노플의 비잔틴인들도 스스로를 비잔틴Byzantine이라고 하지 않았으며, 단지 로마 제국의 동부에 사는 로마인으로 여겼습니다.

그렇다고 해서 모든 역사 시대의 이름을 후대에 짓지는 않습니다. 라틴어로 'Medium Aevum'인 중세 시대라는 개념은 이탈리아의 소네트 시인 페트라르카Petrarca가 1340년에 처음으로 썼습니다. 페트라르카는 그림자와 어둠의 시대를 살아가는 우울을 노래했는데, 이를 종종 암흑시대로 번역하기도 합니다. 그러나 암흑시대는 훨씬 더 후대의 표현인데다, 오늘날 많은 이들이 기원후 500년경부터 1000년경까지를 암흑시대라 부르니 한층 더 혼란스럽습니다. 게다가 역사가들 앞에서 암흑시대라는 단어를 실제로 입에 담았다가는 따가운 눈총을 받아야 할지도 모릅니다.[*] 어쨌든 페트라르카는 고대 로마의 영광스러운 시절을 갈망했습니다. 후회와 함께 과거를 돌아보고 희망과 함께 앞을 내다보았던 그는 자연스레 문화 부흥 또는 부활이라는 개념을 만들어냈고, 이제 우리는 그를 르네상스 시인이라고 부릅니다.

르네상스라는 말에 관해서는 16세기의 유명한 전기 작가 조르조 바사리Giorgio Vasari를 떠올릴 수 있습니다. 그가 쓴 《르네상스 미술가 평전Lives of the Artists》에는 미켈란젤로, 레오나르도 다빈치와 선대 화가들에 대한 온갖 재미있는 풍문이 담겨 있습니다. 바사리는 부흥Rinascita이라는 개념에 대해서도 논했는데, 1800년대 들어 역사학자들이 이 개념을 과거에 대해 소급 적용하면서 르네상스Renaissance라는 말로 널리 사용되기 시작했습니다. 그러나 적어도 이 말은 당대의 누군가가 사용했던 말을 빌려 왔다는 데에 의미가 있습니다.

18세기에는 과학적 합리주의, 종교 회의론, 지식 추구 등을 향한 철학 및 문화 운동인 계몽주의가 시대를 풍미했습니다. 이를 한 시대의 이름으로 부른 것은 역사가들이지만, 이 운동을 이끌었던 당대 사

---

[*] 인류 역사의 야만 시대라는 개념과 더불어 암흑시대라는 말은 종종 6세기 로마 이후의 잉글랜드 등 사료가 전혀 남아 있지 않은 시대를 가리키는 데 사용합니다. 그러나 두 가지 모두 잘못된 표현입니다. 중세학자가 그 말을 들으면 격노할 수도 있으니, 암흑시대라는 단어를 입에 올리려면 반드시 지금 하는 말을 액면 그대로 받아들이지 말라는 의사 표시를 분명하게 하기 바랍니다.

람들도 계몽이라는 말을 사용했습니다. 저명한 독일 철학자 이마누엘 칸트는 심지어 《계몽이란 무엇인가》라는 논문을 써서 독자들에게 그만 게으르게 굴고 "감히 알려고 하라."라고 촉구했습니다.

이제 계몽에 실패한 듯한 우리 시대와 함께 앨리슨 님의 두 번째 질문을 살펴봅시다. 언론인이자 BBC 방송 진행자인 앤드루 마르 Andrew Marr는 2020년 펴낸 저서에서 영국의 현시대를 엘리자베스 시대라고 칭했습니다. 또 다른 언론인이자 BBC 방송 진행자인 제임스 노티의 2012년 저서 《신新엘리자베스 시대》*에서 빌려 온 말이었습니다. 어쩌면 미래의 역사가들도 여왕의 이름을 따 현시대를 엘리자베스 시대, 엘리자베스 2세 시대, 신 엘리자베스 시대 등으로 부를지도 모르겠습니다.

그렇지만 저는 1952년 이후 쏟아진 방대한 문화적·기술적 변화를 단 하나의 이름으로 묶을 수는 없다고 생각합니다. 사실 이는 현시대만의 문제가 아닌 듯합니다. 여러분이 어느 운 나쁜 날에 저와 함께 엘리베이터에 갇히기라도 한다면 저는 이야기를 늘어놓다가 결국 논란이 될 만한 호언장담을 쏟아 내고 말 겁니다. 그중 하나가 바로 빅토리아 시대를 단일 시대로 볼 수 없다는 주장입니다. 빅토리아 시대라는 이름은 19세기 저술가들이 자신들을 빅토리아인이라고 칭한 데서 비롯됐지만, 1837년과 1901년의 엄청난 기술 격차와 그 변화가 문화와 사상에 미친 영향을 가늠해 본다면 빅토리아 시대를 여러 갈래로 쪼개야 한다는 점을 알 수 있습니다. 사실 20세기에는 광란의 20년대, 대공

---

*　　James Naughtie, 《The New Elizabethans》, 국내 미출간

황 시대, 스윙의 60년대를 비롯해 고작 10년 길이의 시대도 여럿 등장했습니다. 그러니 1837년부터 1901년 사이에 사회가 얼마나 변화했는지를 생각하면 64년이라는 빅토리아 시대는 길어도 너무 긴 시간입니다. 제 생각엔 전기와 후기 빅토리아 시대로 나누면 좋을 것 같습니다.

개인적으로 저는 현시대가 인터넷이 일으킨 혁명에 초점을 두고 더 좁은 폭으로 구분될 것이라는 데 내기를 걸겠습니다. 저라면 많은 가정에 개인 컴퓨터가 보급되기 시작한 1989년 베를린 장벽 붕괴 시점을 디지털 시대의 시발점으로 꼽겠습니다. 제프 베이조스가 앞으로도 지금처럼 온라인 소매 시장을 점령한다면 혹시 후손들에게 아마존 시대라고 불리게 될까요? 이 책의 자료 조사를 도와준 제 친구 헨리는 도널드 트럼프와 브렉시트를 두고 벌어진 문화 전쟁과 디지털 관점을 하나로 합쳐 1과 0의 이진법과 정치적 정체성의 대립으로 대변되는 '양분의 시대Binary Age'가 될 것 같다고 했습니다. 그렇다면 우리는 '양분인Binarian'이라고 해야 할까요? 그건 아닐 것 같네요.

어쩌면 미래의 역사가들은 현시대의 결정이 낳은 끔찍한 결과에 시달리면서 분노와 절망에 찬 눈으로 현시대를 바라볼지 모릅니다. 기후 변화와 화석 연료 의존, 자본주의의 위기, 전 세계적인 인구 과잉에 처참하게 대응한 시대로 평가할 수도 있습니다. 이기적인 세대, 망한 세대, 혹은 죄인들의 시대로 불릴지도 모르고요. 어느 쪽이든 우리는 차라리 외계인의 침략을 기원해야 할 듯합니다. 그렇게만 된다면 후손들의 불만 가득한 얼굴을 외면하면서 화성인에게 책임을 돌릴 수 있을 테니까요. "우리가 한 짓이 아니에요, 외계인이 죽음의 광선을 쐈다고요! 진짜라니까요!"

20

존재했으나 현존하지 않는 문헌 중 역사상 가장 위대한 문헌은 어떤 것인가요?

⟨질문자⟩ 대니얼

2002년, 도널드 럼스펠드Donald Rumsfeld 미 국방장관은 기자회견에서 이라크에 대량 살상 무기가 존재한다는 증거가 부족하지 않냐는 질문을 받고 그 유명한 답변을 내놓았습니다. 그는 앎에 대한 자신의 이론을 설명하면서, 세상에는 '알려진 앎known knowns', '알려진 무지 known unknowns' 그리고 '알려지지 않은 무지unknown unknowns'가 있다고 논했습니다. 그는 횡설수설한 어투로 널리 조롱을 당했고 전쟁광이라는 이유로 세간의 미움을 한 몸에 받았지만, 이때의 답변은 그가 했던 모든 말 중에 가장 똑똑한 말이었다고 확신합니다. 저는 그 사람과 그의 정치를 혐오했지만, 알려지지 않은 무지라는 현명한 주문은 제 역사학적 사고에 많은 것을 일깨워 줬습니다.

역사상 가장 위대한 잃어버린 문헌에 관해서도 알려지지 않은 무지의 영역은 다룰 수 없습니다. 우리가 무엇을 모르는지 모르기 때문이죠. 그렇지만 알려진 무지, 그러니까 현존하지 않는 위대한 문헌들도 상당히 많으므로 대니얼 님의 멋진 질문에 답하면서 하나씩 살펴보겠습니다.

가장 먼저 제 머릿속에 떠오르는 문헌은 바이런 경Lord Byron의 미출판 회고록으로, 그의 절친이었던 토머스 무어Thomas Moore가 불태운 탓에 현존하지 않습니다. 무어가 어린아이처럼 칠칠치 못했거나 방화광 시인이라 그런 게 아니라, 절친으로서 바이런 경이 세상을 떠난 후 그의 명성을 무너뜨리는 데 사용될 만한 모든 것을 파괴하겠다고 미리 맹세해 두었기 때문이었습니다. 무언가 흥미로운 풍문을 놓친 게 분명해 보이네요. 타오르는 벽난로의 희생양이 된 또 다른 작품으로는 토머스 칼라일의 《프랑스 혁명사》* 초안이 있습니다. 칼라일은 친구인 존 스튜어트 밀John Stuart Mill에게 읽어 보라며 원고를 보내 주었는데, 밀의 하녀가 이를 벽난로 불쏘시개로 착각하고 말았습니다. 우스꽝스러운 시트콤이었다면 하녀가 허둥지둥하며 새 원고를 날조했겠지만 현실 속 칼라일은 큰 충격을 받고 격노한 채 미친 사람처럼 책을 통째로 다시 썼으며, 그 덕에 아마도 초안보다 더 나은 책이 세상에 나올 수 있었습니다.

　유명한 거물 작가들의 미완성 유작도 우리로서는 잃어버린 작품이라고 할 수 있겠습니다. 제인 오스틴의 《샌디턴Sanditon》은 끝을 맺지 못했고, 찰스 디킨스의 《에드윈 드루드의 비밀The Mystery of Edwin Drood》도 마찬가지입니다. 셰익스피어의 《카르데니오의 역사History of Cardenio》도 존재했다는 설 말고는 남아 있는 게 없고, 《사랑의 승리 Love's Labours Won》라는 희극이 잃어버린 속편인지 혹은 현존하는 《말괄량이 길들이기》의 또 다른 제목이었는지를 두고는 여전히 논쟁이 분분합니다. 할리우드 영화의 속편이 대개 재미없었던 걸 보면 이 속편도 괜찮았을지는 잘 모르겠습니다. 이것보다는 바이런 경의 풍문이 담긴 글이 더 궁금하네요.

---

* 　Thomas Carlyle, 《History of the French Revolution》, 국내 미출간

희극 위주로 좀 더 살펴봅시다. 아리스토텔레스의 《시학》 중 희극의 규칙을 다룬 부분은 아쉽게도 현존하지 않습니다. 고대 극작가 메난드로스Μένανδρος는 100편 이상의 작품을 썼다고 알려져 있으나 현존하는 완성된 작품은 1편뿐입니다. 끔찍한 비극이라고 생각할 수 있지만, 20세기 들어 메난드로스의 다른 희극 일부가 발견됐을 때 작품 수준이 현저히 낮아 학계가 찬물을 끼얹은 듯 실망한 적이 있었습니다. 수십 세기에 걸친 과대광고가 현대 문학사에서 손꼽힐 만큼 커다란 실망으로 돌아왔으니 차라리 발견되지 않는 편이 나았을까요?

로마의 희극작가 플라우투스는 110편 이상의 작품을 썼지만, 현존하는 작품은 그중 20편과 다수의 단편뿐입니다. 이보다 더 슬픈 사실이 있다면 아리스토파네스의 희극은 40편 중 11편만 현존한다는 점입니다. 앞서 고대 유머집에 관한 장에서 아리스토파네스가 등장했던 걸 기억하시나요? 그는 지저분한 농담의 귀재였으니 아마 없어진 그의 작품에도 보물 같은 방귀 개그가 가득했을 겁니다. 같은 답변에서 언급했던 마케도니아 왕 필리포스의 유명한 유머집도 마찬가지로 현존하지 않습니다.

고대의 시문학으로 넘어가 봅시다. 고대 세계에서 가장 유명한 여성 작가 사포Σαπφώ의 작품은 단편을 포함해도 몇 편 남아 있지 않고, 서정시인 핀다로스Πίνδαρος의 전집에서도 상당수의 작품이 유실됐습니다. 게다가 일부 학자는 현존하는 호메로스의 《일리아스》와 《오디세이아》가 원본이 아니라고 주장하는데, 유럽 문학의 주춧돌이나 다름없는 작품들이므로 상당히 도발적인 주장이라 할 수 있습니다.

비극도 살펴봅시다. 고대 그리스에는 소포클레스Σοφοκλῆς, 에우리피데스Ευριπίδης, 아이스킬로스Αἰσχύλος라는 세 명의 비극 장인들이 있었습니다. 그렇지만 소포클레스의 작품 116편, 아이스킬로스의 작품 84편, 에우리피데스의 작품 70여 편이 유실된 것으로 추정됩니다. 그러니 눈물을 한바탕 쏟을 수 있는 작품들을 대거 놓친 셈일 수도 있고, 메난드로스의 경우를 생각해 본다면 재미없는 작품에 허비할 뻔한 시간을 아낀 셈일 수도 있습니다. 제 추측으로는 양쪽 모두가 아닐까 합니다.

고대 로마의 비문학으로 눈을 돌려 봅시다. 율리우스 카이사르가 갈리아 지방을 정벌하면서 쓴 비범한 글은 지금도 볼 수 있지만, 바로 이 글 때문에 그의 다른 글이 현존하지 않는다는 점이 더 슬프게 느껴집니다. 카이사르는 잔인한 야만 행위와 자전적 글쓰기 모두에 탁월한 재능이 있었으므로 다른 글이 있었다면 이 또한 눈이 휘둥그레질 정도로 좋은 글이었을 겁니다. 율리우스 카이사르의 후임자이자 로마의 위대한 초대 황제인 카이사르 아우구스투스의 자서전도 자만심 강한 자아를 파고드는 장엄한 글이었겠으나 안타깝게도 현존하지 않습니다. 아우구스투스에게 패배하고 자살한 이집트의 파라오 클레오파트라는 의학과 미용 제품에 관한 글을 썼다고 추정되지만 이 또한 현존하지 않습니다. 아쉽게도 유튜브에서 클레오파트라 메이크업 튜토리얼 영상을 보지는 못하겠네요.*

회고록을 남겼으나 그 회고록이 현존하지는 않는 또 다른 여성

---

* '클레오파트라'라는 이름의 고대 인물이 이런 글을 썼다는 점만큼은 확실하지만, 파라오 클레오파트라의 글이었는지는 학자들 사이에 의견이 분분합니다.

권력자로는 여제 소小 아그리피나Agrippina가 있습니다. 칼리굴라의 누이이자 클라우디우스의 부인이며 네로의 어머니였던 소 아그리피나의 인생은 결단코 범상치 않았고, 후대에 전해 줄 만한 이야기도 아마 많았을 겁니다. 어마어마했던 그녀의 정치 경력에 관해서는 냉소적인 남성 역사가이자 역시 현존하지 않는 《유명 창녀 열전The Lives of Famous Whores》을 쓴 수에토니우스Suetonius 등이 소 아그리피나에 대해 남긴 글만 전해지고 있습니다.

한편 소 아그리피나의 남편이자 그녀가 독버섯으로 살해했다는 설이 있는 클라우디우스Claudius는 범상치 않은 책벌레로 에트루리아사 20권, 카르타고사 8권 그리고 로마사에 관한 글은 무려 43권이나 저술했습니다. 매우 방대한 규모였기 때문에 그 유명한 알렉산드리아 도서관에 오직 이 책들을 위한 새로운 건물을 지어 보관해야 할 정도였습니다. 유감스럽게도 이는 모두 소실됐고, 고대 문명에 관련된 수많은 정보와 어느 어린 로마인이 자라나 경쟁국을 무찌르는 이야기를 우리는 알 수 없게 됐습니다.

과학과 자연사 분야에서는 욕탕에서 유레카를 외쳤던 고대 그리스의 천재 아르키메데스의 글 두 편이 소실됐고, 그가 소개한 사모스의 아리스타르코스Ἀρίσταρχος가 쓴 태양중심설도 현존하지 않습니다. 다만 아리스타르코스의 자료와 논지는 다수의 후대 문헌에서 차용됐기 때문에 상당히 많은 내용이 지금까지 전해집니다. 고대 그리스의 수학자이자 지리학자인 에라토스테네스Ἐρατοσθένης가 지구의 크기를 측정하려 시도한 「지구의 측정에 관하여On the Measurement of the Earth」도 본문은 소실되고 그 내용을 설명한 글만 남아 있습니다. 피테아스

Πυθέας의 유명한 영국 및 북극권 탐험기, 탈레스의 분점과 지점에 관한 두 편의 글, 그리스 출신 기하학의 거물 유클리드의 책 네 권도 현존하지 않습니다. 게다가 최초의 과학사학자 에우데모스Εὔδημος가 수학의 기원에 관해 쓴 역사서 세 편도 소실됐습니다.

고대 철학자들도 다뤄야겠지만, 그러다간 하루 종일이 걸릴지 모르니 자세히 설명하지는 않겠습니다. 소크라테스, 엠페도클레스, 디오게네스, 데모크리토스, 헤라클레이토스, 클리토마쿠스, 크리시포스 등 셀 수 없이 많은 철학자의 글이 사라지고 없습니다. 로마 장군 프론티누스가 쓴 군사 지침서도 사라졌고, 대 플리니우스가 쓴 다섯 권의 책이 소실됐다는 점은 특히 안타깝습니다. 말을 타고 투창을 던지는 방법에 관한 군사 지침서를 썼다는데, 어떤 내용일지 너무 궁금하기 때문입니다. 과연 한 권이 3페이지는 됐을까요?

아시다시피 이 질문에 제대로 답을 하려면 책 한 권을 통째로 할애해도 모자랍니다. 실제로 스튜어트 켈리Stuart Kelly는 《잃어버린 책을 찾아서》라는 매우 흥미로운 저서를 펴내기도 했습니다. 출판문화 전문가로 존경받는 역사가 앤드루 페티그리Andrew Pettegree 교수에 따르면 1500년대부터는 도서가 소실되는 일이 허다했는데, 검열을 받거나 보관할 가치가 없다고 판단됐기 때문입니다. 도발적인 종교 서적이나 정치 서적이 아니라면 검열을 받는 일은 드물었고 가치가 없다고 판단하는 경우가 더 흔했습니다. "책들은 본래의 목적을 다한 뒤 …버려졌다. 수많은 책이 썩고 닳은 단 한 권의 사본만 남아 전해진다. 이는 …1601년 이전에 출판된 모든 알려진 도서의 약 30%에 해당한다."

마지막으로 누군가의 다락방 구석에서 발견되면 참 좋을 듯한 유럽 바깥의 책들도 살펴보겠습니다. 우선 고대 메소아메리카 마야 문명의 도서 중 현존하는 도서는 네 권에 불과하며, 나머지는 스페인 정복자들이 모두 잔혹하게 불태워 버렸습니다. 중국의 사상가 공자가 남긴 다수의 글도 진시황제 재위 당시 불타 사라졌는데, 이때 책을 불태웠을 뿐 아니라 유학자들을 산 채로 땅에 묻었다고도 전해집니다. 공자의 주요 경전 다섯 권은 훗날 복원됐으나, 음악에 관한 여섯 번째 경전은 학자들 사이에서 의견이 분분합니다. 완전히 소실됐다고 보는 이들도 있고 처음부터 존재하지 않았다는 주장도 있으며 오경 중 하나인《예기禮記》에 편입됐다는 설도 있습니다. 어느 쪽이든 공자가 아리아나 그란데와 테일러 스위프트 중 어느 편을 더 좋아했을지는 영영 알 수 없게 됐네요.

이보다 더 안타까운 일이 있다면, 1900년 전후로 중국에서 서양 제국의 간섭에 반발해 의화단 운동이 일어나면서 역사상 가장 위대한 대작 중 하나가 소실됐다는 점입니다. 명왕조 치세였던 1402년부터 집필되기 시작한《영락대전永樂大典》은 2000명 이상의 유학자가 편찬에 투입됐으며, 그 규모는 무려 1만 1095권에 걸쳐 2만 3000여 장에 달합니다. 한자로 3억 7000여 자에 달하는 이 대전은 모든 중국 경전의 지식을 집대성한 개론서였으며 중세 시대의 위키피디아라 해도 과언이 아니었습니다. 안타깝게도 이 중 대부분이 수 세기에 걸쳐 사라지거나 1899년 시작된 의화단 운동 당시 화재로 소실됐습니다. 유럽 군인과 관료들이 가져간 일부 장서가 현재 전 세계 여러 도서관에 뿔뿔이 흩어져 있으나, 현존하는 장서는《영락대전》전체의

3%에 불과하니 비극이 아닐 수 없습니다.

　소실된 종교 경전에 관한 이야기는 아직 시작조차 하지 않았습니다. 히브리 성경과 신약 성서에 언급된 수많은 도서, 외경, 사해문서 정본 그리고 이븐 히샴Ibn Hisham의 편집을 거치지 않은 이븐 이스하크Ibn Ishaq의 예언자 무함마드 전기 원본도 사라지고 없습니다. 그러나 1940년대와 1950년대에 걸쳐 사해문서가 발견됐고 1900년대 초에는 중국의 여러 동굴에서 이른바 둔황 문헌이라는 방대한 고대 문헌이 발견됐습니다. 따라서 소실된 모든 문헌이 평생 소실된 상태는 아닐 거라는 희망을 품어 볼 수 있겠습니다.

　최근에는 가이 라주르Guy Lazure 교수가 덴마크의 기록 보관소에서 크리스토퍼 콜럼버스의 아들인 페르디난드 콜럼버스가 편찬한 16세기의 매력적인 책을 발견했습니다. 무려 2000페이지에 달하는 이 대작은 《에피토메스의 책》*이라는 제목으로, 1530년대에 볼 수 있었던 모든 책을 상호 참조하고 그 내용을 설명한 방대한 도서 목록이었습니다. 재미있는 시트콤을 찾을 때 훑어보는 넷플릭스 추천 페이지의 16세기 버전이랄까요.

　2만여 권의 도서관 장서를 나열한 《에피토메스의 책》은 16세기 지식의 방대한 규모를 알려 준 경이로운 발견이었습니다. 아이러니하게도 이 책이 발견되면서 소실된 장서의 수가 줄어들기는커녕 수많은 책이 우리의 분실 목록에 새로 추가됐습니다. 취향에 따라 신나는 소식일 수도 있고 우울한 소식일 수도 있겠으나 개인적으로 저는

＊　Ferdinand Columbus, 《Libro de los Epítomes》, 국내 미출간

멋진 일이라고 생각합니다. 그동안 '알려지지 않은 무지'의 영역에서 살던 우리가 이제 《에피토메스의 책》과 함께 '알려진 무지'의 영역에 들어선 셈이기 때문입니다. 역사가들은 이제 이 책을 따라 잃어버린 책들을 찾아 나설 수 있게 됐습니다. 그리고 분명 그중 몇 권은 찾아 낼 수 있으리라 장담합니다.

경이로운 역사 콘서트

21

작가님이 가장 좋아하는
'역사 속 만약'은 무엇인가요?

(질문자) 데이브

아, 제 오랜 적수를 여기서 다시 만나게 되는군요. 데이브 님을 말하는 게 아닙니다. 분명 데이브 님은 좋은 분이겠죠. 제가 말하는 건이 질문입니다. 저는 '역사 속에서 만약…'이라는 가정을 듣기만 해도 병적인 회의감이 몰려옵니다. 더 정확하게 말씀드려야겠네요. '만약 어떤 사건이 벌어지지 않았다면 어땠을까?'라는 질문에는 아무런 문제가 없으며 오히려 좋은 질문이라고 할 수 있습니다. 역사속 사건의 결말을 알면 그 사건이 필연적이었다고 생각해 버리기쉬운데, 이런 사고 훈련을 거치면 그런 유혹을 이겨 내는 데 도움이되기 때문입니다. 모든 일은 결단코 필연대로 흘러가지 않습니다. 따라서 혼란스러운 만약의 사태를 탐구하도록 허용하는 것은 현명한 일이라고 할 수 있습니다. 이것이 우리를 공상의 영역으로 끌어들이려고 할지라도 말이죠.

〈백 투 더 퓨처 2〉를 보셨다면 악당 비프 태넌의 만행으로 끔찍하게 변한 미래의 모습에 경악했을 겁니다. 비프는 미래에서 가져온 스포츠 달력으로 온갖 스포츠 도박에서 승리하고 마을을 도박꾼들의천국으로 만든 뒤 그곳을 강철 주먹으로 다스리죠. 사실 이처럼 자극적인 상상은 대중문화에 쓰이는 가장 재미있는 장치 중 하나입니다. 그 예로 애니메이션 〈릭 앤 모티〉의 비현실적인 모험, 슈퍼 히어로 영화 속 수많은 타임라인, 미국 드라마 〈높은 성의 사나이〉에서 나치 독일과 대일본 제국이 승리한 불운의 세계 등을 들 수 있습니다. 만약의 역사는 아주 작은 변수만 달라져도 거대한 나비효과가 일어날 수 있음을 우리에게 일깨워 주죠.

여기까지도 좋습니다만, 정말 마음에 들지 않는 부분을 이제부터 설명하겠습니다. 잠시 생각 좀 정리하고요….

역사 속 사건들이 무질서하고 예측할 수 없다면, 반反사실주의적 이야기 속 사건들도 무질서하고 예측할 수 없어야 합니다. 이건 제가 목에 칼이 들어와도 포기할 수 없는 기준입니다. 그렇다고 히틀러가 제1차 세계대전 때 참호에서 죽었다면 말하는 랍스터나 거위처럼 걷는 사이보그가 1930년대 독일을 지배했을 거라는 말은 아닙니다. 무질서라고 해서 살바도르 달리의 그림처럼 모든 게 녹아내릴 필요는 없으니까요. 히틀러가 아니었다면 그처럼 낯빛이 회색인 또 다른 남자들이 지도를 보며 머리를 굴렸을 겁니다.

그러나 어쩌다 '만약의 역사 속 이야기'를 마주할 때면, 저는 눈이 돌아갈 만큼 복잡한 온갖 일들을 말도 안 되게 우아하고 잘 짜인 서사로 빚어내는 게 억지라는 생각만 듭니다. 알 수 없고 예측할 수 없는 사건들이 극작가의 논리를 따라 진행돼야만 가능한 일이니까요. 게다가 이미 일어난 일들을 바탕으로 새로운 미래를 그리기 때문에, 새 시나리오에 등장하는 모든 이들이 완전히 새로운 상황에서도 예전과 똑같이 행동할 거라고 가정해야 합니다. 여기까지 이르면 저는 그만 소리를 지르고 싶어집니다. "하나가 바뀌면 다른 모든 게 바뀐다고요!"

사실 거시경제와 미시경제의 변동, 과학계의 혁신, 예술계의 창작, 문화적 유행, 언어적 변화 등 수많은 움직임은 서로에게 영향을 줍니다. 그러면서 때로는 서로를 상쇄하고, 때로는 하나로 뭉쳐 그 무엇도 막을 수 없는 힘으로 자라나 세상을 바꾸죠. 1914년 사라예보에서 프란츠 페르디난트Franz Ferdinand 대공이 가브릴로 프린치프Gavrilo Princip에게 암살당하지 않았다면 오스트리아-헝가리, 오스만투르크, 제정러시아는 다른 어떤 방식으로 망하고 새로운 운명을 맞이했을지 상상해야 할 겁니다. 그뿐 아니라 나아가 제1차 세계대전이 일어나지 않았다면 재즈 음악, 피카소의 작품, 찰리 채플린의 영화, 여자축구의 탄생, 유가油價, 여성의 사회 진출, 성형수술의 발달, 항공기 설계 등 셀 수 없이 많은 사안에 어떤 영향을 미쳤을지도 생각해야 합니다.

아주 작은 변화도 들불처럼 번져 우리가 아는 모든 것을 불태워버리고 이 세상을 전혀 알아볼 수 없는 곳으로 바꿔 놓을 수도 있습니다. 산 자들과 그들이 행하는 일뿐 아니라, 본래의 타임라인에서는 죽었지만 새로운 시간에서는 죽지 않은 사람들이 벌이는 일들도 설명할 수 있어야 합니다. 1950년대에 가장 위대한 과학자로 거듭날 수 있었던 인물이 실제로는 1916년 솜 전투에서 전사했다면 어떨까요? 엉뚱한 추측을 하지 않고도 그가 세상에 끼쳤을 영향을 이해할 수 있을까요? 엘비스 프레슬리는 제1차 세계대전이 일어나지 않은 세상에서도 대스타가 됐을까요? 이번 세상에서는 전사하지 않은 다른 누군가가 엘비스 대신 명성을 독차지하지 않았을까요? 1918년이 돼도 전 세계가 전쟁에 휘말리지 않아 영국령 말레이시아의 고무 생산 가격이 훨씬 안정적으로 유지됐다면 미국에서 합성고무 산업이 발달하지 않았을 겁니다. 그렇다면 여전히 값비싼 수입 타이어를 썼을 테니, 트럭 운전사였던 엘비스 프레슬리가 일했던 업체 사장이 타이어를 갈아 주지 않아 차 사고가 났고, 이 사고로 엘비스가 죽었을 수도 있습니다. 이런 식으로 한다면 한도 끝도 없습니다.

이런 가설들이 재미있으신가요? 2019년에 개봉한 영화 〈예스터데이〉는 실제 이런 가설을 전제로 만들어졌습니다. 비틀스가 없는 영화 속 세상에서는 젊은 음악가 한 사람만이 비틀스의 모든 노래를 기억하고, 이를 이용해 전대미문의 싱어송라이터이자 표절 가수가 됩니다. 심지어 그는 영화에서 본인 역으로 등장하는 바보 곰돌이 같은 에드 시런보다 좋은 평가를 받죠. 깜찍한 발상입니다. 그렇지만 비틀스가 없는 세상은 에드 시런을 낳지 못합니다. 게다가 각본가 리처드 커티스Richard Curtis의 각색을 거치기 전인 원작자 잭 바스Jack Barth의 초안에는 신인이라면 노래가 아무리 좋아도 실패할 수 있다는 흥미로운 가설까지 덧붙여져 있습니다. 커티스의 각본에서는 존 레넌과 폴 매카트니의 노래가 전후 상황과 떼어 놓고 보더라도 그 자체로 걸작이기 때문에 완벽한 음정만 알고 있다면 아마추어 음악가도 단숨에 유명해질 수 있다고 가정했습니다. 반면 잭 바스의 원작은 더 냉소적인 관점을 취합니다. 재능이나 뛰어난 곡보다는 스타성이 가장 중요하다고 했죠. 원작의 음악가는 비틀스의 노래를 흥행시키는 데 실패합니다.

〈예스터데이〉는 한 가지 변수가 관람객들이 눈치채고 웃으며 볼 수 있는 열 가지 중요한 사건들로 변해 가는 로맨틱 코미디 영화입니다. 그렇지만 두 명의 작가가 한 가지 만약의 사태를 가정한 시나리

경이로운 역사 콘서트

오를 두고 두 개의 완전히 상반된 결말을 제시했다는 점은 상당히 의미심장합니다. 이는 두 명의 역사가가 한 가지 만약의 사태 앞에서 전혀 다른 의견을 내놓으리라는 증거이기도 합니다. 이렇게 되면 두 결말 모두 믿을 수 없게 됩니다. 어느 역사가든 인간이 인식할 수 있는 범위를 뛰어넘을 만큼 수많은 주요 변화들을 포함, 기타 수십억 개의 사소한 사안들까지 전부 고려할 수는 없기 때문입니다.

그러니 누군가가 제게 '만약 이렇게 됐으면 어땠을까요?'라고 묻는다면 저는 그 무한한 가능성에 완전히 압도되어 차라리 발밑에 불을 지르고 생각하기를 멈추는 편을 택하고 싶어집니다. 미쳐 버릴지도 모르니까요. 이런 종류의 반사실주의 역사를 옹호하는 사람들은 주요 변수를 제거한다고 가정하면 오히려 그 변수가 얼마나 중요한지 알 수 있으므로, 이것이 학문적으로 중요한 일이라고 말합니다. 실제로 경제사학자들은 이런 접근방식에 열광합니다. 그렇지만 만약의 사태 다음에 벌어질 일들을 말해 보라고 한다면 아마 누구든지 허접한 공상과학 소설이나 쓰게 될 겁니다.

하지만 이대로 대답을 회피하면서 여러분에게 큰소리나 치고 끝내는 중죄를 범할 수는 없겠죠. 그러니 데이브 님께 속죄하는 마음으로 제가 가장 좋아하는 '역사 속 만약'을 말씀드리겠습니다. 가장 좋아한다기보다는 이렇게 되지 않아 천만다행이라 생각한다고 해야 할까요? 냉전이 극에 달했던 1983년 9월, 모스크바 부근의 소련 군사 기지에서 자동 조기경보 시스템에 미사일 공격이 감지됐습니다. 컴퓨터는 한 치의 의심도 없다는 듯 알람을 울려댔고 화면에는 '발사'라는 불길한 단어가 번쩍거렸습니다. 미국이 결국 냉전을 끝내고 혼돈의 핵전쟁 지옥을 열기로 한 듯했습니다.

그날의 당직 사령은 스타니슬라프 페트로프Станислав Петров였습니다. 그에게는 보복을 결정할 권한이 없었습니다. 그가 앉아 있는 자리에는 핵무기 발사 버튼이 없었죠. 그는 명령대로 상관에게 보고하기만 하면 됐고, 그렇게 하면 상관은 몇 분 내로 타격에 대비하면서 미국에 보복 공격을 가할지 논의할 참이었습니다. 페트로프 주변에도 모두 같은 명령을 받도록 훈련받은 군인들뿐이었습니다. 그러나 페트로프는 무언가 이상한 낌새를 눈치챘습니다. 미사일 수가 많지 않았던 데다 동시에 대대적으로 발사되지 않고 한 번에 하나씩 발사되고 있었습니다. 깜짝 공격으로 소련의 허를 찌르려고 했다면 무수히 많은 핵미사일을 동시에 발사하지 않았을까요?

페트로프는 삐 소리를 내는 최신 컴퓨터를 물끄러미 바라보았습니다. 러시아에서 가장 뛰어난 과학자들이 만든 이 컴퓨터는 바로 이런 날을 위해 특수 고안된 군사 벙커에 있었습니다. 이런 상황에 대비한 계획도 모두 마련돼 있었고 병사들도 모두 몇 번이나 모의 훈련을 거쳤기 때문에 어떻게 해야 하는지 알고 있었습니다. 냉전이 절정에 달해 있던 시기였고, 이로부터 불과 3주 전에 소련이 대한항공 민항기를 격추해 탑승객 전원이 사망했기 때문에 미소 관계는 그야말로 바닥에 떨어져 있었습니다. 미국이 보복 공격을 가한다 해도 이상할 게 없는 상황이었습니다.

그러나 그 모든 소음과 번쩍임 그리고 반대를 가리키는 무시무시한 증거들 앞에서도 페트로프는 컴퓨터의 경보를 믿지 않았습니다. 보통은 이 지점부터 마치 페트로프의 손에 세계의 운명이 달려 있었다는 듯 이야기가 극적으로 흘러가기 시작합니다. 페트로프가 전화기를 집어 들고 경보를 보고하면 소련 공산당 정치국은 러시아가 반드시 보복해야 한다고 소리치고 그렇게 지옥문이 열렸을지도 모릅니다. 그러나 사실 페트로프는 러시아 국민의 운명을 걸고 도박을 한 게 아니었고[*], 그가 전화기를 들었다고 해서 곧바로 미국을 향한 아마겟돈이 시작되지도 않았을 겁니다. 만약 그가 보고를 했다고 하더라도 상부는 아마 모스크바가 공격을 받았다는 사실이 확인될 때까지 기다렸다가 보복 공격 명령을 내렸을 겁니다.

핵무기 공격에 대한 소련의 공식 정책이 어땠는지는 사실 정확히 알려지지 않았지만, 이런 상황에 대한 대응책은 마련돼 있었을 겁니다. 물론 저는 이로부터 수십 년 뒤인 오늘 안전하고 편안한 집에 앉아 모든 상황에 대해 냉철한 논리를 소환하고 있으니 이렇게 말할 수 있습니다. 그렇지만 그 순간 페트로프는 폭풍의 눈에 서 있었습니다. 아마 상상할 수 있는 최악의 상황이 눈앞에 벌어지고 있었을 테고, 전화기 너머의 상관이 절차를 반드시 지키는 합리적인 철학자일지 혹은 증오하는 적국에 관해서라면 언제든 최악을 대비할 수 있는 성마르고 심술궂고 공포에 사로잡힌 수구반동일지 알지 못했습니다. 단순한 오경보라도 어느 긴장한 소련 장군이 이를 듣고 닥터 스트레인지러브(동명의 영화에 등장하는 전 나치 천재 과학자 - 옮긴이)처럼 전우를 쏴 죽이고 벙커에 바리케이드를 친 다음 보복 공격을 명령했을지도 모르는 일입니다. 귀청이 터질 듯한 사이렌이 계속해서 울려대고 있

---

[*]   사실 핵미사일이 정말로 모스크바를 향해 날아오고 있었다면 모스크바 시민들의 운명은 이미 정해진 것이었겠죠.

었지만 페트로프는 기다리는 편을 택했습니다.

23분 후에도 모스크바는 여전히 무사했고 크렘린 궁전도 건재했습니다. 핵탄두가 지평선을 뚫고 날아와 복잡한 도시 한가운데에 떨어지는 일은 없었습니다. 페트로프의 판단이 옳았던 겁니다. 컴퓨터가 구름에 반사된 햇빛을 상호확증파괴 아포칼립스로 착각해 오작동한 것이었습니다. 페트로프는 이 사건으로 어떠한 보상이나 처벌도 받지 않았고, 이후 세계의 종말이 턱밑까지 다가왔던 경험으로 인한 트라우마에 시달렸습니다. 수백만 명의 사람들에게 이날은 여느 때와 다름없이 평범한 하루였지만, 페트로프와 벙커에서 당직을 서던 병사들에게는 상상할 수 있는 가장 무서운 러시안룰렛을 돌린 날이었습니다.

더 채근하기 전에 이제 제가 생각한 만약의 사태를 말씀드리겠습니다. 만약 페트로프가 상한 음식을 잘못 먹고 배탈이 나서 화장실로 달려갔다면, 그가 자리를 비운 사이에 경험이 적은 부하가 깜빡이는 경고등을 보고 수화기를 들었다면, 보고를 받은 상관이 혼비백산했다면 어떻게 됐을까요? 그렇게 소련의 핵미사일이 발사 준비에 들어가고 미국 위성이 소련의 발사대 활동을 감지했다면, 북아메리카항공우주방위군이 비상 체제에 돌입하고 러시아군이 선제공격을 준비한다는 보고가 레이건 대통령에게 들어갔다면, 그렇게 양측의 핵 무기고가 달아올라 양국이 초긴장 상태에서 상대방의 공격을 파악하는 데 목숨을 걸었다면 어떻게 됐을까요? 생각만 해도 끔찍하군요. 그러니 제가 가장 좋아하는 만약의 사태는 〈예스터데이〉의 줄거리라고 하겠습니다. 질문 감사합니다!

6장

동물과 자연

ANIMALS & NATURE

ANIMALS & NATURE

22

악마는 왜 염소의 모습인가요?

질문자 올리비아

올리비아 님, 설마 염소goat라는 게 '역대 최고의 선수Greatest Of All Time, GOAT'를 말씀하시는 건 아니겠죠? 올리비아 님이 열렬한 사탄 숭배자일 것 같지는 않으니 넘어가겠습니다. 아마 사탄이 종종 염소 같은 형상으로 묘사되는 이유를 물으신 듯합니다. 미국 드라마 〈루시퍼〉에도 똑같은 질문이 나옵니다. 숭배자들이 주인공 루시퍼를 염소라고 부르자 루시퍼가 황당해하며 그 이유를 궁금해하는데, 나중에야 루시퍼의 천사 형이 그를 놀리려고 염소 소문을 퍼트렸다는 사실이 밝혀지죠.

성서 속 사탄은 〈요한계시록〉에서 종말의 짐승처럼 묘사되지만, 고대 문헌에서는 생김새를 자세히 설명하지 않습니다. 게다가 옛 문학과 예술에서 악마의 형상은 매우 다양하게 나타납니다. 제프리 버튼 러셀Jeffrey Burton Russell 교수는 저서 《루시퍼: 중세의 악마》에서 사탄이 나이 든 남자, 어린 소녀, 어부, 사제, 성자, 천사, 심지어 예수의 형상을 하고 나타났다고 지적했습니다. 루시퍼는 친구의 얼굴을 하고 영혼을 유혹하는 진정한 사기꾼이었습니다. 또한 악어, 사슴, 뱀, 원숭이, 박쥐, 용, 여우, 까마귀, 돼지, 도롱뇽, 수탉, 때로는 염소까지 동물계에도 상당한 연줄이 있었습니다.

미국의 블랙 코미디 애니메이션 〈사우스 파크〉에는 등장인물의 하나인 사담 후세인과 어울리던 근육질의 붉은 사탄이 등장합니다.

아마도 이것이 우리가 일반적으로 생각하는 붉은 악마의 이미지일 것입니다. 이 이미지는 첫 1000년 동안의 기독교 예술에서 비롯된 것이 아니라 중세 성기 및 르네상스에 들어 나타나기 시작했으며, 반항하는 죄인에게 겁을 줌으로써 기강을 잡기 위해 등장한 것으로 추정됩니다. 그러나 이미지를 무시하고 종교 문헌에 집중해 보자면 악마의 뿔은 그보다 훨씬 전부터 등장했습니다.

기원후 447년, 교회 원로 신부들이 프리실리아누스 이단설을 규탄하기 위해 톨레도 공의회에 모였습니다. 이들은 이 자리에서 악마의 모습을 논의한 끝에 악마가 거대하고 유황 냄새를 풍기며 당나귀 귀, 빛나는 눈, 무시무시한 이빨, 사람의 팔에 발굽이 달린 다리, 필요 이상으로 거대한 성기, 뿔이 있는 검은 짐승이라고 묘사했습니다. 염소처럼 들리나요? 약간은 그럴 수도 있겠네요. 그렇지만 말만 들으면 황소 같기도 하고 당나귀 같기도 합니다. 어쨌든 털북숭이 반추 동물보다는 더 끔찍한 키메라였을 겁니다.

중세 초기 예술에서는 염소와 관련된 또 다른 단서를 찾아볼 수 있는데, 이번 단서는 다소 미묘합니다. 고대 이탈리아의 도시 라벤나에 자리한 산타폴리나레 누오보 바실리카에는 최후의 심판을 묘사한 6세기 모자이크화가 있습니다. 가운데에는 보라색 로브를 입은 예수 그리스도가 있고, 양옆으로는 수염 자국도 나지 않은 천사 두 명이 앉아 있습니다. 붉은 옷을 입은 천사는 영국의 방송인 제러미 팩스먼을 닮았고, 푸른 옷을 입은 천사는 90년대를 주름잡은 아이돌 그룹의 가장 잘생긴 멤버처럼 보입니다. 붉은 옷을 입은 천사 옆에는 세 마리의 양이 있고, 푸른 옷을 입은 천사 옆에는 세 마리의 염소가 있습니다. 이 모자이크화는 〈마태복음〉에서 목자가 양과 염소를 가르듯 예수가 구원받은 이와 정죄 받은 이를 구분해야 한다는 부분을 묘사하고 있습니다. 푸른 옷을 입은 천사가 바로 루시퍼인데, 염소들은 정죄 받을 영혼을 상징하는 걸까요? 그렇다면 염소들은 루시퍼를 정말 좋아하는 게 분명해 보입니다. 귀엽게 웃는 얼굴이 영원한 정죄를 앞둔 사람이라기에는 놀라울 만큼 신나 보이기 때문입니다. 정말 사랑스럽다니까요.

그렇다면 이것이 염소 악마의 기원일까요? 그럴 것 같지는 않습니다. 막강한 염소 인간이라는 이미지는 기독교가 없던 시절에도 존재했는데, 가장 대표적으로는 그리스의 신인 판Pan이 있습니다. 상반신은 인간이고 하반신은 염소이면서 수염 난 얼굴과 뿔을 가진 반인반수 판은 음악과 춤을 좋아하는 야성적인 존재였습니다. 그러나 고고학자들은 이보다 더 오래된 이집트, 크레타의 미노스, 우르의 메소포타미아, 인도의 하라파 등 청동기 문명과 심지어 터키의 후기 석기 시대에서도 뿔 달린 신성의 형상을 발견했습니다. 이집트 신화에서는 아몬Amon이 있었고, 고대 인도에는 파슈파티Pashupati, 철기 시대 프랑스 갈리아족의 종교에는 케르눈노스Cernunnos가 있었습니다.

이런 형상들은 동물의 왕국을 다스리는 군주로 숭배를 받았던 듯합니다. 그러나 기독교를 비롯한 일신론이 부상하면서 이런 고대 다신교 형상을 억압했고, 뿔 달린 우상은 악마와 관련된 사악한 존재로 왜곡됐습니다. 1430년대로 건너오면 이처럼 괴물 같은 악마가 화가 프라 안젤리코Fra Angelico의 작품 〈최후의 심판〉에서 주연을 맡은 모습을 볼 수 있습니다. 그림 속에서 지옥에 떨어진 인간들은 뿔 달린 검푸른 악마들에게 고문을 당하고 있습니다. 그림 하단에는 사탄이 흰 뿔 달린 거대한 검은 짐승의 형상을 하고 강력한 턱으로 죄인들의 사지와 몸통을 찢어발기며 게걸스럽게 먹어 치우고 있습니다. 프라 안젤리코가 그린 사탄을 보며 염소를 떠올리기는 어렵습니다. 오히려 선을 넘은 그루팔로(Gruffalo, 세계적인 그림책 작가 줄리아 도널드슨과 악셀 셰플러가 만든 괴물 캐릭터 - 편집자)처럼 보이네요.

또 어떤 것을 살펴볼 수 있을까요? 우선 1540년대부터 1690년대까지 유럽을 병적인 히스테리로 물들였던 마녀 열풍에서도 기이하고 멋진 염소 관련 행위를 찾아볼 수 있습니다. 피고인들이 염소와 고양이의 항문에 입을 맞추는 이른바 '수치의 키스'라는 의식이 있었다고 합니다. 한스 발둥 그린Hans Baldung Grien을 비롯한 화가들이 마녀들의 집회를 뜻하는 사악한 안식일을 묘사한 끔찍한 그림에서 마녀들은 빗자루 대신 염소를 타고 날아다니는데, 이는 섹스를 의미하는 것으로 추측됩니다. 예로부터 발정 난 염소는 엄청난 정력의 상징으로 여겨졌고, 아내가 바람 난 남편을 조롱할 때 그의 머리 뒤에 뿔처럼 손가락을 세우기도 했습니다. 간단히 말해 마녀들이 중력을 거스르는 염소의 등에 다리를 벌리고 올라타 말 그대로 밤새 날아다니는 모습은 성적인 유혹이라는 사탄의 근본적인 힘을 상징했습니다.

그렇지만 이제 이 날아다니는 염소들이 사탄 자체는 아니었다는 점을 강조하고 싶습니다. 이들은 악명이 자자한 검은 고양이와 마찬가지로 사탄을 위해 일하는 심부름꾼 악마들이었습니다. 유감스럽게도 추측에 불과하지만 아마 올리비아 님이 생각하는 염소 형상의 악마는 사탄이 아닐 것 같습니다. 그보다는 타로 카드나 미국 드라마 〈미녀와 뱀파이어〉에서 도서관 사서가 소유한 두꺼운 고서에 등장하는 오컬트적인 사바트 염소 인간이 아닐까 합니다. 이마에 오각성이 그려진 사바트 염소는 사실 중세가 아니라 19세기 중반 프랑스의 오컬티스트 엘리파스 레비Éliphas Lévi 덕분에 탄생한 형상입니다. 본래 교회에 몸담았던 레비는 교회에서 나와 더 신비로운 영지주의 마법의 길에 들어선 인물이었습니다. 그렇다면 레비는 어디서 이런 영감을 얻었을까요? 아마도 중세의 어느 음모론에서 영향을 받은 것으로 보입니다.*

레비는 염소 형상을 한 우상을 바포메트Baphomet라고 불렀는데, 아마도 예언자 무함마드를 가리키는 마호메트Mahomet라는 이름을 날조한 듯합니다. 중세 십자군 문학에서는 대개 이슬람교도가 알라신보다 마호메트라는 우상을 숭배하는 이들이라고 깎아내리곤 했습니다.

이것을 첫 번째 음모론이라고 한다면, 이제 이 음모론과 평행을 이루는 또 다른 음모론을 소개하겠습니다. 이번에는 중세 시대의 수도회인 성전기사단Knights Templar이 주인공입니다. 이 이름이 익숙하다면 아마 지난 수년간 이들을 대상으로 믿을 수 없는 신화들이 폭넓게 생겨났기 때문일 겁니다. 영화 〈다빈치 코드〉나 그 원작 소설을 보셨다면 참 고생 많으셨다고 말씀드리고 싶습니다. 성전기사단에 관한 지금까지의 글은 완전히 쓸모없다고 봐도 무방하지만,** 성전기사단은 실제로 존재했으며 1307년 프랑스 국왕의 선동으로 이단 재판을

---

* 아시다시피 음모론은 오늘날의 페이스북 지옥도가 있기 전부터 존재해 왔습니다.
** 댄 존스Dan Jones는 최근 출간된 자서전에서 지금까지 알려진 사실들을 탁월하게 정리했습니다.

받기 전까지 상당한 재력을 뽐냈습니다. 음모론에 따르면 이들은 아마도 마호메트일 수염 난 남자의 두개골에 마법이 깃들어 있다며 이를 바호메트라 불렀고, 비밀 의식을 열어 바호메트를 숭배했다고 합니다.

그러나 성전기사단의 바호메트는 염소를 닮지 않았고, 엘리파스 레비가 고대 이집트의 신성인 멘데스의 염소Goat of Mendes 그림에서 영감을 받아 이런 요소를 직접 추가한 것으로 보입니다. 엘리파스 레비가 등장하기 이전의 타로 카드에서는 악마를 묘사할 때 배에 두 번째 얼굴이 있고 무릎에 두 눈이 달렸으며 발목 아래에는 사자의 발이, 등에는 박쥐의 날개가, 머리 위에는 사슴뿔이 달린 모습으로 그렸습니다. 때로는 풍만한 가슴과 거대한 음경을 둘 다 가진 모습으로도 묘사됐죠. 1850년, 레비는 악마를 그릴 때 기존과 같은 모습에서 풍만한 가슴과 음경만 남겨 놓고 다른 부위를 모두 삭제한 뒤 이마에 오각성을, 머리 위에는 거대한 산양 뿔을 단 근육질 염소 인간으로 바꾸었습니다.

미국의 사탄교는 레비가 만든 바호메트 이미지를 사탄의 형상으로 삼아 숭배하며, 이를 바탕으로 디트로이트에 상당히 눈에 띄는 동상을 건립하기도 했습니다. 이때 충격을 받은 시민들을 달래기 위해 성기 대신 한 쌍의 소년 소녀를 묘사해 사탄의 이중 성별을 표현했습니다.

'악마는 왜 염소인가요?'라는 올리비아 님의 질문은 꽤 까다로운 질문이었습니다. 악마는 지금까지 매우 다양한 형상을 취했고, 지금까지 전해져 내려오는 염소 형상은 바호메트로서의 모습 하나뿐입니다. 사실 중세 전설에 따르면 사탄은 뿔 달린 괴물이 아니라 여러분이 믿고 따르는 친구의 모습으로 둔갑해 여러분을 꾀어낼 겁니다. 그렇다고 친구를 믿으면 안 된다는 말은 아니니까 너무 걱정하진 마세요.

23

햄스터는 언제부터,
어떤 연유로 반려동물이 됐나요?

질문자 줄리엣

1802년, 영국의 자연주의자이자 성직자였던 윌리엄 빙리 목사는 야생동물을 소개하는 유명한 《동물 열전》*을 펴냈습니다. 책은 불티난 듯 팔렸고, 이후 개정판도 여러 차례 출간됐습니다. 이 책에서 가장 놀라운 어떤 단락에는 개, 말, 혹은 인간에게 거의 아무런 해도 미치지 못하면서 패배를 인정하느니 차라리 죽음을 불사하는 사납고 무식할 정도로 용감한 동물 이야기가 나옵니다.

> …분노 이외의 다른 열정은 전혀 없어 보이고, 자신의 앞길을 가로막는 동물이 있으면 상대가 힘이 있어도 조금도 아랑곳하지 않고 모조리 공격하고 본다. 목숨을 부지하기 위해 도망치는 법은 아예 모르는 듯하고, 항복하느니 차라리 곤죽이 될 때까지 막대기에 맞는 편을 택한다. 이들이 인간에게 사로잡히면 그 손아귀에서 탈출하기 전에 목숨을 잃을 수밖에 없고, …심지어는 동족과도 전쟁을 벌인다. 두 마리가 …만나면 반드시 서로 공격하고, 승자가 언제나 약자를 잡아먹는다.

---

*   William Bingley, 《Animal Biography》, 국내 미출간

끔찍한 괴물처럼 들리지 않나요? 줄리엣 님, 이제 이 무시무시한 전쟁광의 이름을 공개하니 놀라지 마십시오. 우리 모두 잘 아는 바로 그 햄스터입니다.

네, 저도 놀랐습니다. 어렸을 적 우리 학교에서는 교실에서 햄스터를 키웠는데, 한 명씩 돌아가며 일주일씩 햄스터를 집에 데려가 돌볼 수 있었습니다. 제 차례가 되어 햄스터를 집에 데려갈 때 얼마나 신났던지요. 그렇지만 며칠 뒤 햄스터가 우리 집에서 죽었을 때 저를 감쌌던 끔찍한 당혹감이 아직도 생생하게 기억납니다. 동물학대방지협회에 전화를 걸기 전에 제가 결백하다는 걸 알아주셨으면 합니다. 자연사였거든요. 자세히는 모르겠지만 그 햄스터는 나이도 많고 여하튼 그랬습니다. 어쨌든 우리는 죽은 햄스터를 정원에 묻어 주고 반려동물 가게에서 새로운 햄스터를 한 마리 샀습니다. 당시 일곱 살이었던 저는 나름 재미있는 이름이랍시고 재지Jazzy라는 이름을 붙여 주었지만, 선생님은 이 햄스터를 지난번 햄스터와 같은 이름으로 부르기로 하셨습니다. 〈007〉 시리즈의 M과 Q처럼 교실에서 기르는 햄스터에게는 각 개체의 정체성보다는 조직 내에서의 역할이 더 중요했던 거겠죠.

그렇다면 빙리의 책에서 맹렬하게 묘사된 이 짐승이 어쩌다가 초등학교에서 기르는 볼 빵빵한 사랑스러운 동물이 된 걸까요? 사실 둘은 다른 동물입니다. 빙리가 설명한 동물은 유럽 검은배햄스터로 어린아이가 보호 장비 없이 가까이 가서는 안 되는 야생동물입니다. 실제로 검은배햄스터를 반려동물로 기르려 했던 빅토리아 시대의 자연주의자 너새니얼 로렌스 오스틴Nathaniel Laurence Austen은 이들을 다음과 같이 묘사했습니다.

> …극히 예민하고 성격이 급하며, 나 말고는 누구도 만지거나 들
> 어 올리게 해서는 안 될 것 같다. 굉장히 자주 짜증을 내는데, 낯
> 선 사람과 눈이라도 마주치면 조그마한 멧돼지처럼 툴툴거리고
> 뒤로 벌렁 나자빠지며 이빨을 갈고 가까이에 있는 무엇이든 물어
> 버린다.

언젠가 오스틴은 햄스터를 놀래줄 생각으로 가까이에서 권총을
발사했는데, 탕 소리에도 햄스터는 마치 그게 전부냐는 눈빛으로 그
저 그를 물끄러미 쳐다보았다고 합니다. 또 그가 자리를 비운 동안에
는 새끼 고양이와 싸워 고양이를 죽였다고도 하네요. 정말이지 유럽
햄스터는 건드리면 안 되겠습니다. 다행인지 불행인지 모르겠지만
검은배햄스터는 털 때문에 대대적으로 사냥을 당했으며 오늘날에는
멸종위기종이 됐습니다. 어두운 뒷골목에서 검은배햄스터가 따라올
일은 없을 테니 걱정하지 않아도 되겠습니다.

그렇다면 이제 당연히 다음 질문이 나올 차례겠죠? 줄리엣 님이
물어보신 금빛 털이 복슬복슬한 사랑스럽고 귀여운 햄스터는 어디
에서 왔을까요? 정답은 시리아입니다. 1839년 런던 동물학협회의
큐레이터 조지 워터하우스George Waterhouse가 햄스터 표본을 받은 것
이 영국에 처음으로 들어온 햄스터입니다. 영국의 외교관 제임스 헨
리 스킨James Henry Skene은 1880년 시리아에서 에든버러로 들어오면서
햄스터를 데려왔고 새끼를 쳐 친구들에게 선물했다고 합니다. 그는

1886년에 세상을 떠났으나, 그가 데려온 햄스터 자손들은 1910년까지 대를 이었습니다.

그러나 햄스터를 집에서 반려동물로 기르게 되는 과정을 제대로 이해하려면 1931년으로 가서 사울 애들러Saul Adler 의학 박사를 만나야 합니다. 그는 리슈마니아증을 연구하는 데 사용할 실험동물이 필요했는데, 기존에 사용하던 중국 비단털쥐는 번식력도 좋지 않고 아시아에서 수입해 오기도 까다로웠습니다. 예루살렘 히브리대학교 소속인 애들러 박사는 문제의 답이 근처 사막에 파묻혀 있을 수도 있겠다고 생각했고 동물학자의 도움을 받아 적당한 곳을 파 보기로 했습니다.

애들러는 동료 동물학자 이스라엘 아하로니Israel Aharoni에게 적당한 동물을 찾아 달라고 부탁했습니다. 시리아 햄스터를 떠올린 아하로니는 게오르기우스라는 시리아인 가이드에게 도움을 청했고, 그가 연결해 준 촌장을 통해 탐사를 도와줄 일꾼을 모을 수 있었습니다. 이들은 야생 햄스터를 찾아 몇 시간이나 주변을 샅샅이 뒤지고 다녔습니다. 얘기하기는 쉽지만, 실제로는 훨씬 고된 작업이었을 겁니다. 마침내 이들은 어미 한 마리와 새끼 열한 마리까지 총 열두 마리의 햄스터가 사는 둥지를 발견했습니다. 포식자 인간을 본 어미 햄스터는 곧바로 가장 가까이에 있던 새끼의 목을 부러뜨렸고, 깜짝 놀란 아하로니는 재빠르게 어미를 죽이고 나머지 새끼들을 데려왔습니다.

아하로니는 히브리대학교 동물실험부서의 설립자인 헤인 벤 메나첸Hein Ben-Menachen에게 새끼 햄스터들을 맡겼습니다. 그러나 새끼 중 절반이 우리를 갉아먹고 빠져나와 실험실 구석에서 죽는 참사가 벌어졌습니다. 엎친 데 덮친 격으로 이번에는 수컷 한 마리가 암컷 한 마리를 잡아먹기까지 했습니다. 겨우 네 마리만 살아남았는데, 얼마나 힘들게 구해 온 햄스터인지 생각해 본다면 재앙이 아닐 수 없었습니다. 그러나 이들 네 마리 햄스터가 놀라운 속도로 새끼를 친 덕분에 햄스터 수가 불과 1년 만에 150마리로 늘어났으며, 전 세계 여러 실험실로 보내져 실험동물로 사용됐습니다. 기니피그가 아니라 햄스터이긴 해도 실험동물을 실험실에서 자체적으로 번식시킬 수 있다는 뜻이었으므로 과학계 입장에서는 상당한 승리였습니다. 물론 후대에는 동물실험 윤리와 관련하여 심각한 의문이 제기됐습니다.

유럽과 북미에서는 거의 알려지지 않았던 햄스터가 일순간 일반 대중 사이에서도 상당한 인기를 끌었고, 1945년 영국에서는 전시 배급으로 궁핍한 상황에서도 햄스터 클럽이 공식 출범했습니다.

시리아 햄스터는 선발 육종을 거치면서 한층 더 귀여워졌고 여전히 빵빵한 볼 덕분에 특유의 매력이 더욱 돋보였습니다. 미국에서 처음으로 본격적인 번식업을 시작한 사람은 앨버트 마시Albert Marsh였습니다. 다소 이상한 이야기이지만 앨버트는 도박 빚으로 다른 물건들과 함께 햄스터 한 마리를 물려받으면서 처음으로 햄스터를 접하게 됐습니다. 라스베이거스에서 햄스터를 돈 대신 사용할 수 있는 줄은 미처 몰랐네요. 마시는 재빠르게 햄스터 기르는 법을 책으로 펴냈고, 이 책은 1948년부터 1951년까지 8만 부가 팔렸습니다. 미국의 새로운 국민 반려동물이 탄생하는 순간이었습니다.

마시의 지침서를 사고 잡지에 실린 광고에 응답한 사람 중에는 당시 열네 살이었던 소년 에버렛 엥글Everett Engle이 있었습니다. 에버렛은 아버지에게 돈을 빌려 뒷마당에 직접 번식 우리를 만들었고, 곧이어 여전히 학생 신분으로 미국 중서부 전역에 햄스터를 공급하게 됐습니다. 1961년에는 존 F. 케네디 대통령이라는 특별한 손님까지 에버렛에게서 햄스터를 구입했습니다. 딸 캐롤린을 위해 햄스터 두 마리를 산 케네디 대통령은 두 마리에게 각각 재키와 빌리라는 이름을 지어 주었습니다. 재키 케네디가 미국의 '영'부인이었듯, 재키와 빌리는 미국 최초의 '영'햄스터였습니다. 유서 깊은 전통에 따라 재키와 빌리도 우리를 탈출해 사라졌다가 존 F. 케네디가 사용하는 화장실에서 빨빨거리며 돌아다니는 모습이 발견됐습니다. 햄스터들은 어딜 가나 야단법석인가 봅니다!

재미나게도 백악관에서 대통령의 반려동물을 총괄했던 트렙스 브라이언트Traphes Bryant는 훗날 이들을 이렇게 회고했습니다. "그리스 비극에나 나올 법한 햄스터 가족이 있었다. 우선 햄스터 한 마리는 대통령의 욕조에 들어갔다가 물에 빠져 죽었다. 그다음에는 다른 몇 마리가 아비 햄스터에게 먹혔다. 그러나 마지막이 압권이다. 어미 햄스터가 아비 햄스터를 죽이고는 자기도 따라 죽었는데, 아마 소화불량이 원인인 듯했다." 반려동물조차 폭력적인 죽음을 피할 수 없었다니 케네디가의 저주가 한층 의미심장하게 다가오네요.

사람들은 대부분 햄스터를 귀엽게만 생각하지만, 이처럼 햄스터가 소름 끼치는 폭력을 일으키는 경우는 그다지 드물지 않습니다. 저는 이번 편을 쓰면서 트위터에 윌리엄 빙리가 쓴 햄스터 관찰기를 공유하고 수많은 답글을 받았는데, 키우던 햄스터에게 공격받은 이야기부터 우리에서 한 햄스터가 다른 햄스터를 잡아먹는 이야기까지 끔찍한 사례들이 가득했습니다. 어떤 분은 러시아 햄스터 열 마리가 얼굴이 피로 물들 때까지 어미 햄스터를 잡아먹는 광경을 목격했답니다.

줄리엣 님이 주신 질문에 답하자면 햄스터가 대중적인 반려동물이 된 것은 대략 70년 정도 됐습니다. 그렇지만 사랑스러운 외모 뒤에는 상당한 폭력적 성향이 숨어 있습니다. 동물의 왕국 판 〈나 홀로 집에〉를 찍는다면 맥컬리 컬킨 역은 햄스터가 맡아야 할 겁니다. 햄스터를 키울 생각이 있으시다면 신중하게 생각하세요!

2**4**

헨리 8세 재위 당시 런던에서는 말 대소변이 하루에 얼마나 많이 나왔고, 이를 모두 어떻게 처리했나요?

질문자 도니, 트릴, 캐서린

솔직히 말씀드리겠습니다. 똥 이야기가 가장 재미있고 흥미롭지 않나요? 저는 학문적으로도 위생과 청결의 역사에 관심이 많고 어린이 역사 프로그램 〈끔찍한 역사〉의 자문이기도 하니 이 질문을 보는 순간 곧바로 책에 실어야겠다고 생각했습니다. 그러나 답을 찾기는 정말 어려웠습니다. 도니, 트릴, 캐서린 님이 특정 시대를 정확히 물었기 때문에 더 그랬습니다. 결국 저는 헨리 8세 재위 당시 런던에 말이 몇 마리 있었는지 정확히 알려 주는 믿을 만한 자료를 찾을 수 없었습니다. 그러니 이번 대답이 직접적인 증거보다 비교를 바탕으로 하더라도 양해해 주기 바랍니다.

이제 본론으로 들어가 봅시다. 말은 덩치가 매우 크고 대소변도 많이 봅니다. 건강한 말이라면 평균적으로 하루에 여덟 번에서 열두 번 정도 장을 비웁니다. 소변은 더 자주 보는데, 그 양은 양동이 하나를 가득 채울 정도인 약 10L 정도입니다. 대소변을 모두 합치면 말한 마리가 하루에 만들어 내는 똥거름의 총량은 무려 여섯 살 어린아이의 몸무게와 맞먹는 20kg에 달합니다. 우리 집 갓난쟁이 딸이 똥을 많이 싼다고 생각했는데 전혀 아니었네요!

두말할 필요도 없지만 말들이 수없이 지나다니는 주요 도시들은 매우 빠른 속도로 상당히 더러워졌을 겁니다. 유감스럽게도 이 정도가 제가 드릴 수 있는 가장 정확한 답변일 듯합니다. 헨리 8세의 말 많고 탈 많은 재위 기간인 1530년대 당시 런던에는 약 6만 명에서 8만 명가량이 살고 있었으나, 정확히 말이 몇 마리였는지는 찾아내지 못했습니다. 단, 마차가 오가는 복잡한 도시를 상상했다면 얘기는 달라집니다. 헨리 8세 치세기에는 유럽에서 마차를 보기가 매우 어려웠습니다. 당시의 마차는 기본적으로 한 쌍의 굴대 위에 나무 상자를 올려놓은 꼴이었고, 고정돼 있지 않았기 때문에 교통수단치고는 심하게 덜컹거렸습니다. 마차가 있었더라도 왕족 여성이나 마차를 탔고, 권력을 가진 남성들은 직접 말을 타거나 가마를 탔을 것입니다.

헨리 8세가 세상을 떠난 직후에는 중요한 변화가 일어났습니다. 헨리 8세의 딸 메리Mary Tudor 여왕과 엘리자베스 여왕이 다스리던 1500년대 중반에는 최신식 사륜마차가 헝가리에서 유럽 전역으로 퍼지기 시작했습니다. 사륜마차coach라는 말은 헝가리어 코치kocsi에서 비롯됐습니다. 코치는 목수들이 흔들려도 튕겨 나가지 않는 바퀴 설계를 처음 도입한 헝가리의 마을 콕스kocs에서 왔습니다. 사륜마차가 등장하면서 더 편안한 대중교통을 더 널리 이용할 수 있게 됐으며, 이런 마차는 당연하게도 말이 끌었습니다. 그러나 여전히 마차 삯이 너무 비쌌기 때문에 시민 대부분은 이후로도 오랫동안 마차를 탈 수 없었습니다.

그러니 헨리 8세 집권 초기에는 대부분 말이 아니라 황소가 육중한 마차를 끌었을 테고, 그 마차에는 사람이 타기보다 물건을 실었을 것입니다. 물론 이때도 길거리를 오가는 말들이 있었겠으나 말을 흔하게 볼 수 있게 된 것은 엘리자베스 1세 시대의 일입니다. 예컨대 엔필드에서 런던 북부로 향하는 길에는 하루에 말 2250필이 지나갔으며, 대부분 맥아를 대도시로 운송하는 중이었다는 문헌이 남아 있습니다. 이후에는 천을 운송하는 데 말을 널리 사용했는데, 배로 운송하면 천에 습기가 차기 쉬웠기 때문입니다. 말은 달구지나 수레 혹은 화려한 사륜마차를 끌기도 했으나, 헨리 국왕이 1516년 새로 설립한 우체국의 배달부들도 말을 몰았습니다. 또한 말을 살 여력이 되지 않는 사람들을 위해 말 대여소도 운영했습니다.

말을 소유한 이들은 16세기에 걸쳐 급격하게 늘어났습니다. 피터 에드워즈Peter Edwards 교수는 말과 관련된 사회사 및 경제사를 연구하는 역사학자입니다. 에드워즈 교수에 따르면 링컨셔주의 작은 농촌 마을 호블링에서도 보유 토지의 60%에서 말을 1~10마리 가량 키웠고, 나머지 토지의 14%에서는 이보다 훨씬 많은 말을 키웠습니다. 이처럼 작은 시골 마을에서도 말을 많이 길렀다는 것은 결코 우연이 아니었습니다.

만족할 줄을 모르고 부인을 갈아 치우던 국왕 헨리 8세는 영국의 심각한 말 부족 사태를 알고 격노했습니다. 무엇보다 전장에서 필요한 빠르고 힘센 군마와 군대에 물자를 보급할 강하고 튼튼한 역용 말이 부족했습니다. 그러나 1530년대에 이르면서 전쟁의 성격이 변하고 있었습니다. 화약 무기가 등장하면서 갑옷을 입고 말을 타는 기사들의 시대가 끝나 가고 있었죠. 그럼에도 헨리 8세는 여전히 더 뛰어나고, 크고, 빠르고, 강한 말들을 더 많이 확보하는 데 집착했습니다.

그의 이런 집착은 1540년 네덜란드 말 네 필이 영국 말 일곱 필보다 더 무거운 무게를 끌 수 있다는 사실을 알고 난 뒤 더 심해졌습니다.

헨리 8세는 이런 심각한 상황을 타개하기 위해 아버지가 선포했던 말 수출 금지법을 재선포했으며 국내 말 판매에 대한 규제도 강화했습니다. 왕립공원과 사냥 막사도 말 사육장으로 바꿨고, 주요 귀족과 지주들에게 당근과 채찍을 전부 동원해 말 육성 계획에 동참하라고 구슬렸습니다. 나아가 유럽 대륙과 상당한 규모로 말 교역을 이어가면서 아이리시 하비라는 종을 수출하고 그 대가로 다양한 역용 및 군용 말을 수입했습니다.

말을 좋아하는 사람이 아니라면 사육할 수 있는 말의 품종이 귀여운 셰틀랜드 조랑말, 번개처럼 빠른 경주마, 거대한 샤이어 말 정도만 있다고 생각할 수도 있습니다. 그러나 실제로는 이보다 훨씬 다양한 품종이 있으며, 부유한 지주들은 모든 품종의 말을 한 필씩 마구간에 두고 싶어 했습니다. 예컨대 1512년 노섬벌랜드 공작의 마구간에서 기르던 말 목록을 보면 품종이 열 종이 넘으며 종마다 각기 다른 역할을 맡고 있었습니다. 에드워드 교수에 따르면 이 목록에서 '품위 있는 말'은 값비싼 서러브레드종, '승용마'는 작고 발이 빠르며 걸음걸이가 부드러워 여성이 타기에 좋은 말, '조랑말'은 몸집이 작고 힘이 세지 않은 군마, '전차마'와 '대형 쾌마'는 수레를 끄는 근육질의 말, '갬블딘 쾌마'는 무릎을 높게 쳐들고 걷기로 유명해서 대중 앞에 선보이기에 안성맞춤인 마장마술용 말, '클로스 섹cloth sek'과 '수말male horse'은 울퉁불퉁한 땅에서 짐과 갑옷을 나르는 데 쓰는 품종이었습니다.

이처럼 헨리 8세 재위 당시에는 후대만큼 길거리에서 말을 흔하게 볼 수는 없었습니다. 그러나 국왕의 군사적 야망과 경제 확장에서 말의 중요성이 더욱 커졌으며, 이에 따라 말의 거래 가격과 숫자도 급증했습니다. 그렇다면 이제 이들이 얼마나 많은 대소변을 만들어 냈는지 가늠해 봅시다. 솔직히 이번에는 완전히 신뢰할 수는 없는 추측에 어느 정도 의존해야 할 듯합니다.

조지 로버트슨이라는 지역 농부의 말에 따르면 헨리 8세가 세상을 떠난 지 약 250여 년 후인 1795년에는 리스를 포함한 에든버러 시에서 연간 수레 4만 대 분량의 말 대소변이 나왔다는 점을 확실히 알 수 있습니다. 당시 에든버러에는 아마도 튜더 시대의 런던과 같은 수의 인구가 살았을 겁니다. 그러니 그저 헨리 8세가 다스렸던 수도가 연간 수레 4만 대 분량의 똥오줌으로 뒤덮였을 것이라고 의기양양하게 선언하고 싶은 마음도 드는군요.

그러나 18세기 에든버러는 말이 끄는 사륜마차가 널리 자리를 잡은 시기였고, 튜더 시대의 런던은 그렇지 않았습니다. 그러므로 이때의 말 사용 비율이나 행태는 1530년대와 상당히 달랐을 겁니다. 이 실직고하자면 정확한 수치를 선뜻 말씀드릴 자신이 없네요. 죄송합니다! 어쨌든 말 한 필이 평균적으로 하루에 20kg 정도의 대소변을 보았고, 엘리자베스 1세 때는 길 한 곳을 지나다니는 말만 해도 매일 2250마리였다고 하니 길거리가 굉장히 지저분했을 겁니다.

도니, 트릴, 캐서린 님은 이 대소변을 어떻게 처리했는지도 물었습니다. 다행히 이 부분에 대해서는 조금 더 많은 사실이 알려져 있습니다. 중세 시대 사람들은 언제든 창문 바깥으로 똥오줌 양동이를 부어 버렸다는 생각이 널리 퍼져 있지만, 사실 이는 와전된 이야기입니다. 이처럼 품위 없는 짓을 벌이거나 가축이 길거리에서 배변하도록 놔뒀다가는 상당한 벌금을 물어야 했습니다. 1541년부터 1542년 사이에 헨리 8세는 자신이 아일랜드의 왕이라고 선포했습니다. 이때 영국의 법적 관할지에 편입된 더블린에서는 말들이 아무 데나 똥을 싼다는 점을 누구나 알았죠. 그러나 1557년 칙령에서는 길거리나 도로에 똥을 투척하면 벌금을 물 것이며, 그 벌금의 절반은 국고로 들어가고 나머지 절반은 이를 경찰에 신고한 목격자에게 돌아간다고 적혀 있습니다. 대신 배설물을 수레에 싣고 마을 성벽 바깥에 따로 모아 놓은 똥 더미에 버리는 것이 올바른 처리 방법이었습니다.

한편 헨리 8세 시대는 런던에 포장도로가 도입되는 시점이었고, 지표수를 관리하기 위해 하수도 설비를 건설하려는 시도가 일어나고 있었습니다. 또한 오수가 하수도나 냇가 또는 지하의 오물 구덩이로 배수될 수 있도록 길가에 작은 수로를 설치하고 있었습니다. 그렇다고 착각하면 안 됩니다. 길거리는 확실히 더러웠고, 부유한 사람들은 멋진 신발과 망토, 치맛자락이 오물에 더러워지지 않도록 두꺼운 나무 덧신을 신었을 것입니다. 흥미로운 점이 있다면 이런 오물을 그대로 썩혀 두지 않았다는 점입니다.

마을과 도시의 주민들은 일반적으로 일주일에 한 번씩 집 앞 길거리의 오물을 쓸어 담아 청소해야 했습니다. 대부분은 토요일에 청소했는데, 아마 일요일의 신성한 안식일을 깨끗하게 보내기 위해서였을 겁니다. 다만 1550년 요크에서는 규칙이 변경되어 일주일에 두 번씩 길거리를 청소하고 쓸어야 한다고 했으며 오물을 화요일, 목요일, 토요일에 수거한다는 기록이 남아 있습니다. 지역 행정 기관에서 이처럼 정기적으로 오물을 수거하지 않는 잉글랜드와 스코틀랜드, 웨일스, 아일랜드의 여러 마을과 도시에서는 지역 사업가나 지주가 지방 당국에 돈을 지불하고 오물을 퍼낼 수 있는 권리를 사거나 오물을 퍼낼 사람을 고용했으며, 그렇게 퍼낸 오물을 비료로 쓸 수 있게 지역 농부에게 팔았습니다.

사실 인간과 동물의 똥거름은 상당히 유용했고, 때로는 약으로 쓰이기도 했습니다. 그러므로 사람들은 집에서 나온 대소변을 무분별하게 길거리에 투척하고 유유히 집으로 돌아가는 대신 오물을 팔기 위해 집 밖의 한구석에 모아 두었습니다. 지방 당국은 이처럼 각 가정에서 일주일까지 오물을 모을 수 있도록 허가했으나 사람들이 이보다 오랜 기간 오물을 보관했다는 증거가 발견되고 있습니다. 대개는 집의 대문을 막거나 이웃집의 영역을 침범해서는 안 된다는 것이 핵심 규칙이었습니다. 만약 똥 더미가 너무 크거나 집주인이 규칙을 교묘하게 피하려 했다면 이를 특혜로 보고 똥 더미에 세금을 부과했습니다.

저는 21세기 중산층의 관행에 따라 서리주 의회에 기본적인 세금에 더해 두 달에 한 번씩 정원 쓰레기가 담긴 커다란 녹색 쓰레기통을 수거해 가는 비용을 내고 있습니다. 반대로 중세와 튜더 시대 사람들은 자기 집에서 나온 쓰레기를 팔기 위해 보관 비용을 더 내야 했습니다. 현대 자본주의에서도 소비 경제는 매우 중요하지만, 이 당시의 근세 경제야말로 말 그대로 소비, 소화, 수익화로 이어졌으니 이를 똥본주의crapitalism라고 명명해야 마땅하겠습니다. 더러워도 참

225

아 주세요.

1580년대 랭커셔주의 한 마을 프레스콧에서는 심지어 거대한 똥 더미에 부과되는 추가 세금을 내지 않기 위해 길거리에서 멀리 떨어진 뒷마당에 오물더미를 쌓아 두기도 했습니다. 셰익스피어를 연구히는 브루스 보러Bruce Boehrer 교수의 말마따나 근세의 공간에는 비려진 오물이 가득했다기보다 오히려 보물 같은 오물이 가득했다고 봐야 합니다. 말똥도 긁어모아 적어도 일주일 정도는 보관할 가치가 있었습니다. 보러 교수는 셰익스피어의 아버지인 존 셰익스피어도 1553년 "헨레이가의 자택 앞에 똥 더미sterquinarium를 쌓아 두었다가" 1실링의 벌금을 물었다고 전했습니다. 사실 이는 1552년의 일이었습니다. 존 셰익스피어는 장갑 제작자였는데, 동물의 배설물이 가죽을 부드럽게 만들 수 있다고 생각하는 바람에 이런 해프닝이 생겼을 가능성도 있습니다.

그러니 길거리를 뒤덮은 말똥의 경우는 이를 처리하는 시스템이 있었고 그 과정에서 짭짤한 수익을 올릴 수도 있었습니다. 그러나 지역 당국이 더 골머리를 앓았던 문제는 상당한 양의 오물이 상수도로 흘러 들어간다는 점이었습니다. 헨리 8세가 세상을 떠난 지 10년 후인 1556년의 법원 기록에서는 런던 스트랜드가에서 일하는 생선 장수들이 짐수레 끄는 말들의 변을 '공동 수로'에 너무 많이 버렸다가 수로가 막히는 바람에 벌금을 물었다고 돼 있습니다. 도시 런던이 급격하게 성장하면서 점점 더 많은 오물이 강과 냇가로 흘러 들어갔고 심각한 건강 및 위생 문제들이 발생했습니다. 조지프 배절제트Joseph Bazalgette가 1865년부터 1875년까지 유명한 교차 하수도를 건설하기 전까지 이런 문제는 계속됐습니다.

길거리도 분명 더러웠겠지만, 물이야말로 정말 조심해야 했겠네요!

25

언제, 어디서, 누가 처음으로 씨앗을 봉지로 팔았나요? 씨앗을 팔기 전에는 무엇을 사용했나요?

(질문자) 샬럿

재미있는 우연입니다. 이 책을 쓰는 요즘 저는 서리 지역에 왕립원예학회가 세운 화려한 RHS 위즐리 정원에서 자주 바람을 쐬곤 합니다. 운 좋게도 근처에 살아서 종종 가족들과 나들이를 나오곤 하는데, 전문 정원사인 아버지와 함께하는 날이면 아버지는 즐거우신 듯 희귀한 관목과 나무를 가리키며 저에게 어떤 종일지 맞춰 보라고 하시죠. 그러면 저는 어김없이 형편없는 솜씨를 뽐냅니다. 어릴 적 학교가 쉬는 날마다 서투르게 잔디를 깎았어도 원예학에 대해서는 영 아는 게 없었습니다. 아버지가 가리킨 관목에 열매만 달려 있다 하면 코토네아스터 아니냐고 대답했고, 나무인데 참나무가 아닌 듯하면 벚나무처럼 생겼다고 대답했습니다. 전혀 갈피를 못 잡겠으면 아무 연예인 이름을 외치기도 했죠.

저는 아버지가 특출나게 해박하다고 생각하지만, 아버지는 위즐리 정원을 둘러보다 보면 처음 보는 식물이 많아 늘 즐겁다고 하셨습니다. 이 공원은 아버지가 알아볼 수 있는 품종보다 훨씬 많은 1만 2000여 종의 식물을 자랑하지만, 이 또한 지구상의 식물종 39만 1000여 종에 비하면 새 발의 피에 불과합니다. 잠시 놀란 마음을 가다듬어야 할 만큼 큰 숫자죠. 심지어 최근에 발견된 종도 많습니다. 위즐리 정원이 18~19세기경의 식민 제국과 원예학 그리고 현대의 세계화 덕분에 탄생한 것은 사실이지만, 그렇다고 이국적인 식물을 수입하는 일이 새로운 일이라고 생각했다면 오산입니다.

1만 2000여 년 전 신석기 시대에도 인류는 이미 곡물과 과일나무를 가지고 여러 실험을 벌이고 있었습니다. 그런데 유전학을 통해 재배 작물의 발전사를 밝혀내기는 생각보다 훨씬 더 까다롭습니다. 어떤 종은 수많은 세대를 거친 후에야 새로운 종으로 진화하지만, 어떤 종은 훨씬 빠르게 진화했기 때문이죠.

예시로 사과를 살펴봅시다. 인류가 사과를 먹기 시작한 것은 놀랍게도 불과 3000~4000년 전인 청동기 시대의 일입니다. 현대 사과의 조상 격인 말루스 시에베르시Malus sieversii라는 맛있는 품종은 지금도 카자흐스탄에서 자라고 있습니다. 이 단어를 조금만 바꾸면 라틴어에서 사과와 악마를 뜻하는 '말럼Malum'이라는 단어가 되는데, 성 히에로니무스Hieronymus는 라틴어 번역 성경에서 이를 이용한 말장난을 남기기도 했습니다. 한발 더 나아가 17세기의 존 밀턴John Milton은 서사시 《실낙원》에서 아담과 이브가 잘못된 판단으로 사과를 따 먹었다고 했습니다. 사실 성경에서는 선악과를 가리켜 단순히 과일이라고만 했으나 존 밀턴 이후로 선악과가 사과라는 생각이 널리 자리를 잡게 됐습니다. 백설공주의 계모가 독이 든 사과로 공주의 목숨을 빼앗으려 했다는 이야기도 이런 계보를 따른 것이 아닌가 합니다.

어쨌든 인류는 우연히 말루스 시에베르시와 다른 몇 가지 품종을 교배해 오늘날의 사과를 만들어 냈는데, 이 과정은 동아시아와 유럽,

중동을 잇는 실크로드를 따라 진행된 것으로 보입니다.* 인류가 씨앗을 일종의 화폐나 식량 기술로 여기고 의도적으로 교환했을 수도 있지만, 사과를 먹은 인간이나 동물이 어느 정도 멀리 이동한 뒤 대변을 볼 때 씨앗이 남아 부지불식간에 널리 전파됐을 가능성이 더 큽니다. 그렇다면 사과가 아니라 응과(응가)라고 해야 하지 않을까요? 너무 더러웠나요? 죄송합니다.

그리스·로마 시대에 이르러서는 농경 관리가 매우 중요한 일이 됐으며 아리스토텔레스, 대大 카토, 베르길리우스, 테렌티우스 바로, 콜루멜라를 비롯한 고대 세계의 가장 중요한 저술가들도 농경에 관한 글을 썼습니다. 특히 로마인들은 정원을 가꾸고 농사를 짓는 데 심혈을 기울였으며 당연한 듯 씨앗을 저장해 두었습니다. 가장 강한 힘을 뿜낸 나무에서 얻은 최고의 씨앗을 보관해 두었다가 이듬해에 심거나 다른 지주와 교환해 다양한 식물을 기르곤 했죠. 로마에서도 씨앗을 봉지에 담아 팔았을까요? 그럴 것 같진 않지만, 아주 불가능한 일은 아닐 듯합니다.

물론 샬럿 님의 질문처럼 씨앗을 봉지로 판다는 말을 들으면 활기찬 카페와 땅요정 도자기 인형들이 줄지어 늘어선 지역 원예시장이 떠오릅니다. 영국에서 이런 시장이 처음 생긴 시기는 1960년대입니다. 교외 자택을 매입하면서 생애 처음으로 정원을 가지게 된 사람들의 수요를 충족시키기 위해 원예업이 도매에서 소매로 확장됐고 연중 내내 열려 있는 시장이 필요했던 것이죠. 사람들은 잔디가 듬성

---

* 실크로드에 대해 더 자세히 알고 싶다면 피터 프랭코판Peter Frankopan의 탁월한 저서 《실크로드 세계사The Silk Roads》를 추천합니다.

듬성 난 마당 한 편을 나만의 작은 에덴동산처럼 만들고 가꾸기 위해 가장 가까운 가게에서 씨앗 한 봉지나 미리 키워 둔 묘목을 샀습니다. 원예시장이 비교적 최근에 등장하긴 했어도 가게에서 씨앗을 봉지로 사는 일 자체는 사실 400여 년 전에도 일반적이었습니다. 뻔뻔스럽지만 에덴동산을 비유로 든 것도 17세기 작가가 먼저 한 말이었습니다.

영국의 탁월한 박식가이자 누구보다 먼저 과학적인 방법을 옹호한 사람인 프랜시스 베이컨은 1626년 닭고기 안에 눈雪을 채워 냉동식품을 개발하다가 감기에 걸려 세상을 떠난 것으로도 유명한 인물입니다. 그는 〈정원에 대하여Of Gardens〉라는 에세이에서 이렇게 말했습니다. "전능한 신께서 가장 먼저 정원을 가꾸었으니 이것이 인간의 가장 순수한 기쁨이다." 베이컨이 살던 시기의 잉글랜드에서는 정원에 대한 집착이 고조되고 있었습니다. 이전에도 일부 상인들이 씨앗을 판매했으나 다른 수많은 물건에 곁들여 파는 정도였습니다. 그러나 1600년대에 이르자 고질적인 씨앗 부족 사태를 해결하기 위해 전문 씨앗 판매자들이 생겨났습니다. 정원 사업을 위한 토지 사용이 급증했고, 집에서 취미로 또는 약용 허브를 기르기 위해 정원 가꾸기를 가르치는 수업들도 앞다투어 생겨났습니다.

이처럼 씨앗 수요가 높았던 탓에 사기꾼 상인들이 왕국 전역을 돌아다니며 순진한 소비자들에게 오래되고 곰팡내 나며 말라 버린 씨앗을 팔거나 품종을 잘못 알려 주는 일도 빈번했습니다. 성직자 리처드 가디너Richard Gardiner는 일찍이 텃밭 가꾸는 법을 알려 주는 책을 썼습니다. 그는 1599년에 '정원 씨앗 판매자를 자처하는 이들'이 많은 사람에게 오래되거나 죽은 씨앗을 판다면서, 이들로 인해 쓸모없는 씨앗을 사느라 돈을 낭비한 것은 물론 경작지를 빌리고 거름을 주었으나 아무것도 자라지 않아 더 많은 돈을 날렸다고 불평했습니다. 그는 "그 애벌레들이 해마다 연방에서 얼마나 많은 돈을 훔쳤을지 생각해 보라."라며 글을 마무리했습니다. 여러분은 어떻게 생각할지 모르겠지만, 개인적으로는 정원사의 적이라고 해서 애벌레라고 부른다는 것이 욕설치고는 너무 귀여운 것 같습니다. 저라면 제가 공들여 키운 정원을 망치고 한밤중이면 부엌까지 쳐들어오는 민달팽이가 더 심한 욕이 될 것 같습니다.

17세기 말에 이르자 잉글랜드의 주요 도시에는 이보다 평판이 더 나은 씨앗 전문 상점들이 생겨났습니다. 런던 스트랜드가에 가게를 연 윌리엄 루카스는 1667년에 가게에서 판매하는 씨앗 목록을 펴냈는데, 여기에는 '뿌리채소 씨앗, 샐러드 씨앗, 잎채소 씨앗, 단맛 나는 허브 씨앗, 실제 씨앗, 꽃씨, 상록수와 꽃나무 씨앗, 다양한 콩류, 지력 회복을 위한 씨앗, 꽃모종, 다양한 묘목과 식물' 등이 있었으며, 이와 함께 원예 도구와 다양한 묘목까지 판매했습니다. 실제로 런던 내 씨앗 상점은 1680년에 불과 3곳에 불과했지만, 1780년에는 35곳까지 증가했으며 해외에서도 점차 다양한 품종의 식물을 수입하기 시작했습니다.

1600년대에는 잉글랜드 대지주 귀족들 사이에서 원예가 큰 인기를 끌었으며, 그중에서도 일기 작가 존 이블린John Evelyn과 군사령관 존 램버트John Lambert가 원예에 정통하기로 유명했습니다. 정원은 쓸모 있는 약용 식물을 기르기 위한 장소였을 뿐 아니라 차분한 명상

경이로운 역사 콘서트

과 자기 수양이 이루어지는 장소이기도 했습니다. 1688년 네덜란드의 신교도 오렌지공 윌리엄이 국왕 윌리엄 3세가 되면서부터 왕족 사이에서도 정원 가꾸기가 유행했습니다. 윌리엄 3세William III와 그의 공동 통치자였던 잉글랜드의 여왕 메리 2세Mary II는 거대한 정형식 정원(원, 타원, 직사각형 등 기하학적 도형을 따라서 나무나 화단이 가지런히 배열되어 있는 인공 정원 - 편집자)을 가꾸는 데 열과 성을 다했고, 외국 출신인 국왕을 뒤따르듯 훨씬 더 다양한 식물들이 수입되면서 원예 대유행을 이끌었습니다.

원예 역사학자 맬컴 틱Malcolm Thick은 헨리 8세 재위 때 일반적으로 재배하는 식물종이 약 200여 종에 불과했을 것으로 추산했습니다. 그러나 대영제국이 아메리카 대륙, 인도, 호주, 중국을 비롯한 세계 각지로 확대되면서 선택할 수 있는 품종도 어마어마하게 다양해졌습니다. 빅토리아 여왕이 18세의 나이로 권좌에 올랐던 1837년 무렵에는 대영제국의 수많은 정원에서 총 1만 8000여 종의 식물을 볼 수 있었습니다. 코린 파울러 교수가 저서 《불편한 초록빛 땅》*에서 지적했듯 오늘날 영국인들이 공휴일이나 주말에 나들이를 가는 멋진 온실이나 정원은 제국주의의 산물이고, 이를 건설하는 데는 온갖 폭력이 뒤따랐습니다.

한편 미국에서는 종자를 생산하는 농부들이 많았으며, 그중 하나였던 조지 워싱턴과 그가 거느린 수백 명의 노예가 기른 작물은 품질이 좋기로 유명했습니다. 그런데 상업적으로 씨를 구매하려는 사람

---

*   Corinne Fowler, 《Green Unpleasant Land》, 국내 미출간

들은 농부들 대신 셰이커 교단이라는 소규모 비주류 종교 집단을 더 많이 찾아갔습니다. 잉글랜드 퀘이커파의 분파인 셰이커 교단은 천년지복설(지상에 그리스도가 재림하여 의인을 부활시키고 그리스도가 지배하는 천 년에 걸친 지복한 왕국이 나타날 거라는 설 - 편집자)을 믿었을 뿐 아니라 완전한 성평등을 주장했고, 지도자 중 하나였던 머더 앤 리Mother Ann Lee가 여성의 몸으로 돌아온 예수 그리스도의 환생이라고 주장했습니다. 메인주의 제임스 홈스와 조시아 홈스라는 셰이커 교도들이 처음으로 씨앗을 종이봉투에 담아 팔기 시작했으며, 이후 셰이커 교단 사이에서 이런 방식이 일반적으로 자리 잡았습니다. 이들은 맛 좋은 과일이나 화려한 꽃보다 아마, 양파, 오이 등을 주로 거래했습니다.

어쩌면 지역 원예시장이나 첼시 꽃 박람회 기념품 상점에서 풍성한 여러해살이 식물의 씨앗을 사고파는 게 현대적인 일이라고 생각할 수도 있습니다. 하지만 사실 1600년대 말 런던 사람들도 이와 똑같이 씨앗을 사고팔았으며, 18세기 말 미국에서도 흔한 풍경이었습니다. 물론 씨앗이 제대로 자라지 않으면 이들은 애벌레 같은 사기꾼 상인을 탓할 수 있었을 겁니다. 하지만 제가 뿌린 씨앗이 제대로 싹을 틔우지 못하면 제 잘못이 거의 확실하므로 저는 아버지의 한숨 소리나 들어야 합니다. 어쨌든 저는 실수로 잔디깎이를 연못에 냅다 빠뜨려 버린 아들이니까요.

26

역사 속에서 중요했던 나무나 웃긴 일화를 남긴 나무가 있나요?

(질문자) 루비

《반지의 제왕》의 작가 J. R. R. 톨킨J. R. R. Tolkien이 말했듯 나무는 오랜 세월 수없이 많은 인간사를 말없이 지켜본 목격자입니다. 나무의 강인함과 규모, 나무가 품은 세월과 아름다움, 풍경 속에서도 돋보이는 존재감 덕분에 사람들은 나무 근처에 모이기를 좋아하죠. 나무는 여러 주요 사건에서 핵심 역할을 맡기도 했고, 이후 상징적인 힘을 가지기도 했습니다. 그렇지만 루비 님은 역사 속에서 중요했던 나무나 웃긴 일화를 남긴 나무를 물었기 때문에, 우선 중요한 의의가 있는 나무를 살펴보고 그다음으로 웃긴 나무 이야기를 들려 드리겠습니다.

당연한 말이지만 우선 아이작 뉴턴 경이 그 아래에서 깨달음을 얻고 중력 이론을 세웠다는 유명한 사과나무부터 시작해야겠습니다. 대중문화에서도 여러 가지로 윤색하는 이 이야기는 사실 믿을 만한 출처에서 나온 말입니다. 뉴턴의 저명한 친구 윌리엄 스터클리가 1752년 펴낸 《아이작 뉴턴 경의 일생 회고록》*에는 다음과 같은 이야기가 나옵니다.

---

* William Stukeley, 《Memoirs of Sir Isaac Newton's Life》, 국내 미출간

저녁을 먹은 뒤 우리는 날씨가 따뜻해 정원에 나가 사과나무 그
늘에서 차를 마셨다. …뉴턴은 이전에 자기가 지금과 똑같은 상
황에 있을 때 중력이라는 개념이 떠올랐다고 말했다. 곰곰이 생
각에 잠겨 있을 때 사과가 떨어졌다는 것이다. 왜 사과는 늘 땅에
수지으로 떨어질까, 그는 자문했다고 했다….

과학 연대기에서 뉴턴의 사과나무는 빼놓을 수 없는 유명한 나무
입니다. 그런데 깨달음과 영감을 준 것으로 유명한 나무는 이뿐이 아
닙니다. 종교적 측면에서 가장 중요한 나무는 아마도 인도 보드가야
에서 자라는 보리수나무일 겁니다. 신성한 무화과라고도 알려진 이
보리수나무 그늘에서는 약 2500년 전 고타마 싯다르타가 영적 깨달
음을 얻고 성불했다고 전해집니다. 이 나무의 가지를 곳곳에 옮겨 심
은 덕에 오늘날에도 보드가야의 사원을 비롯한 다양한 성지에서 이
나무의 후손이 자라고 있습니다.

또 다른 주요 종교 인물을 살펴보자면 이번에는 깨달음의 빛이
아니라 진짜 빛을 밝혔던 인물을 논할 수 있겠습니다. 전설에 따르면
독일의 신교도 개혁가 마르틴 루터는 1500년대 당시 처음으로 크리
스마스트리에 촛불을 밝혔다고 전해집니다. 이런 독일식 관습은 조
지 3세의 부인인 샤를로테 왕비가 1800년 윈저궁의 크리스마스 주목
朱木에 촛불을 밝히면서 영국에 전파됐습니다. 다만 실내에 전나무로
만든 크리스마스트리를 세워두는 관습은 1848년 빅토리아 여왕과
그의 독일인 부군 앨버트 공이 크리스마스트리 곁에 선 유명한 그림
이 공개된 이후에야 영국에서 대중적으로 자리를 잡았습니다.

물론 야외에 세워두는 크리스마스트리도 있습니다. 런던 트라팔가르 광장에는 1947년 이후로 매해 겨울마다 아름다운 크리스마스트리가 설치됩니다. 이 관습은 제2차 세계대전 당시 나치에게 점령당한 노르웨이의 정부 수반이자 국왕이었던 호쿤 7세Haakon VII의 망명을 허가해 준 데 대한 감사 인사로 매해 노르웨이에서 보내는 선물입니다. 그런데 노르웨이인들에게 더 큰 감동을 주는 나무가 있다면 그건 바로 몰데에 자리한 왕의 자작나무Royal Birch로, 1940년 4월에 호쿤 7세와 그의 아들이 이 자작나무 아래에서 독일 공군의 폭격을 피했다고 합니다. 군복을 입은 두 사람이 위풍당당한 나무 아래에 서 있는 사진은 강력한 저항의 상징이 됐습니다. 당시의 나무는 누군가가 망가뜨렸지만, 이를 대신해 새로 심은 나무가 지금도 그 자리를 지키고 있습니다.

나무는 공동체가 저항이나 연대를 위해 단결하는 자리가 되기도 했습니다. 미국 매사추세츠주 보스턴에 자리한 자유의 나무 아래에서는 '자유의 아들들Sons of Liberty'이 1765년에 영국의 인지조례에 반발해 집회를 벌였고, 이것이 도화선이 되어 훗날 미국 독립 전쟁이 일어났습니다. 실제로 영국군은 1775년에 전쟁이 발발한 지 불과 몇 달 만에 이 나무를 베어 말 그대로 불을 지피는 데 써 버렸습니다.

이로부터 두 세기 전인 1549년에는 잉글랜드 동부의 노픽에서 로버트 케트Robert Kett가 정부 정책 29개에 반발하여 반란을 일으켰습니다. 전하는 이야기에서 케트는 개혁의 나무라는 이름으로 알려진 참나무 아래에서 의회를 열었으며, 와이몬덤 부근의 또 다른 참나무 옆에서 군대를 집결시켰다고 합니다. 첫 번째 나무는 사라진 지 오래지만, 두 번째 나무는 오늘날에도 남아 케트의 참나무Kett's Oak라고 불리고 있습니다. 반란은 실패로 끝났고, 케트는 노리치 성에서 처형당했습니다. 전설에 따르면 다른 주모자들 몇몇은 국왕 에드워드 6세에 반하여 음모를 꾸민 죄로 케트의 참나무에 매달려 교수형을 당했다고 합니다.

정치사에서 중요한 역할을 맡았던 나무는 이뿐이 아닙니다. 오스트레일리아 노동당은 1892년에 지식의 나무Tree of Knowledge 아래에서 결성됐습니다. 또 기이한 이야기의 주인공이 된 파키스탄의 벵골보리수도 있습니다. 벵골보리수는 오래전부터 남아시아에서 신성한 나무로 여겨졌는데, 힌두교에서 벵골보리수에 죽은 자의 영혼과 신성이 깃든다고 믿기 때문입니다. 그런데 1898년에는 어느 술 취한 영국인 경관이 벵골보리수 한 그루를 체포하고 쇠사슬로 결박했다는 설이 있습니다. 아마 지역 주민에게 대영제국의 규칙을 거스르면 어떻게 되는지 보여 주겠다는 의도였겠죠. 그러나 완전히 고주망태가 된 경관이 소동을 부리는 인간과 멀쩡히 서 있는 나무를 정말로 헷갈리는 바람에 체포했다고 생각하는 편이 훨씬 웃긴 듯합니다. 또 다른 술 취한 사람과 나무 이야기로는 1973년까지 사하라사막 한가운데에 홀로 살아남았던 것으로 유명한 아카시아 테네레Ténéré 나무가 있습니다. 아프리카 니제르에서 발견된 이 나무는 지구상에서 가장 고립된 곳에서 자라는 나무로 널리 알려졌습니다. 사방 400km 내에는 다른 나무를 단 한 그루도 찾아볼 수 없을 정도로 척박한 환경이었죠. 테네레 나무를 실제로 본 이들은 그 강인한 생명력에 경탄을 금치 못했습니다. 수십 년 동안 사막을 지켜보며 살아남았던 이 나무는

경이로운 역사 콘서트

불행하게도 음주 운전자에게 속수무책으로 당했습니다. 어느 술 취한 운전자가 이 나무 말고는 문자 그대로 아무것도 없는 광활하고 메마른 사막 한가운데에서 트럭으로 나무를 들이받았던 겁니다. 부서진 나무의 잔해는 국립박물관으로 옮겨졌고, 오늘날 그 자리에는 테네레 나무를 기리는 철제 조형물이 서 있습니다. 이 조형물이 트럭에 부딪혀도 견딜 수 있는지 시험하는 사람은 없었으면 좋겠네요.

뉴턴이 중력을 깨달았던 사과나무 이외에도, 루비 님의 질문을 듣고 제 머릿속에 곧바로 떠오른 또 다른 이야기가 있습니다. 찰스 2세가 젊은 시절 잉글랜드 슈롭셔 보스코벨 하우스에 자리한 '왕의 참나무Royal Oak' 아래에 몸을 숨겼던 일화입니다. 이 이야기는 루비 님이 말씀하신 대로 인상 깊으면서도 재미있는 일화입니다. 찰스 2세가 몸을 숨길 수 있도록 꾸민 계획이 다소 모험적이었다고밖에 할 수 없기 때문입니다. 위험천만한 이 숨바꼭질은 1651년 격동의 영국 내전에 뒤따라 일어난 일로, 당시 찰스 2세는 우스터 전투에서 의회파에게 장렬하게 패배한 직후였습니다. 그의 아버지 찰스 1세가 이미 공개적으로 처형을 당한 이후였으므로 찰스 2세의 목숨도 벼랑 끝에 내몰린 상태였습니다. 도망치지 못하면 처참한 운명을 맞이할 것이 불을 보듯 뻔했습니다. 그러나 문제가 하나 있었다면 찰스 2세의 외모가 탈출에 전혀 도움이 되지 않을 만큼 눈에 띄었다는 점입니다.

먼 옛날인 1650년대이니만큼 국왕의 얼굴을 아는 사람이 별로 없었다거나 변장하기가 쉬웠으리라고 생각하는 분들도 많을 겁니다. 그러나 찰스 2세는 놀라우리만치 짙고 긴 곱슬머리와 깊은 갈색 눈동자, 도톰한 입술이 돋보였으며 이탈리아계 외할머니 마리 드 메디

시스Marie de Médicis를 닮아 피부색이 어두웠습니다. 게다가 친할머니인 덴마크의 앤Anne of Demark에게서 거대하기로 유명한 바이킹족의 피를 물려받았기 때문에 다른 사람들보다 키가 훨씬 컸습니다. 그를 잡기 위해 카운티 전역에 붙었던 벽보에는 그의 머리칼과 얼굴을 가리켜 '검고 키 큰 사내'라고 묘사했는데, 이런 사람이 그 말고는 거의 없었 습니다. 여기에다 전혀 슈롭셔 사람이라고는 할 수 없는 억양까지 문 제가 됐죠.

찰스 2세의 지지자들은 그를 숨기기 위해 최선을 다했습니다. 머 리칼을 잘라 내고 얼굴에는 식물성 염색약을 발랐으며 지역 사람처 럼 말하는 법을 속성으로 가르쳤는데, 아마 조금만 연습해도 깨우칠 수 있었을 겁니다. 게다가 우스터 사람 특유의 걸음걸이도 배웠다고 하는데, 지역마다 걸음걸이가 달랐다니 황당하지 않나요? 어쨌든 찰 스는 우스터식 걸음걸이를 배웠지만, 잘하지는 못했다고 합니다. 제 가 너무 서둘러 이야기를 했는데, 사실 이처럼 찰스 2세를 숨기려는 모든 노력은 그가 첫날밤의 추격전에서 살아남은 이후에나 시작됐 습니다. 그리고 바로 그 첫날 그는 왕의 참나무에서 운명적인 경험을 하게 됩니다.

전투에서 전력을 다한 찰스 2세는 몸을 숨기려 했으나 이미 퇴로 가 막힌 뒤였습니다. 거대한 오소리처럼 풀숲에 간신히 몸을 숨긴 그 는 결국 칠흑 같은 밤을 틈타 영국의 시인 윌리엄 기퍼드가 소유한 보스코벨 하우스로 서둘러 들어갔습니다. 그곳에서 찰스 2세는 이미 숨어 있던 왕당파 병사 윌리엄 케어리스William Careless를 만났습니다. 크롬웰의 부하들이 사방을 샅샅이 뒤지고 있었으며 집 안에는 숨을 곳이 없었습니다. 두 남자는 기퍼드의 하인이었던 펜더렐 형제의 도움을 받아 야외로 나간 뒤 거대한 참나무에 기어올랐습니다. 이곳에서 두 사람은 케어리스가 주머니에 챙겨 온 얼마 안 되는 빵 쪼가리와 맥주, 치즈 따위를 나누어 먹으며 몇 시간을 숨어 있었습니다.

어느 순간에는 찰스 2세가 케어리스의 무릎을 베고 잠이 들기도 했는데, 귀여운 풍경처럼 보이지만 사실은 케어리스의 다리가 저려와 위험한 상황이었습니다. 크롬웰의 부하들이 언제라도 그들에게 들이닥칠 수 있는데 다리에 쥐라도 났다가는 정말 큰일이 날 수도 있었습니다. 다행히도 케어리스는 나무에서 굴러떨어져 목이 부러지거나 체포되어 목이 잘리기 전에 군주를 잠에서 깨울 수 있었습니다.

안전을 되찾은 찰스 2세는 영화 〈미션 임파서블〉에 버금가는 탈출 훈련에 돌입했고, 정체 모를 우스터식 걸음걸이를 익힌 뒤, 결국 6주 만에 해외로 망명하는 데 성공했습니다. 이후 윌리엄 카를로스William Carlos로 개명한 윌리엄 케어리스를 비롯하여 그를 보필했던 이들은 나중에 보상을 받았습니다. 한편 1660년에 국왕으로 복위된 찰스 2세는 자신이 거대한 다람쥐처럼 나무 위에 숨었던 때를 기념해 5월 29일을 '참나무 사과의 날Oak Apple Day'로 선포했습니다. 사실 그가 참나무에 숨었던 날은 9월이었지만, 5월 29일은 그의 생일이자 왕위가 복원된 날이었으므로 더 좋은 선택지였습니다.

이것이 바로 제가 떠올릴 수 있는 가장 유명하고 은은하게 웃긴 나무 이야기였습니다. 그렇지만 가장 우스꽝스러운 나무 이야기를 들려 드리기 전에 살펴볼 이야기들이 있습니다. 저는 트위터에 역사 속 멋진 나무 이야기를 알고 있는 분이 있다면 말해 달라며 루비 님의 질문을 올렸고 많은 답변을 받았습니다. 여기서 그중 몇 가지를 엄선해 소개합니다.

- 네이선 호그 님은 프랑스 알루빌 벨포스에 자리한, 적어도 800살은 된 매력적인 참나무 예배당 이야기를 해 주셨습니다. 1600년대 말 참나무가 벼락을 맞아 둥치에 구멍이 뚫리자 지역 수도원장은 텅 빈 나무 속에 두 개의 예배당과 계단참을 만들기로 했습니다. 급진주의자들이 교회를 공격하던 프랑스 대혁명 당시 이 나무도 거의 불에 탈 뻔했으나 기지를 발휘한 지역 주민이 이곳의 이름을 '사유의 사원'이라고 밝혀 시위대를 진정시킬 수 있었습니다. 이 참나무 예배당은 지금도 방문할 수 있습니다.

- 레이철 리틀우드 님은 나치가 독일 플라텐부르크의 상록수림에 100그루의 노란빛 낙엽송을 만卍자 무늬로 심어 공중에서 볼 수 있도록 했다는 점을 지적해 주셨습니다. 지금은 이 나무들을 베어 내긴 했으나 불행히도 만자 무늬가 계속해서 다시 자라난다고 합니다.

- 에드 카터 님은 대문호 셰익스피어가 잉글랜드 스트랫퍼드어폰에이번의 뉴플레이스 저택에 심은 뽕나무 이야기를 해 주셨습니다. 그가 나무를 심을 당시에는 영국 내 비단 사업을 키우려 했던 국왕 제임스 1세 덕분에 뽕나무가 유행하고 있었습니

다. 이후 셰익스피어가 세상을 떠난 지 한참 후인 1700년대 중반, 그가 국가를 대표하는 인물이자 세상을 떠난 유명 인사로 거듭나면서 관광객들이 셰익스피어의 정원을 보기 위해 몰려들었습니다. 그러자 당시 이곳의 소유주였던 목사 프랜시스 개스트렐Francis Gastrell은 짜증이 난 나머지 뽕나무를 베어 버렸습니다. 지역 수공업자들은 이 나무를 이용해 셰익스피어 기념품을 만들었는데, 대부분은 사기꾼 판매상들이 만든 가짜였습니다. 이들은 나무 한 그루로 어느 정도의 물건을 만들 수 있는지 전혀 모르는 순진한 관광객들에게 가짜 기념품을 팔아먹었습니다.

• 많은 분께서 로빈 후드와 의적단이 살았다는 노팅엄셔 셔우드 숲의 1000년 된 메이저 참나무Major Oak 이야기를 해주셨습니다. 또한 역사학자 한나 니콜슨Hannah Nicholson 님은 셔우드 숲에 있었던 그린데일 참나무라는 또 다른 거대한 참나무 이야기를 들려주었습니다. 1734년 헨리 벤팅크라는 사람은 사륜마차 한 대와 말 세 필을 나란히 끌고 이 거대한 나무 밑동을 지나갈 수 있다고 내기했고, 이를 성공시키기 위해 나무에 거대한 구멍을 뚫었습니다. 훗날 기록된 바에 의하면 아치 윗부분의 나무 지름이 약 11m, 아치 높이가 약 3m, 중간 부분의 폭이 2m, 가장 높은 가지까지의 높이가 약 16.5m였다고 합니다. 어마어마하게 큰 나무죠?

지금까지 여러 흥미로운 나무 이야기들을 살펴보았지만 아직 제가 가장 좋아하는 이야기 하나가 남아 있습니다. 재미있는 부분에 방점을 둔 이 이야기는 고대 로마 시대의 유명 정치인이었던 가이우스 살루스티우스 파시에누스 크리스푸스Gaius Sallustius Passienus Crispus가 나무 한 그루와 성적인 희롱을 즐겼다는 설입니다. 파시에누스는 매력이 넘치는 인물이었습니다. 매우 부유하고 똑똑했으며 널리 존경받는 인물이었고, 소 아그리피나의 두 번째 남편이자 십대 시절 네로 황제의 양아버지였습니다. 그런데도 대 플리니우스는 파시에누스가 여신 디아나에게 바치는 숲속의 신성한 나무 한 그루와 사랑을 나누느라 정신이 없다고 전했습니다. 때때로 그는 등을 대고 누운 채 나무뿌리에 포도주를 부어 바쳤고, 나무를 어루만지고 껴안고 입을 맞추기도 했다고 합니다. 말도 안 되는 풍문이었을 수도 있지만 어쨌든 이 나무와 파시에누스는 이 소문으로 인해 로마 전역에서 이름을 날리게 됐습니다.

루비 님, 질문에 대한 답이 되셨나요? 역사 속 나무 이야기를 모으면 그야말로 숲이 되는군요. 트위터에 사람들이 달아 준 답변을 보아하니 알고자 한다면 이보다 훨씬 더 많은 이야기가 남아 있을 듯합니다.

7장

패션과 미용

FASHION & BEAUTY

FASHION & BEAUTY

27

아름다움의 기준 중
가장 이상했던 기준은 무엇이고,
그런 기준이 생긴 이유는 무엇인가요?

(질문자) 루비

미카 님, 어려운 질문이네요. 죄송하지만 이 질문을 듣는 순간 저는 고지식한 생각들이 먼저 떠올랐습니다. 아시다시피 아름다움이라는 말은 자주 쓰이지만 늘 철학적인 의구심이 따라다니는 말입니다. 아름다움을 정의할 수 있나요? 아름다움은 눈으로 보고 알 수 있는 개념인가요? 아름다움은 마치 삼각형처럼 보편적이고 객관적인 진실인가요? 아니면 셰익스피어가 말했듯 '보는 이의 눈에 따라 결정되는' 주관적인 경험인가요? 여러분의 답을 들려주세요!

이런 논의는 철학계에서 가장 오래도록 이어진 논쟁 중 하나입니다. 계몽주의 사상가 데이비드 흄과 이마누엘 칸트는 대체로 아름다움의 주관성을 주장했으나 종종 궁지에 몰리기도 했습니다. 아리스토텔레스는 객관성을 주장했고, 영국의 걸출한 철학자 앤서니 애슐리 쿠퍼Anthony Ashley Cooper도 마찬가지였습니다. 샤프츠베리 3대 백작으로 1713년에 세상을 떠난 쿠퍼는 아름다움이 우주적인 상수이며, 인류는 조화와 질서를 이해하고 음미하도록 설계돼 있어 음악과 건축을 좋아하는 것이라 믿었습니다. 또한 아름다움을 감상하는 일은 누군가에게 성적으로 이끌리는 것과 다르다고 논했습니다. 둘을 동일시한다면 미학적 형태에 대한 냉철하고 이성적인 감상이 아니라 뜨겁고 땀 냄새 나는 오락 속에서 개인적으로 이득을 취하는 방법에 관한 문제가 되기 때문이었습니다. 물론 그가 '뜨겁고 땀 냄새 나는 오락'이라는 말을 직접 사용하지는 않았지만 아마 들었다면 마음에 들어 했으리라고 생각합니다.

답변이 이상한 지점에서 시작한 듯하지만, 미카 님의 완벽하게 합리적인 이 질문은 개념 면에서 우리가 반드시 피해야 하는 몇몇 함정으로 이어질 수 있습니다. 역사상 가장 영향력 있었던 서구의 일부 사상가들은 아름다움이란 보편적인 개념이며 이질적인 기준이 존재할 수 없으므로 가장 이상한 기준 따위도 없다고 보았습니다. 논쟁을 끌고 다니는 아서 마윅Arthur Marwick 같은 현대의 일부 역사가들도 이런 논의를 이어받았습니다. 그는 아름다움이 기본적으로 수학 공식과 같으며, 유행은 변할지 몰라도, 미학의 원칙은 변하지 않는다고 했습니다.

한편에서는 오래전부터 아름다움이 문화에 따라 크게 달라진다고 주장해 온 이들이 있습니다. 프랑스의 철학자 볼테르Voltaire는 두꺼비가 인간에게 못생겨 보일지 몰라도, 두꺼비에게 아름다움이란 "동그란 두 눈이 불거진 작은 머리통, 거대하고 납작한 입, 누런 배와 갈색 등을 가진 두꺼비 아내"라고 설명했습니다. 그러고는 갑자기 기니 사람들을 향해 끔찍한 인종차별주의적 발언을 쏟아붓더니, 그다음에는 악마가 오직 뿔과 발톱을 가진 다른 악마만 좋아한다는 기이한 말을 덧붙였습니다. 슬프지만 계몽주의 철학자들은 실망스러울 만큼 계몽되지 않았던 경우가 허다합니다.

인종차별주의적 언사를 제외한다면 볼테르의 요점은 대체로 옳습니다. 여러분이 아름답다고 생각하는 것이 다른 누군가에게는 아름답지 않을 수 있고, 그 반대의 경우도 마찬가지입니다. 그러므로 이번 편에서는 놀랍게 느껴질 수도 있는 역사 속 아름다움의 기준을 몇 가지 예시를 통해 살펴보겠지만, 이 또한 이상하다기보다는 단순히 오늘날의 기준과 다를 뿐입니다. 또 한 가지 미리 말씀드리자면 아름다움은 물리적인 형태에 관한 것만이 아닙니다. 역사학자 한나 그레이그Hannah Greig 박사는 18세기 영국 사교계 귀족 여성의 외모가 그들의 품행, 의복, 재치, 태도, 취향, 계급 때문에 아름답게 여겨졌다고 썼습니다. 실제 얼굴 생김새와 관계없이, 이들이 누리는 특권이 이들에게 아름다움을 선사한 겁니다. 그러나 물론 정말로 예쁜 사람에게 더 많은 감탄이 따르기는 했습니다.

유명 인사의 역사를 연구해 온 역사가로서 저는 아름다움의 기준이 변화한다는 증거를 수도 없이 목격해 왔으며, 이는 제가 살아 있는 동안만 해도 마찬가지였습니다. 제가 십대 청소년이던 시절의 BBC 코미디 프로그램 〈더 패스트 쇼〉에서 배우 애러벨라 위어가 맡은 인물은 늘 다른 인물들에게 이 옷을 입으면 혹시 자기 엉덩이가 커 보이냐고 물어보고 다녔습니다. 당시의 애러벨라는 크지 않다는 대답을 듣고 싶어 했지만, 만약 오늘날 이 프로그램을 다시 만든다면 충분히 크다는 말을 듣고 싶어 할 겁니다. 카다시안가와 제너가가 이런 변화의 주축이었고, 성형외과 의사들은 엉덩이 리프팅을 원하는 젊은 여성이 급격하게 늘어났다고 말하고 있습니다.

이처럼 급격한 변화는 새로운 현상이 아닙니다. 1890년대 서구 여성의 이상적인 신체 형태는 넓은 골반과 풍만한 가슴, 코르셋으로 조인 얇은 허리였습니다. 그러나 에벌린 네스빗Evelyn Nesbit 같은 유명 인사들이 인기를 끌면서 깡마르고 여성스러운 이미지가 곧 아름다움으로 인식되기 시작했습니다. 물론 1950년대 들어 마릴린 먼로가 등장하면서 다시 한 번 풍만함이 세간의 각광을 받았고, 1990년대에는 케이트 모스의 헤로인 시크 스타일이 시대를 풍미했습니다. 이제 다시 카다시안의 곡선미에 열광하는 걸 보니 역시 유행은 돌고 도는 듯합니다.

이쯤 해두고 이제 우리에게 이상하다고 느껴질 수도 있는 역사 속 아름다움의 기준을 몇 가지 사례를 통해 살펴보겠습니다. 가장 먼저 고대 지중해 세계에서 두껍게 하나로 이어지는 눈썹이 유행했다는 사실부터 시작하겠습니다. 고대 그리스 여성은 눈썹을 하나로 이으려고 노력했는데, 염료를 쓰거나 성장 호르몬을 촉진하기 위해 당나귀 소변을 바르기도 했습니다. 아마 멕시코의 화가 프리다 칼로 Frida Kahlo는 고대 아테네에서 훨씬 더 많은 사랑을 받았을 겁니다. 얼굴에서 눈썹보다 조금 더 아래를 살펴보자면, 저명한 학자 아프사네 나즈마바디Afsāneh Najmābādi 교수는 19세기 페르시아에서 샤(왕 또는 지배자를 의미하는 페르시아어 - 편집자)의 딸 에스마 알 돌레Esmat al-Dowleh를 비롯한 여성들에게 솜털 같은 가느다란 콧수염이 아름답게 여겨졌다고 했습니다.

반면 르네상스 시대의 이탈리아로 시간 여행을 떠나 본다면 유행을 선도하는 여성들이 매우 넓은 이마를 원했기 때문에 모발 제거가 유행했다는 점이 가장 놀랍게 느껴질 것입니다. 이마 헤어라인을 면도하는 사람들도 있었지만, 다양한 미용 도구로 미루어 보자면 모발

을 녹이는 알칼리성 반죽을 바르는 기술이 훨씬 더 널리 사용됐음을
알 수 있습니다. 이런 습포에는 돼지 지방, 노간주나무 열매, 겨자,
삶은 제비 등이 들어갔으며, 1532년 제조법에 드러난 가장 놀라운 재
료는 고양이의 대변과 식초를 섞은 용액이었습니다. 사실 현대의 미
용 제품에도 달팽이 점액질 같은 이상한 물질을 넣기는 합니다. 하지
만 로레알이 연예인에게 고양이 똥을 협찬하고 일반 대중에게도 '당
신은 소중하니까' 고양이 똥을 바르라고 말하지는 못할 것 같습니다.
1600년대 새뮤얼 피프스의 부인은 강아지 소변이 함유된 로션을 사
용했는데, 이 제품을 마케팅하기도 쉽지 않았을 겁니다. 뺨에 강아지
소변을 바르는 편이 미간에 당나귀 소변을 바르는 편보다 냄새가 덜
했을까요? 그다지 알고 싶지는 않네요.

　제모 크림은 몸에도 사용했습니다. 르네상스 이탈리아의 여성들
은 검은 체모가 있으면 건강이 나쁘다거나 너무 남성적이라고 여겼
고, 이를 제거해야 한다는 압박감을 느꼈습니다. 1528년에 출간된 통
속소설 《로자나의 초상: 안달루시아의 강인한 여자》*에는 매춘부로
일하게 되는 인물이 등장합니다. 위생을 위한 선택이었는지 남성 고
객들이 좋아해서였는지는 몰라도 이 인물이 음부의 체모를 제거해
야 했다는 이야기가 나옵니다. 반면 17세기와 18세기 영국의 성 노동
자들은 음모 가발을 착용했는데, 이는 나체로 있을 때도 자연스러워
보이는 한편 섹스가 끝난 후 재빠르게 사면발니를 제거하는 데 도움
이 됐습니다.

---

* 　《Portrait of Lozana: The Lusty Andalusian Woman》, 국내 미출간

사실 체모 제거는 청동기 시대까지 거슬러 올라가며 여성만의 일도 아니었습니다. 또다시 등장한 고대 그리스의 역사학자 헤로도토스에 따르면 고대 이집트 사제들은 눈썹을 포함한 신체의 모든 털을 뽑았습니다. 한편 부유한 이집트인은 머리카락을 밀고 잘 만든 가발을 착용했으며, 연회처럼 격식을 차려야 하는 사교 현장에서는 종종 가발에 원뿔 모양의 밀랍 향수를 얹었습니다. 이들은 신에게 달콤한 향기가 난다고 생각했으므로, 아마 이 향수는 신성한 지위를 열망하는 하나의 방식이었던 듯합니다.

신체에 돌이킬 수 없는 변화를 준 이들 중에는 메소아메리카(멕시코 중남부와 중앙아메리카 북서부 지역의 문명권을 통틀어 일컫는 말 - 편집자)의 마야인들이 있습니다. 이들은 문신을 즐겼는데, 스페인 정복자들은 이를 매우 놀라워했으나, 여러분들에게는 대수롭지 않은 일일 겁니다. 그뿐 아니라 치아에 홈을 파고 색색의 보석으로 장식해 웃을 때 보이게 하기도 했습니다. 게다가 확실하지는 않지만 몇몇 단서에 따르면, 일부 마야인들은 아이를 사시로 키우기 위해 갓난아기의 이마에 달랑거리는 조각을 붙여 시선이 미간으로 모이게 만들었다고 합니다. 아마도 사시로 묘사되는 태양신을 기리는 행동이었을 겁니다. 이것이 사실이라면 이들은 사시를 아름다움의 기준으로 삼았을지 모릅니다. 애석하게도 정확한 사실을 지금으로서는 알 수 없지만요.

바이킹 전사들도 날카로운 동물 엄니를 치아에 끼워 치장했으나, 첫 데이트에서 귀여워 보이게 하는 장식이라기보다는 적을 겁주기 위한 과시용일 가능성이 큽니다. 일본에서도 서양 문물에 친숙해지기 이전인 100여 년 전까지만 하더라도 고위층 여성이 치아를 새까

맑게 칠하는 모습을 흔하게 볼 수 있었습니다. 오하구로(치흑)라는 이 풍습에서는 청주와 물, 식초, 향신료에 철을 섞어 만든 용액을 마셔 치아를 영구적으로 검게 물들였습니다.

이런 풍습은 추정컨대 중세 일본에서 시작됐으며, 게이샤를 비롯한 특권층 여성이 하얗게 칠한 얼굴과 검게 물들인 눈썹, 붉게 칠한 뺨을 더 돋보이게 하기 위해서였을 겁니다. 서양인들은 이 풍습에 큰 충격을 받았고, 그 인기도 점차 식어 갔습니다. 하지만 부자연스러울 만큼 치아를 검게 물들이는 풍습이 과연 오늘날 새하얀 치아 미백 열풍보다 더 이상하다고 할 수 있을까요? 우리는 검은 치아가 더 이상하다고 생각하지만, 아마 당대의 일본인들은 우리가 더 이상하다고 생각했을 겁니다.

어쨌든 저는 볼테르가 옳았다고 생각합니다. 물론 인종차별주의적 발언은 빼고요.

28

고대 그리스 조각상들은
왜 성기가 작은가요?

질문자 익명

저는 트위터 중독자로서 하루에 몇 시간씩 트위터를 하는데, 변명하자면 트위터는 멋진 역사가들이 모이는 중심지이기 때문입니다. 수천 명의 박식한 전문가들이 트위터Twitter와 역사가Historian를 합친 해시태그 #Twitterstorians를 중심으로 모여 매일 그 어디에서도 볼 수 없을 만큼 재미있고 자극적인 이야기를 나눕니다. 여기서 나누었던 가장 재미있는 대화 중 하나는 2013년에 이어진 이야기들로 고대 로마인들의 성기에 관한 것이었습니다. 이 대화가 어떻게 시작됐는지 정확히 기억나지는 않지만 아마 제가 불을 지폈을 겁니다. 그런데 뻔뻔한 농담처럼 시작한 이 대화에 네 명의 저명한 고전학자가 합세해 각자 아는 바를 이야기해 준 덕분에 생각보다 훨씬 멋진 대화가 이어질 수 있었죠.

이날 제가 새로 알게 된 재미있는 사실 중에서도 최고는 고대 시문학 전문가 르웰린 모건Llewelyn Morgan 교수가 가볍게 꺼낸 운율 또는 음보 이야기였습니다. 고대 운문에서는 여러 종류의 운율을 사용했는데, 예컨대 프리아피언priapean 운율은 발기한 남근이 너무나 거대해 세 번째 다리나 다름없었다는 로마 다산의 신 프리아포스Priapus를 찬미하는 외설적인 노래의 운율을 가리키는 말이었다고 합니다. 또 이티팰릭ithyphallic 운율을 그리스어 문자 그대로 해석하면 '곧추선 남근'

이라는 뜻이었다니 어떤 찬가의 운율이었을지 안 봐도 알 것 같습니다. 1700년대에 이르면 영어로 'ithyphallic'이라는 말은 부모님에게 들키고 싶지 않은 야한 시를 아우르는 말이 됐고, 오늘날에는 의사들 사이에서 비아그라를 과다 복용한 탓에 발기가 가라앉지 않는 환자를 가리켜 'ithyphallic patient'라고 합니다.

이처럼 교양 있는 대화를 이어 나가면서도 운율의 '길이'를 소재로 말장난을 하고 싶었던 사람은 놀랍게도 저뿐만이 아니었나 봅니다. 고고학자 소피 헤이Sophie Hay 박사는 '자기 성기를 음보로 볼 만큼 용감한 사람은 역시 남자들뿐'이라는 트윗을 보내 주셨습니다. 학자들도 가끔은 유치하게 노는 법이죠. 그런데 사실은 바로 이것이 제 말의 요점입니다. 전문적인 역사가들이라고 해서 점잔 빼는 사람들만 있지는 않듯 고대의 로마인들도 구태여 점잔을 부리지 않았습니다. 로마인들도 야한 농담을 좋아했고, TV를 볼 수 있었다면 아마 섹스에 목을 맨 주인공들이 나오는 영국 코미디 시트콤 〈플렙즈plebs〉를 재미있게 봤을 겁니다.

프리아포스는 사랑의 여신 비너스 또는 아프로디테의 아들이기 때문에 연애에 능수능란한 인물로 생각할 수도 있습니다. 하지만 사실 고전 신화 속 프리아포스는 저주를 받아 못생겨진 호색한에다 만화에나 나올 법한 거대한 남근을 가지고 있었습니다. 심지어 로마 시대의 일부 미술 작품에서는 자기 남근이 바닥에 끌리지 않도록 손으로 들고 다니는 모습으로 그려졌습니다. 다산과 풍요를 상징했던 프리아포스는 이외에도 정원을 지키는 수호신이었으며, 뒷문으로 집 안에 몰래 들어가려는 침입자나 도둑을 붙잡아 자기 것으로 꿰뚫어

버리는 존재였습니다. 로마인들이 집을 지키는 개이자 강간범이었던 신을 섬겼다니 꽤 이상한 일이죠. 게다가 많은 문학과 미술 작품에서 그를 우스꽝스러운 인물로 다루니 더욱 당황스럽습니다.

폼페이에는 프리아포스를 그린 유명한 프레스코화가 있는데, 그림 속 그는 몸에 맞지 않는 튜닉을 입은 탓에 남서쪽을 향해 굽은 거대한 음경이 전혀 가려지지 않은 모습으로 등장합니다. 참으로 눈을 떼기 어려운 광경입니다. 사실 프리아포스의 음경을 그릴 때 더 눈에 띄도록 빨갛게 칠하는 경우도 종종 있었습니다. 그야말로 루돌프 사슴코의 남근 버전이었죠. 로마 세계에서는 프리아포스의 조각상과 그림을 흔하게 볼 수 있었습니다. 그러나 오늘날 어린 학생들이 삼삼오오 짝을 지어 현장학습을 다니는 지역 미술관에서 이런 조각상을 일반적으로 볼 수 없는 이유는 말하지 않아도 아실 겁니다.

대신 미술관을 방문하거나 운 좋게도 지중해에서 휴가를 보내게 된다면 아마 여러분은 프리아포스와 사뭇 다른 고대 예술품을 훨씬 더 많이 만나 볼 수 있을 겁니다. 남성 영웅들을 묘사한 그 아름다운 대리석 조각상들은 대개 울퉁불퉁한 복근과 터질 듯한 허벅지, 우람한 팔뚝, 남자다운 엉덩이, 넓은 가슴과 단단한 어깨 그리고 우리의 질문자님께서 말씀해 주셨듯 놀라울 만큼 수수한 그곳을 자랑합니다.

고대 미학에서 작은 음경을 아름답게 여겼다는 것이 아마도 가장 간단한 설명일 겁니다. 프리아포스만큼 거대한 남근은 조각상의 우아한 균형미를 무너뜨리기 때문입니다. 그런데 사실 작은 음경은 탁월한 지성의 표식이기도 했습니다. 동물과 야만인, 바보 천치들은 거대한 음경을 가지고 있어서 어리석은 감정이나 본능을 따르는 반면, 문명화된 그리스인과 로마인들은 합리적이고 세련됐으며 교양을 갖추었다는 겁니다. 이들의 위대함은 바지 안이 아니라 머릿속에 있다는 말이었습니다.

실제로 그리스인들은 육체미를 신이 주신 선물로 여겼으며, 이런 아름다움이 영혼에도 반영된다고 믿었습니다. 잘생긴 사람은 마음씨도 곱다고 생각했던 것이죠. 이 개념은 아름다움과 도덕적 선함이 조화를 이룬다는 칼로스카가토스kaloskagathos라는 단어에 함축돼 있습니다. 오늘날 이런 생각이 늘 통하는 것은 아닙니다. 특히 리얼리티 프로그램 등에서 잘생기고 예쁜 사람들이 끔찍한 짓을 하거나 어리석은 모습을 보이는 것만 봐도 알 수 있습니다. 그러나 셰익스피어 희극부터 현대의 영화까지 많은 곳에서 여전히 이런 장치가 사용되고 있으며, 슈퍼 히어로 영화의 악당들도 마치 내면의 악이 얼굴을 점령해 버린 듯 못생기거나 얼굴에 흉터가 진 경우가 많습니다.

고대 예술에서 작은 성기를 가진 남성 영웅은 문화 우월 의식이 낳은 산물이었습니다. 그리스인들은 섹스가 출산을 위한 행위라고 생각했으며, 성기의 크기는 우리의 예상과 반대로 작용했습니다. 아리스토텔레스는 성기가 작으면 정자가 난자까지 가다가 식어 버릴 염려가 적으므로 임신에 도움이 된다고 했습니다. 실제로 저명한 고전학자 케니스 도버Kenneth Dover 경은 1978년 저서에서 그리스인들이 임신을 인구수를 유지하는 데 중요한 일로 여기긴 했으나, 가장 이상적인 육체관계를 꼽자면 남편과 부인 사이의 사랑이 아니라 힘 있는 성인 남자와 수동적인 미성년 소년의 관계를 꼽았다는 점을 힘주어 강조했습니다. 충격적인 말이지만 나이 많고 힘 있는 남성 후원자들의 이런 취향이 그리스 시대의 공공예술에 반영됐다는 뜻이었습니다. 이들은 프리아포스처럼 바지 속에 거대한 뱀을 감춘 사나이가 아니라 날씬하고 나긋나긋하며 체모가 없고 음경이 작은 소년을 원했습니다.

그렇다면 이제 고대 로마를 살펴봅시다. 로마에서는 마치 고대 소년이 화장실 벽에 낙서라도 한 듯 벽에 새겨 넣은 음경 그림이 다수 발견됐습니다. 게다가 폼페이에서는 자랑스러운 어투의 낙서도 발견됐는데, 외설적인 내용이지만 그대로 옮겨 보자면 이렇습니다. "포르투나투스가 깊게 해 줄 거야. 와서 확인해 봐, 안투사." 어느 여성이 친구에게 추천하는 말일 수도 있고, 뜨거운 밤을 보내고 싶은 포르투나투스가 직접 쓴 말일 수도 있겠습니다. 또 다른 낙서에는 이런 내용도 있습니다. "포르투나투스, 이 귀염둥이. 넌 밤의 황제야. 겪어 본 사람 씀." 이 또한 누군가가 포르투나투스를 공개적으로 칭찬하기 위해 쓴 글일 수도 있습니다. 하지만 저는 포르투나투스가 마치 영국 시트콤 〈인비트위너스〉에서 잠자리 경험도 없으면서 거짓으로 온갖 성적인 무용담을 늘어놓는 등장인물처럼 직접 이 낙서를 썼을 수도 있다는 생각에 웃음을 멈출 수가 없습니다.

어느 쪽이든, 중요한 점은 로마인들이 남근을 그저 심리적인 아름다움의 대상으로만 보지 않았다는 겁니다. 이 허세 가득한 낙서에서 로마인들은 여성에게 기쁨을 주기 위해 설계된 성기로서의 남근을 이야기하고 있습니다. 앞서 이상적인 모습을 본뜬 조각상과는 반대되는 이 이야기를 조금 더 살펴봐야 하겠습니다. 때로는 크기가 중

경이로운 역사 콘서트

요할 때도 있고, 그게 아니더라도 웃긴 이야기이기 때문입니다.

그리스·로마 시대에는 수천만 명의 사람들이 살았고, 그들 모두 각기 다른 성적 취향과 열정을 가졌으며, 모든 이들이 적당한 크기의 물건만을 원하지는 않았을 겁니다. 2013년 트위터에서 이어졌던 대화에서 역사학자 톰 홀랜드Tom Holland는 로마 시대의 시인 마르티알리스Martialis의 시구 하나를 인용했는데, 번역하자면 이렇습니다. "플라쿠스여, 만약 목욕탕에서 박수갈채가 들린다면 마로와 그의 성기가 그곳에 왔기 때문이다." 르웰린 모건 교수는 여기서 '플라쿠스'가 축 늘어졌다는 뜻으로 놀리는 이름이었다고 덧붙였습니다. 마르티알리스는 자기 성기를 부끄러워하는 사람을 놀리면서 다른 이의 칭찬받아 마땅한 성기를 찬양했던 겁니다.

페트로니우스Petronius가 쓴 난잡한 풍자소설 《사티리콘》에도 비슷한 유머가 나옵니다. 여기에는 발기부전을 겪는 전직 검투사 엔콜피우스와 그의 친구이자 거대한 성기의 소유자인 아실투스 그리고 두 사람 모두가 흠모하는 소년 기톤이 등장합니다. 어느 장면에서는 늙은 교사가 엔콜피우스에게 자신이 방금 목욕탕에서 보고 온 광경을 들려주는데, 그 광경이라는 게 바로 벌거벗은 채 절망에 빠져 슬피 우는 아실투스였습니다.

…수많은 군중이 그를 둘러싸고 모여 손뼉을 치며 감탄을 금치 못하고 있었습니다. 성기가 너무 거대해서 마치 성기가 본체고 몸은 그저 성기에 달린 부속물처럼 보였기 때문입니다. …그는 곧바로 도움을 청했고 어느 로마인 기사가 갈피를 잃은 아실투스

를 망토로 감싸 집에 데려갔는데, 제 생각에는 그 행운을 자기 혼자 누리려는 것 같았습니다.

이제 노골적인 동성연애 소설에서 벗어나 십대 트랜스젠더 황제 엘라가발루스Elagabalus의 역사적 기록을 살펴봅시다. 그는 다섯 명의 여자와 결혼했으나 남자와의 성관계를 더 좋아했고, 여성 의복을 입었으며, 자기 음경을 음부로 바꿀 수 있는 외과 의사에게 천금을 약속했다고 전해집니다. 설화에 따르자면 엘라가발루스는 정치 인사를 임명할 때 후보들이 목욕탕에 나체로 들어가는 모습을 보고, 그중에서 성기가 가장 큰 사람을 골라 고용했다고 합니다. 오늘날의 정계에도 거시기한 사람이 많은 걸 보면 아직도 이런 풍습이 남아 있나 봅니다.

페트로니우스의 풍자소설 속에서 발육이 훌륭한 인물을 누군가가 목욕탕에서 데려가는 장면에 어느 정도 진실이 담겨 있었다면, 거대한 음경을 보고 성적으로 흥분하는 남자들도 있었다는 뜻이니 모두가 새파랗게 어린 소년만을 원하지는 않았던 듯합니다. 실제로 전설적인 전사로 널리 알려진 아킬레우스는 반半신성이자 발목의 약점만 제외하면 대체로 불사신이었고 가히 신에게 어울릴 만큼 긴 성기를 가지고 있었다고 합니다.

당연한 말이겠지만 그리스·로마 시대의 모든 성인 중 절반가량은 여성이었고, 어떤 여성들은 아킬레우스의 전설적인 명성에 덧붙일 말이 있었을지도 모릅니다. 여제 메살리나Messalina가 광란의 24시간 난교를 벌였다는 풍문을 제외한다면 고대 여성의 성생활에 대해 알려진 바는 안타깝게도 많지 않지만, 그중 많은 여성이 잘 타고난 남자와의 성관계를 즐겼을 것이라고 생각할 수 있겠습니다. 어쨌든 사람의 몸은 저마다 다르고, 모든 종류의 물건은 저마다 쓸모가 있는 법이니까요.

그런 의미에서 우리가 미술관에서 볼 수 있는 고대 조각상에 반영된 고상한 개념은 평범한 사람들 수백만 명의 야릇한 생각을 반영하지 않았습니다. 아마도 고대의 이상적인 남근 크기는 침대에서 볼 것인지, 조각상으로 볼 것인지에 따라 달라졌을 것 같습니다.

29

하이힐은 언제부터 유행했고,
왜 주로 여성들이 신게 됐나요?

(질문자) 마거릿

하이힐이라고 하면 가장 먼저 어떤 이미지가 떠오르시나요? 제 머릿속에는 대중문화 속 유명한 이미지 두 가지가 떠오릅니다. 첫 번째는 명품 부티크 진열장 속 분홍색 크리스찬 루부탱 하이힐을 보고 "안녕, 내 사랑!"이라고 인사하는 캐리 브래드쇼의 모습입니다. 속편 영화가 등장해 모든 것을 망쳐 놓기 전까지 한 시대를 풍미했던 드라마 〈섹스 앤 더 시티〉의 한 장면이죠. 두 번째는 매력적인 추이텔 에지오포가 굽이 꺾이지 않는 멋진 가죽 부츠를 원하는 여장 남자 '롤라' 역으로 나오는 영화 〈킨키 부츠〉입니다. 캐리는 구두를 예술품으로 숭배했고, 롤라는 구두를 통해 메시지를 던졌습니다. "이봐, 내 구두를 봐. 섹시함은 구두에서 나온다고." 두 편의 영화에서 하이힐은 실용성이 없고 값비싸며 부서지기 쉬운 데다 여성성을 표현하려는 사람들을 위한 물건으로 비칩니다. 그러나 하이힐이 품고 있는 역사는 지금의 인식과 매우 다릅니다. 하이힐은 본래 남성용이었으며, 그것도 그냥 남자들이 아니라 전사들이 사용하는 물건이었습니다.

하이힐이 처음으로 등장한 시기가 정확히 알려지지는 않았지만, 지금으로부터 1000년 전 중세 페르시아의 기병대 병사들이 하이힐을 신었습니다. 하이힐을 신은 병사는 안장에 연결된 발걸이에 발뒤

꿈치를 단단하게 걸어 놓은 채로 고삐를 손에서 놓고 활시위를 당길 수 있었습니다. 캐나다 바타 신발 박물관의 방대한 소장품을 관리하는 큐레이터 엘리자베스 세멀핵Elizabeth Semmelhack 박사에 따르면, 이 독특한 페르시아 신발은 16세기 말 페르시아의 샤 압바스 1세가 강력한 오스만 제국에 대항할 동맹국을 찾기 위해 유럽의 외교관들을 접대한 이후 유럽에 전파됐습니다. 외교관들이 하이힐을 어떻게 알게 됐는지는 확실히 모르지만, 아마도 어느 시점에선가 페르시아인들의 멋진 신발에 시선을 빼앗기고 감탄을 금치 못했을 겁니다. 그렇게 하이힐은 새로운 유행이 됐고, 곧 수많은 유럽 미술 작품에 등장하기 시작했습니다.

건장하고 호전적인 젊은 남성들은 이제 승마와 사교 모임에서 남성성을 뽐내기 위해 하이힐을 신고 으스대듯 걸었습니다. 하위 계층에서도 하이힐을 신기 시작하자 상류층은 이에 보복하듯 일부러 신고 다니기 어려울 만큼 높은 힐을 신기 시작했습니다. 평민들이 그처럼 터무니없이 높은 신발을 신고 이리저리 움직이며 일할 수 없다는 점을 정확히 노리고 한 짓이었습니다. 게다가 유럽에서는 겨울철에 비가 많이 오고 영국이라면 여름에도 늘 비가 내리기 때문에 하이힐 굽이 진흙에 박히기 쉽다는 점도 문제가 됐습니다.

이를 해결하는 방법은 승마용 하이힐에 납작한 슬리퍼를 덧신는 것이었습니다. 신발을 위한 신발이라고나 할까요? 슬리퍼와 마찬가지로 이 덧신도 신고 다닐 때마다 딱딱 부딪치는 소리가 났기 때문에 슬랩솔Slap-sole이라는 이름이 붙었습니다. 1600년대 초에는 부유한 여성들이 남자들의 패션을 따라 하이힐을 신기 시작했습니다. 그러나 말을 탈 필요가 없었기 때문에 여성용 슬랩솔은 하이힐과 일체형으로 붙여 만들었고, 발의 아치 아래에는 납작한 밑창과 높은 굽 사이로 삼각형의 빈 공간이 생기게 됐습니다.

그렇지만 굽이 매우 높은 신발을 신었던 시기는 이때가 처음이 아니었다는 점을 주목할 필요가 있습니다. 이보다 두 세기 전인 르네상스 시대의 베네치아에서는 상류층 여성들이 굽 높은 신발을 즐겨 신었습니다. 쇼핀chopine이라 불렸던 이 신발은 터무니없을 만큼 거대한 통굽 신발로 착용자의 품격과 눈높이를 말 그대로 '높여' 주었습니다. 쇼핀의 굽 높이는 위험천만하게도 지면에서부터 50cm에 달할 때도 있었는데, 이를 신은 여성은 길거리나 연회장에서 허우적댈 수밖에 없었고 하인들이 사방에서 그녀를 붙잡고 서 있어야 했습니다. 그러나 이처럼 불편한 상황을 연출하는 것이 목적이었습니다. 굽 높이가 높을수록 바닥까지 내려오는 길이의 값비싼 드레스를 더 화려하게 뽐낼 수 있었기 때문입니다. 한마디로 쇼핀은 재산을 마 단위로 전시하는 데 사용했던 과시용 물건이었으나, 세멀핵 박사는 쇼핀을 신은 여인들이 움직이는 광고판이었을 뿐이며, 이를 통해 정말로 계좌 잔고를 과시하고 이득을 본 사람은 여인의 남편이나 후원자였을 수 있다고 지적했습니다.

한편 부유한 남성들은 18세기 초까지도 하이힐을 신었습니다. 하이힐을 신은 모습으로 가장 널리 알려진 유명 인사는 프랑스의 태양왕 루이 14세일 겁니다. 그는 부드러운 가죽이나 천으로 만든 아름다운 하이힐을 즐겨 신었는데, 신발에는 정교하게 수를 놓아 장식했고, 굽에는 그림을 그려 넣거나 상징적인 빨간색을 염색했습니다.

이처럼 본래 하이힐이 남성을 위한 물건이었다면 오늘날 남자들이 대체로 하이힐을 신지 않는 이유는 무엇일까요? 신발 안에 깔창을 잔뜩 넣는다는 키 작은 배우들을 제외하면 남자들이 더는 하이힐을 신지 않게 된 데는 여러 가지 이유가 있을 겁니다. 무엇보다 18세기 중반부터 영국에서 합리적인 계몽주의 사상이 부상하는 한편, 우월 의식 때문에 프랑스식 풍습을 거부하기 시작하면서 하이힐에 대한 시선이 크게 바뀌었습니다. 영국의 패션 리더들은 이제 불편하고 이국적인 신발 대신 실용적이고 합리적인 생활에 걸맞은 신발을 신기 시작했고, 하이힐은 당시 사상가들의 평가에 따르면 비합리적이고 어리석다는 여성의 전유물이 됐습니다.

그러나 여성들도 점차 하이힐을 멀리하기 시작했습니다. 미국과 아이티, 프랑스를 폭력적인 혁명으로 물들이며 시작했던 19세기 초에는 패션계에서 굽 높은 신발이 자취를 감추었습니다. 아마도 혁명적 급진주의를 가슴에 가득 품은 사람들이 이제 고대 그리스·로마 시대와 비슷한 민주주의적 차림새를 원했기 때문일 겁니다. 한편 단두대와 총검이 온 나라를 휩쓸고 있는 시기이니만큼, 여전히 왕정을 지지하고 일반 대중을 경멸했던 이들도 참수당한 프랑스 왕가의 풍습을 과시하는 것이 좋지 않은 판단이라고 생각했습니다. 하이힐이 아무리 화려하고 멋진 신발이었더라도 말이죠.

그러나 또 한 번 놀라운 반전이 일어났습니다. 군복 스타일의 바지가 새로 유행하기 시작하면서 남자들이 옷장 구석에 처박아 둔 굽 높은 신발을 다시 꺼낸 겁니다. 딱 달라붙는 승마 바지와 비교하면 훨씬 헐렁했던 이 바지에는 신발에 고정할 수 있도록 끝부분에 고리가 달려 있었습니다.

남자들 사이에서 하이힐이 다시 유행하기 시작하면서, 예상한 것처럼 여자들도 다시 하이힐을 신기 시작했습니다. 이번에는 1800년대 중반의 복수를 하려는 듯 사회 전반에 걸쳐 더 폭넓게 유행했습니다. 사진 기술이 발달하면서 더 많은 사람이 고위 계층의 옷차림새를 전보다 훨씬 쉽게 접할 수 있었기 때문입니다.

카메라가 보급되면서 빅토리아 시대의 포르노그래피도 급증했으며 특히 여성이 굽 높은 부츠만 신고 실오라기 하나 걸치지 않은 채 자세를 취하는 나체 사진이 많았습니다. 이 시기는 사회 전반에서 하이힐이 여성용 물건으로 고착된 시대이기도 합니다. 다만 한편에서는 여자가 하이힐을 신으면 못나 보이고 몸이 앞으로 기울며 캥거루 같은 모양새로 걷게 된다고 열렬하게 비난하는 비평가와 만화가들도 있었습니다. 하이힐이 유행했을지는 몰라도 비난의 목소리는 여전히 존재했습니다.

게다가 18세기 여성들이 대체로 이성적인 사고를 할 수 없다고 조롱을 당했던 것처럼, 19세기 여성들은 참정권을 가질 자격이 없다는 말을 들었습니다. 하이힐처럼 우스꽝스러운 신발이나 신고 싶어 하는 사람들이 투표의 책임을 다할 수 있을 리 없다는 이유였습니다. 제게 항의 이메일을 보내기 전에 부디 이것이 제 개인적인 의견이 아니라는 점을 알아주세요. 정말입니다.

그렇지만 하이힐은 사라지지 않았습니다. 20세기 초에는 눈부시게 화려한 할리우드가 하이힐의 명성을 한층 더 끌어올렸습니다. 1950년대에는 또 한 번의 거대한 변화가 일어났는데, 이번에는 스타일뿐 아니라 공학적인 혁명이기도 했습니다. 인장 강도가 강한 철강이 등장하면서 건축가들은 전 세계 각지에서 인상적인 고층빌딩을 쌓아 올리느라 여념이 없었고, 패션계에서는 얇고 뾰족한 굽의 하이힐이 발달했습니다. 이 하이힐을 르네상스 시대 이탈리아의 길고 뾰족한 스틸레토 검에서 이름을 따 스틸레토stiletto힐이라고 불렀습니다. 단단하고 얇은 철심을 넣은 덕분에 이제 엄청나게 얇고 길며 부러지지 않는 굽을 만들 수 있게 됐습니다. 1960년대에 이르러서는 대개 나무나 가죽보다 플라스틱으로 철심을 감쌌고, 이를 바탕으로 구두 디자이너들은 오늘날까지 다양한 디자인의 구두를 만들어 내고 있습니다.

고대 페르시아의 전사들이 처음으로 신기 시작한 이래 오랜 여정을 거쳐 온 하이힐은 시대마다 각기 다른 모양과 상징성을 가졌으며 유행했다가 외면받기를 반복했습니다. 언젠가 모든 사람이 하이힐을 신게 된다고 해도 놀라울 일은 아니겠지만, 바라건대 군사적인 기능성을 위해 하이힐을 신는 일은 없었으면 좋겠습니다. 이상주의자라고 할 수도 있겠지만 저는 군사 갈등이 필요 없는 미래를 상상하는 편이 더 좋은 것 같습니다. 그렇지만 만약 로봇이 우리를 상대로 전쟁을 일으킨다면 인류의 저항 세력이 15cm 높이의 하이힐을 신고 전쟁터에 나가는 것보다 멋있는 광경이 또 있을까요? 루이 14세가 봤다면 좋아했을 겁니다.

30

가장 위험하거나 치명적이었던
미용 관리법은 무엇이었나요?

지난주 저는 TV 채널을 돌리다가 BBC 다큐멘터리에서 미소를 띤 어느 젊은 여성에게 치명적인 신경독을 주입하는 장면을 보았습니다. 사형을 집행하는 장면이 아니라 그녀가 직접 돈을 내고 특권을 누리는 장면이었으며, 당사자는 결과에 만족하는 눈치였습니다. 썩은 소시지에 든 보툴리눔 단백질은 잘못 섭취할 경우 근육을 마비시키고 호흡곤란 일으키며 사망에 이를 수도 있는 보툴리누스 중독을 유발합니다. 그러나 바로 이 단백질은 많은 이들이 원하는 미용 기술인 보톡스의 원료이기도 합니다.

여러분은 어떨지 모르지만, 중년이 코앞으로 다가온 저는 날이 갈수록 이런 시술을 받을지 말지 심각하게 고민합니다. 자존감이 바닥을 치는 날에는 이러다 불도그의 음낭처럼 쪼글쪼글해지는 게 아닌지 두려워서 보톡스를 맞아야겠다는 생각이 들기도 합니다. 아마 진짜로 시술을 받지는 않을 겁니다. 그러나 사실대로 말하자면 젊었을 적에는 저도 제 몸이 정말 싫었습니다. 어느 정도 나이가 든 뒤에도 거울 속의 남자가 낯설게 느껴지면서 스스로에 대한 의구심이 또다시 스멀스멀 차오르기도 했습니다. 그러니 자기 외모에 좀 더 자신감을 가지고자 큰돈을 쓰거나 심지어 위험까지 무릅쓰는 사람들이 어떤 심정일지 이해할 수 있습니다.

보톡스는 독성이 있긴 하지만, 숙련된 전문가가 사용하면 비교적 안전하며 여러 병증의 주된 치료제로 사용되고 있습니다. 그러나 모든 미용 시술에는 위험이 따르며, 영국의 경우 관련 규제가 부족해 신경 손상, 흉터, 감염, 최악의 경우 치명적인 색전증(혈관 및 림프관 속으로 운반되어 온 떠다니는 물질이 혈관 안으로 들어가 혈관의 협착이나 폐색을 일으키는 증상 - 편집자)으로 이어지는 경우가 다수 발생했습니다. 찬물을 끼얹으려는 생각은 없지만, 일부 안전 제일주의자들은 가장 위험한 미용 시술이 역사 속 어느 시대가 아니라 오늘날의 병원에서 벌어지고 있다고 대답할 겁니다. 그러나 재미있게 읽을 만한 책을 쓰는 게 제 목표이므로, 위험천만한 현대사회는 잠시 접어두고 이제 역사 속 무시무시한 이야기를 살펴보겠습니다.

제임스 님의 질문을 보고 가장 먼저 제 머릿속에 떠오른 이야기는 18세기 영국 사교계에서 아름답기로 유명했던 코번트리 백작 부인 마리아 거닝Maria Gunning이었습니다. 전설적인 매력은 그녀가 가진 가장 큰 자산이자 이른 나이로 생을 마감하는 원인이기도 했습니다. 아일랜드 출신으로 충격적일 만큼 아름다웠던 거닝과 그 자매는 당대 가장 많은 인기를 누린 신붓감이었으며 각각 백작 및 공작과 결혼해 벼락출세하는 영광을 누렸습니다. 그러나 마리아는 베네치아 세루스Venetian ceruse라는 납 성분의 화장품을 사용하다가 끔찍한 피부 발진이 생겼고, 명성을 지키기 위해 더 많은 베네치아 세루스를 두껍게 얹어 발진을 가리다 악순환에 빠졌습니다. 그동안 유독한 납 성분이 혈류에 스며들어 중독을 일으켰고, 결국 마리아는 겨우 27세의 나이로 세상을 떠났습니다.

창백한 얼굴을 미의 기준으로 삼았던 시기는 1700년대가 대표적이긴 하지만, 얼굴을 하얗게 화장하는 방식은 그전에도 있었습니다. 시미티온psimythion은 부식시킨 납을 가루로 만들고 가열해 만든 화장품인데, 고대 그리스 여성들은 이것을 발랐습니다. 1600년대에도 백색 기루 수은에 레몬즙, 달걀껍데기, 백포도주를 섞어 만든 화장품을 비롯해 온갖 위험천만한 화장품을 사용했습니다. 매독에 걸린 남성들도 거대한 주사기로 음경에 수은을 주입했다가 오히려 병이 깊어지곤 했습니다.

외모 면에서 제가 가진 가장 큰 고민거리는 눈 주위 피부가 심각할 만큼 늘어지고 주름진다는 점입니다. 평생 불면증을 달고 살았고, 눈이 피로할 때는 두 눈을 마구 비비는 끔찍한 습관이 있으며, 최근에는 젖먹이 아기까지 기르느라 이렇게 된 듯합니다. 그러니까 그동안에는 피부 관리에 손을 놓고 살았다면, 최근에는 한시라도 빨리 주름을 없애 줄 기적의 제품을 찾아다니는 데 집착하고 있죠.

그렇지만 치명적인 벨라도나belladonna는 억만금을 준대도 먹지 않을 겁니다. 19세기 사람들이 먹거나 피부에 발랐던 이 물약은 눈동자색을 밝게 만들고 동공 크기를 키워 준다고 알려졌습니다. 벨라도나는 까마중이라고도 불리는 치명적인 가짓과 식물의 추출물이며 광범위한 부작용을 유발합니다. 1856년 의학 교과서에는 벨라도나 부작용을 다음과 같이 나열했습니다.

입 안과 목구멍이 건조함, 목구멍이 답답한 느낌, 삼키기 어려운 느낌, 갈증, 시력 저하 및 실명, 동공 팽창, …두통, 안면홍조, 눈

충혈, 환청, 불규칙한 근육 경련, 환각 또는 섬망, 졸음, …피부 발진 또는 요도염 등이 나타난다. 또한 종종 메스꺼움이나 쥐어뜯는 듯한 통증과 함께 설사가 나타난다.[*]

이보다는 덜 위험하지만, 무섭다면 더 무서울 수 있는 또 다른 시술로는 두피에서 뽑은 머리카락을 눈꺼풀에 꿰어 인조 속눈썹을 만드는 시술이 있었습니다. 이때 외과의는 시술자의 고통을 달래기 위해 시술 시 눈에 코카인을 문질러 그야말로 약에 취한 눈을 만들었습니다.

19세기의 또 다른 피부 관리법을 살펴봅시다. 당시 여성들 사이에서는 안색을 환하게 만들기 위해 암모니아를 사용하는 방법이 널리 퍼져 있었습니다. 미용 잡지 기사들은 이처럼 위험천만한 제품을 사용하고 보관하는 방법을 평범한 어조로 자세하게 설명했는데, 그러면서 적절한 설사약을 섭취해 몸 밖으로 배출시키지 못하면 독소가 몸 안에 쌓여 곪을 수도 있다고 강조했습니다. 1870년에 미국의 여성 패션 잡지 〈하퍼스 바자〉에서는 프랑스산 목탄 가루와 설사약을 꿀에 섞어 먹는 방법이 가장 좋다고 추천했습니다. 이처럼 유용한 기사의 제목은 무엇이었을까요? 바로 '못생긴 여자들을 위하여For the Ugly Girls'였습니다. 멋지죠?

빅토리아 시대에는 비소의 인기가 급증했습니다. 당대 사람들은 비소가 매끈한 얼굴과 또렷한 눈빛, 봉긋한 가슴을 만들어 준다고 여겼습니다. 특히 다수의 보고에 따르면 오스트리아 슈타이어마르크

---

[*] George Gordon Wood(1856), 「Treatise on Therapeutics and Pharmacology or Materia Medica」 vol. 1.

주에서는 농민들이 3세기 동안이나 비소를 사용해 왔다고 합니다. 여자들이 장밋빛 뺨을 위해 비소를 사용했다면 남자들은 소화가 안될 때나 높은 봉우리에 오를 때 비소를 섭취했습니다. 건강에 좋았을 것처럼 들리지 않나요? 사실 전혀 그렇지 않았습니다.

제임스 호튼James Whorton 박사를 비롯한 현대의 역사가들은 비소가 당대의 다양한 제품에 함유됐다는 사실을 밝혔습니다. 특히 비소를 넣은 녹색 벽지가 널리 사용됐는데, 이는 당대 사람들이 부지불식간에 생각보다 더 많은 양의 비소에 노출돼 있었다는 뜻이었습니다. 또한 1840년대부터 무색·무미의 비소를 이용해 아내가 남편을 살해하는 사건이 꾸준히 증가하고 있다며 히스테릭한 반응을 보이는 언론도 있었습니다. 그러나 아무리 위험하다고 해도 사람들은 비소를 이용한 미용법에 만족한 듯했습니다.

비소가 유행하기 시작하던 무렵인 1857년, 런던에서 발행하는 주간지 〈체임버스 저널〉에는 이 열기를 조금이나마 가라앉히고자 최선을 다했던 인맨Inman 박사의 글이 실렸습니다.

극소량의 비소는 인간이 섭취해도 눈에 띄는 효과가 나타나지 않는데, 성인의 경우 하루 밀알 10분의 1에 해당하는 양이 한계치다. 그 이상의 양을 열흘에서 2주가량 섭취하는 경우 …몸이 포화 상태가 되어 얼굴 부종이나 경미한 눈 염증을 비롯한 특정 증상들이 나타난다. …조심성 있는 의사라면 이런 증상이 발견되는 즉시 해당 약물 사용을 중단해야 하며 이후 계속 사용하는 경우 위험이 따를 수 있음에 주의해야 한다.

인맨 박사는 이마저도 비소 사용에 찬성하는 투로 들릴 수 있다고 생각했는지 무시무시한 경고를 덧붙였습니다. "마지막으로 슈타이어마르크의 방식을 채택하는 자는 사고로 인해 선량한 이들이 무고하게 교수형을 당하지 않도록 본인이 이런 방식을 선택했다는 각서를 사전에 작성해야 한다." 화장품 가게에서 로션을 고르면서 '이 로션을 썼다가 사고로 죽어도 친구들이 누명을 쓰고 사형을 당하지 않았으면 좋겠다.'라고 생각해 본 적 있으세요? 물론 인맨 박사는 언론에서 보도하는 무시무시한 살인사건들을 염두에 두고 한 말이었습니다.

답변을 마무리하기에 앞서 마지막으로 신비의 약으로 유명했던 라듐을 살펴봅시다. 약이라고는 했지만, 사실 라듐은 1898년 마리 퀴리와 피에르 퀴리가 발견한 방사성 원소입니다. 〈심슨 가족〉 때문에 모든 방사성 물질이 형광 초록색으로 빛난다고 생각하기 쉽지만 사실 라듐은 푸른빛으로 빛납니다. 이 때문인지 사람들은 라듐에 기적 같은 치유 효과가 있다고 믿고 소비재로 사용하기 시작했습니다.

라듐은 몸에 좋다는 인식과 함께 열풍을 일으켰으나 뒤늦게야 악영향이 밝혀졌습니다. 라듐이 초래한 결과는 '턱이 떨어질 때까지 효과를 발휘한 라듐 생수'라는 제목의 기사를 통해 간략하게 알아볼 수 있습니다. 이 끔찍한 기사의 주인공은 저명한 사업가이자 골프 선수였던 에벤 바이어스Eben Byers로 라디톨Radithor이라는 기적의 제품을 5년간 복용한 끝에 1932년에 사망했습니다. 라디톨은 증류수에 라듐 소금을 섞은 용액으로 라듐의 파괴적인 유해성이 널리 알려지기 전까지 일반 소비자에게 무려 40만 병이나 판매됐습니다.

바이어스는 암이 뼈까지 전이되어 턱을 제거할 수밖에 없었으며 수술 후 얼마 뒤 사망했습니다. 리퀴드 선샤인Liquid Sunshine이라는 상쾌한 별명으로도 불렸던 라디톨은 이 사건을 계기로 자취를 감추었으나, 이상하게도 1933년 출시된 미용 크림 토라디아Thoradia는 브롬화 라듐을 원료로 사용했다는 점을 자랑스럽게 홍보했습니다. 이처럼 1915년부터 1935년 사이 광고에는 라듐이 만병통치약으로 등장했습니다. 몸에 착용할 수 있는 기기도 출시됐는데, 예컨대 1915년 라디올Radior이라는 주름 개선 턱 밴드는 '피부에 에너지 흐름을 전달해 주름 개선 효과가 빠르게 나타난다.'라고 장담했습니다.

　사실 라듐의 인기가 너무나 뜨거웠기 때문에 순전히 소비자를 우롱하기 위해 이름만 라듐이라고 붙인 제품들도 많았습니다. 라듐 립스틱, 아이크림, 비누, 초콜릿, 베이비파우더, 콘돔, 아침 식사용 시리얼, 실크 스타킹, 라듐 향수 등 수많은 라듐 제품이 출시됐지만, 그중 정말로 라듐을 함유한 제품은 거의 없었습니다. 허위 광고가 알고 보니 공중 보건을 지켜 준 셈이었습니다. 1925년에는 라듐으로 인한 괴사 사례가 처음으로 식별됐으며 공장에서 시계와 다이얼에 형광 라듐을 칠하는 일을 맡았던 여공들이 피해자였습니다. 피해자들의 구강암은 한눈에 보기에도 끔찍할 정도였는데, 왜냐하면 작업할 때 붓이 마르지 않도록 붓을 핥았기 때문이었습니다. 기적을 일으키는 만병통치약 라듐으로 명을 재촉한 피해자들은 이외에도 많았을 것이 분명하지만, 당시에는 그 이유를 정확히 알지 못했습니다.

　지금도 우리는 값비싸고 위험한 미용 시술의 시대에 살고 있습니다. 하지만 적어도 비소를 들이켜거나, 방사성 물질을 몸에 바르거나, 집에 납 페인트를 칠하지는 않습니다. 이것도 일종의 진보겠죠?

8장

사상과 기술

IDEAS & TECHNOLOGY

31

누가 수학을 발명했나요?

──── (질문자) 알렉스

아이고 이런, 요령 피울 틈을 안 주시네요. 이 질문은 사실 수학계의 가장 큰 논쟁거리 중 하나입니다. 이 논쟁은 단순히 고대의 어떤 괴짜가 수학을 시작했는지 논하는 것에서 그치지 않습니다. 거기서 한발 더 나아가 인간이 수학을 발명했는지, 아니면 이미 보편 법칙으로 존재하는 수학을 그저 인간이 발견한 것인지 논하는 근본적인 철학 논쟁에 가깝다고 할 수 있죠. 인간은 수학을 마카레나 춤처럼 만들어 냈을까요, 아니면 중력처럼 발견했을까요? 수학은 인간이 자연계에 쌓아 올린 구조물일까요, 아니면 인간이 발견한 우주 저변의 구조일까요? 골라 보세요!

아마 눈치채셨겠지만 저는 이 질문에 대해 전문적인 답변을 할 수 있을 정도로 똑똑한 사람이 아닙니다. 저는 그냥 코미디 영화나 좋아하는 사람인걸요! 그렇지만 이 질문은 역사상 가장 뛰어난 수학자들에게도 까다로운 문제입니다. 우선 스티븐 호킹과 함께 블랙홀이나 시간이라는 추상적 개념에 관한 머리 아픈 수학을 연구해 온 로저 펜로즈 경Sir Roger Penrose은 인간이 수학을 '발견'했다고 주장합니다. 고대 그리스의 박식가 플라톤으로 거슬러 올라가는 기나긴 현실주의자의 계보도 마찬가지죠. 그러나 이와는 반대 의견을 내는 저명한 사상가들도 많습니다. 이들은 블랙홀이나 시간 따위를 오직 인간이 설계한 수학적 증거로만 검증할 수 있으므로, 수학은 인간이 '발명'한 개념이라고 주장합니다.

이처럼 저는 말 그대로 답을 모르기 때문에 알렉스 님의 질문에 답할 수 없습니다. 그렇지만 알렉스 님이 서운해하실 수도 있으니 여기에서 수학적 사고의 초기 역사를 간략하게 살펴보겠습니다. 이 책의 많은 답변이 그랬듯 이번에도 석기 시대부터 시작해 봅시다. 이르게는 3만 5000년 전에 만들어진 눈금 새긴 뼈가 발견되는데, 이를 이용해 셈을 했을 가능성이 있기 때문입니다.

실제로 1960년 당시 벨기에령 콩고의 이스항고에서 발견된 2만 년 전의 뼈는 특히 주목해 볼 필요가 있습니다. 이 뼈에는 눈금이 세 개 열로 줄지어 새겨져 있는데, 단순히 개수를 센 기록만은 아닐 수도 있습니다. 음력 달력이라고 추측하는 연구자들도 있으나 곱셈의 증거로 보는 야심 찬 견해도 있습니다. A열과 B열은 각각 눈금 수의 총합이 60입니다. 게다가 A열의 눈금은 9개, 19개, 21개, 11개로 떨어져 있는데, 모두 10의 배수에서 1을 더하거나 뺀 숫자이므로 십진법이 존재했다는 증거로 볼 수도 있습니다. B열에는 10부터 20까지 사이의 소수를 역순으로 한 19개, 17개, 13개, 11개의 눈금이 새겨져 있습니다. 마지막으로 C열의 눈금은 일부러 개수를 두 배로 늘린 듯 '5개, 5개, 10개', '8개, 4개', '6개, 3개'까지 세 그룹으로 떨어져 있습니다. 누가 왜 뼈에 이런 눈금을 새겼는지는 알려지지 않았으나, 어쩌면 이는 동굴에 살던 우리의 선조가 제대로 된 계산을 했다는 증거일 수도 있습니다.

촌락을 이루고 정착하기 시작할 무렵의 선조들은 오래지 않아 누가 무엇을 소유하는지 셈하고 기록할 방법이 필요하다는 점을 깨달았습니다. 재고를 조사하고, 물건을 주고받으며, 세를 매기고, 나아가 이웃에게 자랑하는 데 필요했기 때문이었습니다. 주판알을 튕긴다는 말을 영어식 표현으로는 콩알을 센다고 하는데, 먼 옛날에는 말 그대로 콩알을 헤아려 회계를 관리했습니다. 길이를 측량할 때는 흔히 사람의 신체 부위를 활용했는데, 글을 모르는 사람들도 폭넓게 사용할 수 있었기 때문입니다. 고대 이집트에서는 손가락 하나만큼의 폭을 1디지트digit, 손 중간 부분의 폭을 1팜palm, 손목부터 손끝까지의 길이를 1핸드hand, 팔꿈치부터 손끝까지의 길이를 1큐빗cubit이라고 했습니다. 나아가 1팜은 4디지트와 같고, 1핸드는 5디지트와 같으며, 작은 한 뼘은 12디지트, 큰 한 뼘은 14디지트, 작은 큐빗은 24디지트, 큰 큐빗은 28디지트와 같았습니다.

이집트인들은 이런 셈을 무척 즐겼던 것처럼 보입니다. 이들은 십진법을 사용했고 10, 100, 1,000, 10만, 100만을 나타내는 상형문자를 따로 만들었는데, 적을 정복하고 얻은 전리품을 셈하거나 전투에서 얼마나 많은 적군을 쓰러뜨렸는지 셈할 때 유용했을 겁니다. 실제로 이들은 적군의 시체에서 성기나 손목을 잘라다 쌓아 놓고 수를 세기도 했습니다.

또한 제가 알기로 이집트 전문가들은 지금까지 수학적 개념이 담긴 고대 파피루스 문서를 소량 복원하는 데 성공했을 뿐이지만, 기원전 1550년경에 작성된 린드 파피루스에는 어린 학자들을 위한 연습 문제 84개가 있었으며, 그중 하나는 오늘날에도 학교 시험에서 흔히 볼 수 있는 형태였습니다. 7개의 집에 7마리의 고양이가 있다. 고양이 한 마리당 생쥐 7마리를 잡는다. 생쥐 한 마리당 밀알 7개를 먹는

다. 밀알 1톨을 재배하면 7헤카트의 밀을 수확할 수 있다. 이를 모두 더하면 얼마인가?' 이 문서에는 오늘날 우리가 파이(π)라고 부르는 수의 한 형태를 풀이하려는 최초의 시도도 있었습니다.

지름이 9케트인 원형 밭이 있다. 면적은 얼마인가? 지름에서 9분의 1, 즉 1을 빼면 8이 남는다. 8에 8을 곱하면 64가 된다. 그러므로 토지의 넓이는 64세타르트다.

파이는 적어도 3600년 전에 만들어진 바빌로니아의 원형 점토판에도 새겨져 있는 것으로 추정됩니다. 이 점토판에는 원과 숫자 3, 9, 45가 설형문자로 새겨져 있는데, 추정컨대 면적이 45, 원주가 3, 그리고 3을 제곱한 9를 의미하는 듯합니다. 파이라고 할 수 있겠죠? 오늘날의 수학적 개념이 적혀 있다고 추정되는 고대 메소포타미아의 점토판은 수천 개에 달합니다. 그중 하나인 플림턴 322Plimpton 322는 풀이하기도 어렵고 학자들도 서로 엇갈린 해석을 내놓고 있으나 대체로 청동기 시대의 삼각법과 이른바 피타고라스의 세 쌍($a^2+b^2=c^2$을 만족하는 세 개의 자연수 a, b, c - 편집자)을 담고 있는 듯합니다.

고대 메소포타미아인과 이집트인은 우열을 가리기 어려울 정도로 지적이었으나, 서로 모든 부분에서 의견이 같지는 않았습니다. 오늘날의 이라크에 살았던 청동기 시대 수메르인은 이집트인과 달리 숫자 12를 중심으로 한 십이진법을 사용했습니다. 십이진법은 1, 2, 3, 4, 6, 12로 나눌 수 있어서 십진법보다 활용도가 더 높죠. 이후 지금으로부터 4000여 년 전 즈음에는 수메르인과 아카드 제국이 무너지고 바빌로니아가 들어섰습니다. 이들은 기발하고 우아한 위치 기수법을 발명했는데, 숫자 60을 기반으로 했으나 십진법 요소도 어느 정도 관련되어 있었습니다.

이해를 돕기 위해 조금 더 자세히 설명해 보겠습니다. 큰 숫자를 쓸 때는 자릿수를 사용합니다. 예컨대 3724라면 3은 천의 자리, 7은 백의 자리, 2는 십의 자리, 그리고 4는 일의 자리입니다. 이를 3'천'7'백'2'십'4처럼 자리마다 독자적인 기호를 사용하지 않고 3724처럼 자릿수와 관계없이 같은 기호를 쓰는 방식이 위치 기수법입니다. 따라서 아라비아 숫자는 왼쪽에서 오른쪽으로 차례대로 읽으면 십진법 체계를 해독한 셈이 됩니다. 바빌로니아에서도 이와 유사한 체계를 사용했습니다.

물론 십진법을 읽으려면 0부터 9까지 총 열 개의 숫자 기호를 알아야 합니다. 그런데 바빌로니아의 수 체계에서는 1을 뜻하는 단위 기호와 10을 뜻하는 단위 기호, 총 두 개의 기호만 가지고 60까지 셀 수 있었습니다. 1을 뜻하는 단위 기호는 마치 역삼각형에 꼬리가 달린 듯한 모양입니다. 마티니 칵테일 잔에서 받침대만 뺐다고 상상해 보세요. 10을 뜻하는 단위 기호는 영어 대문자 A를 왼쪽으로 눕혀 놓은 듯한 모양입니다. 숫자 34를 바빌로니아 숫자로 쓰는 방법은 간단했습니다. 우선 10을 뜻하는 기호 세 개를 나란히 적고, 그 옆에 1을 뜻하는 기호 네 개를 차곡차곡 쌓는 느낌으로 적으면 됩니다. 후대 로마 수 체계의 작동방식과도 크게 다르지 않았습니다. 바빌로니아인들에게 0이라는 개념은 없었어도 이런 기수를 바탕으로 복잡한 계산을 처리하고 거대한 숫자를 곱셈할 수 있었습니다.

복잡한 수학의 발전사에서 주요 공로는 고대 그리스인들에게 돌아갑니다. 천재 아르키메데스, 삼각형으로 이름을 날린 피타고라스, 기하학의 마법사 유클리드, 사유하는 플라톤, 역설의 왕 제논과 원자를 연구한 데모크리토스는 물론 이보다 조금 덜 알려진 코스의 히포크라테스, 에우독소스, 테오도로스, 테아이테토스, 아르키타스도 모두 그리스인이었습니다. 사실 수학이라는 말 또한 그리스인이 만든 것으로 넓은 뜻에서 '연구 대상'으로 번역할 수 있습니다. 개인적으로 저는 피타고라스가 리라 현의 길이 비율을 연구해 정립한 음계의 수학적 규칙에 특히 찬사를 보내고 싶습니다. 피타고라스가 아니었다면 기타 두 대가 합주하는 록 밴드 썬 리지의 곡을 들을 수 없었을 테니 로큰롤 수준이 지금보다 한참 낮았을 겁니다.

고대 그리스에서 탁월한 문화를 꽃피우기는 했으나 다른 지역에서도 주요한 발전이 이어졌습니다. 약 1500여 년 전에는 인도가 0이라는 개념을 세상에 선사했습니다. 0은 무언가의 부재를 표현하는 데 필요한 기호이면서 기수법으로 숫자를 쓰는 데에도 필수적인 개념입니다. 바빌로니아에서도 0과 유사한 개념을 건드렸다는 증거가 있고 멕시코의 마야인들도 자체적으로 이런 개념을 발달시켰으나, 0이 본격적으로 널리 사용되기 시작한 것은 인도 덕분이었습니다. 또한 인도에는 기원후 600년대에 이차방정식 그리고 제곱근의 연산과 음수라는 개념을 개척한 천재 학자 브라마굽타Brahmagupta가 있었습니다. 그는 0을 0으로 나눌 수 있다고 주장했는데, 이는 사실 수학적으로 정의되지 않는 문제이므로 틀린 주장이었지만, 어쨌든 그는 이런 주장을 펼칠 만큼 용감한 수학자였습니다.

남아시아가 배출한 지식은 700년대 중반 황금기에 접어든 이슬 람 세계를 거쳐 여러 곳으로 퍼져 나갔습니다. 1200년대 초에는 마 침내 인도 숫자가 남유럽에 전파됐으며 이탈리아의 위대한 수학자 피보나치Fibonacci를 비롯한 주요 사상가들을 통해 널리 자리를 잡기 시작했습니다. 그러나 당시 유럽인들은 이슬람에서 이런 숫자를 만 들었다고 생각했으며, 이로 인해 지금도 우리는 이를 아라비아 숫자 라고 부르고 있죠. 한편 이슬람 학자들도 새로운 수학적 개념들을 발달시켰습니다. 가장 주목할 만한 수학자는 페르시아의 알 콰리즈 미Al-Khwarizmi로, 그의 이름에서 알고리즘Algorithm이라는 단어가 비롯 됐으며 대수학을 뜻하는 알제브라algebra 역시 상당한 반향을 일으켰 던 그의 저서 《알 자브르al-Jabr》에서 나온 단어입니다. 그는 브라마 굽타의 저서와 몇 가지 그리스어로 된 원전을 아랍어로 번역했는데, 실제로 번역서에서 인도 학자들이 인도 숫자를 만들었다고 언급했 음에도 그가 인도 숫자의 창시자로 잘못 알려졌습니다.

이처럼 수학 이야기는 장엄한 철학적 논쟁 속에서 어느 편을 선 택하는지에 따라 끝없는 발견의 역사로 볼 수도 있고, 끝없는 발명의 역사로 볼 수도 있습니다. 어쨌든 인류가 석기 시대부터 수학을 다 뤄 왔다는 점은 꽤 멋진 사실입니다. 수학이 우주만큼은 아니어도 어 쨌든 꽤 오래됐다는 말이니까요. 저는 이 정도로만 알아도 충분한 것 같습니다.

32

거울은 언제 발명됐고, 그전까지 사람들은 자기 모습을 어떻게 확인했나요?

질문자 줄리엣

줄리엣 님, 아마 나르키소스Νάρκισσος라는 이름을 들어 보셨을 겁니다. 수려한 외모의 자기 자신에게 집착했던 젊은이로 샘물에 비친 아름다운 자기 얼굴을 종일 바라보며 애태웠던 인물이죠. 사람들은 대개 나르키소스가 끔찍한 이기주의자였으며 자기애가 너무 강해서 문제였다고 말합니다. 사실 고대 신화 속에서 나르키소스 이야기는 다양한 버전으로 전해지지만, 그중에서 나르키소스를 직접 비난하는 이야기는 하나도 없습니다. 가장 유명한 설화에서 나르키소스는 숲의 정령 에코Ηχώ의 사랑을 거절했다가 여신 네메시스Νέμεσις의 저주를 받습니다. 네메시스는 조용한 연못가에 다가가 나르키소스에게 물에 비친 자기 자신을 사랑하게 되는 저주를 내렸고, 기력이 다한 나르키소스가 숨을 거두자 그 자리에는 수선화가 피어났습니다.

그가 사랑을 돌려받지 못하는 절망에 괴로워하다가 죽었다는 이야기도 있고, 물에 비친 자기 자신을 껴안고 키스하려다가 연못에 빠져 죽었다는 이야기도 있습니다. 그러나 파우사니아스Παυσανίας가 남긴 글에 따르면 나르키소스는 자신과 똑같이 생긴 쌍둥이 누이가 세상을 떠난 슬픔을 이기지 못했으며 누이를 그리워하며 자기 자신의 얼굴을 하염없이 바라보았다고 합니다. 오늘날 우리가 알고 있는 나르시시즘과 비교하자면 다소 침울한 이야기네요. 어쨌든 나르키소스의 이야기에서 알 수 있듯 거울이 있기 전에는 물웅덩이와 연못을 이용했으며, 인류는 아주 오래전부터 자신의 모습을 확인하며 살아 왔다고 추측할 수 있습니다.

이뿐이 아닙니다. 고대 사람들은 물 이외에도 여러 가지 물체의 매끈한 표면에 자기 모습을 비추어 보았을 것으로 추정됩니다. 저명한 고고학자 이안 호더Ian Hodder 교수는 약 9000여 년 전에 만들어진 터키의 석기 시대 촌락 차탈회위크를 발굴하는 데 30여 년을 보냈습니다. 호더 교수와 연구진이 발굴한 다양한 껴묻거리 중에는 화산 유리 흑요석을 잘 닦아 만든 거울이 여러 개 있는데, 한쪽 면은 매끈하고 반들거리며, 다른 한쪽 면은 흰 석회로 덮여 있었습니다. 8000년전의 물건으로 추정되는 이 거울들은 인류가 촌락 생활을 시작하면서 겉모습에 대한 일종의 압박이 생겨났을 수 있음을 시사하며, 대체로 여성의 무덤에서 발견됐으므로 석기 시대 사회에서 한쪽 성별이 주로 사용하는 물건이 존재했다는 점에도 주목해 볼 필요가 있습니다.

이외에도 고대 이집트와 중국에서는 5000여 년 전의 청동 거울이 발견되는데, 이는 인류가 처음으로 금속을 다루기 시작한 청동기 시대 초에 해당합니다. 나아가 청동기 시대가 절정에 달해 있던 3400여 년 전의 출토품으로는 다름 아닌 투탕카멘 왕의 능묘에서 발견된 화려한 장식의 거울 틀이 있습니다. 안타깝게도 거울 자체가 너무 화려했던 탓인지 고고학자 하워드 카터Howard Carter가 능묘를 발굴하기 수천 년 전부터 이미 도굴꾼들이 훔쳐 가고 없었습니다.

이처럼 수천 년 전에도 거울이 존재했다는 멋진 고고학적 증거들이 남아 있는 한편, 이런 거울을 어떻게 사용했는지에 관한 역사적 증거도 찾아볼 수 있습니다. 음란하기로 유명한 3200여 년 전 토리노의 에로틱 파피루스 속 한 장면에도 거울이 등장합니다. 그림 속 여인은 거울을 든 채 긴 붓으로 화장을 하고 있는데, 눈이 튀어나오게 야한 이 그림에서 어떤 일이 벌어지고 있는지는 자세히 설명하지 않겠습니다. 다만 궁금하시다면 아이들이 잘 때 인터넷에 검색해 보시기 바랍니다. 검색하실 때 후방 주의 잊지 마세요. 경고했습니다.

금속 거울은 로마 이전 이탈리아의 에트루리아와 그리스 이전 크레타섬의 미케네를 비롯한 고대 지중해 세계에서도 계속 사용됐습니다. 당시에는 주로 구리, 청동, 금, 철광석 또는 은으로 거울을 만들었으며 크기도 몇 센티미터 정도로 작아 손에 들 수 있는 경우가 많았습니다. 거울 표면은 납작하기보다 오늘날의 면도 거울처럼 곡면인 경우가 많았는데, 얼굴이 더 멀고 작게 보이는 볼록거울과 얼굴을 확대해 더 자세히 보고 화장할 수 있는 오목거울 둘 다 있었습니다.

아쉽게도 전신을 울룩불룩하게 비추는 놀이방 요술 거울이 있었다는 증거는 없지만, 대신 작은 물체를 부자연스러울 만큼 크게 비추는 거울을 즐겨 설계했던 어느 로마인이 있었다는 이야기는 잘 알려져 있습니다. 로마의 철학자 세네카Seneca는 저서 《자연 탐구Naturales quaestiones》에서 호스티우스 쿼드라라는 남자가 자기 손가락이 팔보다 굵어 보이는 거울을 가장 좋아했다는 이야기를 전했습니다. 그렇지만 이 거울은 어린아이들이 추억을 쌓을 만한 재미있는 거울이 아니라 징그러운 성행위 도구였습니다. 아이들이 없을 때 읽어야 할 만한 이야기를 또 꺼내서 죄송합니다. 호스티우스는 지독한 섹스광이었고 왜곡 거울을 이용해 본인의 성기나 본인이 즐기는 모습을 확대해 지켜보았습니다. 세네카는 물론 아우구스투스 황제도 혀를 내두를 정도였죠. 호색한 짓이 얼마나 심했던지 결국 참다못한 어느 노예가 호스티우스를 살해했을 때도 아우구스투스는 호스티우스가 죽어도 싸다며 그 노예에게 살인죄를 묻지 않았습니다.

금속 거울은 확실히 값비싼 물건이었으나, 고대 세계에서는 비교적 흔하게 사용됐던 듯합니다. 보안을 위해 거울을 사용한 사례도 있었습니다. 편집증이 심하기로 유명했던 로마의 황제 도미티아누스 Domitianus는 누군가가 등 뒤에서 단검을 들고 다가올까 걱정됐는지 궁전 벽에 펜자이트라는 반들거리는 광물을 덧대라고 지시했습니다. 그가 암살자를 걱정해야 할 만한 사건이 있었는지는 잘 모르겠지만 만약 여기에서 격투가 벌어졌다면 〈007 황금총을 가진 사나이〉에서 제임스 본드와 킬러 스카라만가가 어지러운 거울의 방에서 벌였던 총격전 장면과 비슷했을 겁니다.

이쯤 하면 줄리엣 님의 질문에는 충분히 대답이 됐을 것 같지만, 아마 유리 거울이 언제 등장했는지도 궁금하실 듯합니다. 거울을 뜻하는 영어단어 'mirror'의 원형인 라틴어 'mirari'는 '바라보다' 또는 '감탄하다'라는 뜻입니다. 그러니 사실 거울은 유리일 필요가 없고 무엇이든 우리의 모습을 비추어 볼 수만 있으면 모두 거울입니다. 그렇지만 여러분은 대부분 유리 거울 이야기를 기대하셨을 겁니다. 게다가 거울이 깨지는 소리와 그에 얽힌 이야기 그리고 깨진 거울이 불행을 불러온다는 믿음에는 무언가 흥미진진한 느낌이 있죠.

잠시 다른 이야기로 빠져 장 조제프 메를랭Jean-Joseph Merlin이라는 사람을 만나 봅시다. 그는 벨기에의 천재적인 발명가이자 음악가로 수많은 기계 장치 조형물, 시계, 악기 그리고 무엇보다도 이 이야기의 주인공인 롤러스케이트를 만들었습니다. 그는 또한 좌중을 압도할 줄 아는 공연예술인이었습니다. 1805년에 출판된 글을 통해 전해지기 때문에 정확한 연도를 알 수는 없지만, 1760년대 또는 1770년대의 어느 날에 메를랭은 유명 오페라 가수 테레사 코르넬리스가 사는 칼라일 하우스에서 공연을 하고 있었습니다. 이곳에서 벌어지는 화려한 연회에는 언제나 당대 가장 유명한 손님들이 모였고, 메를랭은 이들에게 깊은 인상을 남기고자 새로 만든 스케이트를 신고 사방을 돌아다니면서 바이올린을 연주하기로 했습니다. 그러나 불행하게도 메를랭은 스케이트에 브레이크를 달아야 한다는 생각을 못했던 모양입니다. 결국 그는 허우적대다가 홀 뒤편에 놓인 거대하고 값비싼 거울로 돌진해 산산조각을 내 버렸으며, 바이올린을 망가뜨린 것은 물론 본인도 크게 다쳤습니다.

거울이 깨지면 어떻게 되는지 살펴보았으니 이제 유리로 거울을 만들기 시작한 기원을 다시 살펴봅시다. 유리는 적어도 5400여 년 전부터 사용했으나, 유리로 거울을 만들기 시작한 시기는 기원전 1세기부터입니다. 당대의 저명한 자연사학자 대 플리니우스가 남긴 글에는 오늘날 레바논 지역에 살던 거울 장인이 등장합니다. 사실 초기의 유리는 거칠고 거의 불투명했으며 푸른빛이 감돌았고, 사람들은 오랫동안 유리가 아니라 갈고닦아 광이 나는 금속을 거울로 사용했습니다. 그러나 1400년대 유럽의 수공업자들이 주석과 수은을 섞은 아말감을 발라 납작한 판유리 거울을 만드는 방법을 터득하면서 판도가 역전됐습니다.

거울 생산지로 가장 이름을 날렸던 곳은 베네치아 무라노섬이었으며, 베네치아 당국은 제작 기법이 타국 세력에 넘어가지 않도록 온갖 노력을 기울였습니다. 유리 장인들은 세금 감면 혜택과 보조금을 받았고 귀족의 딸과 결혼할 수 있었으며 평생 직업을 보장받을 수 있었습니다. 그러나 베네치아를 떠나려고 하는 순간 유리 장인과 그 가족들은 체포되어 반역 혐의로 재판에 넘겨졌으며, 야반도주에 성공한다면 추적이나 암살을 당할 수도 있다고 했습니다.

한편 가장 화려한 거울 제작 기법은 1678년부터 1684년까지 루이 14세의 베르사유 궁전에 건축된 폭 73m의 눈부신 거울의 방에서 볼 수 있습니다. 루이 14세는 프랑스인 장인들을 고용하라고 지시했으나 아마도 건축가가 최고의 마무리를 위해 베네치아인들을 몰래 초빙했던 게 분명합니다. 베르사유 궁전에서 이 장엄한 광경을 본 적이 있다면 아마 여러분도 건축가가 현명한 결정을 내렸다고 생각하실 겁니다. 장 조제프 메를랭이 여기서 공연하지 않은 게 천만다행이네요!

3**3**

달이나 다른 행성으로 가야겠다는 생각은
누가 가장 먼저 했나요?
구체적인 계획도 있었나요?

달은 인류가 출현한 이래로 밤마다 우리와 숨바꼭질을 벌여 왔으며, 청동기 시대 사람들이 우주론과 시간 기록 체계를 확립하는 데에도 지대한 역할을 했습니다. 이집트인, 바빌로니아인, 중국인들은 모두 밤이면 달을 바라보고 낮이면 해를 곁눈질했습니다. 댄 님은 멋진 질문을 해 주셨지만, 저는 미묘하게 어긋난 대답을 드릴 수밖에 없을 것 같습니다. 왜냐하면 적어도 제가 아는 한 처음으로 달나라 여행을 논한 사람은 실현 가능한 과학적 가설이 아니라 풍자를 위한 문학적 공상으로 이야기했기 때문입니다.

로마 제국이 확장을 거듭해 그리스어권 세계와 중동 지역까지 포괄했던 기원후 2세기, 오늘날의 터키 지역에는 사모사타의 루키아노스Λουκιανός라는 탁월한 작가 겸 웅변가가 살았습니다. 발칙한 유머를 즐기는 해학가였던 그의 주요 작품은 수많은 다른 고전 작품에 등장하는 기상천외한 여행기를 비웃는 내용이었습니다. 가장 큰 인기를 끌었던 풍자소설 《진실한 이야기》는 그 제목과 정반대로 말도 안 되는 줄거리를 담고 있는데, 시작부터 루키아노스가 대서양에서 항해하다가 거대한 회오리바람에 휘말려 우연히 달에 올라가게 됩니다.

달에 올라간 루키아노스는 엔디미온이라는 사람이 달의 왕이며 아침의 별 지배권을 놓고 태양의 왕과 잔인한 전쟁을 벌이다가 붙잡혔음을 알게 됩니다. 태양의 왕이 거대 개미, 개의 머리가 달린 인간들, 다양한 채소를 들고 다니는 괴짜들로 구성된 군대를 이끌고 전쟁에서 승리한 끝에 비로소 평화가 찾아옵니다. 이후 지구로 돌아온 루키아노스는 거대한 고래에게 잡아먹히고, 고래 배 속에 사는 호전적인 인어 일족과 싸워 승리합니다.

이윽고 고래 배 속에서 탈출한 루키아노스는 우유의 섬, 치즈의 섬을 지난 끝에 그리스 신화와 역사에 등장하는 고대 영웅들이 들끓는 섬에 당도하는데, 이 중 몇몇 영웅은 마치 헤로도토스처럼 자기 역사책에 거짓말을 한 죄로 영원한 벌을 받고 있었습니다. 루키아노스 일행은 이후로도 더 많은 바닷속 모험을 이어가는데, 책이 끝날 때까지 한층 더 말도 안 되는 거짓말과 우스꽝스러운 이야기들이 이어집니다.

치즈의 섬이나 거대한 고래 배 속에 사는 인어 군대 이야기 때문에 정신이 없을 수도 있겠지만 이제 달 모험에 다시 집중해 봅시다. 이 소설이 터무니없는 공상이기는 했어도 달의 모습과 그곳에 사는 사람들을 자세하게 묘사하고 있습니다. 그들은 주로 구운 개구리를 먹고 사는 수염 난 대머리 휴머노이드 셀레나이트(selenite, 달나라 사람이라는 뜻 - 편집자)였다고 하네요. 어쨌든 루키아노스의 기상천외한 이야기는 작가가 상상의 나래를 펼쳐 〈스타워즈〉보다 1800년이나 먼저 은하계 전투를 그렸다는 점에서 최초의 공상 과학 소설로 꼽힙니다. 그러나 루키아노스는 진심으로 자신만의 달 이론을 세운 게 아니었고, 《진실한 이야기》는 다른 작가들의 허황된 공상을 조롱하기 위한 글이었습니다. 루키아노스가 정말로 달에 사는 전사들이 머리 셋 달린 거대 독수리를 타고 다닌다고 생각하지는 않았습니다.

그러니 아마 루키아노스가 댄 님의 질문에 답이 되지는 못할 것 같습니다. 또한 같은 이유로 고대 그리스의 역사학자 플루타르코스도 제외할 수 있겠습니다. 플루타르코스가 쓴 글 〈달 표면에 드러나는 얼굴에 관하여〉에서는 달에 생명체가 존재하는지를 두고 열띤 대화가 오가며, 주인공이 어느 섬에서 만난 주민들이 달에 가는 방법을 알고 있었다는 말도 나옵니다. 그러나 여기에서도 실제로 달 여행을 성사시킬 구체적인 방안은 다루지 않았습니다.

다음으로는 저명한 천문학자 요하네스 케플러Johannes Kepler가 있습니다. 지구 궤도가 타원형이라는 사실을 발견한 케플러는 1608년에 꿈속 이야기를 담은 소설 《솜니움》*을 펴냈습니다. 소설 속에서 아이슬란드 소년과 마녀 엄마는 다이몬(daemon, 고대 그리스와 헬레니즘 문화에서 영적 존재를 일컫는 말로 영혼, 귀신, 정령 등으로 번역할 수 있다. 훗날 기독교 문화권에서 데몬, 즉 악령으로 여겨지게 된다 - 편집자) 도움을 받으면 달에 갈 수 있다는 걸 알게 됩니다. 당시에는 우주 공간에 에테르라는 공기보다 가벼운 미립자가 가득 차 있다고 여겼는데, 다이몬이 에테르의 냉기를 막아 준다고 했습니다. 또한 두 사람이 숨을 쉴 수 있도록 코에 스펀지를 대고 4시간 만에 달에 데려다준다고도 했습니다.

《솜니움》은 우주여행을 노래하는 으스스한 송가로 달 표면에서

---

* 《Somnium》, 국내 미출간

보는 지구와 일식의 모습을 멋지게 그리고 있습니다. 또한 시문학이기는 하지만 그래도 코페르니쿠스 우주관의 영향을 받은 똑똑한 천문학자가 쓴 글이라는 점에서 남다릅니다. 케플러는 심지어 우주여행이 매우 위험할 것이며 몸무게가 가벼운 사람만 여행길에 오를 수 있다고 했습니다. 또한 해로운 태양광선에 노출되지 않도록 출발 시간을 조정해야 하고, 사람을 달에 쏘아 올릴 때 가속으로 인해 신체에 심한 무리가 가므로 상당량의 아편을 복용해 이를 이겨 내야 한다고도 했습니다. 400년 전에 쓴 주의사항이라기에는 너무 멋지고 정교하지 않나요? 달 착륙이 가능하다고 선언한 사람은 아마 케플러가 처음일 겁니다.

그렇지만 조금 더 고집을 부려 보자면 다이몬이 운전하는 엘리베이터를 얻어 타겠다는 케플러의 줄거리가 실제로 우주여행에 성공할 방법을 진지하게 구상했다고 보기는 어렵습니다. 《달세계의 인간》*을 쓴 영국의 주교 프랜시스 고드윈도 마찬가지입니다. 그가 세상을 떠난 이후인 1638년에 출간된 이 책에는 백조가 끄는 썰매를 타고 25일 동안 달에 다녀오는 여행기가 담겨 있습니다. 물새 떼가 캠퍼스 호수를 사납게 돌아다니는 요크대학교에서 공부했던 사람으로서 말씀드리자면 백조는 너무 난폭해서 교통수단으로 불합격일 겁니다.

이제 신화와 괴물이 등장하는 시문학이 아니라 실제로 달 여행에 관한 비문학 논문을 쓴 사람을 살펴봅시다. 주인공은 바로 17세기

---

*   Francis Godwin, 《The Man in the Moone》, 국내 미출간

의 자연철학자 존 윌킨스John Wilkins입니다. 옥스퍼드대학교에서 수학한 전도사 윌킨스는 1638년에 「새로운 세계의 발견 또는 거주 가능한 달세계의 존재를 증명하기 위한 담론」이라는 제목의 논문을 발표했습니다. 그는 지구와 비슷하게 달에도 땅, 바다, 계절이 있다고 여겼고 달의 민족이 거주할 가능성이 있다고 생각했으며 루키아노스와 마찬가지로 이들을 셀레나이트라고 불렀습니다. 이런 생각은 이단의 신성 모독으로 비춰질 수도 있었으므로, 윌킨스는 유쾌한 어조로 셀레나이트가 아담과 이브의 후손인지 혹은 신이 이들을 어떻게 창조하셨는지 알려지지 않았으나 언젠가 인류가 직접 물어볼 수 있게 되기를 기대한다고 썼습니다. 신학적 위기에서 교묘하게 빠져나간 셈이죠. 곧이어 윌킨스는 인류가 어떻게 해야 달에 갈 수 있을지 전혀 모르겠으나 미래 세대가 이를 알아내 달에 식민지를 건설할 것이라고 덧붙였습니다. 좋네요.

이로부터 2년 후 윌킨스는 이 아이디어를 한층 확장했습니다. 당시는 아직 아이작 뉴턴이 중력을 발견하기 전이었기 때문에 윌킨스는 중력 대신 윌리엄 길버트의 자기장 이론을 바탕으로 삼았습니다. 길버트는 1600년에 저서 《자기장에 관하여》*에서 지구가 자성을 띠므로 물체를 바닥 가까이 잡아 두려는 힘이 작용한다고 주장했습니다. 윌킨스는 삼각법 계산을 활용해 구름이 약 32km 높이에 떠 있으며 비행물체가 그보다 더 높이 올라간다면 아무런 저항 없이 떠다닐 수 있다고 보았습니다. 사실 오늘날에도 로켓이 약 100km 상공의 카

---

*   William Gilbert, 《De Magnete》, 국내 미출간

르만 선을 넘어가면 우주에 도착했다고 보기 때문에, 윌킨스의 이론도 정답을 완전히 빗나간 이야기는 아니었습니다. 불과 약 68km 정도 빗나갔을 뿐이었죠.

그러나 윌킨스의 뒤이은 논리는 썩 훌륭하다고 보기 어렵습니다. 그는 우주가 태양과 더 가까우니 따뜻할 것이고, 지구의 산은 〈창세기〉에서 태양보다 먼저 창조된 구름에 뒤덮여 있어서 추운 것이며, 따라서 신이 온기보다 냉기를 먼저 창조했음에도 우주는 따뜻할 것이라고 했습니다. 또한 천사들이 들이마시는 순수한 공기가 인간에게도 좋으리라고 생각했습니다. 나아가 우주비행 도중에는 밥을 먹을 필요가 없는데, 허기라는 감각은 지구의 성가신 자성이 우리의 위장을 잡아당기는 느낌일 뿐이므로 우주에 나가면 배가 고프지 않을 것이라고 주장했습니다. 게다가 달에도 그곳에 사는 사람들이 먹는 음식이 있을 것이라고 했습니다.

발사체 이야기를 하자면, 일단 윌킨스는 화약의 시대에 사는 사람이었습니다. 윌킨스가 후속 논문을 쓰기 5년 전에는 오스만 제국의 발명가 라가리 하산 셀레비Lagâri Hasan Çelebi가 술탄의 공주를 위한 생일 연회에서 자기 몸을 발사체에 묶고 공중으로 발사했다고 합니다. 셀레비는 기적적으로 보스포루스 해협에 떨어져 목숨을 구했다고 하네요. 그러나 윌킨스는 폭발물로 별나라 전차를 움직이는 방법보다 거대한 인공 날개에 기계 장치와 태엽 스프링을 설치하는 방법을 제안했습니다. 또한 이 방법이 실패한다면 훈련받은 백조 떼를 탈수도 있다고 했죠. 도대체 17세기 사람들은 왜 이렇게 물새를 좋아했던 걸까요?

달나라 여행에 관한 글을 쓴 사람은 윌킨스 이전에도 있었지만, 윌킨스는 이 문제를 물리학적으로 접근했습니다. 그가 살던 시대는 대개 신앙과 과학이 맞붙는 문화 전쟁의 시대라는 평을 받았습니다. 또한 갈릴레오 갈릴레이가 교황의 박해를 받았던 시기로 널리 알려져 있으나 놀랍게도 윌킨스는 이런 문화적 충돌을 경험하지 않았던 듯합니다. 그는 신실한 성공회 전도사였던 동시에 청교도 혁명을 이끈 호국경 올리버 크롬웰의 누이 로비나와 결혼하기도 했습니다.

그는 당대의 많은 이들과 마찬가지로 실험적인 합리주의를 품은 사람이었죠. 실제로 윌킨스는 1660년대 초 아이작 뉴턴이 수학적 천재성을 펼쳤던 저명한 영국 왕립학회의 초대 의장이었으며, 1660년대 말에는 주교가 됐습니다. 과학과 종교 두 마리 토끼를 모두 잡은 사람이었죠. 아무래도 백조 떼를 타고 달나라까지 가려면 기적이 필요할 테니 주교의 영적 능력이 도움이 됐을지도 모르죠!

34

최초의 석기는 단순한 돌멩이와
어떻게 구분하나요?

질문자 다니엘

이 책을 쓰면서 다행인 점이 있다면 종종 여러분의 질문이 한때 제가 다른 이들에게 물었던 질문이라는 겁니다. 호랑이가 담배를 피우고 제가 역사와 고고학을 공부하는 젊은 학생이었던 머나먼 옛 시절, 다시 말해 2001년에서 2004년 사이의 어느 날이었습니다. 저는 작은 부싯돌 조각을 쳐다보며 이것이 선사 시대 주먹도끼인지 단순히 길가에 굴러다니는 돌멩이인지 전혀 알 수 없었던 때가 아직도 생생하게 기억납니다. 사실 그건 그냥 돌멩이였습니다. 그걸 알아보지 못한 저 자신도 돌멩이처럼 느껴졌죠.

논쟁에서 여러 의견이 엇갈릴 수 있는 문제야 늘 많지만, 고고학자들은 무엇이 석기 시대 도구인지 판별하는 기준을 세우기 위해 오랜 시간 설전을 벌여 왔습니다. 그런데 이야기를 본격적으로 시작하기에 앞서 짚고 넘어가야 할 점이 있습니다. 오직 인간만이 도구를 사용하고, 그렇기 때문에 인간이 특별하다고 생각했던 시절이 있습니다. 그러나 사실 동물들을 조금 더 자세히 관찰해 보면 침팬지, 유인원, 새, 문어를 비롯해 상당히 많은 종의 동물이 도구를 사용합니다.

사실 침팬지와 유인원이 열매를 바위에 내리쳐 깨 먹는 모습은 쉽게 볼 수 있습니다. 우리 집 갓난쟁이 딸도 아침밥을 차려 주면 이와 비슷한 시도를 해서 장관을 연출하는데, 아마 우리의 선조인 초기 인류도 이처럼 바위 내려치기 방식을 이용했을 가능성이 매우 큽니다. 다니엘 님은 '최초의 석기는 단순한 돌멩이와 어떻게 구분하나요?'라고 물었지만, 사실 때로는 돌멩이가 곧 도구였기 때문에 구별할 수 없습니다.

그래도 고고학자들이 뗀석기라고 부르는 종류의 도구로 넘어가봅시다. 1964년, 메리 리키Mary Leakey와 루이스 리키Louis Leakey 부부는 탄자니아에서 엄청난 발견을 했습니다. 여담으로 리키 부부의 아들 리처드 리키도 아프리카 석기 시대 연구로 세계적인 명성을 얻은 전문가이고 그의 아내 미브 리키와 그 딸도 마찬가지이니 리키 가문을 과학계의 왕조라 해도 될 것 같습니다. 어쨌든 리키 부부는 1964년에 230만 년 전의 새로운 호미닌을 발견했는데, 인간이 만든 도구나 도살한 동물 사체와 같은 지층에 묻혀 있었기 때문에 이 종을 '능력 있는 사람'이라는 뜻의 호모 하빌리스Homo habilis라고 명명했습니다. 더 최근에는 이보다 오래전인 330만 년 전에도 인류가 도구를 사용했다는 증거가 발견됐는데, 자연적으로 만들어진 돌 조각을 어느 모험심 강한 사람이 주워다 도구로 사용했는지 혹은 인간이 특정한 용도로 직접 도구를 만들었는지에 관해서는 논쟁이 있습니다.

가장 먼저 등장한 석기 시대 도구는 단순한 돌망치인 올도완 도구와 이 돌망치로 몸돌을 내려쳐 만든 뗀석기였습니다. 여기서 올도완이라는 이름은 탄자니아 올두바이 협곡에서 따온 이름입니다. 이후 175만 년 전에서 수십만 년 전후로는 초기 호미닌이 아슐리안 주먹도끼를 만들기 시작했습니다. 타원형 또는 서양배 모양의 다용도 석기인 아슐리안 주먹도끼는 동물 가죽을 벗기고, 나무를 패고, 땅을 파고, 망치질을 하는 데 사용할 수 있었습니다. 주먹도끼를 보면 특정한 모양을 내기 위해 조심스레 떼어 만들었다는 티가 나지만, 주먹도끼와 오래된 돌멩이를 구분하지 못한다고 하더라도 충분히 이해할 만합니다.

석기는 마치 아이폰 디자인처럼 진화를 거듭하면서 설계가 더욱 정교해지긴 했으나, 결과물은 거의 달라지지 않았습니다. 그다음 기술 도약은 35만 년 전 중기 구석기 시대에 초기 호모 사피엔스와 네안데르탈인이 사용한 뗀석기에서 드러났습니다. 인류의 뇌가 잘 발달하고 있었다는 흔적이라 더욱 반가운 발견이었죠. 이들은 쓸 만한 부싯돌을 줍고, 그걸 더 뾰족하게 만들기 위해 내려쳤을 뿐 아니라, 럭비공이나 동물의 두개골만큼 커다란 자갈을 돌망치로 조심스레 내려쳐 가장자리와 위쪽 표면을 다듬어 몸돌을 만들었습니다. 각도가 괜찮게 나왔다면 이번에는 돌망치로 한쪽 끝을 세게 내려쳐 위쪽 면에서 의도한 모양의 커다란 박편을 떼어 냈습니다. 무엇보다 이미 사용할 수 있는 몸돌을 이용해 만들었지만 가지고 다니거나 다듬기 쉬운 형태였다는 점이 중요했습니다.

이런 사실을 어떻게 아는지 궁금하신가요?

1600년대 이전까지 땅바닥에서 부싯돌 조각을 발견한 이들은 모종의 초자연적 물체를 발견했다고 생각하고 이를 엘프 스톤elf-stone이라고 불렀습니다. 당시에는 이 세상이 만들어진 지 6000년밖에 되지 않았다고 믿었다는 점도 눈여겨볼 필요가 있습니다. 그리고 1856년 네안데르탈 유해를 비롯한 많은 증거가 발견되면서 학자들은 유사 이전의 석기 시대라는 개념을 처음으로 떠올릴 수 있게 됐습니다. 곧

이어 학술 연구가 본격적으로 시작됐으며, 이때부터 석기 제작에 관한 실험고고학의 오랜 계보가 이어지고 있습니다.

유튜브에도 석기 제작 과정을 보여 주는 멋진 동영상들이 있으니 관심 있는 분들은 찾아보시면 좋겠습니다. 그렇지만 돌날을 만들어서 무기로 사용하지는 말아 주세요. 경찰에 불려 가기는 싫습니다. 또한 여러분이 만든 뗀석기를 연구 현장에 던져 놨다가는 불쌍한 고고학자가 진짜 선사 시대 유물인 줄 알고 그 지역에 모종삽을 든 열정적인 전문가 부대를 불러 모을 수도 있으니 이 또한 자제해 주시면 좋겠습니다. 실제로 19세기 중반에는 가짜 주먹도끼가 큰 문제로 떠올랐습니다. 다수의 고대 유물이 새롭게 발견되기 시작하자 이에 영감을 받은 위조범 에드워드 심슨Edward Simpson이 수년에 걸쳐 가짜 유물을 만들어 박물관과 수집가들에게 팔았기 때문입니다. 재미있게도 심슨은 부싯돌 잭Flint Jack, 화석 윌리Fossil Willy, 골동품 연구가Old Antiquarian, 런던내기 빌Cockney Bill, 본즈Bones, 셔츠리스Shirtless를 비롯한 수많은 가명을 사용했는데, 모두 맥주 이름으로 잘 어울릴 듯하네요. 오늘날에도 여전히 심슨이 만든 위조품이 전시되고 있을 가능성이 있습니다.

바로 이것이 석기 연대 측정이 가진 약점입니다. 돌 자체는 지질학적으로 굉장히 오래됐으므로 석기 제작 시기를 정확히 판별하기가 어렵습니다. 고고학자들은 석기가 비교적 얼마나 깊게 매장돼 있었는지를 살피는 층서학과 출토 맥락에 의존해 연대를 추정하거나, 석기의 날카로운 절단면에 남아 있는 혈액, 뼈, 털, 음식물, 염료 잔여물 등을 분석합니다. 마치 사람이 만든 듯한 석기가 자연 현상에 따라 무작위로 만들어지는 경우도 드물게 있습니다. 예컨대 거센 강물 속에서 부싯돌끼리 충돌하면 그럴 수 있죠. 그렇지만 이런 부싯돌이 전문가도 속아 넘어갈 만큼 감쪽같은 경우는 거의 없습니다. 사람이 만든 석기에는 오랜 시간 특정한 방법에 따라 체계적으로 돌을 내려친 일정한 패턴이 드러나기 때문입니다.

이제 탐사를 좋아하는 분들이라면 뗀석기처럼 보이는 돌을 만났을 때 어떤 점을 살펴볼 수 있는지 간단하게 말씀드리겠습니다.

1. 타격면: 박편 꼭대기 부위이자 몸돌을 돌망치로 내려쳐 떼어낸 부분입니다. 종종 미세한 원이 관찰되기도 하는데 이를 타격점이라고 부릅니다.

2. 타격혹: 배면이라고도 하는 박편 안쪽 면에 이상한 혹 하나가 보일 겁니다. 돌망치로 내려친 운동에너지가 부싯돌에 전달된 지점이며 이 분열로 인해 일종의 폭파가 발생한 것입니다.

3. 동심원 또는 빗살 모양의 박리흔: 타격으로 인해 타격면 아래쪽으로 동심원 형태의 흔적이 남습니다. 손끝으로 만져 보면 잘 느낄 수 있습니다. 짧은 줄이 나란히 이어지는 빗살형 자국도 타격면에서부터 배면에 나타납니다.

4. 타격흔: 배면의 타격혹 옆에 작은 박편이 떨어져 나간 흔적이 보일 수 있습니다. 튕겨 나온 충격파로 인해 타격혹과 함께 남

는 부차적인 흔적입니다. 타격흔이 있다면 인간이 만든 석기라고 확신할 수 있습니다.

5. 톱니꼴: 박편 가장자리에 세심하게 새긴 작은 흠집들이 나 있을 수 있는데, 이는 뗀석기를 마치 스테이크 칼과 같은 톱니 형태로 만들기 위한 흔적입니다.

6. 박리흔: 등이라고도 하는 박편 바깥 면에는 기존의 돌멩이 표면이 그대로 남아 있거나, 앞서 몸돌에서 다른 박편을 떼어 낸 흔적이 남아 있을 수 있습니다.

뗀석기 말고도 이 뗀석기를 떼어 낸 몸돌을 발견할 수도 있습니다. 이 경우는 알아보기 조금 더 쉬우며, 앞서 나열한 특징들이 반대로 된 다수의 박리흔이 남아 있기도 합니다. 또한 원시 인류는 종종 몸돌을 석기로 쓰기도 했다는 점도 기억해 주시면 좋겠습니다.

다니엘 님, 이것으로 질문에 대한 대답이 됐기를 바랍니다. 먼 옛날 다른 이에게 이 질문을 했던 제가 이번에는 여러분에게 대답을 드린 것처럼, 다음에는 여러분이 고고학 책을 써서 전통을 이어 보는 건 어떨까요?

9장

민족과 제국

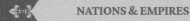

NATIONS & EMPIRES

NATIONS & EMPIRES

3**5**

중국은 거대하잖아요.
황제가 죽거나 새로운 법이 통과되면 중국 전역에
소식이 알려지기까지 얼마나 걸렸나요?

질문자 익명

아, 드디어 나왔군요. 다른 주제들을 충분히 살펴본 듯하니 이제 진짜 멋진 주제인 고대 물류의 역사를 살펴봅시다. 재미있겠죠? 비꼬려고 하는 말이 아닙니다. 저는 정말로 이 주제가 매력적이라고 생각하고, 제 첫 번째 책에서도 한 장을 통째로 통신기술의 역사에 할애했습니다. 제가 여기에 매료된 이유는 아마 실시간 트위터와 아마존 프라임 당일 배송의 시대에 살고 있기 때문인 것 같습니다. 요새는 갖고 싶은 물건이 곧바로 현관문 앞에 배달되고 찾고 싶은 정보를 핸드폰에서 바로 볼 수 있으니까요. 그러나 전신이 등장하기 이전의 통신 역사에는 놀라울 정도로 독창적인 이야기가 가득하며, 대규모 수준에서도 마찬가지였습니다. 게다가 중국보다 거대한 곳은 많지 않죠.

그렇지만 방금 한 말에 단서를 붙여야겠습니다. 중국 역사에서 어떤 시대를 논하는지에 따라 달라지기 때문입니다. 기원전 230년부터 기원전 221년까지 진시황제가 무자비하게 통일시킨 고대 진나라의 넓이는 약 233만㎢였습니다. 분명 외바퀴 자전거로 가로지를 수는 없을 만큼 넓은 곳이었지만, 약 400만㎢에 달하는 로마 제국과 사실상 중국의 두 배에 달하는 페르시아 제국에 비하면 진시황제의 제국이 작아 보일 정도였습니다. 그렇지만 여전히 중국은 매우 큰 나라였으니 이제 이처럼 광대한 거리를 어떻게 극복했는지 살펴봅시다.

우선 청동기 시대까지 거슬러 올라가는 초기 기술로는 봉화가 있습니다. 영화 〈반지의 제왕〉에서도 볼 수 있듯, 누군가 봉화에 불을 붙이면 수 미터 떨어진 다음 봉화에서 이를 보고 자신들의 봉화에 불을 붙이며, 같은 식으로 이어져 봉화 체계 전체에 소식을 알립니다. 깜찍한 방식이죠. 봉화에 불이 올랐다는 게 도움을 요청한다는 뜻인지, 적군이 보인다는 뜻인지, 황제가 죽었다는 뜻인지 혹은 예행 훈련인지를 미리 하나로 정해 두어야 합니다. 봉화는 복잡한 대화를 나누기에 좋은 방식이 아니었습니다. 사실상 직접 불을 질러 울리는 화재경보기나 다름없었죠. 봉화로는 한 가지 소식밖에 전달할 수 없었습니다.

게다가 사고가 나거나 장난으로 봉화를 피우기도 쉬웠습니다. 기원전 8세기 주나라의 유幽왕은 적군의 침략을 알리는 봉화를 피우고는 군대가 서둘러 전쟁 채비를 마치고 황궁으로 집결할 때까지 기다렸지만, 사실은 유왕이 자기 후궁에게 군사 규모를 과시하기 위해 거짓으로 피운 봉화였습니다. 그러나 얼마 뒤 진짜 침략군이 쳐들어왔고 유왕은 이번에도 봉화의 불을 피웠으나, 양치기 소년의 말을 믿지 않은 군대는 집결하지 않았습니다. 전형적인 인과응보였죠.

익명의 질문자님은 황제가 죽었을 때의 경우를 콕 집어 물었는데, 실제로 이것은 매우 중요한 사안이었습니다. 장례에서 어떤 예법을 따르고 얼마나 오래 장례를 치러야 할지 전 제국에 전달해야 했을 뿐 아니라, 정보를 신속하게 전달하면 반란이나 군사 정변을 진압하는 데도 도움이 됐습니다. 소식이 다른 지역보다 늦게 도착하는 지역에서는 군사령관이나 지역 통치자가 반란을 일으키거나 다른 파벌이 세력을 조직하기에 앞서 권력을 확대하고자 움직일 수도 있었습니다.

그렇지만 이와 비슷한 이유로 죽음을 숨겼던 유명한 사례도 있습니다. 진시황제는 불로장생하겠다고 천명했으나, 그 거대한 꿈은 제국을 순행하던 도중 그가 세상을 떠나면서 물거품이 되고 말았습니다. 그렇지만 최측근 참모들은 혼란을 방지하고 왕위 계승을 통제하기 위해 순행을 계속하기로 했습니다. 어차피 진시황제는 암살을 두려워해 대중 앞에 얼굴을 드러내지 않았으니 진시황제를 흉내 내며 미소를 짓고 손을 흔들 사람을 대신 세울 필요도 없었습니다. 순행이 계속되는 동안 황제의 시신은 영구차가 되어 버린 수레 안에서 조용히 썩어 갔습니다. 말 그대로 죽음의 냄새를 숨길 수 없는 지경이 되자 참모들은 악취를 설명하기 위해 지역 관리들에게 썩은 생선을 담은 수레를 끌고 황제의 순행을 호위하라는 칙령을 발표했습니다.

진시황제가 영생을 꿈꿨음을 알 수 있는 이유 중 하나는 황제가 불로장생의 묘약을 찾아 황실로 보내라는 명령을 제국 전역의 관리들에게 보냈기 때문입니다. 묘약을 구하지 못했다고 회신한 이들도 있었습니다. 여기에서 봉화를 사용하지 않고 전갈을 보내는 통신 및 물류 방식이 등장합니다. 기본적으로는 사람이 말이나 수레를 타고 혹은 걸어서 전갈을 보냈습니다. 훗날 진나라에 정복당하고 통일되는 경쟁 제후국들 사이의 우편 체계는 진시황제의 시대보다 수 세기 전부터 작동하고 있었으며 시간이 흐르면서 점차 효율적으로 개선

됐습니다.

비결은 일정 거리마다 세운 역참이었습니다. 전령은 하루에도 몇 번씩 역참에 들러 말을 갈아타거나 자신이 피곤해지면 다른 전령에게 전달을 맡길 수 있었습니다. 이런 제도는 중국에서 독자적으로 발달했을 수도 있으나, 이웃한 페르시아에서는 같은 제도가 기원전 6세기부터 완전히 자리를 잡았기 때문에 중국인이 이를 모방했을 가능성도 아예 없지는 않은 듯합니다. 헤로도토스는 페르시아의 교대 통신 체계인 앙가레이온angareion이면 불과 7일 만에 약 2700km를 갈 수 있다고 전했습니다. 일반적인 여행자라면 3개월은 걸릴 거리였습니다.

중국의 우편 개혁은 먼 옛날인 진나라와 한나라부터 도로 건설과 나란히 진행됐습니다. 당 왕조가 들어선 이래로는 700년대 중반에 이미 전국에 1639개의 역참이 건설됐습니다. 960년대부터 1200년대 후반까지 중국을 다스린 송 왕조는 통신이 원활하게 오갈 수 있도록 약 11km마다 우편소를, 약 29km마다 역참을 건설했습니다. 14세기 몽골족이 중국을 정복하고 세운 원 왕조 시대에는 주요 도시를 연결하는 네 개의 간선도로(일도)를 비롯해 더 많은 인프라를 확충했습니다. 일도는 단순히 황무지를 가로지르는 고속도로가 아니었습니다. 이 길을 따라 주요 정착촌이 생겨났는데, 특히 정규 통신 덕분에 효율적인 교역과 행정이 가능했기 때문이었습니다.

말이 나온 김에 몽골의 경우를 살펴봅시다. 몽골도 거대한 제국이었으므로 마찬가지로 우편 체계를 만들어야 했습니다. 완전히 신뢰할 수는 없으나, 유럽인 여행자 마르코 폴로Marco Polo는 몽골인이 밥을 먹기 위해 말에서 내릴 필요도 없이 10일 동안 계속 말을 탈 수 있다고 전했습니다. 강력한 왕 칭기즈칸은 이른바 '화살 전령'에게 우편 업무를 맡겼는데, 이들은 약 64km마다 물자를 보급 받은 듯합니다. 마르코 폴로는 각지의 여러 가문이 역참에 400마리의 말을 두는데, 그중 200마리는 초원에 방목하고, 나머지 200마리는 전령을 맞이할 수 있도록 대기시켰다고 했습니다.

또 다른 유럽인 여행자 포르데노네의 프라이어 오도릭Friar Odoric은 약 5km마다 초소가 있으며 초소마다 네 명의 전령과 이들에게 '가방, 종, 술 달린 창, 기름을 먹인 비단 1마, 전갈 꾸러미를 감싸는 부드러운 비단 덮개, 비 올 때 쓸 수 있는 모자와 겉옷, 비밀 붉은 막대, 돌아오는 표' 등을 제공하는 관리자가 있었다고 했습니다. 이들은 옷에 종을 달고 달렸으며, 이 소리를 들은 다음 주자는 전 주자가 도착하자마자 마치 계주 경기에서 배턴을 건네받듯 쭉 뻗은 팔로 전갈을 건네받고 바로 출발했습니다. 왜 그렇게 서둘렀던 걸까요? 전령들은 45분 이상 늦을 시 대나무로 20회 매질을 당했습니다. 봉인된 전갈을 열어 보거나 잃어버리면 평생 옥에 갇히거나 사형을 당할 수도 있었습니다.

마르코 폴로가 쓴 글은 완전히 믿기 어렵고 심지어 그가 중국에 다녀왔는지 자체에 의문을 제기하는 학자들도 많지만, 어쨌든 그는 몽골 전령사들이 하루에 약 400km를 달릴 수 있다고 했습니다. 만약 사실이라면 믿을 수 없을 만큼 놀라운 속도였죠. 한편 이보다 느리고 저렴한 방법도 있었습니다. 오늘날의 우편 소인과 마찬가지로 당시 중국의 전갈에도 발송 날짜, 전달 속도, 예상 도착 날짜 등이 찍혀 있었습니다. 아마도 느림, 보통, 빠름, 급행까지 네 가지 속도 중 하나를 선택할 수 있었으며 급행의 경우 황금빛 인장으로 봉했을 겁니다. 시일이 크게 지체되면 역참 전령들의 봉급이 대폭 삭감당할 수 있었고 1년 치 봉급을 빼앗기기도 했습니다. 다음번에 택배 업체에서 '배송 예정 시간: 오전 8시~오후 8시'라고 문자를 보내면 답장으로 이 이야기를 보내 봐야겠습니다. 그런데 제 택배는 대체 언제 온다는 걸까요?

몽골의 화살 전령은 이렇게 믿을 수 없을 만큼 빨랐습니다. 반면 대부분의 중세 시대 기마 전령은 약 120km를 하루 만에 주파하기만 하면 됐습니다. 화살 전령에 비하면 양호한 수준이죠. 길마다 토질이 다르고 산세가 험하면 달리기가 더욱 까다로웠겠죠. 하지만 마크 엘빈Mark Elvin 교수는 14일이면 중화제국 전역의 모든 도시에 전령을 보낼 수 있었으며, 때로는 제국의 가장 바깥쪽 변경에 이르는 데까지 단 8일이면 충분했다고 지적했습니다. 1700년대 들어 도로 개선 작업도 훨씬 빠르게 진행됐으며, 1842년에는 놀랍게도 약 315km까지 도로가 이어졌습니다. 도보 전령의 경우 하루 12시간 동안 약 48km를 걸은 뒤 역참을 찾아 휴식을 취할 수 있었습니다. 꽤 양호한 수준이었지만 급행 전령들은 밤새 이동하기도 했습니다. 실로 탁월한 제도였으나 이후 수년간 퇴행을 거듭했으며, 결국 19세기 유럽인들은 중국의 우편 제도와 비교하면 자기네 우편 제도가 훨씬 낫다고 일축하기에 이르렀습니다.

마무리하기에 앞서 이 제도를 기념할 만한 이야기를 하나 들려드리겠습니다. 700년대 중반, 당나라 황제 현종玄宗은 전설적인 미모의 양귀비를 후궁으로 두었습니다. 양귀비는 여지(리치)라는 과일을 정말 좋아했으나 여지가 나는 곳은 1200km나 떨어져 있었습니다. 그러자 현종은 양귀비에게 잘 보이고 싶은 마음에 가장 빠른 말로 밤낮없이 달려 3일 안에 여지를 배달하라는 명령을 내렸습니다. 과일 바구니 하나 가져오기 위해 상당히 큰 소란을 피운 셈이었죠. 그래도 현종은 유왕과 다르게, 단지 양귀비를 침대에 눕히기 위해 봉화에 불을 피워 전 군대를 집결시키지는 않았네요. 가끔 남자들은 정말 왜 이러는 걸까요?

36

칭기즈칸은 정말 가는 데마다 나무를 심었나요?

질문자 케이티

동아시아의 통치자를 연달아 살펴보게 됐군요. 징기스칸Genghis Khan 이라는 이름으로도 널리 알려져 있으나 그가 실제로 사용했던 몽골 어 및 튀르크어를 따라 칭기즈칸Chinggis Khan이라고 부르겠습니다. 케이티 님이 주신 질문은 많은 분이 처음 듣는 신기한 이야기일 수도 있겠지만, 사실 지난 2011년에는 칭기즈칸이 지구 온난화를 어느 정도 감속시켰다는 연구 결과가 대대적으로 보도된 적이 있습니다. 친환경 전사라고 한다면 초목을 가꾸길 좋아하는 전사라든가 피로 물든 페르시아의 전장을 느긋하게 돌아다니며 새로 자라나는 묘목을 쓰다듬는 모습을 상상할 수도 있겠지만 실제로는 이와 전혀 달랐습니다. 칭기즈칸은 나무를 심지 않았지만 너무 많은 사람을 죽인 탓에 대자연이 잠시 힘을 되찾았고, 숲이 다시 자라났고, 이산화탄소 농도가 떨어지긴 했습니다.

케이티 님은 아마 2011년 《홀로세》 저널에 게재된 스탠퍼드대학교 환경공학 연구진의 과학적인 연구를 바탕으로 한 기사를 보신 것같습니다. 연구진은 전 세계 토지 피복 모형을 구축한 뒤, 그린란드와 남극에서 추출한 빙하 코어를 분석해 얻은 기후 데이터를 모형에 입혔습니다. 그런 다음 세계사에서 수많은 사람이 목숨을 잃었던 네번의 주요 참사 동안 이산화탄소 농도가 어떻게 변화했는지 연구했습니다. 여기서 네 번의 참사란 아시아에서 몽골 제국이 부상한 1200년부터 1380년까지, 유럽에 흑사병이 창궐한 1347년, 스페인이 아메리카 대륙을 정복한 1519년부터 1700년까지 그리고 중국 명 왕조가 몰락한 1600년대 초를 가리킵니다.

대규모 농업이 환경에 미치는 영향에 초점을 맞추었던 이 연구에 따르면 앞서 말한 네 번의 참사 중 환경 면에서 가장 중요한 사건은 바로 칭기즈칸이 중국과 페르시아 세계에 등장했던 때였습니다. 흑사병은 유럽 인구 3분의 1에 달하는 2500만~5000만 명의 목숨을 앗아 갔으나, 남극의 빙하 코어는 별일 아니라는 듯 어깨를 으쓱하고 말았던 것 같습니다. 그러나 스탠퍼드대학교 연구진에 따르면 칭기즈칸과 몽골인 침략자들은 너무 많은 사람을 죽이는 바람에 대기 중 이산화탄소 농도가 무려 7억 톤이나 감소했다고 합니다. 영화 〈어벤져스〉를 보셨다면 타노스에 버금가는 수준이란 말이 무슨 뜻인지 아실 겁니다.

그러나 주의할 필요가 있습니다. 이 연구에서도 언급했듯 이처럼 놀라운 결과가 나타난 데에는 다른 요인이 작용했을 수도 있습니다. 게다가 회의적인 역사학자로서 저는 칭기즈칸에게 목숨을 잃은 사망자 통계가 크게 과장됐다고 봅니다. 있는 그대로 받아들인다고 하더라도 불과 4000만 명밖에 되지 않죠…. 잠시만요, 제가 말도 안 되는 소리를 했습니다. 4000만 명밖에 안 죽었다는 말 자체가 어불성설이네요. 제가 하려던 말은 칭기즈칸의 적군이 쓴 과장된 보고서나 참모들의 호들갑스러운 자랑이 담긴 기록을 제외한다면 아마 칭기즈칸에게 목숨을 잃은 사람이 흑사병으로 죽은 사람보다 적을 것이라는 말이었습니다. 그렇지만 이 연구는 여전히 몽골 전사들만이 이산화탄소 수준을 낮추는 데 영향을 미쳤다고 보며, 이를 바탕으로 〈가디언〉지는 '칭기즈칸이 지구에 도움이 된 이유'라는 기사를 보도했습니다.

그렇다면 왜 칭기즈칸의 행동이 지구에 이로운 영향을 미치는 결과를 낳았을까요?

과학자들은 단기적인 참사가 장기적인 참사보다 영향력이 적었을 것이라며 이처럼 기이한 결과를 설명했습니다. 흑사병은 유럽을 처참하게 강타했고 순식간에 나타나 무자비하게 목숨을 앗아 간 뒤 홀연히 사라졌습니다. 파괴적인 비극이었고 경제에 미친 여파는 컸지만, 환경에는 그렇게 큰 영향을 주지 않았습니다. 숲이 다시 자라나는 데에는 한 세기가 걸리며, 흑사병은 그 영향을 남기기 이전에 자취를 감추었기 때문인 듯합니다.

전염성 질병은 밀집된 도시 지역에서 크게 창궐하고 시골 지역보다 도시 지역에 큰 피해를 미칩니다. 게다가 도시는 말 그대로 나무가 거의 없는 곳이죠. 농경 지역에 피해가 극심했다 하더라도 논밭에 남은 농작물이 그대로 썩으면서 이산화탄소를 생성했습니다. 그러니 중세 농경사회에서 수백만 명이 목숨을 잃었다고 해도 이들이 남긴 탄소발자국은 그 이후에도 계속됐던 겁니다. 시간이 지나면서 인구가 차츰 회복되고 농경지 재건도 시작했기 때문에 이산화탄소 수준은 엄청난 사망자 수에 비하면 안정적으로 유지됐습니다.

이 연구에서는 1500년대 초 유럽 정복자들이 아메리카 대륙에 도착한 이후로 어떤 변화가 생겼는지도 다루고 있습니다. 식민지주의자들의 폭력도 잔혹했지만, 인구가 크게 줄어든 주된 이유는 천연두가 원주민들에게 극심한 피해를 남겼기 때문입니다. 수천만 명이 목숨을 잃었으며 많게는 약 90%의 원주민이 대가 끊겼습니다. 원주민 공동체는 여기서 다시는 회복하지 못했습니다. 이로 인해 나무가 오랜 시간에 걸쳐 다시 자라나면서 아메리카 대륙의 탄소 저장량이 증가했고 대기 중 이산화탄소 농도가 낮아졌을 겁니다. 그러나 이와 동시에 지구상의 다른 수많은 지역에서는 나무를 베어 내고 있었으며 농경도 발달하고 있었습니다. 그러므로 남아메리카의 나무 수가 늘어났다고는 해도 다른 지역의 나무 수가 줄어들었던 겁니다. 두 효과가 서로 상쇄되면서 이산화탄소 농도는 안정적으로 유지됐습니다.

반면 칭기즈칸이 이끌었던 몽골 제국의 확장은 광대한 영토를 혼돈과 폭력의 구덩이로 밀어 넣었으며 앞서 말했듯 4000만 명의 목숨을 앗아 갔다고 추정됩니다. 흑사병과는 달리 몽골인들은 이후 약 175년간 아시아 전역에 정착하고 그곳을 지배했습니다. 정치적으로 안정됐기 때문에 역사가들이 몽골의 평화라는 뜻으로 팍스 몽골리카Pax Mongolica라고 부르는 이 시기에는 교역이 활성화되고 번영을 이루었습니다. 칭기즈칸은 환경운동가 그레타 툰베리와 전혀 딴판이었고, 그를 변호해 줘야 할 이유도 잘 모르겠습니다. 하지만 그래도 공정하게 평가하자면 그가 세운 제국이 곧바로 크게 번영했다는 점에서 그가 4000만 명을 죽였다는 설은 크게 과장된 듯합니다. 몽골 제국이 효율적으로 거두어들인 막대한 세금은 여전히 수많은 사람이 경제 활동을 하고 있었음을 시사합니다. 그러니 저는 회의적으로 바라볼 수밖에 없네요.

게다가 만약 정말로 수천만 명이 목숨을 잃었다면 몽골군의 칼날과 화살 이외에도 전염병이나 기근처럼 사람들의 목숨을 앗아 간 요인이 더 있지 않았을까요? 실제로 스탠퍼드 연구진은 단순히 어떤 사건으로 가장 많은 사람이 죽었는지보다 더 많은 측면을 바라봐야 한다고 지적했습니다. 네 번의 전환기를 거치는 동안 태양 복사열, 일반적이지 않은 날씨 패턴, 알려지지 않은 화산 분출 등도 이산화탄소 농도에 영향을 미쳤을 수 있기 때문입니다. 게다가 연구진은 몽골인들의 정복 활동이 수많은 목숨을 앗아 간 네 가지 참사 중 가장 이른 시기에 일어난 일이므로 나머지 세 가지 사건이 단순히 전 세계적으로 농경이 발달하고, 토지 경작이 늘어나고, 삼림 파괴가 진행된 후대에 일어난 탓에 사건 자체가 환경에 영향을 덜 미쳤을 수도 있다고 했습니다.

정말로 칭기즈칸이 너무 많은 사람을 죽인 탓에 산림이 다시 살아났을 수도 있습니다. 그러나 다른 사건들도 마찬가지로 수많은 목숨을 앗아 가기도 했고, 사건과 관련 없는 요인들이 빙하 코어 표본에 간섭했을 수도 있다는 점을 반드시 눈여겨보아야 합니다. 과거에 대한 우리의 이해를 뒷받침하거나 그와 반대되는 이야기를 들려주는 과학적 데이터는 언제나 흥미롭습니다. 그러나 한 가지 변수에 모든 것이 달려 있다고 생각해서는 안 됩니다.

누가 뭐래도 칭기즈칸은 정복 활동으로 막대한 인명을 살상했습니다. 그는 무시무시한 인물이었고, 과장이 섞여 있을 어느 이야기에서는 그가 몽골족에게 맞서면 어떻게 되는지 가르쳐 주기 위해 니샤푸르 시에 175만 명의 해골을 산처럼 쌓아 놓았다고 합니다. 가까이할 만한 사람은 전혀 아니었겠죠. 그렇지만 칭기즈칸의 방식은 기후 변화를 해결할 유일한 해결책도 아니거니와 설령 그렇다 하더라도 그의 방식이 우리 지구를 구하는 최선의 방법은 아닐 겁니다.

37

이탈리아는 왜 이탈리아라고 불리나요?

질문자 익명

오늘날 많은 나라의 국가명은 고대 민족의 이름에서 비롯됐습니다. 잉글랜드는 앵글로인, 프랑스는 프랑크인, 벨기에는 벨가에인, 스코틀랜드는 스코트인에서 나온 이름이죠. 그러니 고대 로마인들이 다스렸던 지역도 지역을 기리는 이름이 있으리라고 생각할 겁니다. 어쨌든 로마인들은 광대한 제국을 나름대로 잘 다스렸기 때문이죠. 당연히 로마 이름을 쓰지 않았을까요? 그렇지만 이상하게도 로마인들은 기원전 100년대 초 로마 제국에 속했던 루마니아에 이름을 넘겨주었으며, 오늘날 파스타와 피자, 피사의 사탑이 있는 땅은 이탈리아라고 부르게 됐습니다. 왜 그럴까요?

여기에는 꽤 복잡한 이유가 얽혀 있습니다.

고대 철기 시대로 돌아가 봅시다. 전설에 따르면 로마는 기원전 753년 로물루스Romulus와 레무스Remus가 건국했는데, 초기에는 수수하고 작은 나라였습니다. 한편 당시 이탈리아반도는 수많은 지역으로 쪼개져 여러 민족이 다스리고 있었습니다. 이 중 가장 잘 알려진 민족인 에트루리아인은 이탈리아 서부와 북서부의 광대한 영토를 다스렸으며 훗날 이탈리아 토스카나주가 이들의 이름을 물려받았습니다. 북쪽에는 리구리아인, 베네티아인, 라이티아인이 있었고, 동쪽에는 움브리아인과 피첸티니인, 남동쪽에는 사비니인과 삼니움인, 남쪽에는 라틴인, 그보다 더 남쪽에는 브루티인이 있었으며 이외에도 오스크인, 마르시인, 펠리니인, 루카니인, 칼라브리아인, 풀리아인과 시칠리아인 그리고 너무 많아서 다 쓸 수 없을 만큼 수많은 민족이 있었습니다.

게다가 이탈리아 남부의 주요 도시들은 사실 기원전 8세기부터 6세기 사이에 건설된 그리스의 식민지였습니다. 당시에는 파르테노페라고 알려졌던 나폴리와 욕조 안에서 유레카를 외쳤던 아르키메데스의 고향인 시칠리아의 시라쿠사도 여기에 속했습니다. 실제로 훗날 로마인들은 남부 이탈리아를 위대한 그리스라는 뜻의 마그나 그라에키아Magna Graecia라고 불렀습니다. 그렇지만 우리가 알고자 하는 이탈리아 국호의 기원은 아직 등장하지 않았네요. 그렇다면 또 어느 곳을 들여다봐야 할까요?

아리스토텔레스와 투키디데스Θουκυδίδης를 비롯한 고대 역사가들은 종종 '포도덩굴의 땅'이라는 뜻의 오이노트리아 지역을 다스린 왕 이탈로스Ιταλός의 이야기를 전했습니다. 오이노트리아는 앞서 언급한 그리스 식민지 개척자들이 이탈리아 남부의 드넓고 길쭉한 땅덩어리를 일컫던 말인 듯한데, 아마 포도를 경작하기 좋은 비옥한 땅이라는 의미였을 겁니다. 그렇지만 저는 이곳 사람들이 늘 포도주에 취해 있었기 때문에 정복하기 쉬워서 포도덩굴의 땅이라고 불리지 않았나 상상해 봅니다. 어쨌든 아리스토텔레스에 따르면 이탈로스는 전설적인 통치자였으며 이탈리아 남부를 칭할 때 그의 이름을 본떠 불렀다고 합니다.

생각해 볼 만한 다른 설도 있습니다. 현대 학자들은 이탈리아라는 말이 송아지를 일컫는 라틴어 단어 비툴루스vitulus에서 유래했다

9장. 민족과 제국

고 주장합니다. 송아지 떼의 땅을 가리켜 비텔리아vitelia라고 불렀고, 이를 줄여서 이탈리아라고 불렀다는 겁니다. 게다가 이를 뒷받침하듯 고고학자들은 전설적인 포도주 애호가 이탈로스가 다스렸다는 이탈리아 남부에서 고대 오스칸 말로 비텔리우Víteliú라는 글이 새겨진 다수의 주화를 발견했습니다. 이 주화가 여러 장소에서 발견됐다는 점으로 미루어 보자면 이탈리아 남부 전역에 걸친 공동의 문화 정체성이 존재했던 듯합니다.

기원전 220년대에 이르자 라틴어를 사용하는 로마인들이 남부를 제외한 이탈리아 대부분을 점령했는데, 이 시기에 비非로마계 남부 사람들을 이탤릭Italics이라고 일컬었다는 증거를 발견할 수 있습니다. 가장 뚜렷한 한 가지 증거는 그리스 델로스섬에서 발견된 명문으로 공공 광장인 아고라가 '아폴론과 이탤릭인'에게 헌정됐다는 점을 밝히고 있습니다. 실력 좋은 펑크 밴드 이름 같군요. 시대착오적인 상상을 늘어놓다가 삼천포로 빠지고 싶지는 않지만, 그래도 포도주의 나라에서 온 사람들이 언제나 취한 상태로 이탤릭 폰트처럼 비스듬하게 휘청거려서 이탤릭이라고 불렀다는 상상도 재미있는 듯합니다. 이를 뒷받침할 만한 증거는 전혀 없지만 제 책인데 누가 저를 말릴 수 있을까요?

어쨌든 다시 사실에 입각한 이야기로 돌아와 봅시다. 델로스섬의 아고라를 이탤릭인에게 헌정할 때만 하더라도 이탤릭인은 로마인으로 여겨지지 않았습니다. 로마는 이탈리아반도 전역에서 지배권을 행사했으나 다른 민족들을 정당한 로마 시민이 아니라 이방의 동맹 도시 소키이socii라고 여겼습니다. 정당한 일원으로 인정해 달라는 요

경이로운 역사 콘서트

구가 광범위하게 이어졌으나 대부분의 완고한 로마인들은 이를 거절했으며, 결국 소키이들은 기원전 91년 로마를 상대로 반란을 일으켜 4년간의 처참한 전쟁을 치렀습니다. 동맹시 전쟁Social War으로 알려진 이 전쟁에서 약 10만 명이 목숨을 잃었다고 전해집니다. 전쟁에서는 로마가 승리했으나, 또 다른 반란을 감당할 수 없었던 로마인들은 결국 이탤릭인과 에트루리아인, 삼니움인 등의 요구를 받아들였습니다.

그렇게 한순간 모두 로마인이 된 겁니다.

그다음 반세기 동안에도 커다란 변화가 찾아온 듯합니다. 이탤릭이라고 하면 더는 남부 사람들만을 지칭하는 게 아니라 북동쪽의 적대적인 갈리아인과 국경을 접한 루비콘강 인근 주민들까지도 이탤릭이라고 칭하게 된 겁니다. 정복자 율리우스 카이사르가 갈리아를 무찌른 이후에는 이탈리아의 영역이 더욱 넓어져 알프스산맥에 이르렀습니다. 기원전 27년 비범한 자신감으로 무장하고 취임한 로마 초대 황제 아우구스투스 카이사르는 취임 이후 이탈리아반도를 라티움 캄파니아, 칼라브리아와 아폴리아, 루카니아와 브루티움, 삼니움, 피케움, 움브리아, 에트루리아, 아이밀리아, 리구리아, 베네티아, 트란스파다나 갈리아까지 열한 개 주로 나누었습니다. 아우구스투스는 이들 지역을 한데 모아 모든 이탈리아라는 뜻의 토타 이탈리아Tota Italia라고 불렀습니다. 로마 제국은 이후로도 계속 성장했으나, 그 시민 중 대부분은 이제 이탈리아인으로 구분됐습니다.

이야기는 아직 끝나지 않았습니다. 오히려 여기서부터 정말 복잡해지죠. 이탈리아라는 정치적 용어는 유용하게 사용됐지만 사실 어떤 개념을 가리키는지 명확하지 않았습니다. 기원후 470년대에 서로 마제국이 멸망한 이후 이곳을 다스리게 된 오도아케르Odoacer와 테오 도리쿠스Theodericus를 비롯한 고트족 수장들은 스스로를 이탈리아의 왕이라고 칭했습니다. 그러나 기원후 773년에는 프랑크의 카롤루스 대제가 신성 로마 제국에 이탈리아를 포함하면서 스스로 로마 황제 라고 칭했으며, 이탈리아는 제국에 포함된 부수적인 왕국으로 취급 했습니다.

이 다음부터는 너무나 복잡한 역사가 이어지기 때문에, 여기에서 전부 요약할 수는 없을 듯합니다. 이탈리아의 중세사는 그야말로 파 란만장했고, 제게는 그 모든 걸 다 설명할 시간도 기력도 없습니다. 더 자세한 이야기를 원한다면 데이비드 아불라피아의 편저 《중세 시 대 이탈리아》*에서 당시 생활상을 주제별로 살펴볼 수 있으며, 더 간 결하고 명료한 연대기는 빈센트 크로닌의 《이탈리아사》**를 추천합 니다. 제 책에서는 이탈리아가 반으로 나뉘었다는 점만 아시면 됩니 다. 남쪽 절반은 1280년대에 나폴리 왕국이 됐고, 북쪽은 피렌체, 밀 라노, 베네치아를 비롯한 여러 적대적 도시국가로 분할되어 각자 독 립을 주장했으나 여전히 신성 로마 제국의 간섭을 받아야 했습니다.

1494년에는 프랑스와 신성 로마 제국이라는 두 강대국이 맞붙으 면서 이탈리아를 전장 삼아 잔혹하고 역동적인 이탈리아 전쟁이 발 발했습니다. 이 전쟁에서는 말로는 다할 수 없을 만큼 잔혹한 살육이 자행됐으며, 1519년에 막강한 스페인의 국왕 카를 5세가 신성 로마

---

*   David Abulafia, 《Italy in the Central Middle Ages》, 국내 미출간
**   Vincent Cronin, 《Italy: A History》, 국내 미출간

제국 황제에 즉위하면서 이탈리아 원정에 더 많은 군대와 물자를 보내 한층 더 잔혹한 전쟁이 펼쳐졌습니다. 놀랍게도 이탈리아 전쟁은 우리가 익히 아는 르네상스 시대의 문화적 번영에는 해를 끼치지 않았고 오히려 이를 부채질했습니다. 또한 온갖 파벌 정치가 난무하는 상황에서 흥미롭게도 교황과 시인 양측 모두가 이탈리아라는 단어를 사용했는데, 이는 포탄이 오가는 와중에도 외견상 공동의 정체성이 있었음을 시사합니다.

그러나 1790년대로 넘어가 보면 이번에는 신성 로마 제국이 강력한 군사령관인 나폴레옹 보나파르트와 대적하게 됩니다. 나폴레옹은 오스트리아의 침공에 맞서 이탈리아를 완충 지대 삼아 프랑스 혁명공화국을 지키고자 했습니다. 그는 신성 로마 제국을 이탈리아반도에서 몰아내고 북부에 일련의 소규모 공화국들을 세운 뒤 이를 이탈리아 왕국에 합병시켰습니다.

고대 시대의 이탈리아는 반도 남쪽 끝자락의 일부 지역을 가리키는 말이었으나, 나폴레옹의 이탈리아 왕국은 북부에 한정됐습니다. 반도 남부는 여전히 나폴리 왕국이라고 불렸는데, 나폴레옹은 이곳의 통치자로 자기 형을 임명했으며 이후 조아킴 뮈라Joachim Murat 장군이 이를 이어받았습니다. 그러나 1815년에 나폴레옹은 워털루 전투에서 마침내 패배했으며, 이듬해 이탈리아는 초기화 상태로 돌아갔습니다. 한편 해체된 신성 로마 제국의 전 황제가 이번에는 오스트리아 황제로 돌아와 이탈리아를 다시 지배하려고도 했습니다.

그러나 민중 사이에서는 나폴레옹 시대가 주입한 야심 찬 공화주의 사상이 끓어오르기 시작했고 곧 리소르지멘토Risorgimento가 일어났습니다. 문예 부흥과 혁명을 위한 이 운동은 주세페 마치니Giuseppe Mazzini가 이끌었으며 주세페 가리발디Giuseppe Garibaldi와 의용대가 여기에 박차를 가했습니다. 1859년에는 가리발디가 이끄는 피에몬테군이 오스트리아군을 무찌르고 이탈리아 대부분을 통일했습니다. 1866년에는 베네치아를 탈환하고, 1870년에는 로마로 진격했습니다. 마침내 이탈리아반도는 다시 한 번 통일을 이룩했고, 새로운 시민들은 이탈리아라는 국호를 연호했습니다. 그렇지만 이렇게 탄생한 이탈리아에는 앞으로 풀어 나가야 할 1500년어치 역사가 쌓여 있었으며 수많은 언어와 지역 전통을 엮어 하나의 정체성으로 만드는 숙제가 남아 있었습니다. 이탈리아 통일의 주축이 된 사르데냐 왕국의 전 총리 마시모 다첼리오Massimo d'Azeglio는 "이탈리아를 만들었으니 이제 이탈리아인을 만들어야 한다."라는 명언을 남겼는데, 이 말이 당시 상황을 한마디로 압축하는 듯합니다. 오늘날의 이탈리아 경제는 남북 간 차이가 크고 정치에서도 자주 극적인 장면이 연출되는 것을 보니 아직도 갈 길이 멀어 보입니다.

38

오늘날 아프리카 국가들의 국경은
어떻게 만들어졌나요?

질문자 도널드

아이고 이런…. 질문들을 받다 보면 커다란 질문도 있고 커~~~다란 질문도 있는데, 도널드 님의 질문은 후자에 속합니다. 아프리카는 지구 상 두 번째로 큰 대륙이자 두 번째로 인구가 많은 대륙입니다. 인구는 12억 5000만 명이고, 지리적으로 54개의 주권 국가와 2개의 분쟁 국가 및 외국이 관리하는 10개의 영토로 나뉘어 있습니다. 그런데 이 책은 1300단어에서 2500단어에 이르는 간략한 답변을 담은 유쾌한 책입니다. 그러니까 도널드 님이 던져 준 도전을 받아들여 아프리카 내 국가들의 역사를 읊어 보려면 한 나라당 46단어 정도로 끝내야만 할 겁니다. 아, 지금 이 도입부도 있으니까 43단어로 해야겠군요.

그런 쩨쩨한 방식 대신 오늘날 아프리카의 국경선이 형성된 유명한 사연을 들려 드린 다음 국경선이 왜 그렇게 단순해졌는지를 설명하겠습니다. 자, 시작해 볼까요?

1884년, 유럽과 미국의 정계 거물들이 베를린에 모여 마치 맛있는 생일 케이크를 자르듯 아프리카를 분할했습니다. 이들은 지난 20년간 자국의 세력권을 규정하고 타국의 세력권에 간섭하지 않으면서 아프리카의 땅을 차지하기 위해 이른바 아프리카 쟁탈전을 벌이며 서로 엎치락뒤치락해 왔습니다. 1884년의 회담은 노련한 독일 재상 오토 폰 비스마르크Otto von Bismarck의 주도하에 열렸습니다. 콧수염을 기른 정계 거물들이 거대한 지도에 대고 파란 색연필로 이리저리 직선을 그어 대고 나니 아프리카 대륙에서 유럽이 지배하는 영역은 10%에서 무려 90%까지 치솟았습니다. 이처럼 인위적이고 자의적이며 말도 안 되게 곧은 직선 국경은 너무나 큰 영향력을 발휘했습니다. 결국 1960년대에 아프리카 독립운동이 이어질 때도 이 국경을 따를 수밖에 없었습니다. 이 국경은 오늘날에도 그대로 남아 있습니다.

끝입니다.

그렇지만 역사는 그렇게 단순하지 않고 현대 학자들은 유럽의 식민지주의가 아프리카에 남긴 끔찍한 영향력을 인정하면서도 여러 가정에 의문을 제기하고 있습니다. 그러니 차근차근 다시 살펴보겠습니다.

유럽이 아프리카에 개입하기 시작한 시기는 먼 옛날로 거슬러 올라갑니다. 아프리카라는 이름은 로마인들이 사용한 데서 비롯됐으나, 왜 이런 이름으로 불렀는지는 알려지지 않았습니다. 로마인들은 아프리카 북부 지역에만 관심이 있었으나, 아프리카에는 엄청나게 화려하고 다양한 역사가 있으니, 우리가 로마인들의 실수를 반복해서는 안 될 겁니다. 서쪽에는 1300년대 만사 무사가 이끌었던 이슬람계 말리 제국이 있었고, 뒤이어 1460년대부터 1580년대까지는 송가이 제국이 이곳을 다스렸습니다. 두 제국 모두 눈이 휘둥그레질 만큼 부유했습니다. 이보다 조금 이른 시기에는 나이지리아에 아름다운 청동 동상을 남긴 베닌 제국이 존재했습니다. 또 아샨티 제국은 화려한 금세공업과 풍성한 전통음악을 자랑했는데, 이에 대해서는 다음 질문에서 더 자세하게 다루겠습니다. 남쪽에서는 중세 시대에 그레이트 짐바브웨 왕국이 막강한 교역망의 중심지였던 거대한 성곽도시를 뽐내고 있었습니다.

한편 동아프리카는 아랍과 페르시아, 오스만 세계의 영향을 받았기 때문에 특하나 다채로운 문화가 융성했으며, 이곳의 해안 지역을 가리켜 아랍어에서 비롯된 이름인 '스와힐리 해안'이라고 불렀습니다. 이 지역은 인도 및 그 너머의 동남아시아와도 광범위하게 교류했으며, 아프리카 반투족의 후손인 시디족은 오늘날에도 파키스탄과 인도에서 상당한 규모의 공동체를 이루고 있습니다. 물론 아프리카 기독교의 오랜 성채인 에티오피아를 빼놓을 수 없습니다. 4세기에 기독교를 받아들인 에티오피아는 훗날 바위를 깎아 만든 유명한 랄리벨라 암굴 교회를 건설했습니다.

유럽의 식민지 계획이 베를린 회담이 열리기 훨씬 전부터 시작됐다고 말하는 데는 다 그럴 만한 사정이 있었습니다. 1488년에 포르투갈의 바르톨로메우 디아스는 희망봉을 돌아 항행하면서 광대한 아프리카 대륙을 목격했습니다. 1600년대가 되자 유럽 강대국들이 수익성 좋은 신대륙의 설탕 및 담배 플랜테이션에 노동력을 공급하기 위해 비열하고 잔혹한 대서양 횡단 노예 제도를 구축하는 데에 이르렀습니다. 이후 두 세기 동안 대략 1250만 명이 강제로 노예가 됐는데, 아프리카인이 같은 아프리카인을 노예로 붙잡아 팔아넘기는 경우도 많았습니다. 이들은 비좁은 배에 올라탄 채 배 위에서 죽거나, 살아남더라도 비인간적이고 잔혹한 생을 마주해야 했습니다.

서해안에 노예화 기지를 구축한 유럽인들은 다른 경제 활동을 위한 발판을 마련하기 시작했습니다. 포르투갈인은 브라질 식민지에서 옥수수, 커피, 담배, 사탕수수를 가져와 앙골라에 심는 한편 상아, 직물, 금을 가져갔습니다. 네덜란드 보어인들은 토착 원주민 코이코이족과 전투를 벌여 남아프리카 케이프의 농경지를 정복했습니다. 그러나 1806년에 영국이 케이프를 점령하자 보어인들은 더 내륙지방으로 들어가 트란스발 공화국과 오라녜 자유국을 세웠고, 훗날 이로 인해 영국과 보어 전쟁을 벌였습니다.

한편 프랑스는 오랜 시간 세네갈을 점령했으며, 나폴레옹 휘하에서 이집트를 침략했고, 1830년대에는 알제리에 끔찍하고 오랜 공격을 퍼부었습니다. 이들과 대적하던 영국은 일찍이 남아프리카에 개입했고, 1821년에는 시에라리온에도 손을 뻗쳤습니다. 또한 아샨티를 상대로 수차례 전쟁을 일으킨 끝에 마침내 1874년 세 번째 시도만에 승리를 거두었으며, 이후로도 마무리를 위해 두 번의 전쟁을 더벌였습니다. 그러나 1870년대까지 유럽인들의 이런 개입은 주로 북부와 서부 해안가에 집중되어 있었으며, 동아프리카는 아랍계 오만 제국과 긴밀하게 연결되어 있었습니다.

이런 상황에서 갑자기 쟁탈전이 시작된 겁니다. 왜 그랬을까요? 전통적인 해석에 따르면 아프리카는 주요 강대국들이 설전을 벌이는 두 번째 체스판이자 대리 정치 대결의 장이 됐기 때문이었습니다. 당시 유럽 정세는 여러모로 불안정했습니다. 새로이 통일된 독일이 프랑스의 국경을 위협하고 있었고, 영국에서는 자유무역 정책과 경제적 우위를 유지하기 위한 보호무역 정책이 대립하면서 정치인들이 격돌하고 있었습니다. 게다가 벨기에는 두말할 것도 없었죠.

벨기에의 질투심 많은 왕 레오폴 2세Leopold II는 1870년대부터 자신이 다스리는 영토가 너무나 작다는 점을 부끄럽게 여겼습니다. 필리핀을 획득하는 데 실패한 레오폴 2세는 영국 선교사 데이비드 리빙스턴David Livingstone의 탐험이 대중에게 반응을 얻자 여기에서 기회를 포착했습니다. 정작 리빙스턴은 세상을 떠난 뒤 생전에 했던 동아프리카와 인도양에서 벌어지는 노예무역의 악습에 반대하는 설교로 명성을 얻었습니다. 그러나 레오폴 2세는 런던 주재 벨기에 대사에게 쓴 편지에서 "거대한 아프리카 케이크 한 조각을 먹을 좋은 기회를 놓치고 싶지 않다."라고 인정했습니다.

레오폴 2세의 동기는 분명했으나, 리처드 리드Richard Reid 교수를 비롯한 역사학자들은 다른 유럽 열강이 놀라울 정도로 개입을 꺼렸다고 주장했습니다. 전 영국 총리 윌리엄 글래드스턴William Gladstone은 아프리카에 군사 개입을 강화한 인물로 기억되고 있으나, 사실 그와 그가 속한 자유당은 본래 쟁탈전에 뛰어들지 않으려 했습니다. 쟁탈전이라고 하면 이권을 얻기 위해 굶주린 짐승처럼 달려드는 모습이 연상되지만, 사실 쟁탈전은 열강들이 갑자기 불리한 위치에 놓이게 될까 두려워한 탓에 한층 더 빠르게 진행됐습니다. 경쟁국이 아프리카를 점령하면 어떻게 될지, 국제 정세가 어떻게 뒤바뀔지 두려워한 겁니다. 내가 갖고 싶지는 않지만, 남 주기는 싫은 현실주의 정치 논리였죠.

또한 리처드 리드 교수는 문화 우월주의와 끝없이 깊어만 가는 인종차별주의가 주된 동기였다고 강조했습니다. 1800년대 초 철학자 게오르크 빌헬름 프리드리히 헤겔은 수준 높은 문화를 이룩한 그리스·로마 세계에 속했던 이집트를 제외하면 나머지 아프리카 대륙이 역사도, 문명도, 철학적인 장점도 없는 곳이라고 선언했습니다. 쓰레기 같은 발언이죠. 그러나 당시 서구 지식인층에 아프리카는 백지나 다름없습니다. 게다가 여기에 인종차별이 더해졌죠.

아프리카계 흑인을 인간 취급하지 않는 노예 제도에는 이를 뒷받침할 사상이 필요했습니다. 여기에서 과학적 인종차별주의가 등장했는데, 이는 크게 둘로 나눌 수 있습니다. 우선 인류 일원론 진영에서는 하느님이 모든 인류를 동시에 창조했으며, 아프리카인은 야만적인 환경으로 인해 원시적인 인간으로 남았으나 상위 인종의 사상과 관습에 노출되면 문명화될 수 있다고 주장했습니다.

인류 다원론 진영에서는 각 인종이 각기 다른 시대에 탄생했다고 믿었는데, 이는 창조론과 진화론 모두에서 마찬가지였습니다. 그러므로 아프리카인은 열등한 야만인이며 용맹하고 호전적인 본능만이 유일한 장점이라고 여겼습니다. 아프리카인은 사실상 문명화될 수 없으며 무력으로 복속해야 한다고 했습니다.

무엇보다 아프리카에 개발되지 않은 경제적 잠재력이 있다는 점에는 두 진영 모두 동의했습니다. 눈앞에 금광이 아른거렸나 보죠? 식민지 정복을 부추긴 또 다른 중요한 요인으로는 '강건한 기독교 신앙'이라는 도덕적 정의가 있었습니다. 1884년에 이르자 서구 대부분에서는 노예 제도가 철폐됐으나, 아프리카 일부 지역에서는 여전히 일반적인 관습으로 남아 있었습니다. 잔지바르의 술탄과 영국이 여러 차례 조약을 맺었으나 오만 아랍이 지배하는 해안 거점에서는 여전히 노예무역이 성행하고 있었습니다. 이에 유럽 열강들은 과거에 아무리 노예 제도를 이용해 배를 불려 왔다고 한들, 이제는 노예 제도를 철폐하는 자랑스러운 영웅으로 나서기 시작한 겁니다.

벨기에 국왕 레오폴 2세는 이를 이용해 눈 가리고 아웅하기 시작했습니다. 그는 영국인 탐험가 헨리 모턴 스탠리Henry Morton Stanley를 내세워 '중앙아프리카 탐험과 문명을 위한 국제 협회'라는 인도주의적 기구를 설치했습니다. 그러나 이 기구를 잔혹한 식민지 기구로 사용했으며, 벨기에령 콩고 주민들의 신체를 절단하거나 납치하고 굶기는 등 온갖 방식으로 본인 소유의 고무 사업에 이들을 밀어 넣으면서 대략 1000만 명의 목숨을 앗아 갔습니다. 벨기에령 콩고는 언론의 폭로로 벨기에 국가 차원으로 소유권이 이전될 때까지 레오폴 2세가 개인적으로 소유한 제국이었습니다.

그리하여 1884년부터 1885년에 걸쳐 베를린 회담이 성사됐습니다. 그렇다면 오늘날 아프리카 국경에서 베를린 회담은 실제로 어떤 유산을 남겼을까요?

이에 관해서는 저도 이 분야의 저명한 전문가와 만나기 전까지 믿었던 유명한 설이 있습니다. 베를린에서 아프리카 지도를 다시 그린 이들은 아프리카에 가 본 적도 없고 지리적 특징이나 민족 집단의 분포도 전혀 알지 못한 상태에서 대륙을 임의로 조각냈다는 겁니다. 1890년 영국 총리 솔즈베리 경Lord Salisbury은 냉소적인 어조로 "그 어떤 백인도 발을 디딘 적 없는 땅의 지도를 그리는 데 참여해 왔다. 서로 산과 강과 호수를 나누어 가졌으며 실제로 그 산과 강과 호수가 어디에 있는지 전혀 모른다는 점은 그저 작은 걸림돌일 뿐이었다."라고 말했습니다. 아마 농담으로 한 말일 겁니다. 현대의 많은 학자가 이와 반대되는 논의를 펼치고 있기 때문입니다.

흥미롭게도 이런 베를린 기원설을 주창한 이들은 두꺼운 안경을 쓴 탈식민주의 좌파 역사가도 아니고 심지어 아프리카 혁명가들도 아니었습니다. 역사가 카미유 르페브르Camille Lefebvre 박사가 보여 주었듯 이 주장은 새로운 사회과학을 배운 1920년대 프랑스 식민지 행정가들에게서 나온 이야기였습니다. 이들은 국가란 공동의 언어와 민족성을 바탕으로 한 영토를 가져야 하지만 선대 유럽인들이 이처럼 응집력 있는 정체성을 인식하거나 증진하지 못하고 무작위로 국경을 그어 버렸다고 주장했습니다. 아이러니하게도 유럽 식민주의자들이 직접 나서서 가장 반식민주의적인 주장을 펼친 겁니다.

사실 아프리카의 국경은 베를린에서 정해지지 않았습니다. 국경이 완전히 정해지는 데는 수년이 걸렸고, 지리학자 미셸 푸셰Michel Foucher 교수에 따르면 아프리카의 국경 중 50%가 15년 뒤 다시 그려졌습니다. 그렇다고 황당한 모양의 국경선을 그린 정황이 뚜렷하게 드러나는 사례가 없다는 말은 아닙니다. 감비아는 기이할 만큼 길고 폭이 좁은 나라로 국경선이 해안에서부터 구불거리며 뻗은 강의 양 끝단을 간신히 감싸고 있어 마치 세네갈 위를 기어가는 애벌레 같은 모양새입니다.

푸셰는 아프리카의 모든 국경을 두고 이렇게 말했습니다.

34%는 호수와 강을 따라갔고, 13%는 …물리적 지형의 윤곽을 따랐다. 42%는 기하학적, 천문학적, 수학적 선을 따라 이어졌는데 이런 기준에 따른 전 세계 평균 23%와 비교해 볼 수 있다. 민족성

이나 기존의 경계 등 다른 요소를 고려한 경우는 전체의 11%에 불과했다.

실제로 다른 유럽 열강을 제외하고 프랑스와 대영제국만 하더라도 아프리카의 국경 60%에 책임이 있습니다. 그러나 폴 뉴전트Paul Nugent 교수를 비롯한 수많은 역사학자는 식민지 국경 다수가 자의적이거나 인위적이지 않았음을 입증했습니다. 유럽의 정부들이 아프리카에서 멀리 떨어진 자국에서 국경 설정 과정에 착수하는 바람에 아프리카 현장 요원과 병사들은 알아서 실상을 파악해야 하는 상황이었습니다. 실제 아프리카 국경은 이런 상황의 결과물이라는 것이죠.

현장 요원 중에는 음흉한 책사들도 있었습니다. 스티븐 프레스 교수는 저서 《불량배의 제국: 유럽의 아프리카 쟁탈전 속 계약과 사기꾼》*에서 개인이나 사기업이 원주민 공동체에게 무기가 아니라 계약서를 들이대면서 합법성이 미심쩍은 사적 제국을 만들려 했다고 주장했습니다. 프레스 교수에 따르면 아프리카인들은 자주 이해하지도 못한 계약에 농락당했으며 계약의 대가로 변변찮은 상품을 돌려받았습니다. 계약을 이해하지 못하고 땅덩어리 하나를 서로 다른 당사자들에게 여러 차례 팔거나 존재하지 않는 산을 팔기도 한 탓에 경쟁하는 현장 요원들 사이에서 대혼란을 빚기도 했습니다.

그러나 또 다른 해석을 내놓는 학자들도 있습니다. 아프리카 국경 연구 네트워크라는 이름으로 활동하는 이들은 당시에도 협상이

---

*   Steven Press, 《Rogue Empires: Contracts and Conmen in Europe's Scramble for Africa》, 국내 미출간

가능했기 때문에, 때로는 아프리카인이 대리, 저항, 협력 또는 재해석을 할 수 있었다는 훨씬 더 복잡한 이야기를 내놓습니다. 지역 통치자가 나중에 배신하거나 법률에 발이 묶이더라도 최초 계약자가 지역 내 적대 세력을 원조해 공격하는 수도 있었습니다. 게다가 새로운 국경선은 대개 공간과 영토에 관한 기존의 생각을 반영했고, 직선 대부분은 이미 존재하던 관습을 공식화한 것뿐이라고 했습니다. 실제로 새로 만든 국경이라도 아프리카인들은 이를 재해석하거나 무시하면 그만이었다는 겁니다.

그렇다면 오늘날 아프리카의 국경이 전적으로 식민지 시대의 산물이라는 설은 미신에 불과한가요? 어떤 부분을 묻는지에 따라 답이 달라질 것 같습니다. 프랑스의 지리학자 미셸 푸셰는 다음과 같이 주장해 논란을 일으켰습니다.

식민 지배가 남긴 흉터가 아프리카에서 일어나는 모든 문제의 원인이라는 케케묵은 신화는 이제 종지부를 찍을 시간이다. 아프리카의 국경이 불리한 결과를 초래했다는 주장은 그저 일반적인 가설의 하나일 뿐이며, 식민 지배 이전에는 정치적 경계가 존재하지 않았다거나 유럽인들이 기존의 지정학적 현실에 신경을 쓰지 않았다는 주장도 존재한다.

이런 수정주의적인 입장에 모든 학자가 동의하지는 않았습니다. 저명한 앤서니 아시와주Anthony Asiwaju 교수는 즉시 푸셰의 논문에 반박했습니다. 서로 반대되는 여러 해석이 있지만, 앞서 언급한 역사학자들 중에서 식민지 열강이 식민 지배가 초래한 고통과 피해에 대한 책임에서 벗어날 수 있다고 말한 사람은 아무도 없습니다. 인종차별주의가 뒷받침한 토지 획득 정책은 변호할 수 없는 잔혹 행위를 망설임 없이 저지르는 구실이 되기 쉬웠습니다. 게다가 새로운 국경은 수많은 공동체를 분열시켰습니다. 유목민 마사이족은 두 개의 식민지 케냐와 탕가니카로 나뉘었고, 소말리족은 목초지를 빼앗긴 채 영국령 케냐에서 외래 원주민native-alien으로 살게 됐습니다. 물론 이는 훗날 독립 협상에서도 논쟁을 일으켰습니다. 소말리족은 이전 방식 그대로 국경 없는 유목민 생활을 이어 나가길 원했으나, 케냐는 절대적인 기준으로 영토를 구분하고자 했기 때문입니다.

모든 것이 베를린에서 시작됐다는 설에는 사실인 부분도 있습니다. 유럽 열강이 지배하는 아프리카 영토는 실제로 1870년에 10%였지만, 1913년에는 90%로 치솟았습니다. 오늘날 아프리카의 54개 국가 중 라이베리아와 에티오피아만이 식민 지배를 피했으나, 에티오피아는 1887년, 1895년, 1935년까지 세 번이나 이탈리아의 공격을 받은 끝에 무솔리니의 군대에 점령당했습니다. 라이베리아는 1820년대에 노예 제도에서 해방된 이들을 위해 건설된 미국의 식민지로 1847년에야 독립을 이룩했습니다. 한편 두 차례의 세계대전을 거치는 동안 거의 통째로 식민 지배를 당한 아프리카 대륙은 말 그대로 유럽 제국주의 사상이 격돌하는 전장으로 전락했으며 수많은 아프리카인이 외국의 대군주를 방어하기 위해 피를 흘려야 했습니다.

그러나 이처럼 참혹했던 분쟁은 독립의 싹을 틔우는 데도 도움이 됐습니다. 아프리카 국가들은 수십 년에 걸쳐 식민 지배를 당한 끝에 1950년대부터 독자적인 노선을 걷기 시작했습니다. 코코아가 풍부한 가나가 1957년에 카리스마 넘치는 총리 콰메 은크루마_{Kwame}

Nkrumah 덕분에 가장 먼저 독립의 포문을 열었습니다. 범아프리카주의자였던 은크루마는 국경 없는 사회주의 아프리카합중국을 꿈꿨으며 서양의 영향력에 대항할 수 있을 만큼 국력을 키우고자 했습니다. 1956년 수에즈 위기만 보아도 어떤 일이 벌어질지 분명히 알 수 있었기 때문입니다. 그러나 은크루마의 계획대로 되지는 않았습니다. 은크루마는 너무 자만한 나머지 스스로 전제적인 종신 대통령의 자리에 올랐다가 1966년에 물러났습니다. 다만 1963년에는 아프리카 통일기구가 설립되어 이런 범아프리카의 이상을 계속해서 추구하려 노력했습니다.

몇몇 경우에는 실제로 지역적 통일이 이루어지기도 했습니다. 제1차 세계대전 이후 카메룬은 패전국 독일의 손아귀에서 벗어나 프랑스와 영국의 분할 통치를 받게 됐습니다. 그러나 1961년에 영국령 남카메룬이 주민투표를 거쳐 합병에 찬성하면서 카메룬 연방 공화국이 탄생했습니다. 곧이어 1964년에는 탕가니카와 잔지바르가 합병되면서 오늘날의 탄자니아가 탄생했습니다. 세네갈의 통치자 레오폴드 세다르 셍고르Léopold Sédar Senghor는 발칸화(한 나라나 지역이 서로 적대적이거나 비협조적인 여러 개의 작은 나라나 지역으로 쪼개지는 일 - 편집자)되고 파편화된 서아프리카의 약점을 극복해야 한다고 오랜 시간 주장해왔습니다. 1960년에 마침내 말리와 세네갈이 잠시 말리연방으로 통일됐으나 안타깝게도 얼마 뒤 무너졌습니다.

동아프리카에서도 1960년대 초 정치적 연방을 형성하려는 시도가 있었으나 실패했습니다. 그러나 지역적 협력이라는 이상은 사라지지 않고 계속됐습니다. 2000년에는 동아프리카공동체라는 기구가 잿더미를 헤치고 부활했습니다. 모든 일이 순조롭게 진행된다면 부룬디, 케냐, 르완다, 남수단, 탄자니아, 우간다가 동아프리카연방으로 합병되면서 세계지도에 대대적인 지각변동이 일어날지도 모릅니다.

이처럼 독립은 분명 지도상의 변화를 가져왔습니다. 그러나 식민지 시대의 국경 다수가 여전히 그대로 남아 있습니다. 1947년에 영국은 인도를 분할 통치했다가 비극적인 결과를 낳았습니다. 이처럼 아프리카에서도 민족들을 이리저리 옮겼다가 정치적 폭력과 난민이 난무하리라는 두려움 때문에 차라리 현상 유지가 낫다는 합리화가 분명히 존재합니다. 그러나 실용적인 이유만이 전부는 아니었습니다. 많은 국경이 수십 년에 걸쳐 상당한 의미를 얻었거나 심지어 유럽인이 침략하기 이전부터 중요한 경계로 작동하고 있었습니다. 아프리카인들이 독립을 열망하기는 했어도, 꼭 지도를 다시 그리기를 원하지는 않았습니다.

모든 이들이 원하는 대로 독립을 쟁취하지는 못했습니다. 1960년대 이후 나이지리아, 앙골라, 가나 동부, 케냐에서는 분리주의자들과 유혈 분쟁이 벌어졌습니다. 이런 균열은 베를린 회담의 여파가 아직도 사라지지 않았음을 여실히 보여 줍니다. 이렇게 본다면 오늘날 아프리카의 국경은 새로이 설치됐거나 앞으로 변경될 수 있다고 하더라도 많은 경우 실제로 식민지 시대의 잔재라고 할 수 있겠습니다. 그러나 애초에 이런 국경선이 어떻게 만들어졌고 왜 제국이 사라진 후에도 계속해서 이어지는지를 설명하려면 베를린 회담에서 지도를 펼쳐 놓고 파란 색연필로 그었다는 유명하고 간결한 이야기보다 훨씬 많은 요인을 살펴봐야 합니다. 아프리카의 역사는 한 가지 이야기가 아니라 수많은 이야기가 엮인 태피스트리(여러 가지 색실로 그림을 짜 넣은 직물 - 편집자)입니다. 그렇기에 더욱 흥미롭죠.

10장
전쟁과 전투

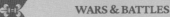

WARS & BATTLES

WARS & BATTLES

39

아샨티족은 왜 황금 의자를 가지고 있었나요?

질문자 **나나 포쿠**

우선 전후 사정을 조금 살펴보겠습니다. 기니만 연안의 서아프리카에 자리한 가나에는 약 3000만 명의 사람들이 살고 있으며 예사롭지 않을 만큼 수많은 야생 동식물이 자생합니다. 아름다운 풍경을 자랑하는 이 나라는 금 매장량이 풍부해 식민지 영국 행정가들에게 골드 코스트라고 불렸습니다. 광물 자원이 풍부하고 코코아 산업이 발달한 덕분에 1957년에 식민 열강의 손아귀에서 벗어나 독립을 이룩한 최초의 흑인 아프리카 국가가 되면서 영국에 작별 인사를 고했죠. 조금 헷갈리는 사실이지만 자랑스러운 새 국호인 가나는 말리와 마찬가지로 이 지역을 실제로 다스린 적이 없는 중세 아프리카 제국에서 따온 이름이었습니다.

잠깐 현대사를 살펴보았지만 황금 의자를 논하려면 조금 더 옛날로 거슬러 올라가야 합니다. 1600년대 가나를 지배한 군사 세력은 덴키이라족이었으나, 해당 지역에는 아샨티족이 다스리는 소규모 하위 국가도 다수 존재했습니다. 아샨티족 자체는 아칸이라는 훨씬 더 큰 민족 언어 집단에 속했습니다. 1701년에는 오세이 투투Osei Tutu 국왕이라는 인상적인 통치자가 군사 정벌과 외교적 감언이설을 통해 유럽인 무역상들에게 총을 공급받았고 뿔뿔이 흩어져 있던 아샨티족을 한데로 통일한 뒤 자신의 근거지였던 쿠마시를 수도로 삼았습니다. 카리스마 있는 수석 사제 오콤포 아노치Okomfo Anokye와 새로운 무기의 도움을 받은 오세이 투투의 군대는 혐오하던 덴키이라족을 무찌르고 역으로 덴키이라족을 지배하게 됐습니다. 이에 대한 보상으로 그는 아샨티 제국의 통치자라는 아샨티헤네Asantehene의 칭호를 얻었습니다.

이때부터 오세이 투투는 문제에 맞닥뜨렸습니다. 서로 이방인이었던 이들을 하나로 묶어 공동의 문화 정체성을 형성하려면 대개 최고의 정부보다 더 많은 요소가 필요합니다. 공동의 적이 있다면 편리하겠지만 그 적을 물리치고 난 후에는 어떻게 될까요? 정말 필요한 것은 공동의 상징과 사상입니다. 영국인들은 유니언 잭과 "여왕 폐하 만세!"라는 말 아래 하나가 된다고들 하지만, 사실은 대부분 날씨 이야기나 TV 예능 이야기로 더욱 대동단결하는 경향이 있죠. 그렇지만 오세이 투투 국왕에게 단결의 상징은 권좌에서 드러났습니다. 이것이 바로 아샨티 트위어로 '시카 드와 코피Sika Dwa Kofi'라고 불리는 황금 의자Golden Stool입니다. 아칸족 문화에서는 태어난 날을 기념해 이름을 짓는 관습이 일반적이었는데, 왕좌도 이런 관습을 따랐으므로 시카 드와 코피를 문자 그대로 해석하면 '금요일에 태어난 황금 의자'라는 뜻입니다.

의자는 수 세기 동안 권력의 상징이었으며 지역 추장들도 나무를 깎아 만든 자신만의 의자에 앉았을 것입니다. 후대 아샨티 군주제에서는 고위 왕족들이 저마다 가문 의자를 가지고 있었으며 이들이 세상을 떠나면 달걀노른자와 검댕, 거미줄을 섞은 검은색 액체에 양의 피, 동물성 지방 그리고 세상을 떠난 이의 손톱을 공물로 넣어 의자에 칠했습니다. 검게 칠한 의자는 이후 은콘느와피에소nkonnwafieso라고 불리는 신성한 의자당에 안치됐습니다.

그러나 황금 의자는 달랐습니다. 모양새는 알려진 바와 거의 흡사한 황금빛 의자였으나, 동네 술집이나 서부 시대를 배경으로 한 영화 속에서 볼 수 있는 삼발이 스툴(등받이와 팔걸이가 없는 서양식의 작은 의자 - 편집자)과는 조금 달랐습니다. 약 45cm 높이의 이 의자는 앉는 부분이 얇고 굴곡져 있었으며 등받이가 없고 받침 기둥이 두꺼웠으며 그 아래에 얇은 직사각형 모양의 바닥이 있었습니다. 의자에는 종을 달아 마무리했습니다. 새로운 왕이 즉위할 때마다 정치적 책임이 막중한 자리에 앉았음을 표시하거나 전투에서 대대적인 승리를 거두었을 때 이를 기념하기 위해 종을 달았습니다. 황금 의자에는 색색의 양모로 만든 두꺼운 공식 우산을 달았는데, 이를 국가의 지붕이라는 뜻의 카타만소Katamanso라고 불렀습니다. 황금 의자는 목적이 뚜렷한 가구였습니다. 그러나 일반적인 의자와 달리 앉거나 서부 총잡이들의 총알받이로 쓰이지는 않았습니다.

나무로 만든 의자에는 지역 족장들이 털썩 앉아 쉴 수 있었지만, 황금 의자는 새로 즉위한 황제가 위엄 있는 모습으로 앉는 권좌가 아니었습니다. 사실 그 누구도 이 의자에 손끝 하나 댈 수 없었으며 의자를 땅바닥에 내려놓아서도 안 되었습니다. 이 의자는 낙타 가죽 또는 뒤로 넘어지지 않고 정면을 바라본 상태에서 죽은 코끼리 가죽으로 만든 카펫 위에 놓았습니다. 종종 공식 석상에서는 왕의 권좌 옆에 황금 의자를 위한 권좌를 하나 더 놓기도 했습니다. 게다가 이 의자는 어느 솜씨 좋은 장인이 만든 게 아니라 누군가의 부름으로 왕실에 찾아온 의자였습니다. 전설에 따르면 왕실 사제 오콤포 아노치가 주문을 외워 하늘에서 받은 이 의자를 오세이 투투에게 선사했다고 합니다.

황금 의자는 새로운 아샨티 왕국의 순수한 상징이었습니다. 황금으로 되어 있다는 사실은 왕의 정당성과 군사력을 입증했으며 지역의 광물이 가져다주는 부를 국왕이 지배한다는 사실을 보여 주었습니다. 또한 이 의자에는 무생물로서의 직감이 있다고 믿었으므로 전투나 정치적 결정을 앞두고 의자에 의견을 묻기도 했습니다. 손때 한 번 묻지 않은 황금 의자의 청렴결백한 위상은 새로운 아샨티 제국의 끝없는 영광을 암시했으며, 왕이 숨을 거둔 이후에도 민족은 영원히 계속된다는 뜻을 내포했습니다. 또한 오콤포 아노치는 어느 강둑에 신성한 검을 두고 사람들에게 이를 만지지 말라고 명했습니다. 아서왕이 바위 사이에 꽂혀 있던 엑스칼리버를 뽑았다가 결국 호수의 여인에게 되돌려 보낸 신화와도 비슷하게 들리는 이야기입니다.

물론 오세이 투투는 세상을 떠났으나 황금 의자는 계속해서 그 자리를 지키며 영원한 민족의 상징으로 남았습니다. 특히 19세기 영국이 등장해 다섯 차례의 앵글로-아샨티 전쟁을 벌일 때에도 그랬습니다. 나날이 세력을 키우던 아샨티 제국이 판테 지역에 영향력을 행사하려 했으나 마침 그 지역을 영국이 보호하고 있었으므로 1823년에 첫 전쟁이 발발했고, 결국 1831년에 영국에 수치를 안겨 주며 전쟁은 막을 내렸습니다. 두 번째 전쟁은 1863년부터 1864년까지 이어졌으나 교착 상태로 마무리됐고, 세 번째 전쟁인 1873년부터 1874년 사이에는 한층 잔혹한 싸움이 벌어졌습니다. 당시 영국군은 재능 있고 자비 없는 군사령관 가닛 월슬리Garnet Wolseley가 지휘했으며, 그렇게 아샨티인은 세 번 만에 패배했습니다. 승리한 영국군은 권력의 주인이 바뀌었음을 과시하기 위해 아샨티헤네의 왕궁에 불을 질러 전소시켰습니다. 1895년부터 1896년까지 이어진 네 번째 앵글로-아샨티 전쟁에서는 영국이 파괴적인 맥심 기관총으로 무장하면서 무게추가 유럽 열강 쪽으로 크게 기울었습니다. 영국군은 수도 쿠마시를 점령하고 아샨티헤네 국왕 프렘페Prempeh를 세이셸섬에 유배했습니다. 영국군은 또한 반란을 진압하면서 생긴 모든 문제를 복구하기 위한 배상금을 요구했으며 수많은 아샨티 왕실 보물을 빼앗아 런던으로 보냈습니다. 그렇지만 이들도 건드리지 못한 보물이 하나 있었습니다.

다섯 번째이자 마지막 앵글로-아샨티 전쟁에는 황금 의자가 직접 등장하기 때문에 아마 나나 포쿠님의 질문과도 가장 큰 연관이 있을 겁니다. 1900년 9월, 이미 패배한 아샨티인들은 오늘날 가나 역사에서 전설적인 여성 영웅으로 추대되는 66세의 야아 아산테와Yaa Asantewaa의 지휘에 따라 반란을 일으켰습니다. 앞서 영국이 요구한 배상금도 주요 원인 중 하나였으나, 직접적인 계기는 골드 코스트의 아둔한 식민지 관리자 프레더릭 미첼 호지슨 경Sir Frederick Mitchell Hodgson이 그때까지 영국군의 눈에 띄지 않게 잘 숨겨 두었던 신성한 황금 의자를 가지고 오라며 생각 없이 최후통첩을 날렸기 때문이었습니다. 당시 떠돌던 이야기를 믿은 프레더릭 경과 빅토리아 여왕은 황금 의자에 앉아 자신의 우월한 계급을 증명하고 싶어 했습니다. 지난 199년간 그 누구도 손끝 하나 댄 적 없는 거룩한 황금 의자에 웬 외국의 침략자가 자기 엉덩이를 들이밀겠다고 하니 그야말로 불에 기름을 붓는 격이었습니다.

뒤이은 전쟁에서 1000여 명의 영국군 병사가 목숨을 잃었으니 꽤 큰 출혈이 있었던 셈이지만, 아샨티족의 경우 사망자가 두 배에 달했습니다. 선대 국왕 프렘페가 수년 전 그랬던 것과 마찬가지로 야아 아산테와 역시 세이셸섬에 유배됐다가 1921년에 그곳에서 세상을 떠났습니다. 승리를 거둔 영국은 이제 아샨티 제국을 공식적으로 영국 식민지에 합병했습니다. 그러나 신성한 황금 의자를 숨겨 둔 장소를 찾기 위해 다양한 비밀공작을 펼쳤음에도 프레더릭 경은 의자에 앉아 보기는커녕 이를 구경조차 해 보지 못했습니다.

결국에는 도둑이 의자를 훔쳐 땅에 묻어 두었고 훗날 우연히 발견되어 아샨티 제국이 일부 복권된 1935년에 다시 정치적으로 쓰이기 시작했습니다. 오늘날에도 가나의 아샨티족이 사용하는 아샨티 제국의 공식 국기에는 노란색, 검은색, 초록색 삼색 띠와 그 사이사이를 가르는 두 개의 얇은 흰색 줄이 있으며, 중앙에는 오세이 투투가 의도한 대로 민족의 영원한 상징인 황금 의자가 그려져 있습니다.

40

바이외 태피스트리에는 성기, 특히 말 성기가 왜 그렇게 많이 그려져 있나요? 자수를 놓은 사람들이 여자였다면 엄청 민망했을 것 같아요.

(질문자) 패트

감사합니다, 패트 님. 질문에 아랫도리 개그를 넣어 주신 분은 패트 님뿐이네요. 그 대담함에 찬사를 보냅니다. 우선 재빨리 바이외 태피스트리Bayeux Tapestry를 검색해서 어떤 풍의 작품인지 살펴보시기 바랍니다. 고지식하게 말하자면 사실 이 작품은 태피스트리가 아니라 70m 길이의 자수 작품이지만, 어쨌든 이 작품은 1066년에 노르망디 공작 윌리엄이 헤이스팅스 전투에서 잉글랜드의 해럴드 국왕을 무찌르고 정복왕 윌리엄William the Conqueror이라는 별명을 얻은 순간을 생생하게 그려 내고 있습니다.

그렇지만 바이외 태피스트리는 수수한 거시기들의 덜렁거리는 영광을 생생하게 찬미하는 작품이기도 합니다. 부정할 수 없을 만큼 남근으로 가득 찬 작품이죠. 작품 속에서 모두 93개의 음경을 볼 수 있으며 이 중 4개만이 인간의 음경이고 나머지 89개가 말의 성기입니다. 손도끼로 음경이 가려지는 바람에 혼자 달랑거리며 날아다니는 듯한 한 쌍의 고환도 있습니다. 게다가 죽은 사람의 옷을 벗기면서 가랑이의 윤곽이 묘사되기는 했으나 완전히 드러나지 않은 장면도 있습니다.

음경이 아니더라도 바이외 태피스트리는 완전 고추밭입니다. 작품 속에는 626명의 사람이 묘사되어 있으나, 그중 여성은 3명에 불과합니다. 영화 성평등을 측정하는 벡델 테스트는 절대 통과하지 못하겠군요. 게다가 여성 중 66%에 달하는 2명이 아무 이유 없이 실오라기 하나 걸치지 않았으니 가히 HBO의 드라마 〈왕좌의 게임〉에 필적할 만한 비율입니다. 유일하게 옷을 입은 여성이자 정체를 알 수 없는 아엘프기바Aelfgyva도 미덕의 화신처럼 등장하지는 않습니다. 그녀와 기묘하게 가까운 곳에는 벌거벗은 남자 한 명이 쪼그려 앉아 있는데, 거대한 남근과 손을 뻗은 자세가 누가 봐도 노골적입니다. 특정한 사건을 가리키는 장면일까요? 혹시 섹스 스캔들을 풍자한 시사만평은 아니었을까요? 아마 1066년 당시 사람들은 아엘프기바가 누군지 알았겠지만, 우리는 알지 못합니다. 국왕의 전승을 기념하는 작품에 아엘프기바가 등장한 이유는 아무도 모릅니다.

이제 패트 님의 질문으로 돌아와 봅시다. "성기가 왜 그렇게 많이 그려져 있나요?" 아쉽지만 이 또한 추측할 수밖에 없습니다. 십대 시절 남학교를 다녔던 저는 철없는 아이들의 낙서가 어떤 식인지 잘 알고 있습니다. 바이외 태피스트리는 거장이 수놓은 걸작일 수도 있지만, 어느 장난기 많은 사람이 곳곳에 남근을 더해 넣었을 가능성도 배제할 수는 없습니다. 역사학자 조지 가넷George Garnett 교수는 남근 숭배에 집착하는 어느 남자가 도안을 그렸으리라고 추측합니다. 그런데 개들에게는 남근이 보이지 않고 오직 남자들과 말만이 신성한 남근을 달랑이는 영광을 누리고 있습니다. 작품 속 가장 큰 남근이 정복왕이 탄 종마의 남근이라는 사실은 무척이나 상징적입니다. 아마 이야기 속에서 우두머리 수컷을 표현하는 방식이었을 수도 있습니다. 혹은 남자들이 변변찮은 물건을 숨기려 스포츠카를 탄다는 우스갯소리와 반대로 강인한 군마에 올라탄 정복왕 윌리엄도 대단한 물건을 가지고 있었다고 상상해 볼 수 있습니다.

어떤 학자들은 영국인 인물들만 벌거벗고 있다면서 노르망디 선전 기관이 적군인 영국군을 아둔하고 부도덕한 변태로 그렸을 수 있다고 주장합니다. 저명한 예술사학자 매들린 케비네스Madeline Caviness 교수는 남근이 무언가를 공격적으로 꿰뚫고 들어가는 남성성의 상징으로서 검과 창을 투영하는 표현일 수도 있다고 논했습니다. 물론 그저 있는 그대로의 모습을 보여 주려고 했을 수도 있고, 도안을 그린 사람이 달랑거리는 신체 기관이라는 생물학적 사실을 아무렇지 않게 여겼을 수도 있습니다. 누가 알겠습니까?

누가 도안을 의뢰했고 누가 실제로 수를 놓았는지를 두고 오래전부터 열띤 논쟁이 벌어지고 있습니다. 19세기에는 바이외 태피스트리의 후원자가 정복왕 윌리엄의 아내 마틸다Matilda 왕비라는 설이 일반적이었으며, 지금도 프랑스 일각에서는 여전히 이를 '왕비 마틸다의 태피스트리'라고 부릅니다. 물론 빅토리아 시대의 학자들은 수많은 남근을 보고 경악했으며 마틸다 왕비처럼 고귀한 여성이 왜 이처럼 저속한 예술 작품을 후원했는지 설명하지 못했습니다, 개인적으로 저 또한 마틸다 왕비가 후원하지는 않았다고 생각합니다.

대신 저는 윌리엄 공작의 이복형제인 바이외의 오도Odo of Bayeux 주교가 작품 제작을 의뢰했다는 설에 조금 더 마음이 끌립니다. 오도는 주요 전투 장면에서 의심스러울 만큼 과장되고 화려한 조명을 받고 있습니다. 만약 그렇다면 작품을 노르망디가 아니라 캔터베리에서 만들었을 가능성이 있으며 패트 님의 질문처럼 영국인 수녀들이 수를 놓았을 수도 있습니다. 이 설이 더 마음에 드는 이유는 당시 캔터베리 대성당의 도서관에 소장된 채색 필사본 그림에서 베껴 온 듯한 소품들이 도안 곳곳에 보이기 때문입니다. 말하자면 아이디어가 바닥난 수녀들이 영감을 찾기 위해 잡지를 뒤적이듯 필사본을 살펴보았다는 겁니다.

캔터베리 설에 반대하는 몇몇 이들은 수녀들이 순결을 지켜야 해서 음경의 생김새를 몰랐을 테니, 남근을 93개나 수놓지는 않았을 것이라고 주장합니다. 그럴 수도 있죠. 그러나 모든 수녀가 평생 수녀원에서만 살지는 않았습니다. 수녀원은 남편을 잃은 아내나 어머니들이 기존의 생활에서 벗어나 지적인 고무를 추구하는 공동체이기도 했으므로, 많은 수녀가 한때는 남자와 성관계를 맺었을 것입니다. 게다가 길가에 지나가는 말을 보면 말의 성기가 어떻게 생겼는지 알 수 있었죠. 혹시 불쾌하게 들릴지 모르지만 평범한 남근은 그다지 그리기 어렵지 않습니다. 십대 청소년도 얼마든지 그릴 수 있고, 대학 시절 제 룸메이트도 친구의 과제에 거대한 고추를 그려 놓고는 그 친구에게 말하는 걸 깜빡해 그대로 제출하기도 했습니다. 안타깝지만 실화입니다.

이처럼 바이외 태피스트리는 곳곳에 남근이 가득하지만, 이처럼 수를 놓은 이유는 확실히 알려지지 않았습니다. 이 작품이 너무 추잡하고 불쾌하다면 원본 대신 19세기 엘리자베스 워들Elizabeth Wardle과 릭Leek 자수 협회 회원들이 만든 복제품을 리딩 박물관에서 볼 수 있

습니다. 원본과 마찬가지로 영광스러운 이야기를 담고 있지만, 벌거
벗은 사람과 흥분한 말 대신 군장으로 중요 부위를 가린 사람과 훨씬
평온해 보이는 말이 등장하기 때문입니다.

41

대중에게 잘 알려진 전투 중에서 가장 유명하면서도 영향력이 적었던 전투는 무엇인가요?

(질문자) 이언

우선 정말 부비트랩 같은 질문이라는 말씀을 드리고 싶습니다. 어떤 대답을 하든 제 얼굴에서 폭탄이 터질 것 같으니까요. 전쟁사를 좋아하시는 분들이 각 전투의 중요성을 두고 벌이는 갑론을박만큼 재미있는 것도 없죠. 인터넷을 보면 곳곳에서 이런 논의가 펼쳐지고 있습니다. 제가 감히 어떤 전투가 가장 유명하면서도 영향력이 적었다고 말했다가는 항의 메일을 잔뜩 받게 될 겁니다. 그러면 저는 법적 신분을 바꾸고 가족들과 함께 몬태나주의 가장 외딴 숲속으로 이사를 가야 할 겁니다. 너무나 많은 사람이 열정적으로 탐구하는 주제이니만큼 공개적으로 강한 의견을 낸다면 무모하고 멍청한 짓이라고 할 수 있겠습니다.

그렇지만… 가장 유명하면서 영향력이 적었던 전투는 1415년에 벌어진 아쟁쿠르 전투입니다.

그래요. 호랑이 굴에 걸어 들어가는 기분이 드는군요. 물어뜯기기 전에 한 가지만 말씀드리겠습니다. 제 대답은 만고불변의 진리도 아니고 역사적 진실처럼 떠받들어야 하는 이야기도 아닙니다. 이것은 정답이 없는 질문이고, 제가 택한 답은 많은 역사가가 반대할 수 있을 만큼 논쟁적인 전투입니다. 다만 제가 프랑스 혼혈이기도 하고, 이 전투가 논쟁의 주제가 되면 재미있을 것 같아서 선택해 보았습니다.

저는 아쟁쿠르 전투와 워털루 전투를 잘 알고 있을 뿐 아니라 평상시에도 두 전투를 농담처럼 자주 언급하는 가정에서 자랐습니다. 세상이 미운 십대였던 저는 옹졸하게도 저 자신의 프랑스인다움에 저항하고 파리 태생 어머니의 화를 돋우려고 할 수 있는 모든 짓을 벌이는 시기를 거쳤습니다. 어머니는 전쟁사에 전혀 관심이 없었지만, 그래도 밥상머리에서 헨리 5세Henry V나 웰링턴 공작을 칭찬한다면 어머니의 화를 돋울 수 있었습니다. 제가 으스대며 이야기를 늘어놓으면 어머니는 입을 씰룩이다가 신랄하게 쏘아붙이면서 제 말문을 막으셨죠. "그래도 전쟁에서는 프랑스가 이겼잖니. 그리고 멍청한 영국 놈들은 철자도 제대로 못 쓴다니? 'Agincourt'가 아니라 'Azincourt'란 말이야!"

인정하기 싫지만 어머니 말씀이 모두 옳았습니다. 1415년 10월 성 크리스핀의 날에 아쟁쿠르 마을 근처에서 벌어진 아쟁쿠르 전투는 중세 역사를 통틀어 가장 대표적인 전투 중 하나가 됐습니다. 아마 질문자 이언 님도 잘 알고 계실 겁니다. 물론 윌리엄 셰익스피어가 1599년에 쓴 승리의 희곡 《헨리 5세》 덕분에 이 전투의 명성이 한층 더 빛나게 됐습니다. 작품에서 국왕은 "무너진 틈으로 다시 한 번 돌격하세, 전우들이여."나 "몇 안되는 우리, 몇 안되지만 행복한 우리, 우리는 한 형제다."와 같은 유명한 대사를 던집니다. 이 작품은 위대한 정치극이자 국가적 자부심과 관련된 감동을 선사했습니다. 1756년부터 1763년까지 7년 전쟁이 발발했을 당시 그리고 훗날 다시 한 번 프랑스군을 상대로 나폴레옹 전쟁이 벌어졌을 때도 헨리 5세는 대중 사이에서 큰 인기를 끌었습니다. 실제로 호레이쇼 넬슨 제독도 셰익스피어의 희곡 중에서《헨리 5세》를 가장 좋아한다고 했습니다.

아쟁쿠르 전투가 500주년을 맞이한 1915년, 영국은 다시 한 번 프랑스에 병사들을 보냈습니다. 그렇지만 이번에는 프랑스가 아니라 독일군이 적군이었습니다. 영국의 신문들은 일제히 기념비적인 날이라고 앞다투어 보도했습니다. 대중의 관심이 높았다는 점은 1914년 아서 매켄Arthur Machen이《이브닝 뉴스》에 기고한 단편소설 〈궁수The Bowmen〉에서도 엿볼 수 있습니다. 소설은 몬스 전투를 배경으로 펼쳐집니다. 영국 원정군은 독일군에 비해 수적으로 크게 열세였으나 때마침 아쟁쿠르 전투에서 활약했던 장궁병들의 유령이 나타나 영국군을 보호해 주었습니다. 물론 이 이야기는 사실무근의 낭만적인 소설이었을 뿐이지만 머지않아 마치 하느님이 전쟁에서 영국 편에 서 있다는 듯 몬스에 수호천사들이 나타났다는 소문이 널리 퍼졌습니다.

아쟁쿠르 전투는 1944년에 다시 한 번 선전에 활용됐습니다. 로렌스 올리비에Laurence Olivier는 노르망디 상륙작전에 앞서 대중의 사기를 북돋우기 위해 아쟁쿠르 이야기를 각색해 애국심이 차오르는 영화를 만들었습니다. 다만 실제로는 상륙작전을 시행하고 몇 개월 후에 개봉했다고 합니다. 영화에서는 셰익스피어의 희곡에서 보기 불쾌할 만한 부분을 덜어 냈으며, 주인공의 본모습을 묘사하기보다는 성자 같은 전사로 그렸습니다. 마찬가지로 웨일스 장궁병이 프랑스군을 향해 욕설의 의미에서 손가락으로 V자를 그리면서 무시무시한 활시위를 당기는 손가락을 과시했다는 이야기가 퍼지기 시작한 시기도 이때부터입니다. 물론 말도 안 되는 이야기죠. 중세 시대에 V자

손가락 욕이 존재했다는 증거는 단 하나도 찾아볼 수 없습니다. 그러나 아쟁쿠르 전투는 늘 영국의 국가적 신화와 같은 위상을 차지했고, 특히 영국인들이 해협 건너 유럽인들을 쳐부수고 싶을 때마다 심심 찮게 언급됩니다.

국가적 신화라고는 했지만, 물론 아쟁쿠르 전투는 실제로 있었던 일입니다. 지난 6세기 동안 아쟁쿠르 전투는 대체로 다음과 같은 이야기로 전해졌습니다. 잉글랜드와 웨일스 병사로 구성된 헨리 5세의 소규모 군대가 퇴각하던 도중 프랑스 귀족 사회에서도 가장 뛰어난 젊은이들로 구성된 거대한 프랑스군이 영국군을 가로막고 아르플뢰르에서 포위 공격을 퍼부었습니다. 영국군은 순진하게도 자기들이 프랑스 땅에서 이리저리 도망 다닌다는 사실을 프랑스군이 모르기를 바라며 칼레로 도망쳤으나, 프랑스군은 물론 이를 알아차렸습니다. 그러나 수적 열세였던 영국군은 기발한 전술과 용맹함 그리고 헨리 5세의 영웅다운 통솔력으로 거대한 프랑스군을 거의 전멸시키면서 헨리 5세에게 백 년 전쟁 동안 없을 것만 같았던 위대한 승리를 가져다주었습니다.

멋진 이야기죠?

현대의 역사가들은 정말로 어떤 일이 일어났는지 밝히려 애쓰고 있으며, 모든 역사가가 앞선 이야기를 믿는 것은 아닙니다. 가장 회의적인 입장을 견지하는 앤 커리Anne Curry 교수는 헨리 5세가 얼마나 많은 병사를 데리고 노르망디로 떠났으며 그 폭력적인 길 위에서 얼마나 많은 적군을 무찔렀는지 알아내기 위해 행정 기록을 샅샅이 연구했습니다. 일반적으로는 프랑스군이 2만 4000명가량으로 헨리 5

세가 이끌었던 6000여 명보다 4배 많았다고 알려져 있습니다. 그러나 커리 교수는 기록에서 훨씬 더 조심스러운 숫자를 찾아냈습니다. 잉글랜드와 웨일스 병사들은 8700여 명이었고, 프랑스군은 이야기보다 대폭 줄어든 1만 2000명이었다는 겁니다. 줄리엣 바커Juliet Barker와 같은 다른 몇몇 역사학자들은 프랑스군의 기사들이 모두 각자 하인을 데리고 다녔으나 커리가 이들을 셈에 포함하지 않았기 때문에 프랑스군의 규모가 과소 평가됐다고 논합니다. 바커는 중무장한 병사들이 1만 4000명가량이었으며 이외에도 일반 병사 1만여 명이 더 있었다고 추측합니다.

　세부적인 논쟁은 그렇다 치더라도 저는 아쟁쿠르 전투의 신화를 무너뜨릴 생각이 없습니다. 누가 봐도 열세였던 앵글로-웨일스 군대가 충격적인 결정타를 날렸다는 데에는 의심할 여지가 없습니다. 헨리 5세의 군대는 이상하게도 기병대가 없고 잉글랜드 정규군보다 웨일스 궁병이 5배나 더 많은 불균형 구조였습니다. 참패를 당하기만을 기다리는 듯한 비율이었지만, 아쟁쿠르 전투에서는 공격에 취약한 궁병이 전장 양옆으로 드리운 나무들을 방어막으로 삼았으며 질척거리는 땅에 뾰족한 쇠모루를 박고 울타리를 만들어 프랑스 기마병의 진격을 늦췄습니다. 방어하기 좋은 곳에 몸을 숨긴 궁병들은 원거리에서 프랑스군에게 화살을 퍼부었습니다. 화살은 대부분 철갑을 덧댄 프랑스군의 갑옷을 뚫지 못했겠지만, 병사와 말의 팔다리나 눈은 그대로 노출되어 있었습니다. 게다가 프랑스군은 질척질척한 진흙밭을 헤치고 진격해야 했기 때문에, 칼을 휘두를 수 있을 정도로 가까이 다가왔을 때는 이미 지쳐서 녹초가 된 상태였을 겁니다.

프랑스군은 진흙에 발목이 잡혀 진격 속도가 느려졌고, 기마 부대가 거세게 돌격할 수도 없었으며, 양옆의 나무들 때문에 적군을 둘러싸고 공격할 수도 없었고, 화살 세례까지 받고 있었습니다. 게다가 뒤편에서는 열정 넘치는 동료 프랑스 병사들이 달려오면서 앞선 프랑스 병사들의 등을 떠미는 꼴이 됐습니다. 최전방에 선 병사들의 양옆에서는 가벼운 무장 덕분에 민첩하게 진흙밭을 이리저리 쏘다니는 웨일스 궁병이 공격해왔고, 정면에는 잉글랜드 정규군이 버티고 서 있었습니다.

아마 수많은 프랑스 병사들이 뒤에서 달려오는 대규모 지원군에게 부딪히고 진흙에 처박힌 채로 손 한 번 쓰지 못하고 목숨을 잃었을 겁니다.

좀 더 잔인하게 말하자면 앵글로-웨일스 군대가 전투에서 승리한 것이 아니라 프랑스군이 자기 발에 걸려 넘어졌다고 할 수 있겠습니다. 〈스카이 스포츠〉 채널에서 이런 풋볼 경기를 중계했다면 아마 경기 시작에 앞서 프랑스 측 사망자는 수백 명에 그치지만, 앵글로-웨일스 진영에서는 수천 명이 목숨을 잃겠다고 예측했을 겁니다. 그러나 실제로는 이와 정반대의 결과가 벌어졌습니다. 프랑스군은 6000명 이상의 병사를 잃었습니다. 게다가 헨리 5세는 다시 공격이 몰려올까 두려워한 나머지 비겁하게도 포로 처형을 명령하기까지 했습니다.

아마 이쯤 되면 이런 말이 나올 겁니다. "잠시만요, 이게 어떻게 영향력 없는 전투인가요? 프랑스군이 처참하게 피해를 보았는데요." 맞습니다. 프랑스의 거의 모든 귀족 가문이 반나절 만에 타격을 입었습니다. 공작 세 명을 포함한 영국 왕실 일원 일곱 명도 이곳에서 전사했습니다. 그야말로 잔혹했던 이 피바다가 프랑스의 사기와 전쟁을 이어 나갈 저력을 크게 떨어뜨렸다는 데에는 의심할 여지가 없습니다. 프랑스의 국민 통합에도 문제가 생겼습니다. 당시 프랑스는 정치적으로 아르마냑파와 부르고뉴파라는 두 개의 경쟁 파벌이 영국에 맞서 하나로 단결한 상태였습니다. 그러나 아쟁쿠르 전투에서 패배하면서 이들의 연정도 산산 조각났습니다. 아르마냑파가 전투의 피해로 몸살을 앓는 동안, 부르고뉴파는 기회를 포착했다는 듯 아르마냑파의 거점인 파리로 진격해 자국민을 공격했습니다.

한편 헨리 5세는 기세를 더해 4년에 걸쳐 노르망디 각지의 영토를 점령했습니다. 그러나 전장에서 탁월했던 헨리 5세는 장 1세 브루고뉴 공작Jean I Duc de Bourgogne과 정치적 협상에 실패했으며, 때마침 프랑스의 두 개 파벌도 다시 단결하기 시작했습니다. 그러다 장 1세 부르고뉴 공작이 뜬금없이 아르마냑파에게 살해당하면서 헨리 5세에게 다시 한 번 기회가 찾아왔습니다. 실제로 그는 복수심에 불타는 장 1세의 아들 필리프Philippe와 모종의 거래를 맺었습니다. 1420년에 이들이 맺은 트루아 조약으로 헨리 5세는 프랑스의 정당한 왕위 계승자로 올라섰습니다. 당시 정신병을 앓고 있던 국왕 샤를 6세 Charles VI가 숨을 거둘 때까지 기다리기만 하면 됐습니다. 게다가 헨리 5세는 거래 성사를 위해 샤를 6세의 딸 발루아의 카트린Catherine of Valois과 결혼까지 했습니다. 정말 치밀했죠?

그러나 샤를 6세의 아들 왕세자 샤를 7세Charles VII는 사태를 가만히 두고 보지 않았습니다. 그는 자기를 따르는 이들을 경쟁 세력의

경이로운 역사 콘서트

궁에 모아 두고 고집스럽게 기다렸습니다. 한편 헨리 5세는 이제 영국 왕인 동시에 프랑스의 왕위 계승자가 됐으니 더는 웨스트민스터(영국의 정치 중심지로 우리나라의 여의도처럼 영국 국회와 중앙 정치권을 가리키는 말로도 쓰인다 - 편집자)가 자신의 원정을 지지하지 않으리라는 점을 깨달았습니다. 그가 벌인 기존의 노르망디 침공에는 엄청난 규모의 세금과 의회 보조금이 사용됐고, 특히 영국 해협 전역에 해군을 설치하고 물자를 보급하는 데 막대한 자금이 투입되어 이제 더는 여력이 없었습니다. 헨리 5세가 프랑스에서 계속 싸우려면 이제 프랑스에 먼저 옆구리를 찔러 달라고 부탁해야 할 판이었습니다. 그러나 실제로 영국 의회는 헨리 5세의 관심사가 다른 쪽으로 기울었다며 오히려 불만을 품고 있었습니다.

귈림 도드Gwilym Dodd 교수가 논했듯 헨리 5세는 이제 막대한 자금이 들어가는데 평생을 걸어도 승리하지 못할 것 같은 원정을 벌이면서 기존의 재정적 지원도 받지 못하는 꼴이 됐습니다. 그가 만약 훗날 셰익스피어가 그린 헨리 5세만큼 현명했다면 아마 이 시점에서 우울한 상황을 깨달았을 겁니다. 아쟁쿠르 전투는 헛수고였고, 헨리 5세는 돌이킬 수 없는 난제 속으로 스스로 걸어 들어갔습니다. 1300년대 말부터 당대 논평가들은 백 년 전쟁에서 승리할 수 없다고 입을 모으고 있었습니다. 영국과 프랑스 중 그 어느 쪽도 다른 쪽을 정복할 만큼 강하지 않았으나, 이때까지 헨리 5세는 마치 총각 파티에 간 29세 럭비 선수처럼 야단을 피우며 한결같이 무모한 프랑스 정벌을 시도했습니다. 그러나 이제는 별다른 결과도 얻지 못한 채 자금도 병력도 바닥나 버렸습니다.

그의 고통은 오래가지 않았습니다. 1422년에 운명이 그에게 검은 마수를 뻗쳤기 때문입니다. 파리 부근의 모Meaux를 포위하던 중 헨리 5세는 이질에 걸렸습니다. 영광스러운 전쟁의 거인이었던 헨리 5세는 병상에서 일어나지도 못한 채 서서히 죽어 갔습니다. 셰익스피어는 영리하게도 마지막 초안에서 이 부분을 삭제했죠. 몇주 뒤에는 평생 정신병에 시달리던 프랑스 국왕 샤를 6세도 세상을 떠났습니다. 정당한 왕위 계승자가 이미 사망한 탓에 헨리 5세와 발루아의 카트린이 낳은 아들 헨리가 다음 왕위 계승자가 되었습니다. 하지만 이번 헨리는 아직 갓난아기에 불과했기 때문에 마찬가지로 침대에서 일어나지도 못하고 있었습니다. 갓난아기가 프랑스의 국왕이 되면서 섭정이 필요해졌습니다. 그러나 기존의 정치적 파벌이 아직 남아 있었습니다. 샤를 7세를 지지하는 이들은 갓 태어난 국왕을 거부하고 나섰습니다. 그렇게 끝나지 않을 것만 같은 백 년 전쟁은 마치 대하드라마처럼 새로운 인물들과 함께 다음 막으로 넘어갔습니다.

부르고뉴파와 동맹을 맺은 잉글랜드는 이제 샤를 7세와 아르마냑파 지지자들을 무너뜨리기 위해 막대한 자원을 소비했습니다. 그런데 어느 정도 성과를 거두던 도중 이들은 오를레앙 공성전에서 천사의 계시를 받고 등장한 십대 소녀에게 무참하게 당했습니다. 잔 다르크Jeanne d'Arc는 전쟁의 흐름을 바꾸었고 샤를 7세가 신성한 대관식을 치르는 모습까지 지켜보았으나, 샤를 7세는 제 몫을 다한 잔 다르크를 가차 없이 버렸습니다. 잉글랜드인은 잔 다르크를 마녀로 몰아 화형에 처했으나, 이즈음에서 잔 다르크가 원했던 일들은 거의 이루어진 뒤였습니다. 우리 어머니가 저녁 식사 자리에서 힘주어 말했듯

경이로운 역사 콘서트

1453년에 프랑스가 백 년 전쟁에서 승리했습니다. 백 년 전쟁이라는 허풍스러운 이름으로도 다 담아내지 못할 만큼 무려 116년 동안 이어진 처참한 소모전이 마침내 막을 내린 겁니다.

그렇다면 왜 저는 가장 유명하면서도 가장 영향력이 적은 전투로 아쟁쿠르 전투를 선택했을까요? 왜냐하면 큰 그림으로 보았을 때 아쟁쿠르 전투로 바뀐 게 없기 때문입니다. 잉글랜드가 질 게 분명해 보였던 전투에서 깜짝 결정타를 날리면서 감동적인 승리를 거둔 것은 사실입니다. 그러고는 전쟁에서 패배했죠. 아쟁쿠르 전투에서 승리하고 프랑스의 왕위 계승자가 되는 바람에 헨리 5세의 입장은 더욱 난처해지기만 했습니다. 무게 추를 한쪽에 두어도 오히려 반대 방향으로 흔들려 돌아오기만 할 뿐이었으니까요.

물론 아쟁쿠르 전투에 역사적 의의가 없다는 말은 아닙니다. 분명히 의의가 있죠. 이 전투 이후로 프랑스의 정치적 상황이 한층 더 복잡해졌고 많은 사람이 목숨을 잃었습니다. 무엇보다 아쟁쿠르 전투가 없었다면 역사상 가장 유명한 인물 중 하나인 잔 다르크가 등장하지 않았을 수도 있습니다. 만약 헨리 5세가 이질에서 회복해 프랑스 왕위를 차지했다면 잔 다르크가 반란을 일으켰을까요? 어떻게 됐을지는 아무도 모릅니다. 그러나 제가 하고 싶은 말은 이겁니다. 헨리 5세가 아쟁쿠르 전투에서 패배했다면 샤를 7세가 프랑스 국왕이 됐을 겁니다. 실제로는 헨리 5세가 승리했지만, 어쨌든 프랑스 왕위는 샤를 7세에게 돌아갔습니다. 단기적인 상황에 아쟁쿠르 전투가 엄청난 영향력을 미쳤다는 데에는 의심의 여지가 없지만, 이는 결국 이미 정해진 듯한 마지막 목적지를 향해 가는 여정에서 잠시 다른 길로 돌아갔던 사건일 뿐이었습니다.

아쟁쿠르 전투는 이후 수 세기 동안 잉글랜드와 웨일스의 용맹함을 부르는 부적이자 위기의 시기에 외우는 주문이 됐습니다. 그렇지만 사실대로 말하자면 저는 못돼먹은 사춘기 자식이었고, 오랫동안 저에게 시달려 온 어머니의 말이 옳았습니다. 아무리 승전 기념식을 열고 축배를 들었다고 한들 아쟁쿠르 전투는 유의미한 영향을 남기지 못했습니다. 어머니, 죄송해요!

42

어릴 때부터 궁금했지만 한 번도
만족스러운 대답을 들어 본 적이 없는
질문이 있습니다. 갑옷으로 완전무장한 기사들은
화장실 갈 때 어떻게 했나요?

질문자 피터

안녕하세요, 피터 님. 가장 고전적인 질문을 주셔서 감사합니다. 많은 분이 가장 흔하게 물어보는 질문 중 하나죠. 비교적 간단하게 답변을 드릴 텐데, 왜냐하면 생리현상에 관한 이야기를 즐기지 않는 분들도 계시리라 생각하기 때문입니다. 화장실의 역사를 더 자세하게 알아보고 싶다면 제 첫 책 《소소한 일상의 대단한 역사》를 추천합니다.

좋습니다, 피터 님. 아시다시피 볼일을 볼 때 가장 문제가 됐을 갑옷은 한 벌 전신 갑주(갑옷과 투구)일 겁니다. 그렇지만 갑옷의 역사는 보호장비를 끝없이 덧대는 과정의 역사이므로, 그 과정 속 어느 지점을 살펴보는지에 따라 조금은 얘기가 달라질 것 같습니다.

우선 1066년, 정복왕 윌리엄이 잉글랜드를 침공한 헤이스팅스 전투를 살펴봅시다. 정복왕이 이끄는 병사들과 그 적군인 국왕 해럴드 2세의 병사들은 천으로 된 바지 위에 긴 사슬 갑옷을 겉옷처럼 걸쳤습니다. 그러니 사슬을 쉽게 걷어 올리고 볼일을 볼 수 있었죠. 실제로 이보다 조금 더 훗날의 중세 시대 사람들은 이런 배변 과정을 담은 그림을 남기기도 했습니다.

뒤이은 시대에는 부분 판금 갑옷이 발달했습니다. 몸에서 가장 잘 노출되는 부위에 얇은 판금을 덧대 보호했으나 사이사이 잘 드러나지 않는 부위에는 여전히 사슬을 사용했습니다. 대부분 사타구니와 엉덩이는 사슬 치마로 가렸기 때문에 쉽게 걷어 올릴 수 있었습니다. 또 골반 앞쪽을 가리는 단단한 강철 치마(폴드fauld)를 두르고, 뒤쪽으로는 엉덩이 가리개(큐렛culet)를 대었습니다. 이런 보호장비는 위에서 아래로 내려찍는 공격에 대비해 신체 중요 부위를 보호할 수 있었으나, 아래에서 위로 올라오는 공격에는 속수무책이었기 때문에, 기사들은 소중한 아랫도리를 보호하기 위해 가랑이를 몇 겹으로 덧대어 입었습니다. 이렇게 하면 볼일을 보는 데에는 문제가 없었으나 기사들이 쪼그려 앉아 몸을 굽이고 가랑이 사이에 끼워둔 보호구를 빼내야 한다는 요란한 단점이 있었습니다.

다른 요소들도 복잡했습니다. 판금 갑옷을 몸에 착용하는 방식은 약간씩 달랐으나, 일반적으로는 판금 조각을 각각의 신체 부위 뒷면에 가죽끈으로 감아 매단 뒤 각 판금의 끝을 서로 겹쳐 연결하고 판금에 난 구멍에 나사못을 박아 고정했습니다. 무거운 허벅지 판금은 가터벨트로 허리에 매달거나 기사가 입은 상의에 걸어 고정했습니다. 갑옷 무게가 병사의 등과 코어 복근에 골고루 분산될 수 있는 구조였죠. 현명한 설계였습니다.

그러나 이렇게 입으면 기사가 바지를 내려야 할 때 허벅지 보호구를 풀지 않고서는 몸을 굽히기가 어려웠습니다. 가터벨트를 입었을 때는 더 어색했겠죠. 이 경우 기사가 데리고 다니는 종자가 기사의 허벅지 판금과 엉덩이 부분의 큐렛을 제거하거나 들어 올리고 있는 동안 기사가 쪼그려 앉아 볼일을 보았습니다. 종자와 협의를 보아야 하긴 했겠지만 어쨌든 이렇게나마 볼일은 볼 수 있었습니다.

그러나 이탈리아와 독일의 장인들이 1400년대에 전신 갑옷을 개발하면서 상황이 확실히 복잡해졌습니다. 게다가 1500년대 초에는 갑옷이 더욱 정교해지면서 화장실 가기가 더 어려워졌습니다. 마상 창 시합에서 주로 사용했던 전신 갑옷은 병사의 몸 선에 그대로 밀착되는 형태로 가랑이와 엉덩이를 포함한 전신을 감쌌습니다. 한마디로 말하자면 중세의 아이언맨이었던 거죠. 서로 맞물린 판금들은 사실상 혼자서 벗을 수 없었기 때문에 그 누구도 화장실에 혼자 갈 수 없었습니다.

기사들이 끔찍한 공포에 마주하거나, 아드레날린이 치솟거나, 형편없는 음식과 더러운 물 때문에 자주 설사병을 앓았던 탓에 배변 사고가 상당히 빈번했을 가능성이 있다는 점도 주목해 볼 필요가 있습니다. 사실 수많은 용감하고 위대한 기사들이 주기적으로 바지에 실례를 했고, 질척거리는 더러운 갑옷과 레깅스에서 변을 닦아 내는 건 종자와 세탁부의 몫이었을 가능성이 큽니다. 중세 시대는 정말 낭만적이죠?

11장

언어와 의사소통

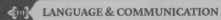

LANGUAGE & COMMUNICATION

LANGUAGE & COMMUNICATION

4**3**

영국에서 수화는 언제 처음 사용하기 시작했고, 보청기는 언제 처음 만들어졌나요?

(질문자) 다날라

정말 중요한 질문입니다. 소리를 듣지 못하는 사람은 어느 시대에나 있었으나, 역사 속에서는 마땅한 관심을 받지 못했습니다. 귀가 들리지 않았던 역사 속 유명인의 이름을 대 보라고 한다면 아마 베토벤, 헬렌 켈러, 토머스 에디슨 말고는 다른 사람의 이름을 떠올리기 힘들 겁니다. 사실 장애인의 역사를 제대로 아는 사람은 많지 않지만, 생활 속에서 지식 격차를 인지하고 이를 줄여 나가기 위해 노력하는 게 매우 중요하기 때문에 이 질문을 주신 다날라 님께 감사드립니다.

다행히도 오늘날에는 에밀리 코케인Emily Cockayne 박사, 자이프리트 버디Jaipreet Virdi 박사, 에스미 클리올Esme Cleall 박사, 마이크 걸리버Mike Gulliver 박사, 제럴드 시어Gerald Shea를 비롯해 청각장애의 역사를 연구하는 멋진 연구자들이 존재합니다. 학계에서는 청각 장애인이 겪었던 경험, 사회가 이들을 대하는 방식, 농인이 자기표현의 수단을 개발하는 과정 등을 연구하는 한편 청력이 저하된 이들을 돕기 위한 의학적·기술적 기술을 검증합니다. 여기에서는 첫 번째 부분부터 우선 살펴보겠습니다. 손짓 언어와 공식 수화에는 청각 보조기술보다 훨씬 더 깊은 역사가 있으며, 슬프게도 나머지 두 번째 이야기가 더 읽기 괴롭기 때문입니다.

몸짓언어는 분명 인간의 말보다 먼저 존재했습니다. 진화론에서 인간과 사촌 격인 유인원이 몸짓언어를 능숙하게 사용한다는 점만 봐도 알 수 있습니다. 고릴라 코코koko는 2018년 세상을 떠나기 전까지 약 1000가지 서로 다른 몸짓을 이용해 사육사에게 말을 걸었습니다. '내 차가운 컵'이라는 몸짓언어는 아이스크림을 달라는 뜻이었죠. 초기 인류가 아이스크림을 달라고 하진 않았겠지만 어쨌든 이와 똑같은 방식으로 소통했을 가능성이 매우 큽니다. 약 10만 년 전 석기 시대 호모 사피엔스가 처음으로 음성언어를 사용할 때도 서로 언어가 다른 집단끼리 소통할 때는 몸짓언어를 사용했을 게 분명합니다.

청각 장애인이 수화를 사용한 증거는 일찍이 고대 이집트에서도 찾아볼 수 있지만, 더 확실한 증거는 고대 그리스에 이르러서야 등장했습니다. 플라톤이 전한 이야기에서 스승 소크라테스가 이렇게 말했기 때문입니다. "우리에게 목소리나 혀가 없는 채로 다른 이들과 소통하고 싶다면 마치 귀머거리나 벙어리처럼 두 손과 머리와 신체의 나머지 부분을 사용한 신호를 만들어야 하지 않겠는가?"

영국에서 최초로 공식 수화를 사용한 이들은 누구였을까요? 지금까지 알려진 바로는 농인이 아니라 침묵의 서약을 맹세한 이들이었습니다. 중세 시대 캔터베리 크라이스트처치의 수도사들은 성 베네딕트의 수도 규칙서에 따라 기도문을 읽거나 찬송가를 부를 때를 제외하고는 일상적인 대화를 삼갔습니다. 1000년 전 만들어진 필사본에는 당시 수도사가 일상 속에서 가장 많이 사용하는 127개 수화를 비롯한 신호들이 적혀 있습니다. 예컨대 비누가 필요하면 수도사는 두 손을 세게 비볐고, 속바지가 필요하면 양손으로 허벅지를 쓸어 속

바지를 입는 시늉을 했습니다. 물론 너무 격한 동작을 취했다가는 자칫 난잡한 변태처럼 보일 수 있었으므로 적당히 의사 표시를 하는 것이 중요했습니다.

농인이 수화를 사용한 최초의 기록 중 하나는 1575년 토머스 틸시와 우르슬라 러셀의 결혼식에서 있었던 아름다운 장면을 담고 있습니다. 기록에 따르면 토머스는 귀도 들리지 않고 말도 못했기 때문에 '죽음이 우리를 갈라놓을 때까지' 사랑하겠다는 혼인 서약을 수화로 맹세했습니다.

> 우선 그는 그녀를 두 팔로 껴안았고, 그녀의 손을 잡아 손가락에 반지를 끼워 준 다음, 자기 손을 심장에 대고 다른 한쪽 손을 하늘을 향해 들어 올렸다. 이번 생이 다할 때까지 그녀와 함께하겠다는 의미에서 그는 두 눈을 손으로 가리고 발로 땅을 파내듯 박찬 뒤, 마치 종을 울리듯 잡아당겼다….

실제로 당대에 수화가 사용됐다는 멋진 증거를 다수 발굴한 에밀리 코케인 박사는 "일기나 문학에서 농인과 마주치는 장면을 보면 이들이 처음 만난 사람과도 급조한 수화나 몸짓으로 조악하게나마 의사소통했으며 가까운 사람들과는 정교하게 소통했다."라고 지적했습니다. 잉글랜드의 프랜시스 베이컨이나 프랑스의 미셸 드 몽테뉴 Michel de Montaigne를 비롯한 16세기의 멋진 박식가들도 이에 관한 기록을 남겼습니다. 몽테뉴는 "귀머거리는 수화로 논쟁하고, 반대하고, 이야기를 들려 준다. 어떤 이들은 너무나 정확하고 알아보기 쉬운 손짓을 써서 자기 뜻을 전하는 데 아무런 문제가 없어 보인다."라고 전했습니다.

근세 이전의 시기에는 많은 농인이 농인만의 공동체와 연결되지 못했던 듯합니다. 농인은 대부분 소리를 들을 수 있는 가족 사이에서 나고 자랐으므로 아마 그들만의 의사소통 방식을 형성했을 테고, 처음 만난 농인과는 매끄럽게 대화하지 못했을 수도 있습니다. 그러다 약 5세기 전부터 교육사상가들이 소통 방식의 표준화를 논의하기 시작했습니다. 농인에게 수화를 가르쳐야 한다고 최초로 주장한 사람으로 1500년대 중반에는 스페인의 수도사 페드로 폰스 데 레온Pedro Ponce de León이 있었고, 1620년에는 후안 파블로 보넷Juan-Pablo Bonet이 있었습니다.

그런데 다날라 님은 영국에서 수화가 어떻게 사용됐는지를 물으셨죠. 그러니 이제 농인을 위한 교육 프로그램을 주창하고 문자를 나타내는 수어 체계를 만든 존 불워를 살펴봅시다. 1648년에 쓴 저서 《필로코푸스 또는 농인의 친구》*에서 그는 "여러분은 손짓을 익히고, 언제든지 이 손짓으로 다른 이들이 말하는 것처럼 여러분의 의사를 표현할 수 있습니다."라고 말했습니다. 또한 "농인으로 태어난 사람도 …수화로 수사적인 논쟁을 벌일 수 있으며 …청각장애가 수준 높은 토론에서 상대의 콧대를 꺾는 데 아무런 문제가 되지 않음을 증명할 수 있습니다."라고 자신 있게 말했습니다. 다만 그는 당대의 많은 철학자와 마찬가지로 음성언어나 손짓 언어 체계를 만들어 내지 못

---

* John Bulwer, 《Philocophus: or, the Deafe and Dumbe Man's Friend》, 국내 미출간

한 사람이라면 이성적으로 생각할 줄도 모른다고 여겼습니다. 다른 이들과의 의사소통이 인간 존재의 핵심 교리라고 믿었기 때문입니다.

1680년에는 《디다스콜로코퍼스》*라는 발음하기 어려운 제목의 또 다른 책이 등장했습니다. '농인의 선생'으로 번역할 수 있는 이 책의 저자는 스코틀랜드의 교사이자 언어학자였던 조지 달가노입니다. 그는 왼손 손끝으로 모음 모양을 취하는 수어 알파벳을 제안했습니다. 그런데 달가노의 관심사는 농인뿐이 아니었습니다. 흥미롭게도 그는 전 인류가 공유할 수 있는 보편 언어가 있었는지 조사했습니다. 만약 보편 언어를 만들 수 있다면 외국어 오역 문제를 해결할 수 있겠네요.

1600년대도 충분히 오래된 이야기처럼 보이지만, 사실 영국 최초의 언어치료사가 누구냐를 따질 때 불워와 달가노보다 약 1000년은 앞서 등장한 사람이 있습니다. 주인공은 바로 721년에 세상을 떠난 요크 주교 베벌리의 성 요한St John of Beverley입니다. 그는 여러 기적을 일으킨 성인으로 추앙받았으며 특히 농인을 치유했다고 널리 알려졌습니다. 그러나 베다 베네라빌리스Beda Venerabilis로 알려진 중세 시대의 저명한 수도승이 전한 성 요한의 이야기를 자세히 살펴보면, 사실 그가 기적을 일으켜 농인을 치유한 적이 없음을 알 수 있습니다. 대신 그는 18세기 언어치료 기법과 비슷한 방식으로 농인이 소리 내어 말할 수 있도록 음절 하나하나, 그다음에는 단어 하나하나를 차근

---

* George Dalgarno, 《Didascolocophus》, 국내 미출간

차근 가르쳤습니다.

실제로 1700년대 중반에는 청각장애 아동을 위한 학교들이 공식 설립됐습니다. 이를 선도한 사람으로 가장 유명한 인물은 토머스 브레이드우드Thomas Braidwood입니다. 저명한 사전 작가 새뮤얼 존슨Samuel Johnson 박사는 브레이드우드가 에든버러에 세운 농인 학교를 칭찬하면서 학생들이 어려운 단어를 소리 내어 발음할 수 있음에 감명 받았다고 했습니다. 이로 미루어 보자면 브레이드우드는 대체로 농인이 음성언어의 세계에 적응하기를 바라는 구화법 찬성론자였음을 알 수 있습니다.

그러나 그가 세상을 떠난 후에 그의 조카인 조지프 왓슨Joseph Watson이 1809년에 밝혔듯, 브레이드우드의 비법은 구화법과 수화법을 섞었다고 표현하는 편이 옳을 듯합니다. 그는 소리를 음절과 단어 단위로 나누어 가르치는 한편 손가락 철자법과 수화도 가르쳤으며 쓰기 연습도 시켰습니다. 브레이드우드가 세운 학교에는 부유한 집안의 아이들이 다녔지만, 그의 기법을 물려받은 왓슨은 이를 갈고닦아 농아를 위한 최초의 공립학교에서 아이들을 가르쳤습니다. 부모가 부유하지 않은 농아들의 교육에 이바지한 것이죠. 이로써 왓슨은 영국 수화의 발달 과정에서 중요한 초기 인물로 손꼽힙니다.

영국 법령 체계에서도 농인 교육 관련 조항이 증가했을 뿐 아니라 수화로 된 증언을 놀랄 만큼 편하게 받아들이는 모습도 나타났습니다. 잉글랜드-웨일스 형사법원에서 처음으로 수화 통역이 사용된 것은 1773년으로, 통역사는 그 이름도 멋진 패니 라자루스Fanny Lazarus였습니다. 이 사례는 청각 장애인도 신뢰할 수 있는 증인으로 여겨졌을 뿐 아니라 법관들이 수화 증언을 직접 이해하지 못하는 상황에서 제3자가 진행하는 수화-언어 간 통역의 정확성을 완전히 신뢰했다는 점을 시사하고 있습니다.

지금까지 농인들이 몸짓언어 의사를 표현하는 방식을 살펴보았으니 이제 난청을 치료하기 위해 어떤 의학적, 기술적 방식이 사용됐는지에 초점을 맞춰 봅시다. 슬프지만 다소 끔찍한 방식들이 자주 동원되어 음울한 결과를 낳았으니 부디 읽기 전에 마음의 준비를 하시기 바랍니다.

옛날에는 난청에 대한 의학적 이해도가 낮아 조악한 치료법을 사용했습니다. 제럴드 시어는 저서 《빛의 언어: 고요한 목소리의 역사》*에서 다음과 같이 냉담한 이야기를 전했습니다.

중세 시대에는 불의 힘으로 농인의 입을 틔우겠다며 입에 뜨거운 숯을 억지로 집어넣었다. 이 잔혹한 실험은 18세기 이후까지 계속됐다. 콧구멍에 카테터(의료용으로 쓰는 관 모양의 기구 - 편집자)를 넣고 비강 안에서 돌려 유스타키오관에 집어넣은 뒤 뜨거운 액체를 흘려 넣기도 했다. 또 어린 여자아이에게 소리를 들을 구멍을 틔워 주겠다며 두개골 위쪽에 넓은 구멍을 뚫었다. 귓구멍에 에테르를 넣거나 전류를 흐르게 하는 방법도 있었고, 고막에 구멍을 낸 뒤 중이강에 뜨거운 물질을 주입해 평생 지워지지 않을 흉터를 남기기도 했다. 끔찍할 만큼 뜨거운 물질을 목에 바르고, 불

---

* Gerald Shea, 《The Language of Light: A History of Silent Voices》, 국내 미출간

타는 마법의 나뭇잎이 가득 든 뜨거운 실린더로 목덜미부터 뺨까지 문질러 겉을 태우기도 했다. 면포를 붙이고 불을 지르거나, 구토약과 설사약을 사용하거나, 뜨겁게 달군 바늘을 집어넣거나, 유두를 떼어 내기도 했다.

덜 고통스러운 방식으로 농인의 귀를 틔우기 위해 청각 보조장치를 만드는 방법도 있었습니다. 적어도 1550년대부터 학자들은 뼈에 소리를 전도시키거나 치아에 가느다란 막대를 고정하면 소리가 귀에 더 잘 전달된다는 점을 발견하기 시작했습니다. 1600년대 중반에는 다수의 유럽 자연과학자들이 나팔형 보청기에 관한 글을 남겼는데, 그중 가장 유명한 인물로 아타나시우스 키르허Athanasius Kircher가 있습니다. 그는 음파를 회전시켜 전달하면 마치 롤러코스터를 탄 어린아이의 비명처럼 소리가 귀에 더 잘 닿을 수 있다는 잘못된 생각을 바탕으로 나선형 보청기를 고안했습니다. 뼈로 소리를 전도하는 치아 막대와 귀에 착용하는 나팔형 보청기가 가장 흔히 사용되는 기계적인 청각 보조장치였으며, 1800년대 중반에 이르자 귀 뒤에 숨겨 착용할 수 있는 보조장치와 관련된 특허도 다수 출원됐습니다.

1898년이 되자 청각 보조기술에도 전자의 시대가 열리면서 청각공학이 발달하기 시작했고 뒤이어 전화기와 탄소 송화기가 탄생했습니다. 전화기 발명가로 가장 유명한 사람은 물론 알렉산더 그레이엄 벨인데, 이처럼 뛰어난 기술을 성취한 탓에 오히려 그가 난청을 근절하기 위해 열과 성을 다했다는 사실은 비교적 잘 알려지지 않은 듯합니다. 어머니와 아내가 모두 난청이었던 벨은 이를 계기로 평생 음향

기술에 뜻을 두었으며, 실용주의자로서 농인과 의사소통하기 위해 수화를 배웠습니다. 그러나 농아들을 위한 학교를 설립했을 때는 구화법을 고집하면서 학생들에게 수화는 물론 귀 훈련과 독순술을 이용해 말하는 방법까지 가르쳤습니다.

당대의 많은 사상가와 마찬가지로 벨도 생물학적 순수성이 존재한다고 믿는 우생학자였습니다. 그는 인간의 수준에 따라 번식을 허용하거나 금지해 사회를 구성하는 품종을 개선하거나 격하시킬 수 있다고 생각했습니다. 농인에게 불임 수술을 시켜야 한다고 주장하지는 않았지만, 농인들이 분별없이 결혼하고 자식을 낳고 농인들만의 사회 집단을 이루어 끼리끼리 어울리는 바람에 난청이라는 위험한 기형이 미국 사회 곳곳에 퍼졌다고 보았습니다. 또한 벨은 농인들이 농인 집단만을 중시해 사회 분열을 일으킨다고 불평했습니다. 그는 영어라는 언어가 나라를 하나로 통합하는 데 꼭 필요한 장치이기 때문에 농인을 비롯한 모든 이들에게 말하는 법을 가르쳐야 한다고 주장하면서 "말의 가치를 묻는다면 삶의 가치를 묻는 것과 같다."라고 말했습니다.

어린 학생들에게 무엇이 가장 좋은 방법인지 알고 있다고 자부했던 벨은 농인들이 사람들의 관심을 끌고 요란을 피우기 위해 수화를 사용한다고도 생각했습니다. "구화법의 정신은 농인이 자기도 다른 사람들과 똑같다고 느끼게 만들고 세상 앞에 자기 약점을 전시하지 않게끔 만드는 데 있다고 생각한다. 반면 특수 언어(수화)는 자기 장애를 영광으로 알고, 귀머거리로 태어난 것을 기쁘게 여기고, 다른 이들과 남다르다고 여기게 만든다." 난청에 대한 그의 태도는 케이티 부스의 저서《기적의 발명》*에서 더 자세히 볼 수 있습니다.

　알렉산더 그레이엄 벨은 난청을 달갑지 않은 질병으로 여겼고, 말하기 교육과 전자 청각 공학의 강력한 조합으로 이를 치료할 수 있다고 생각했습니다. 게다가 그는 1880년대 교육 개혁에 큰 영향을 미친 로비스트로 1880년에 밀라노에서 열린 제2차 난청 교육 국제학술대회에서 주를 이루었던 구화법 찬성론을 계속해서 주장했습니다. 많은 농인 학교에서 더는 몸짓언어를 거의 가르치지 않게 됐으며, 이 정책은 1980년대에 이르러서야 바뀌기 시작했습니다. 그동안 많은 농인이 피해를 보았고 농인 문화도 저해됐습니다. 이로 인해 수 세기 전 예식장과 법원에서 사용됐던 손짓 언어의 한 변형인 영국 수화는 2003년이 되어서야 공식 언어로 인정받을 수 있었습니다.

---

*　　Katie Booth,《The Invention of Miracles》, 국내 미출간

44

여러 대륙의 제국들은 서로 어떻게 소통했나요?
통번역사가 있었나요?

질문자 토머스

문제 드리겠습니다. 역사 속 유명한 통번역사의 이름을 한 명만 대보세요. 명사들이 몇몇 있었으니 그 누구도 맞추지 못할 문제는 아닙니다만, 아무 이름도 떠올리지 못했다고 해서 여러분 잘못은 아닙니다. 누가 통번역사에게 신경을 쓰겠습니까? 어쨌든 중요한 일들은 거물들의 협상을 통해 결정될 테니까요. 번역가나 음산한 스칸디나비아 범죄 드라마에 자막을 다는 사람은 지금도 비슷한 대우를 받는다고 할 수 있습니다. 사실 통번역사는 엄청난 양의 업무를 소화하지만 가능한 한 눈에 띄지 않도록 일을 처리합니다. 통번역사의 이름은 알려지지 않습니다. 많은 관심이 쏠리는 경우는 드물죠. 그렇지만 통번역사가 없었다면 세상은 지금과 많이 달랐을 겁니다.

통역사와 번역가가 역사를 쓰는 경우는 많지만, 이들이 신문 제1면을 장식하는 일은 거의 없습니다. 예외가 있다면 리비아의 통치자 카다피 대령이 유엔 연설에서 장황하게 호통을 쳤을 때 75분 동안 버티던 통역사가 결국 더는 못 하겠다며 두 손 두 발 다 들고 포기했던 사건이 떠오르네요. 현대의 또 다른 사건으로는 도널드 트럼프가 미국 대통령이 됐을 때 앞뒤가 맞지 않는 말을 늘어놓은 탓에 일본어 통역사가 이를 이해하는 데 애를 먹었던 일이 있습니다. 트럼프의 수준 낮은 발언 때문에 당황한 수석 통역사 한 명이 '정신 빠진 놈nutjob'이나 '그 여자의 가랑이를 잡았다grab her by the pussy' 같은 말은 지금까지 통역해 본 역사가 없다고 불평했던 일 등이 있습니다.

통역은 매우 어려운 기술입니다. 여러 언어를 마음대로 사용할 줄 알아야 하는데다 고도의 집중력, 흔들리지 않는 침착함, 위기를 피할 수 있도록 조심스럽게 단어를 고르는 판단력이 필요합니다. 그러니 토머스 님이 주신 이 멋진 질문에 대해서는 기쁘게도 외교 통역의 역사가 무려 청동기 시대까지 거슬러 올라간다고 답변할 수 있습니다. 청동기 시대의 제국들은 주기적으로 외국의 영토를 침략했습니다. 약 4400년 전 이집트인이 이웃한 누비아인과 협정을 맺으려 했다는 점은 알 수 있지만, 당시 누가 통역사 역할을 했는지는 알려지지 않았습니다. 어느 정체 모를 사람이 모욕적일 만큼 느린 말투로 "나 이집트인! 교역하자! 교역할래?"라고 소리치지는 않았을 테고, 아마 상대편 왕국에서 어느 정도 시간을 보내며 언어를 배웠던 상인이나 학자가 통역을 맡았을 겁니다.

이집트는 최초의 평화 협정을 남기기도 했습니다. 이 협정은 전능한 람세스 2세와 그의 숙적이었던 히타이트 제국의 왕 무와탈리 2세Muwatalli II 사이에서 맺어졌습니다. 기원전 1274년 카데시 전투에서 맞붙은 두 군대는 잔인한 교착 상태에 빠졌으면서도 서로 자기편이 승리했다고 주장했습니다. 결국 람세스와 무와탈리는 떨떠름한 채 휴전 협정을 맺을 수밖에 없었습니다. '영원 조약Eternal Treaty'이라는 낙관적인 이름의 이 조약을 히타이트인들은 국제 외교 언어였던 아카드어로 은판에 새겼고, 이집트인들은 상형문자로 사원 벽에 새겼습니다.

또한 국왕과 왕비들은 이때부터 정중한 표현 뒤에 신랄한 속뜻이 담긴 친교 서한을 교환하기 시작했으니, 아마 그 과정 중 적어도 어느 한 부분에서는 통번역사가 개입했으리라고 볼 수 있습니다. 예컨대 이보다 50년 전 호렘헤브Horemheb 장군의 묘를 장식한 저부조 조각에는 통역사가 파라오의 말을 듣고 외국 사신들에게 좋은 소식인지 나쁜 소식인지 말해 주는 장면이 묘사돼 있습니다. 확실히 고대 이집트 역사 속 여러 시점에는 궁중을 돌아다니는 통역사들이 몇몇 있었던 듯합니다.

이로부터 거의 1000년 후, 마케도니아의 정복자 알렉산드로스 대왕도 통역사를 고용했습니다. 광대한 제국을 거느렸지만 '너희 모두는 짐의 것이니라.'를 각지 방언으로 말할 줄 몰랐기 때문입니다. 그가 반드시 알아야 했던 언어 중 하나는 페르시아어였습니다. 알렉산드로스 대왕은 다리우스 3세Darius III를 전투에서 무찌르고 막강한 페르시아 제국을 손에 넣었지만 새로 그의 휘하에 들어온 백성들과 소통할 줄을 몰랐습니다. 그렇지만 이로 인해 사법 행정이 원활하게 이루어지지 못한 건 아니었습니다. 운 좋게도 새로운 백성 중에서 페르시아인 어머니와 그리스어를 구사하는 아버지 사이에서 태어난 사람이 통역사를 자처하고 나섰기 때문입니다.

로마인들도 제국에 관심을 가지기 시작하면서 비슷한 문제에 직면했습니다. 키케로Cicero에 따르면 통역사는 하층민 기능공이었으며 전쟁 포로, 노예, 유랑 학자와 상인이 맡았습니다. 키케로는 오늘날의 터키인 시칠리아의 총독으로 부임했을 때 어쩔 수 없이 통역사를 두었습니다. 또한 대 플리니우스에 따르면 로마의 교역망이 매우 거대했기 때문에 흑해의 항구 한 곳에만 130명의 통역사가 바다 건너 온 상인들이 하는 300여 가지의 언어를 처리했다고 합니다. 물론 〈스타워즈〉에서는 C3PO 드로이드만 있으면 600만 개의 언어를 처리할 수 있지만, 로마인은 인공지능 기술이 없었으니 어쩔 수 없었죠.

로마인들은 고대 중국과도 교류했으며, 중국은 로마 제국을 대진大秦이라고 불렀습니다. 예술가들과 상인들끼리 교류하기도 했고, 마르쿠스 아우렐리우스 황제가 기원후 166년에 중국에 대규모 외교사절단을 해로로 보내기도 했습니다. 또한 로마인들은 향신료와 후추를 인도에서 직수입했으며, 네로 황제는 원정대를 파견해 이집트 건너 나일강의 수원지를 찾으라고 명령했으나 원정대가 알 수드 늪에 빠지면서 허무하게 막을 내렸습니다. 이 모든 파견에는 지역 주민과 협상하고 상황이 폭력적으로 변하지 않도록 막아 줄 실력 있는 통역사가 필요했습니다.

통역사라는 직업에는 늘 위험과 어려움이 도사리고 있었습니다. 페르시아의 다리우스 대왕Darius the Great은 아테네와 스파르타에 사절을 보냈으나, 이들은 무방비의 사절을 우물에 빠뜨려 죽였다고 전해집니다. 전해 내려오는 여러 설화의 설명에 따르면 그 사절이 그리스인이면서 적국을 위해 일했기 때문이었다고 합니다. 어느 쪽이든 외교적인 처사는 아니었네요.

반면 페르시아의 통역사 브라두키오스Bradukios는 이와 정반대의 문제에 부딪혔습니다. 기원후 548년에 비잔틴 제국의 황제 유스티니아누스Iustinianus와 협상하기 위해 파견된 그는 극진한 환대를 받았으며 심지어 저녁 만찬에서 유스티니아누스 황제의 옆자리에 앉는 영광을 누리기까지 했습니다. 대개 통역사는 심지어 하급 신하 옆에도 앉을 수 없었기 때문에 페르시아 국왕은 이처럼 후한 대접을 의심스럽게 보았습니다. 브라두키오스가 자기를 배신하고 적에게 아첨한다고 생각한 겁니다. 브라두키오스가 온갖 노력 끝에 비잔틴의 신뢰를 얻는 대성공을 거두고 본국에 돌아왔을 때 그를 기다리는 것은 상이 아니라 사형선고였습니다.

또한 사절단은 멀리 떨어진 왕궁까지 고생스럽게 이동해야 했으며 길 위에서 죽을 위험도 무릅써야 했습니다. 1788년에 영국이 중국에 보낸 초대 사신인 찰스 캐스카트Charles Cathcart도 목숨을 잃은 사절 중 하나였습니다. 그의 후임자인 악명 높은 조지 매카트니George Macartney는 무사히 도착했으나, 그의 말을 통역해 줄 사람은 이탈리아에서 데려온 중국인 가톨릭 수도사 한 명뿐이었습니다. 불행하게도 통역사는 라틴어만 알고 영어를 몰랐으나, 다행히도 매카트니는 좋은 학교를 나와 라틴어를 배운 수재였습니다. 중국 황궁에도 프랑스인 예수회 교도가 몇몇 있었고 아마 제 역할을 톡톡히 했을 겁니다.

그러나 사실 중국 황제는 교역에 관심이 거의 없었으므로, 통역은 아무래도 상관없었습니다. 중국은 영국의 접근을 신뢰할 수 있는 파트너의 요청이 아니라 적대 세력의 요구로 보았습니다. 황궁을 떠나 중국 내 다른 지역을 여행 중이던 매카트니는 결렬 소식을 듣고 자기가 중국 황제에게 절하지 않은 탓이라고 자책했습니다. 중국 황제와 영국 국왕 조지 3세는 지위가 동등한데, 매카트니는 조지 3세를 대리하는 역할이었으므로, 그가 바닥에 머리를 조아린다면 위대한 국왕을 욕보이는 꼴이었기 때문이었습니다. 이처럼 교역 협정이 통째로 무너진 이유는 정치적인 실패가 아니라 예의에 관한 시비 때문이었다고 설명할 수 있었고, 역사학자들은 극히 최근에야 이 이야기를 정설로 받아들이기 시작했습니다. 그러니 이는 외교 통역의 실패가 아니라 그저 나쁜 거래였다고 볼 수 있습니다.

물론 중국과의 외교를 담당한 유럽인은 매카트니 이전에도 있었습니다. 베네치아의 상인 마르코 폴로는 1260년대 초에 쿠빌라이 칸의 황궁에 도착했으며 유럽과 아시아 전역에 다양한 외교 사절로 참여했다고 전해집니다. 그가 실제로 그곳에 도착했는지는 역사학계에서 논란이 있으며, 때로는 모두 지어낸 동화 속 이야기라고 주장하는 이도 있습니다. 한편 마르코 폴로가 어떤 외국어를 구사했는지를 두고도 논쟁이 벌어지고 있습니다. 폴로는 몽골제국의 언어인 튀르크어를 사용했을까요? 아니면 행정 언어인 페르시아어나 그 지역의 중국어를 사용했을까요? 어쨌든 17년이나 근무했으니 점심 식사를 주문하기 위해서라도 몇 가지 유용한 표현들은 배웠을 겁니다.

이로부터 10년 뒤, 프랑스 국왕은 당시 유럽인들이 '타타르'라고 알고 있던 몽골족에게 기독교를 전하기 위해 플랑드르의 프란체스코회 수도사 뤼브룩의 윌리엄William of Rubruck을 파견했습니다. 몽골 관습을 가장 통찰력 있게 담아낸 작품 중 하나인 윌리엄의 몽골 여행기는 한 등장인물인 투르게마누스Turgemannus라는 이름의 통역사 때문에 놀라울 만큼 재미있습니다. 신의 남자라는 뜻의 호모 데이Homo Dei라고도 불린 그는 여행 내내 윌리엄의 선교를 제대로 통역하지 못했습니다. 윌리엄이 카다피 대령처럼 말을 쏟아 낸 탓에 안 그래도 둔

한 통역사가 진이 다 빠져 단 한 마디도 통역하지 못할 때도 있었습니다. 그러나 압권은 선교단이 마침내 위대한 몽골 칸을 직접 만나게 됐을 때 통역사가 공짜 술에 신난 나머지 청주를 마시고 완전히 취해 버린 장면이었습니다.

크리스토퍼 콜럼버스도 1492년에 후추 무역을 위해 인도로 가는 더 빠른 항로를 찾던 도중 이와 비슷한 통역 위기를 겪었습니다. 아랍인과 몽골인을 만나리라고 예상했던 그는 루이스 데 토레스Luis de Torres를 비롯한 아랍어 구사자들을 데려갔으나 길을 잘못 들어 쿠바에 상륙하면서 아무런 쓸모가 없어졌습니다. 콜럼버스는 통역사를 양성하겠다는 생각으로 원주민을 납치해 유럽으로 보낸 뒤 스페인어를 가르치고 가톨릭교도로 개종시킨 다음 다시 쿠바로 데려와 통역사로 쓰려고 했습니다. 그러나 원치 않는 미래를 마주하게 된 이들 중 몇몇은 차라리 바다에 몸을 던졌습니다.

실망한 콜럼버스는 다른 섬에서 다시 한 번 납치를 시도했는데, 이번에는 자기가 원했던 남성뿐 아니라 여자와 어린아이까지 납치했습니다. 혈연관계가 아니더라도 이들이 서로를 버리지 않으리라고 생각했기 때문입니다. 실제로 아내와 자식이 납치당하는 모습을 보고 필사적으로 헤엄쳐 배에 올라탄 남자도 있었습니다. 뒤이은 여행에서 콜럼버스는 납치한 사람 가운데 젊은 타이노족 남자를 통역사로 만드는 데 성공했습니다. 강제로 스페인에 끌려온 이 남자는 디에고 콜론Diego Colón이라는 이름으로 세례를 받고 스페인어를 배웠으며 콜럼버스의 비공식 양자가 된 이후 다시 조국으로 돌아가 새로운 유럽인 아버지의 입이 돼 주었습니다.

타이노족은 처음으로 만난 아메리카 원주민이었던 탓에 여러 가지 소동이 벌어졌지만, 사실 이처럼 외국어를 강제로 주입하는 경우는 당대에서 흔히 볼 수 있었습니다. 여기에서 이 질문의 처음으로 돌아가 봅시다. 글의 첫머리에서 역사 속 유명한 통번역사의 이름을 한 명만 대 보라고 말씀드렸죠? 미국에는 학교 수업에서도 배우는 상징적인 아메리카 원주민 통역사가 두 명 있습니다. 그중 두 번째가 바로 새커거위아Sacagawea입니다. 레미 쇼쇼니족 여성이었던 새커거위아는 1804년 루이지애나 매입 당시 해당 영토를 탐험한 루이스와 클라크 원정대에 동행해 여러 부족과 마주쳤을 때 협상을 도왔습니다. 사실 여기에는 다소 복잡한 과정이 필요했습니다. 새커거위아는 영어를 할 줄 몰랐으나 어린 시절 납치를 당했을 때 수족Sioux 언어인 히다차어를 익혔습니다. 새커거위아는 이후 팔려 나가 프랑스계 캐나다인이자 마찬가지로 히다차어 구사자였던 투생 샤르보노Toussaint Charbonneau와 결혼했습니다. 새커거위아가 메리웨더 루이스나 윌리엄 클라크에게 할 말이 있다면 먼저 남편에게 말하고, 남편이 탐험 원정대에서 프랑스어를 할 줄 아는 이에게 이를 옮기고, 그러면 그 병사가 이를 영어로 옮겨야 했습니다.

새커거위아보다 먼저 등장한 통역사는 파두셋족의 티스콴텀Tisquantum이었습니다. 스콴토Squanto라고도 알려진 이 청년은 메이플라워호를 타고 온 정착민들을 맞이하고 그 유명한 추수감사절 예배를 도왔습니다. 스콴토가 영어를 할 줄 알았던 이유는 이전에 토머스 헌트Thomas Hunt라는 영국인 탐험가에게 납치됐다가 스페인 말라가의 어느 수사에게 팔렸기 때문이었습니다. 이들의 영향으로 기독교로 개종한 스콴토는 결국 잉글랜드로 넘어오게 됐습니다. 같은 시기에 마토아카Matoaka 공주도 때 이른 죽음을 맞이하기 직전 잠시 잉글랜드에 살았습니다. 공주는 리베카라는 영어 이름을 사용했으나 역사 속에서는 포카혼타스Pocahontas로 더 잘 알려진 인물이죠.

스콴토는 잉글랜드를 떠나 고향으로 돌아왔으나, 파두셋족은 치명적인 전염병이 돌아 이미 전멸한 뒤였습니다. 그가 마지막으로 남은 파두셋족이었죠. 그는 메이플라워호 정착민들과 어울리면서 그들에게 새로운 환경에서 살아남는 법을 가르쳐 주었습니다. 그가 다른 이들과 마찬가지로 병을 얻어 세상을 떠났을 때는 많은 이들이 그의 죽음을 애도했습니다.

마지막으로 도냐 마리나Doña Marina라고도 알려진 말린체Malintzin 이야기를 잠깐 하고 넘어가겠습니다. 나후아족 출신의 여성 노예였던 말린체는 촌탈 마야족이 스페인 정복자 에르난 코르테스Hernán Cortés에게 선물한 노예 중 하나였습니다. 에르난 코르테스는 말린체를 임신시켜 아들을 얻었습니다. 또한 말린체는 스페인이 아스테카 제국을 정복할 당시 코르테스의 통역사 역할을 했습니다. 충격적인 역사 속 거대한 사건에 핵심 인물로 가담했다는 점 때문에 말린체에 대한 평가는 크게 엇갈립니다. 멕시코 민속학에서는 사기꾼 요부이자 민족의 배신자로 유명하며 자기를 노예로 팔아 버린 데 대한 앙심을 품고 제국에 복수했다고 보지만, 일각에서는 이와 전혀 다르게 노예 신분과 강압에 시달린 비극적인 피해자로 재해석하기도 합니다. 또 한편에서는 말린체가 메소아메리카 원주민과 유럽인의 피가 섞인 최초의 메스티소 혼혈아를 낳은 사람에 불과하다고 평하기도 합니다.

이 모든 사례를 보면 살아남기 위해 언어를 갈고 닦아야 했던 평범한 사람들이 역사 속에서 가장 중대했던 몇몇 사건에 개입돼 있었다는 점을 알 수 있습니다. 그렇지만 그들은 주인공이 아니었습니다. 때로는 악역으로 불리기도 했지만, 또 어떤 때에는 아마 그들 또한 피해자였을 겁니다.

45

지명은 왜 언어마다 다른가요?
예를 들어 런던은 프랑스어로 롱드르Londres고,
뮌헨은 영어로 뮤니크Munich잖아요.
지명에 관한 공식 체계가 있나요?

(질문자) 조지아

파리지앵 어머니를 둔 저는 어릴 때부터 '런던과 패리스(파리)'가가 아니라 화려하고 낭랑한 발음의 '롱드르와 파리'라는 지명을 들으며 자랐습니다. 우리가 프랑스에 사는 친척 집에 갈 때마다 그렇게 말씀하셨죠. 어릴 때는 습득이 빠르니 저도 이런 언어 교체가 일반적이라는 사실을 자연스럽게 받아들였습니다. 그렇지만 TV에서 중계해 주는 월드컵에서 제가 아는 지명이 아닌 희한한 지명들이 잔뜩 나와 놀랐던 기억도 나네요. '스베리예가 도대체 어디지?! 마자르오르삭은 또 어디야?' 알고 보니 이는 각각 스웨덴과 헝가리였습니다. 이런 지명을 어떻게 알겠습니까?

그때부터 저는 몇 권의 책을 읽으면서 마자르인이 어떤 사람들인지 알게 됐습니다. 그렇지만 전문 역사학자가 된 지금도 이런 언어적 변화가 이해되지 않을 때도 있습니다. 프랑스인들은 단어 마지막의 's'를 발음하지 않기 때문에 'Paris'를 '파리'라고 읽지만, 영어로는 '패리스'라고 읽습니다. 간단하죠. 그렇다면 현대 프랑스어로 런던을 가리키는 '롱드르Londres'는 어디에서 온 말일까요? 언어학자들은 오랜 시간에 걸쳐 이 문제를 연구해 왔습니다. 개인적으로 저는 줄임말을 사용한 데서 비롯됐다고 생각합니다. 론디니움Londinium은 고대 로마 제국의 지명이었는데, 어쩌면 이를 론드리움Londrium으로 축약해 사용하다가 다시 론드럼Londrum으로, 여기서 또 줄여서 롱드르Londre가 됐을 수도 있을 듯합니다. 그렇다면 Londre의 끝에 's'는 왜 붙었을까요? 솔직히 영국인도 옛날에는 마르세유Marseille에 쓸데없이 's'를 붙여 'Marseilles'라고 표기했으니 어쩌면 프랑스인의 작은 복수일지도 모르겠습니다. 이번에는 프랑스인들이 런던에 's'를 붙여 Londres가 된 것이죠.

거창한 용어로 설명하자면 이처럼 외국의 지역을 해당 지역의 주민들이 사용하지 않는 이름으로 부르는 현상을 가리켜 '타칭 지명exonym'이라고 합니다. 1950년대 호주의 지리학자 마르셀 오루소Marcel Aurousseau가 만든 용어죠. 타칭 지명이란 말 그대로 외부인이 부르는 지명이라는 뜻이고, 내부인이 부르는 이름은 자칭 지명endonym이라고 합니다. 예를 들어 런던은 제가 런던에서 일할 때 쓰는 자칭 지명이지만, 롱드르는 제 프랑스인 숙모가 쓰는 타칭 지명입니다. 타칭 지명은 보면 볼수록 흥미롭습니다. 너무나 많은 도시가 두 개 이상의 이름을 가지고 있으며, 그 이유가 언제나 명확하게 밝혀지지는 않았기 때문입니다. 1960년대부터 유엔 지명 전문가 그룹이 약 5년마다 전문가 회의를 개최해 혼선을 줄이고자 노력하고 있지만 여전히 풀어 나가야 할 문제가 많습니다.

예를 들어 오스트리아 전통 과자 슈트루델이 너무 먹고 싶어서 비엔나Vienna행 비행기를 타면 실제로는 빈Wien에 내리게 됩니다. 프랑스인은 이곳을 비엔Vienne이라고 부르고, 네덜란드인은 베넌Wenen,

폴란드인은 비덴Wiedeń, 중국인은 웨이에나維也纳라고 부르며, 헝가리인은 이 모든 체계를 창밖으로 던져 버리기라도 한 듯 난데없이 베치Bécs라고 부릅니다. 헝가리에서 무슨 일이 있었던 거죠?! 사실 빈은 한때 중세 시대 헝가리의 마자르 제국 가장자리에 걸쳐 있었고, 베치라는 말에는 '경비소, 국고 또는 요새'라는 뜻이 있습니다. 말하자면 빈을 육중하게 걸어 잠근 현관문 정도로 여겼기 때문에 베치라고 불렀던 거죠.

물론 상당히 최근에 지명이 정해진 사례도 있고, 독립이나 식민 해방 이후 새로 지명을 정한 도시와 나라도 있습니다. 인도의 봄베이는 1995년에 옛 영국 식민 지배의 잔재를 털어내고 뭄바이로 지명을 바꾸었고, 1970년대에는 중국어를 로마 알파벳으로 더 잘 변환할 수 있는 병음 체계가 국제적으로 채택되면서 북경을 피킹Peking이 아닌 베이징Beijing으로 부르게 됐습니다.

이름이 거의 바뀌지 않는 도시들도 있는데, 제 생각에는 그 도시가 국제 중심지 역할을 했던 시대와 연관이 있을 듯합니다. 상업이나 문화 측면에서 외국인들과 수 세기 전부터 교류하며 이름을 알린 고대의 장소들은 그 이름이 계속 사용되면서 그대로 고착됐을 가능성이 큽니다. 때로는 완전히 고정된 이름이 널리 알려지기도 했습니다. 예를 들어 로마는 이탈리아 본토뿐만 아니라 포르투갈, 노르웨이, 스페인, 헝가리, 라트비아, 루마니아, 터키에서 그대로 로마라고 불렸으며, 바뀐다고 해도 영어의 롬Rome, 독일어의 롬Rom, 크로아티아어의 림Rim, 에스토니아어의 루마Rooma처럼 기존과 매우 비슷한 형태로 바뀌었습니다. 이를 보면 약간의 철자 차이는 언어마다 음절의 억양을 조금씩 다르게 읽는 데서 비롯됐음을 알 수 있습니다.

그러나 사람들끼리 계속 교류하며 언어 변화에 영향을 미치면서 오랜 시간이 지난 후 눈에 띄는 차이를 만들어낸 사례도 있습니다. 전근대 사람들은 냄새나는 작은 고향 마을에서 평생을 살다가 죽었으리라고 생각할 수도 있지만, 오늘날 역사가들은 사람과 사상의 놀라운 이동에 관해 전보다 훨씬 많은 사실을 밝혀내고 있습니다. 이중에는 종교 순례나 교역을 위해 이동하는 사람들도 있었고 잔혹했던 십자군 전쟁, 외교적 교류, 일자리나 학문의 기회를 찾는 사람들, 영혼 수련을 위한 여행이나 관광도 있었으며 박해를 받거나 전염병과 기근 등으로 인해 고향을 떠날 수밖에 없었던 이들도 있었습니다.

서로 매우 다른 언어와 글자를 사용하는 여행자들이 다른 언어로 된 단어를 이해하려 애쓰기 시작하면서 수없이 많은 언어적 변화와 진화가 일어났습니다. 어떤 곳은 수많은 지배자의 손을 거치면서 그때마다 새로운 이름과 언어를 얻은 끝에 수많은 타칭 지명을 가진 다국어 도시가 되기도 했습니다. 중세 시대에는 벨기에의 수도를 브룩셀레Broeksele라고 했으나, 오늘날에는 이곳을 플랑드르어로 브뤼셀Brussel이라고 하거나 프랑스어로 브뤼셀Bruxelles이라고 합니다. 두 집단 사이에는 상당한 긴장이 흐르고 있지만 신기하게도 영어 타칭인 브뤼셀Brussels이 어느 정도 평화를 위한 지명으로 쓰이기도 합니다. 한편 독일의 아헨Aachen은 프랑스어로 엑스 라 샤펠Aix-la-Chapelle이라고 하는데, 서로 완전히 다르게 들리긴 하지만 사실 두 지명 모두 샘을 뜻하는 라틴어 단어 아쿠아이aquae에서 비롯됐습니다.

브뤼셀은 지난 1000년 동안 여러 번 주인이 바뀌었습니다. 이런 지역은 수 세기에 걸쳐 수많은 언어를 겪었을 가능성이 크기 때문에 여러 가지 지명이 하나의 단어에 뿌리를 두고 있다 해도 어리둥절할 정도로 다르게 들릴 수 있습니다. 타칭 지명은 세월의 흐름 속에서 옛 개념을 새로운 방식으로 표현하면서 철자와 발음이 바뀌어 탄생하기도 합니다. 예를 들어 웨일스의 아름다운 마을 몬머스Monmouth는 몬나우강 하구에 걸터앉은 마을입니다. 1086년에 정복왕 윌리엄이 작성한 토지조사부 〈둠즈데이 북〉에서 이곳은 몬무드Monemude로 기록돼 있는데, 이를 길게 읽으면 거의 '몬나우머드'와 비슷하게 들린다는 점을 알 수 있습니다. 이후 시간이 지나면서 이를 줄여 몬머스로 부르게 됐습니다. 간단하죠?

당시 몬머스는 잉글랜드의 영토였으나 수 세기 동안 웨일스와 잉글랜드가 번갈아 지배했고, 웨일스어로는 몬나우를 머누이Mynwy로 읽었습니다. 크게 다르지 않죠? 그렇지만 중세 웨일스어에서는 마지막의 '머스'를 떼고 마을을 의미하는 '트레tre'를 붙여 몬나우의 마을이라는 뜻의 트레머누이Tremynwy라는 지명을 사용하기도 했습니다. 여기서 한발 더 나아가 약 400년 전에는 'm'이 'f'로 변해 'v' 소리를 내게 되면서 트레머누이가 트레바누이Trefynwy로 변했습니다. 몬머스와 트레바누이는 서로 전혀 관계없는 단어처럼 들리지만, 사실은 거의 같은 개념이 시간의 흐름과 각 언어 뉘앙스의 영향을 각기 다르게 거치면서 달라졌을 뿐입니다.

반대되는 사례로는 맨체스터Manchester가 있습니다. 대부분의 유럽인은 맨체스터를 그냥 맨체스터라고 불렀습니다. 스페인어로 만체스터Mánchester라고 쓰고 읽기는 하지만, 악센트 하나 때문에 이를 다른 지역과 헷갈리는 사람은 아무도 없었습니다. 제 머릿속에 떠오르는 유일한 예외는 아일랜드어 번역어인 만체인Manchain이네요. 불가리아와 러시아의 키릴 문자 또는 동아시아의 표의문자로 쓰면 읽기가 좀 더 복잡하겠죠. 어쨌든 가수 리암 갤러거는 유럽 전역을 돌아다니면서 자기가 맨체스터에서 태어났다고 아무런 문제 없이 말할 수 있을 겁니다. 그렇다면 맨체스터는 왜 타칭 지명이 거의 없을까요?

1600년대 초 맨체스터는 인구가 수천 명에 불과한 작은 마을이었고 다른 유럽인들이 맨체스터라는 지명을 들어 볼 일도 거의 없었기 때문에 타칭 지명이 따로 필요하지 않았습니다. 맨체스터는 지난 250년에 걸쳐 산업화되면서 국제적인 명성을 얻었으나, 이때는 이미 새로운 기술이 등장해 통신이 훨씬 쉬워졌고 언어가 표준화됐으며 문해율이 크게 확대됐고 국가 관료제가 훨씬 더 발달한 시대가 됐습니다. 다시 말해 외국인이 맨체스터라는 지명을 처음으로 물었을 때는 어느 맨체스터 주민이 철자를 써 주면서 소리 내어 읽어 주었을 테고, 그렇게 본래의 철자를 간직한 채 다른 언어에 그대로 흡수됐을 겁니다. 그렇다면 일반적으로 장소의 역사가 짧을수록 그 장소의 외래 타칭 지명이 더 적다고 할 수 있겠습니다.

이제 조지아 님이 주신 질문 속 도시를 살펴봅시다. 중세 시대의 뮌헨은 1158년 즈음 하인리히 사자공이 세운 도시였습니다. 이자르강을 가로지르는 어느 다리 근처에 자리한 수도사들의 시장에서 시작한 이곳은 본래 아푸트 무니헨Apud Munichen이라고 불렸습니다. 일설에 의하면 '수도사들과 가까운' 곳을 뜻했으며 '강둑에 자리한 곳'을 뜻했다는 설도 있습니다. 무니헨은 점차 축약되어 뮌헨München이 됐습니다. 그러나 도시가 빠르게 성장하면서 범유럽 교역망에서 중요한 역할을 담당했으므로 기존의 이름인 무니헨이 일찍이 영국 해안가에 닿아 그대로 영어에 흡수됐습니다. 그러고는 이것이 축약되어 뮤니크Munich가 됐죠.

반면 이탈리아에서는 독일어 단어를 그대로 받아들이는 대신 '수도사들의 장소'를 이탈리아어로 직역해 모나코Monaco라는 타칭 지명을 만들었습니다. 이로써 이곳은 이탈리아어로 바이에른의 모나코라는 뜻의 모나코 디 바비에라Monaco di Baviera로 불렸고, 이곳의 축구팀은 이탈리아어로 바이에른 뮌헨도 바이에른 뮤니크도 아닌 바이에른 모나코로 불리게 됐습니다. 물론 오해를 부르기 딱 좋은 이름이죠. 재미있게도 프랑스 리비에라의 모나코에서 화려한 카지노를 즐기려던 관광객이 황당하게도 바이에른 맥주 축제에 앉아 있게 됐다는 신문 기사를 매해 한두 건은 볼 수 있습니다. 글쎄요, 실수이긴 하지만 그것도 재미있을 것 같지 않나요?

46

과거에 사람들이 어떤 억양으로 어떻게 말했는지 알 방법이 있나요?

───── 질문자 캣

정말 좋은 질문입니다. 제가 자주 듣는 질문이기도 하죠. 제가 살면서 궁금한 일이 생기면 대개 그렇듯 이번에도 가장 먼저 우리의 천재 코미디언 에디 이저드Eddie Izzard의 이야기를 들어 보는 편이 좋겠습니다. 학창 시절 이저드는 녹음테이프를 들으며 라틴어를 배웠던 때를 이렇게 회상했습니다.

> 누구도 그놈의 억양을 실제로 알 수 없으니 녹음은 순 헛소리였습니다. 라틴어 억양을 가르쳐 준다고는 하지만 사실 그들도 아는 게 없었죠. 라틴어 화자들은 다 죽었고 라틴어는 사어이기 때문입니다. 혹시 또 모릅니다. 로마인들은 이렇게 말하지 않았을까요? (기이하게 높은 목소리로) "안녕, 우린 로마인이야!"
>
> - 에디 이저드, 스탠드업 코미디 〈데피니트 아티클Definite Article〉(1996)

에디 이저드는 제가 누구보다 좋아하는 사람이고, 제 성격의 약 34% 정도는 에디 이저드의 영향을 받아 형성됐습니다. 그렇지만 이 질문과 관련해서만큼은 그가 크게 틀렸습니다. 사실 사어의 발음에 관해서는 많은 사실이 알려져 있습니다. 에디의 이야기에도 나온 만큼 우선 라틴어 이야기부터 시작해 보겠습니다.

1850년대 영국 명문 사립학교의 교실과 예배당에서는 2020년 보리스 존슨 총리의 기자회견과 마찬가지로 라틴어를 꽤 많이 사용했는데, 이때는 딱딱한 영어 억양이었습니다. 실제로 영어는 문법 측면에서 게르만어가 기원이지만, 어휘 면에서는 1500년대부터 1900년대까지 수천 가지의 라틴어 단어를 그대로 차용했습니다. 이로 인해 대부분의 영국인이 꽤 고상하고 허세 섞인 말투를 갖게 됐죠. 라틴어를 차용해 일부러 멋지고 예스러운 단어를 새로 만들기도 합니다. 이중 가장 과장된 단어들을 잉크혼inkhorn 단어라고 하는데, 신사 학자들이 사용하던 동물 뿔로 만든 잉크통의 이름을 딴 것입니다.

라틴화 과정은 엄청난 영향을 미쳤으며, 영어 사전에 로마인들의 언어가 얼마나 많이 흩뿌려져 있는지 알아차리기 어려울 정도입니다. 별명을 뜻하는 'alias', 대략적인 연대를 표시하는 'circa', 의제를 뜻하는 'agenda', 부록을 뜻하는 'appendices', 하위 또는 보조를 의미하는 'sub', 접두사 'prefix' 등은 모두 영어에서 자주 사용하는 라틴어 단어들입니다. 하지만 고대 로마인들이 읽었던 방식과는 매우 다르게 발음되고 있습니다. 실제로 영어 사용자들은 그 오랜 세월이 지났어도 가장 유명한 로마인인 율리우스 카이사르의 이름조차 제대로 읽지 못해 '시저'라고 부릅니다. 하지만 독일어 '카이저Kaiser'처럼 '카이사르'라고 읽는 게 맞습니다.

대영제국과 북아메리카에서는 잉글랜드식 라틴어의 특성이 두드러졌다면, 로망스어에 속하는 프랑스어와 포르투갈어, 스페인어, 이탈리아어, 루마니아어에도 저마다 라틴어가 다르게 녹아 있습니다. 로망스어에 속한다는 말은 이런 현대 언어가 고대 로마에서 유래됐다는 뜻이지, 로망스(로맨스)를 실현하기 좋은 언어라는 말은 아닙니다. 한편 가톨릭교회에서는 이탈리아어처럼 들리는 아름다운 라틴어 발음을 사용하며, 이를 기독교 라틴어 또는 중세 라틴어라고 합니다. 이는 교황이 키케로의 이름을 언급할 때 가장 잘 드러납니다. 고대의 진짜 발음인 '키케로'가 아니라 마치 데이비드 보위가 '체체체체인지~' 하고 노래하는 듯 훨씬 야릇하게 '치체~에로'라고 발음하기 때문입니다.

그러나 르네상스 시대가 되면서 인문주의 학자들이 고대 라틴어의 뿌리를 복원하고 재건하려는 노력을 기울이기 시작했습니다. 이중 가장 두드러지는 성과를 낸 사람은 소네트를 사랑했던 시인 페트라르카와 천재 박식가 에라스뮈스Erasmus였습니다. 그렇지만 이들은 사실 고대 라틴어 대신 그리스어 발음으로 옮기는 데 더 큰 성과를 올렸고, 1870년대에 이르러서야 카이사르와 키케로가 실제로 사용했던 고대 라틴어를 제대로 복원하기 시작했습니다.

이 복원에 참여한 학자들을 문헌학자라고 합니다. 이들은 언어가 시간이 지남에 따라 어떻게 진화해 왔는지를 연구하고 마치 탐정처럼 그 과정을 거꾸로 되짚어 가며 재건합니다. 또 전 세계 학자들과 소통하기 위해 대부분 1880년대에 제정된 국제 음성 기호라는 복잡한 기준 체계를 사용합니다. 이 체계에서는 말소리를 음소 단위로 쪼개 텍스트 기호로 쓰고 작은 발음 구별 부호를 표시해 얼마나 긴 발음인지, 어느 부분에 강세를 두는지, 소리를 입 안에서 내야 하는지 등을 알려 줍니다. 예컨대 이 체계에서 말하는 마찰음이란 'f' 발음처럼 입술을 살짝 벌린 좁은 공간을 통해 공기를 뱉어 그 마찰음으로 내는 소리를 가리킵니다.

지난 150년간 문헌학자들은 고대 시문학의 운율을 분석하거나 위대한 퀸틸리아누스Quintilianus를 비롯한 고대 문법학자들이 저술한 교육서를 연구했습니다. 고대의 저술가들이 라틴어의 특이점과 규칙을 설명한 글이나 논평을 추적해 라틴어 모음과 자음의 진짜 소리를 밝혀내는 눈부신 성과를 올리기도 했죠. 문헌학자들은 예전 그대로의 라틴어를 복원했을 뿐 아니라 나아가 어떻게 그러한 소리를 내게 됐는지까지 밝혀냈습니다.

고대 라틴어는 일반적으로 쓴 그대로 읽었으나 후기 교회 라틴어로 발전하면서 더 많은 규칙이 생겨났습니다. 이중모음 'ae'는 오늘날 가톨릭 사제가 '에이'라고 읽지만, 사실은 이보다 더 긴 '아이' 발음이었습니다. 고대 모음에는 장모음도 있고 단모음도 있었지만, 자음 'c'와 'g'는 언제나 짧고 강하게 발음했으며 모음 'a', 'o', 'u', 'ae' 앞에 올 때도 마찬가지였습니다. 또한 'v'는 영어의 'w'처럼 발음했습니다. 그러니 율리우스가 남긴 명언 '왔노라, 보았노라, 이겼노라.'의 원문인 'veni, vidi, vici'는 '와이니, 위디, 위키'라고 읽는 게 맞습니다.

라틴어는 이쯤 해 두고 이제 영어로 넘어가 봅시다. 이쪽에서도 알프레드 대왕과 베다 베네라빌리스가 사용하던 고대 영어가 제프리 초서의 앵글로 노르만계 중세 영어로 발전했다가 셰익스피어 영어가 됐고 마침내 우리에게 익숙한 대니얼 디포와 찰스 디킨스의 영어가 됐습니다. 이런 과정을 이해하기 위해 많은 연구가 진행되고 있죠. 실제로 중세 문학 전문가 데이비드 N. 클라우스너David N. Klausner 교수는 1066년부터 1750년까지 영어가 다른 어떤 유럽 언어보다도 더 많이 바뀌었다고 지적했습니다.

　사실 현대인이 고대 언어를 들으면 거의 이해할 수 없으며 몇 가지 주요 단어를 대충 알아듣는 게 고작입니다. 유튜브에 주님의 기도 고대 영어 버전을 검색해 보면 거의 알아들을 수 없는 말들 사이에서 갑자기 '아버지', '천국', '용서' 같은 단어들을 점점이 들을 수 있습니다. 스칸디나비아 범죄 드라마를 자막으로 보다가 알아들을 수 없는 덴마크어 사이에서 갑자기 '와이파이 라우터' 같은 말이 들리는 것과 비슷한 효과입니다. 반면 중세 영어로 된 제프리 초서Geoffrey Chaucer의 작품 《캔터베리 이야기》는 단어를 음성학적으로 발음하기 때문에 이상한 운율처럼 들리지만 조금 더 집중해 본다면 왠지 모르게 익숙하게 들릴 겁니다. 그렇지만 셰익스피어와 시기상 단 200년가량 떨어진 초서의 작품은 셰익스피어 작품보다 해독하기가 더 어렵습니다. 그렇다면 영어는 어떻게 단시간 안에 그렇게 바뀌었을까요?

　우선 1400년경에 시작된 대모음 추이Great Vowel Shift를 원인으로 꼽을 수 있습니다. 대모음 추이란 중세 영어에서 현대 영어로의 역사적인 음운 변화를 일컫는 말입니다. 이 대모음 추이가 시작된 원인을 두고 학자들 사이에서는 격렬한 논쟁이 벌어지고 있죠. 모두가 프랑스식으로 멋있게 말하고 싶어서 생겨났다는 학자도 있는 한편 영국인들이 프랑스식 어투를 피하고자 과도하게 말투를 고치다 이렇게 됐다는 학자도 있습니다. 한마디로 아무도 그 원인을 모른다는 얘기죠. 대모음 추이의 가장 뚜렷한 특징은 모음 소리가 길어졌다는 겁니다. 예를 들어 'out'은 '옷'에서 '아웃'으로, 'mate'는 '마트'에서 '메이트'로, 'moon'은 '몬'에서 '문'으로, 'house'는 '후스'에서 '하우스'로, 'boot'

경이로운 역사 콘서트

는 '봇'에서 '부트'로, 'daughter'는 '다터'에서 '도우터'로, 'bite'는 '비트'에서 '바이트'로 바뀌어 우리가 익히 아는 발음이 됐습니다.

압운rhyme을 사용하지 않는 고대 라틴 및 그리스 시문학과 달리 중세 후기 및 근세 영어 시문학에서는 압운을 자주 사용했으며, 이 덕분에 단어들을 본래 어떻게 읽었는지 밝히는 데 도움이 됐습니다. 예를 들어 'foil', 'boil', 'toil', 'coil' 등 중간에 'oi'가 들어가는 프랑스어 단어는 영어로 넘어와 프랑스어의 둥근 소리를 잃고 '아이aye' 소리를 얻었으며, 이로써 'boil'과 'mile'을 '바일'과 '마일'로 압운을 맞출 수 있게 됐습니다. 셰익스피어의 글에서는 'blood'가 'good'이나 'stood'와 압운을 이룬다는 점을 알 수 있습니다. 늦게는 1700년대 초에도 저명한 시인 알렉산더 포프Alexander Pope가 'obey', 'away'와 'tea'로 압운을 맞추기도 했습니다. 여기에서는 당대에 차를 '티'가 아니라 '타이'라고 읽었고, 물을 끓인다는 뜻의 'boiling'을 '보일링'이 아니라 '바일링'이라고 읽었음을 알 수 있습니다.

시는 또한 음보라 불리는 운율을 엄격하게 고집한 시인들이 많았던 덕분에 한층 유리합니다. 셰익스피어는 열 개의 음절로 5음보를 구성하면서 음보마다 강세 없는 음절 다음에 강세 있는 음절이 따라오도록 쓰는 약강오보격iambic pentameter을 선호했습니다. 마치 거세게 뛰는 심장박동처럼 '따쿵 따쿵 따쿵 따쿵 따쿵' 하는 소리라고 보면 됩니다. 이처럼 시인들이 운율을 맞춰 시를 썼기 때문에 옛 영어단어를 현대의 방식과 다르게 읽었다는 점을 분명히 알 수 있습니다. 예를 들어 셰익스피어는 〈소네트 129번〉에서 'spirit'이라는 단어를 사용했는데, 운율상 두 개 음절이 들어갈 자리가 없었습니다. 그러니

'스피-릿spir-it'이라고 읽는 대신 한 음절로 '스프릿sprit'이라고 읽었다고 볼 수 있습니다.

이런 연구와 더불어 글로브 극장이 다시 문을 열면서 셰익스피어의 모든 희곡을 16세기 발음 그대로 공연할 수 있게 됐습니다. 모두가 데이비드 크리스탈David Crystal 교수 같은 언어학자들과 크리스탈 교수의 아들인 배우 벤 크리스탈Ben Crystal을 비롯한 봉사활동가들의 헌신적인 노력 덕분이었습니다. 16세기 발음을 듣다 보면 마치 여러 억양을 한 번에 발음하는 것처럼 들려 매우 흥미롭습니다. 30초짜리 동영상만 봐도 웨스트컨트리 지역의 굴리는 'r' 발음과 아일랜드 및 스코틀랜드의 경쾌한 억양, 랭커셔 지방의 유명한 사투리대로 'a'를 '에'로 읽는 발음, 문장을 끝맺을 때 어조를 내리는 버밍엄 억양, 요크셔의 속된 억양을 비롯해 온갖 억양의 영향이 느껴질 겁니다. 마치 〈왕좌의 게임〉에 나오는 모든 등장인물이 한꺼번에 말하는 와중에 마이크 가장 가까이에는 배우 숀 빈이 연기한 에다드 스타크가 서 있는 것처럼 들리죠.

문헌학자들이 유용하게 사용하는 또 다른 자료는 1500년대와 1600년대에 언어학적으로 이리저리 참견했던 이른바 정음학자orthoepist들이 남긴 문헌입니다. 발음을 가르쳤던 정음학자들은 사람들이 발음을 잘못하고 있다고 투덜댔습니다. 셰익스피어의 동료였던 극작가 벤 존슨Ben Jonson과 마찬가지로 이들은 단어와 그 단어를 읽는 방법을 나열한 문법 지침서를 작성했습니다. 예컨대 'move', 'love', 'approve'는 각각 '무브', '러브' '어프루브'에서 '브'를 길게 읽으라고 했습니다.

그렇지만 이 시기에도 지역별로 억양이 달랐다는 점을 분명히 짚고 넘어가야 합니다. 모든 사람들이 똑같은 어투로 말하지는 않았습니다. 실제로 1300년대 초서는 소설 속 북부 출신 인물과 남부 출신 인물이 단어를 발음하는 방식을 다르게 썼습니다. 콘월의 작가 존 트레비사John Trevisa는 요크셔 사람들이 '날카롭고 뾰족하며 귀에 거슬리는 잘못된' 방식으로 말한다고 불평했습니다. 그렇지만 그가 당시 썼던 영어를 그대로 옮기면 여러분도 날카롭고 뾰족한 소리라고 느끼실 것 같네요.*

마지막으로 재미있는 사실 하나를 살펴보고 마무리합시다. 1700년대 미국 건국의 아버지들이 어떻게 발음했는지는 상당히 정확하게 알 수 있습니다. 천재 벤저민 프랭클린이 이상한 영국식 철자를 없애고 문맹률을 낮추기 위해 음성학 사전을 저술했기 때문입니다. 이를 통해 우리는 'when'에서 'w' 다음의 'h'가 묵음이 아니었으므로 '웬'이 아니라 '훼'이라고 읽었으며, 건국의 아버지를 가리키는 'Founding Fathers'를 '파운딩 파더스'가 아니라 '포우흔딩 파더스'라고 읽고 이를 'gathers'와 압운을 맞추었다는 점을 알 수 있습니다. 그러니 뮤지컬 〈해밀턴〉에서도 지금의 주연배우 린 마누엘 미란다가 쓰는 억양보다는 술 취한 숀 빈의 아일랜드 억양처럼 말하는 편이 더 정확한 고증에 가까울 겁니다.

캣 님, 발음이 변하는 이유에 대해서는 앞으로 알아내야 할 점이 아직도 많지만, 그래도 우리는 과거 많은 사람이 어떻게 발음했는지

---

* 존 트레비사가 쓴 원문은 'scharp, slitting, and frotynge and vnschape'였으며, 이를 현대 영어로 옮기면 'shrill, cutting, and grating and ill-informed(날카롭고 뾰족하며 귀에 거슬리는 잘못된)'입니다.

쨰 자신 있게 추정할 수 있습니다. 그렇지만 카이사르가 낮은 바리톤 목소리로 웅얼댔는지 에디 이저드처럼 새된 소리로 꽥꽥거렸는지는, 슬프게도 타임머신을 발명하기 전까지는 알 수 없습니다.

12장
대중문화와 역사

HISTORY IN POP CULTURE

47

가장 고증이 잘된 역사 영화는 무엇인가요? 영화 속에서 역사적으로 잘못된 점이 보이면 짜증이 나시나요?

(질문자) 클로에

질문 주셔서 감사합니다, 클로에 님! 이 질문은 제가 가장 좋아하는 주제이기도 하거든요. 실제로 저는 이 주제로 영국 대학 두어 군데 에서 강의를 한 바 있습니다. 제 강의의 요점은, 정말 가혹한 평가를 받아야 하는 것은 역사 영화가 아니라 사실을 전달하는 역사 다큐 멘터리여야 한다는 것입니다. 역사 다큐멘터리 중에는 객관적인 척 하면서 영화만큼이나 사실을 재구성하고, 주관적이고, 오해를 부를 수 있는 것이 너무나 많기 때문입니다.

이야기를 시작하기에 앞서 우선 대담하고 자칫 도발로 들릴 수도 있는 주장을 하나 펼쳐 보겠습니다. 저는 역사 영화가 정확해야 할 필요가 없다고 생각합니다. 만약 정확성에 신경을 쓴다면 영화를 볼 때마다 짜증이 날 수밖에 없을 겁니다. 영화의 목적은 사실을 정확하 게 전달하는 것이 아니라 재미있는 극예술을 만드는 데 있습니다. 물 론 영화로 떼돈을 벌거나 천만 관객을 달성하면 더 좋겠죠. 셰익스피 어의 희곡에는 어설픈 역사가 담겨 있고, 《일리아스》에도 참견쟁이 신들이 등장하지만, 그래도 얼마나 재미있습니까? 그러니 현대 영화 에 이보다 더 높은 기준을 들이밀 이유는 없을 듯합니다.

대신, 허락한다면 얼른 다락으로 가서 훨씬 더 거대한 철학의 방패를 좀 꺼내 오겠습니다. TV에 역사 드라마나 영화가 나올 때마다 저에게 트윗을 보내는 분들이 꼭 있기 때문입니다. 이분들은 작품이 역사적으로 틀렸고 만드는 사람이 게으른데다 전문 역사학자에게 자문도 받지 않았다며 불만을 잔뜩 토로합니다. 그러면 저는 이렇게 답장을 보냅니다. "안녕하세요. 정확성을 추구하는 극작가라면 누구든 첫 줄을 쓰는 순간부터 실패할 겁니다. 정확성이란 건 있을 수 없습니다. 과거를 정확하게 담는 작품은 없습니다. 게다가 제작자 크레딧을 보셨다면 자문 역사학자가 있었다는 걸 알 수 있을 겁니다. 감사합니다."

제가 영화판에서 뒷돈을 받기라도 한 것처럼 들리겠지만 현금 봉투 같은 건 받아 본 적이 없습니다. 다만 과거는 헤아릴 수 없을 만큼 거대하고 복잡하며, 과거에 무엇이 있었고 어떤 말이 오갔으며 사람들이 어떤 생각을 했을지 감히 다 가늠할 수 없을 정도로 우리가 적은 정보만을 가지고 있다는 걸 저는 압니다. 관객들은 정말 돈을 내고 이처럼 두루뭉술한 이야기를 보고 싶어 할까요? 그걸로 어떻게 볼 만한 이야기를 만들 수 있을까요? 어쨌든 영화는 2시간 남짓이고 마틴 스코세이지 영화라면 러닝타임이 3시간 반쯤 될 텐데, 어떻게 그처럼 거대한 진실을 통째로 작은 화면 안에 욱여넣을 수 있겠습니까? 그런 건 불가능합니다.

같은 이야기로 역사학자가 책을 쓴다면 아마 10만 단어 정도의 글을 쓰겠지만, 이마저도 완전한 이야기는 아닙니다. 14세기 그림스비의 어업 경제를 건조한 어조로 쓴 책만이 역사책은 아닙니다. 사실 많은 역사가가 화려한 글솜씨를 뽐내면서 책 전반에 걸쳐 비극, 로맨스, 오만으로 하느님의 은총을 잃은 자, 용기 있는 약자의 급부상 등 각 장르에 맞는 내러티브를 끌고 갑니다. 소설가처럼 각 장의 마지막을 흥미진진한 순간에서 끊어 버리기도 하고, 이야기꾼처럼 재미있는 이야기를 들려주기도 합니다. 그렇지만 역사가들은 여기에서 그치지 않고 때때로 '이다음은 알려지지 않았다.'라고 말하거나, 전해져 내려오는 여러 버전의 이야기를 들려주거나, 본인의 주장을 펼치고 다른 역사가들의 주장을 각주에서 소개합니다. 이들은 알려지지 않은 부분에도 주목할 수 있도록 일부러 그쪽에 조명을 비춥니다.

그러나 영화에는 각주를 쓸 수 없습니다. 게다가 이야기에 구멍이 있으면 관객 입장에서는 짜증만 나겠죠. 대신 영화 속 이야기에는 규칙이 있습니다. 시작과 중간 그리고 끝이 있죠. C. E. 롬바르디c. E.Lombardi는 '시작, 혼란, 끝'으로 나뉜다고도 했습니다. 이야기에는 영웅과 악당, 주인공과 적수가 있으며 관객들이 지루해하지 않도록 내러티브의 박자를 맞춰야 합니다. 이야기는 근본적으로 정형화된 틀을 따릅니다. 극작가의 지침서인 《Save the Cat!: 흥행하는 영화 시나리오의 8가지 법칙》에서는 모든 이야기를 열다섯 가지로 나눕니다. 어떤 이론가는 전 세계 문학을 단 일곱 가지 줄거리로 나눌 수도 있다고 주장합니다.

반면 과거는 걷잡을 수 없이 불규칙하게 뻗어 있으며 절망스러울 만큼 알려지지 않은 부분이 많습니다. 진정으로 정확한 역사 이야기는 애초에 있을 수 없습니다. 그렇지만 이야기를 들려주는 사람의 의도를 판단할 수는 있겠죠. 시대의 분위기를 진솔하게 담아내려 노력했는지 혹은 역사를 별로 신경 쓰지 않았는지는 알 수 있습니다. 사실에는 조금도 관심을 기울이지 않는 작품도 있고, 주요 사건을 올바른 순서대로 연결하고 올바른 인물을 올바른 장소에 등장시키면서 당대 사람들이 세상을 어떻게 바라보았는지 이해하려 하는 작품도 있습니다. 대부분은 이 두 유형 사이 그 어딘가에 자리합니다. 정설로 여겨지는 이야기를 어느 정도 따라가지만 흥미로운 인물을 새로 만들거나 지루한 인물을 지워 버리기도 하고, 사건 순서를 뒤섞고, 없었던 로맨스를 만들어 양념을 치고, 필요에 따라 화려한 액션 장면을 두어 컷 넣습니다. 게다가 무엇보다도 그 수많은 대화를 지어내죠. 법원 속기사가 사람들 사이를 돌아다니면서 대화를 낱낱이 기록해 남겨 주지는 않았기 때문입니다.

여기에 감성적인 영화 제작 기법도 더해집니다. 제작자들은 영상을 보는 관객이 특정 감정을 느끼도록 유도하며 웅장한 오케스트라 연주나 슬픈 발라드를 깔아 관객의 감정을 조작합니다. 그렇지만 당연하게도 실제 역사 속 사건은 배경에 우렁찬 튜바 소리나 뚱땅거리는 피아노 사운드트랙이 흐르는 가운데 일어나지 않았습니다. 빠른 줌 인이나 편집 장면은 모두 영화 속 인물과 사건에 대한 관객의 반응에 영향을 미칩니다. 이는 과거에 대한 해석이면서 역사적 사실과는 크게 관계가 없습니다. 그보다는 감각적 경험과 스릴이 더 중요하죠.

젊은 시절 역사학도였을 때 저는 극작의 정확성에 관한 문제에 푹 빠졌고, 지금은 기쁘게도 TV 드라마와 코미디, 영화에서 역사 자문가로 일하고 있습니다. 어떤 전투를 갖다 쓸지 고르는 일은 언제나 재미있지만 사실 예산 문제나 관객의 즐거움을 위해 타협해야 하는 부분도 많습니다. 예를 들어 중세 시대의 전투 장면에는 주요 배우들이 투구를 쓰지 않고 얼굴을 드러낸 채 돌아다닙니다. 투구를 썼다가는 관객들이 누가 누구와 싸우는지 알 수 없기 때문입니다. 물론 실제 전투에 투구 없이 나선다는 건 피를 뒤집어쓰고 상어 수조에 뛰어드는 수준으로 위험한 짓이었을 겁니다. 또한 우리 편과 악당을 구분하기 위해 전투복의 색을 다르게 하는데, 사실 표준 전투복 자체가 현대에 탄생한 개념입니다. 게다가 검을 검집에서 꺼낼 때는 아무 소리도 나지 않습니다. 관객이 듣는 소리는 그저 검이 엄청나게 날카롭고 주인공의 목숨이 위험에 처했음을 알려 주기 위해 후반 제작 과정에서 삽입한 효과음일 뿐입니다.

물론 언어 문제도 있습니다. 중세 시대 영화에서 모든 배우가 진짜 제프리 초서 시대의 방언을 구사하는 영화를 보고 싶으신가요? 저는 보고 싶습니다만, 그건 제가 지루한 괴짜여서 그렇습니다. 놀랍게도 이런 시도를 했던 가장 유명한 감독은 여느 예술 영화 감독이 아니라 멜 깁슨이었습니다. 그는 〈패션 오브 크라이스트〉와 〈아포칼립토〉 두 영화에서 처음부터 끝까지 전부 옛 언어를 사용해 촬영했습니다. 제가 멜 깁슨이라는 사람을 어떻게 생각하는지는 출판사 변호사가 언급하지 말라고 했으니 이쯤에서 그만두겠습니다. 어쨌든 그는 현대 영어가 단 한마디도 들어가지 않았으면서 공전의 히트를 기록한 영화 두 편을 제작했으니, 이것만큼은 엄청난 공적입니다.

그렇지만 다른 영화 제작자들이 이런 방식을 따르지 않는 이유가 있습니다. 우선 영어권 관객에게 자막을 권하기가 쉽지 않습니다. 지금은 비디오 대여점이 사라지고 없지만, 저는 학생 때 비디오 대여점에서 일한 적이 있습니다. 당시 한국 공포영화를 감히 한국어로 찍었다며 화가 난 채 환불을 요구하는 손님들이 잊을 만하면 한 명씩 있었죠. 사실 제작진 측에서도 다른 언어로 영화를 찍는다는 건 엄청난 부담입니다.

사회생활을 시작한 지 얼마 되지 않았을 무렵, 저는 1066년을 배경으로 바이킹과 잉글랜드, 노르만 출신 인물들이 각자 고대 언어로 몇 분간 말한 뒤 그다음부터 현대 영어로 말하는 드라마의 자문을 맡았습니다. 이들의 대사를 세 가지 사어로 번역하고 이를 배우들에게 가르치는 게 제가 맡은 일이었으며, 제 능력의 극한을 실험하는 일이었습니다. 게다가 배우들이 대사를 틀려서 장면을 다시 찍어야 하는 상황에도 이를 알아차리는 사람은 저밖에 없었으니 더 힘든 상황이었습니다. 전 영화 제작진이 뭐라고 하는지 알아듣지도 못하는 장면을 촬영하게 했습니다. 제게 주어진 시간은 이틀에 불과했지만, 몇 달에 걸쳐서 내내 이런 식으로 영화를 제작한다고 하면 상상만 해도 끔찍합니다.

영화 속에서 등장인물끼리 소통하는 방식도 문제입니다. 제가 어린이 코미디 영화 〈끔찍한 역사: 영화편 - 썩은 로마인〉 제작에 참여했을 당시 회의에서 가장 활발하게 언급된 한 가지 사안은 작중 등장인물이 서로에게 어떻게 말을 걸어야 하느냐는 것이었습니다. 라틴어를 사용하는 로마인은 라틴어를 할 줄 모르는 켈트인과 어떻게 대화해야 할까요? 스페인 카페에서 달걀 요리와 감자튀김을 주문하려는 영국인처럼 느릿느릿 고함을 쳐야 할까요? 아니면 등장인물 모두가 이해하는 공통의 언어를 영화 전반에 사용하는 편이 나을까요? 길거리 표지판은 어떤 언어로 써야 할까요? 현대 영어로 써야 할까

경이로운 역사 콘서트

요? 아니면 더 에스러운 라틴어식 영어로 써야 할까요? 검투사 스승이 제자에게 건넨 "나가서 실력을 CX%(아라비아숫자로는 110%) 발휘하고 오라."라는 대사는 어떻게 처리해야 할까요? 누구든 웃을 수 있는 유머였으나 영화의 다른 부분에서는 5를 V라고 쓰지 않았기 때문에 전반적인 언어 논리를 깨뜨릴 수 있었습니다. 역사 자문들은 매일 이렇게 사소하고 현학적인 문제로 골머리를 앓곤 합니다.

정확성과 관련된 논의에서 주목할 만한 또 다른 지점은 관객이 틀릴 때도 많다는 점입니다. 우리는 누군가가 해석한 과거를 배우며 작품 속 역사가 우리가 아는 역사와 다를 때 화를 내기도 합니다. 그렇지만 실제로는 우리가 틀렸고 영화 제작진이 새로운 연구 결과를 찾아 적용했을 수도 있습니다. BBC 드라마 〈타부〉는 욕설이 너무 많이 나온다는 이유로 논란에 휩싸였으며, 언론과 시청자들은 이런 말투가 점잖은 18세기 분위기에 맞지 않다고 지적했습니다. 그러나 사실은 18세기 영국에서도 저속한 욕설을 상당히 많이 사용했습니다. 다만 욕을 걷어내고 또 걷어낸 제인 오스틴Jane Austen의 각색이 우리의 언어적 감수성을 왜곡시켰을 뿐입니다. 종종 옛것에서 새것을 찾아야 한다고들 하지만, 사실 그 옛것조차 우리가 잘못 알고 있을 가능성도 큽니다.

그렇지만 제가 진짜 강조하고 싶은 점은 따로 있습니다. 역사 드라마는 모두 지금 이 시대에 울림을 주는 작품입니다. 사회는 현재 우리의 관심사를 반영하는 이야기에 주목하고, 우리는 역사라는 거울을 통해 우리가 걸어온 길을 돌아보거나 우리가 가야 할 길을 내다봅니다. 극작 속의 과거는 우리에게 동경과 그리움을 안겨 주거나 혹은 21세기에 태어난 걸 다행으로 여기게 만드는 데 사용된 장치입니다. 사실 저는 작중 연대와 상관없이 등장인물의 의상과 머리 모양만 보고도 이 영화가 몇십 년대에 만들어졌는지 맞힐 수 있습니다.

그러니 저는 사소한 오류를 트집 잡지 않습니다. 시대착오적인 부분이 눈에 띄면 대개 작은 실수라고 생각하고 넘기거나 이야기를 더 잘 전달하고자 일부러 선택한 부분이겠거니 합니다. 그래도 과거를 가장 정확하게 표현한 영화가 무엇이냐고 묻는다면 기대해도 좋습니다. 신사 숙녀 여러분, 우승자를 발표합니다. 바로 영국 코미디 영화 〈몬티 파이튼의 성배〉입니다.

맞습니다. 이 영화는 말도 안 되게 우스꽝스럽고 1970년대 향취가 물씬 나는 영화입니다. "나이Ni!"라고 외치는 기사들과 잔혹한 살인마 토끼가 등장하고 짐을 싣지 않은 제비의 비행 속도와 성스러운 수류탄에 대한 유머도 나옵니다. 이 영화를 본다고 해도 역사 시험에서 점수를 얻는 데는 도움이 되지 않을 겁니다. 그렇지만 이 영화에는 중세 역사학자들이 좋아하는 틈새 유머가 가득합니다. 옛 필사본을 해독하는 고문서학, 아서 왕의 성배 이야기가 프랑스에서 비롯됐다는 설, 랜슬롯과 갈라하드가 얻은 거의 성스러운 명성에 관한 유머도 나옵니다. 풍성한 이야기가 가득한 이 작품은 분명 근대의 개념인 무정부 공산주의를 표방하면서도 중세 아서 왕 시대의 전통을 고개가 절로 끄덕여질 만큼 절묘하게 표현해 냈습니다.

게다가 저는 석사 논문으로 중세사학자들이 자기가 연구하는 시대에 관한 영화에 어떻게 반응하는지 연구했기 때문에 역사학자들이 정말 이 영화를 좋아한다는 점을 알고 있습니다. 제 논문의 결론만 말씀드리자면 학자들은 다른 시대를 다룬 영화보다 자기가 연구하는 시대를 배경으로 한 영화에 훨씬 비판적이었습니다. 〈몬티 파이튼의 성배〉는 제가 조사한 영화 중에서 가장 많은 사랑을 받았습니다. 대놓고 웃긴 영화여서 관객이 내용을 진지하게 받아들이지 않을 것이고 과거를 잘못 알게 되지 않으리란 확신이 있기도 했지만, 한편으로는 영화 속 수많은 유머에서 등장인물들의 깊은 지식을 엿볼 수 있다는 이유도 있었습니다. 일부러 틀린 이야기를 하려면 그에 앞서 사실을 정확하게 이해하고 있어야 하므로 때로는 의도적인 고증 파괴에 높은 정확성이 필요합니다. 〈몬티 파이튼의 성배〉에는 터무니없이 잔혹한 폭력과 갈등이 가득한데, 사실 15세기 아서 왕 문헌인 《아서 왕의 죽음Le Morte d'Arthur》도 마찬가지였습니다.

클로에 님의 질문에 답하자면 저는 정확도가 떨어지는 영화를 보고 화를 내지는 않습니다. 오히려 저는 영화 제작자들이 하고 싶은 이야기를 풀어 나가도록 두어야 한다고 생각합니다. 물론 제 몇몇 동료들은 제가 대중 역사가로서 짊어진 성스러운 의무를 회피한다고 생각할지도 모릅니다. 저 또한 대중문화에 드러난 잘못된 역사가 위험하고 무례할 수 있음을 잘 알고 있습니다. 백인 지상주의자와 네오나치들은 중세 시대를 무기로 삼고 바이킹 전사들과 십자군 기사들을 상징으로 삼아 본인들의 혐오스러운 대의를 내세웠습니다. 그러나 중세사학자들이 이 점을 알아차렸을 때는 이미 늦은 뒤였습니다. 물론 대중문화가 백인 지상주의와 신나치주의에 영향을 미쳤다는 사실도 의심할 여지가 없습니다. 대중문화에서 그린 과거가 실제 세계에 파장을 낳는 경우는 분명 있습니다. 우리는 위험한 역사 왜곡에 반드시 맞서 싸워야 합니다.

그러나 저는 대중문화를 검열해야 한다고 생각하지는 않습니다. 어떤 영화는 말도 안 되는 소리로 가득하겠지만, 무시하거나 공격하기보다는 그 소리들을 발판 삼아 공개적인 대화를 나눌 수 있었으면 좋겠습니다. 당신이 좋아하는 영화가 순 엉터리라고 고래고래 소리를 지르는 사람의 말을 경청해 줄 이는 많지 않습니다. 위키피디아 데이터를 보면 역사 영화가 개봉하거나 드라마가 방영될 때 대중의 관심이 급증한다는 점을 알 수 있습니다. 많은 이들이 영화 속 로맨틱한 판타지 뒤에 놓인 사실을 알고 싶어 합니다. 그러니 저라면 잘못된 작품을 좋아한다고 욕하기보다는 이를 기회 삼아 사람들의 열정을 더 수준 높은 학문으로 연결하겠습니다.

영화 〈브레이브하트〉는 역사적 측면에서 뜨끈하고 축축한 쓰레기 더미나 다름없으나, 영화로서는 꽤 훌륭하고 대화를 시작하기에도 좋은 발판입니다. 그래도 제게 멜 깁슨을 어떻게 생각하냐고 묻지는 말아 주세요. 그 인간은 정말….

48

〈고인돌 가족 플린스톤〉에서
석기 시대를 올바르게 재현한 부분이 있나요?

─────────── 질문자 익명

가장 중요한 점부터 짚고 넘어가 봅시다. '야바다바두!'는 너무나 멋
진 구호였고, 지난 30여 년 가까이 〈고인돌 가족 플린스톤〉을 보지
않은 탓에 이 구호를 잊고 살았다는 게 진심으로 서글픕니다. 프레
드 프린스톤 역을 맡은 성우가 즉흥적으로 지어낸 대사라고 하는데,
저도 그처럼 상징적이고 재미있으면서 희한한 말을 순식간에 떠올
릴 만큼 창의력이 뛰어난 사람이었으면 좋겠습니다.

어쨌든 말이 나왔으니 '야바다바두!'를 모르는 분들을 위해 잠시
설명을 하겠습니다. 〈고인돌 가족 플린스톤〉은 1960년부터 1966년
까지 방영되면서 큰 성공을 거둔 미국의 애니메이션입니다. 이후로
도 다양한 스핀오프가 방영됐으며 1994년과 2000년에는 리부트 영
화가 제작되기도 했습니다. 기원전 1만 년경 석기 시대 베드록 마을
에 사는 가족의 요란하고 떠들썩한 일상을 담은 가족 시트콤인데, 사
실 배경만 석기 시대고 내용은 1960년대 미국 교외 가족들의 삶을
매머드와 함께 그렸습니다.

지루한 이야기를 늘어놓고 싶지는 않지만 석기 시대 생활상을 어
렴풋이 정확하게 그린 부분을 살펴보기 전에 먼저 확실히 틀린 부분
을 짚고 넘어갑시다. 첫 번째 오류는 프레드, 윌마, 바니, 베티, 페블
스, 뱀뱀이 공룡과 함께 행복하게 공존한다는 점입니다. 공룡은 인류

417

가 등장하기 수천만 년 전에 멸종했습니다. 게다가 기원전 1만 년경에 이르기 전에 북아메리카에서 또 한 번의 대멸종이 일어나면서 거대동물도 자취를 감춘 뒤였습니다. 인류가 과도하게 사냥을 했기 때문일 수도 있고, 기후 변화 때문일 수도 있습니다. 어느 쪽이든 〈고인돌 가족 플린스톤〉에 나오는 매머드와 땅늘보, 검치호랑이는 아마 당시 아메리카 대륙에 남은 마지막 생존 개체였을 겁니다.

애니메이션에서 사실과 완전히 달랐던 또 한 가지는 부모 두 명과 자녀 한 명, 반려동물 한 마리가 독립된 집에서 생활하는 핵가족 형태를 강조했다는 데 있습니다. 선사 시대에 우리의 선조가 반려동물을 키웠을 가능성은 있을 법한 가설이며 실제로 늑대를 개로 키우고, 여우를 길들이고, 심지어 새끼 곰에 목줄을 매어 길렀다는 증거가 남아 있습니다. 그렇지만 석기 시대에는 단체 생활을 했을 가능성이 크며, 온갖 종류의 공룡과 거북이, 새들이 잔디밭과 산울타리를 다듬어야 할 만큼 멋진 정원은 확실히 없었습니다. 동물을 도구로 사용한다는 유머 요소는 어릴 적 보았던 기억 중에서도 가장 뚜렷하게 기억나는 장면입니다. 털북숭이 매머드의 코를 호스로 사용하거나 황새치를 빵칼로 썼고 카메라 안에 사는 작은 새가 부리로 석판에 즉석 사진을 새겼으며 또 다른 새의 부리는 레코드 플레이어의 바늘 역할을 했죠.

〈고인돌 가족 플린스톤〉에는 당시 아직 발명되지 않았던 여러 가지 기술도 등장합니다. 현대의 악기, 청동기 시대의 발명품인 바퀴와 축이 있는 탈것, 가정용 오븐과 조리용 난로, 연기를 내보내는 굴뚝 그리고 17세기 발명품인 포크로 중세 시대 음식인 스파게티를 먹는 모습 등을 꼽을 수 있습니다.

또한 남성 등장인물은 말끔하게 면도를 한 모습이고, 여성 등장 인물은 머리를 틀어 올리고 티 하나 없이 화장한 얼굴에 화려한 차림을 하고 있습니다. 1960년대에 전형적으로 볼 수 있었던 모습입니다. 프레드는 털옷 위에 커다란 청어 넥타이까지 매고 있죠. 석기 시대 사람들이 최선을 다하지 않았다는 말은 아니지만, 동굴에 사는 상황에서는 면도나 화장을 하기가 쉽지 않았을 겁니다.

물론 선사 시대 세계에 관한 대형 애니메이션이 할리우드의 오래된 외계인 집착을 피해 갔을 리가 없었습니다. 앞에서 했던 이야기를 반복해서 죄송하지만(49쪽 참조) 시청등급을 높여야 했던 1965년 원작에서는 단짝 프레드와 바니가 '그레이트 가주'라는 외계인과 마주칩니다. 가주는 우주를 파괴할 수 있는 끔찍한 초강력 무기를 만들었다가 고향 별에서 쫓겨난 상태였습니다. 몸집이 작고 머리가 크며 두 발로 걷는 초록색 외계인 가주는 시간을 멈추거나 물건을 사라지게 만드는 등 마법을 부렸으며, 제작진은 정체된 시트콤에 활기를 불어넣기 위해 가주를 적극 활용했습니다. 또한 모든 인물이 가주를 볼 수 있는 설정이 아니어서 한층 더 웃긴 상황이 연출되곤 했습니다.

사실 〈고인돌 가족 플린스톤〉은 재미를 위한 애니메이션이라 이처럼 진지하게 이야기하기가 조금은 민망합니다. 그렇지만 지금 다시 본다면 아마 기억하는 것만큼 재미있진 않을 겁니다. 프레드와 윌마 사이에는 지속적인 가정 폭력이 있으며, 불임과 관련된 슬픈 스토리라인 때문에 바니가 거의 자살할 뻔한 이야기도 있습니다. 무엇보다도 이 애니메이션은 고고학적 연구에 아무런 관심을 두지 않았습니다. 석기 시대라는 요소는 가족 시트콤에 독특한 비주얼을 뒤집어 씌우기 위한 핑계였을 뿐입니다. 석기 시대가 아니면 볼링장 장면에서 공룡과 매머드가 등장하는 그림을 만들 수 있었을까요? 그렇지만 놀랍게도 〈고인돌 가족 플린스톤〉에는 우연일지언정 사실인 부분이 있습니다.

이를 알아보기 위해 저는 놀라운 책 《네안데르탈: 멸종과 영원의 대서사시》의 저자인 고고학자 리베카 렉 사익스Rebecca Wragg Sykes 박사에게 자문했습니다. 우리는 한 시간 넘게 유튜브로 〈고인돌 가족 플린스톤〉을 보며 눈에 띄는 점에 관해 이야기를 나누었는데, 전문가의 눈으로 보니 제 예상보다 많은 점을 찾아낼 수 있었습니다. 리베카 박사가 가장 먼저 언급한 점은 등장인물들의 의복이었습니다. 프레드는 주황색 바탕에 검은 점박이 무늬가 있는 독특한 동물 가죽옷을 입고 있는데, 이는 당시 실제로 존재했던 강인한 시미타고양이의 가죽을 벗겨 입었다는 뜻이었습니다. 프레드는 또 다른 시미타고양이를 '베이비 퍼스'라고 부르며 반려동물로 기르고 있었으니, 가능성이 희박하긴 하지만 어쩌면 전에 길렀던 다른 시미타고양이 가죽을 입었을지도 모르겠네요.

리베카 박사는 다른 의복과 천으로 만든 덮개에서 바느질 땀을 볼 수 있다는 데 주목했습니다. 이는 정확한 재현이었습니다. 재봉바늘은 약 4만 년 전부터 사용했기 때문입니다. 물론 〈고인돌 가족 플린스톤〉에서는 윌마가 바늘 대신 재봉틀 새를 사용했죠. 또한 한정적이긴 하지만 약 2만 8000년 전 동유럽에서 염색한 식물 섬유질을 새끼줄에 엮어 얼기설기 천을 짰다는 증거도 있습니다. 그러니 윌마와 베티가 입은 다채로운 옷도 불가능한 영역은 아니었습니다. 때 묻지 않은 순백색과 푸른색은 물론 없었지만, 당시에는 실제로 선명한 광물 염료를 사용해 놀라운 동굴 벽화를 그렸으니 천 염색도 어불성설은 아니었습니다.

말이 나온 김에 동굴 벽화를 살펴봅시다. 플린스톤 가족은 영화를 보기 위해 극장에 갑니다. 재미로 넣은 요소였겠지만 사실과 아주 동떨어진 이야기는 아니었습니다. 쇼베나 라스코를 비롯한 지역에서 발견된 놀라운 구석기 시대 동굴 벽화에서는 동물과 인간을 역동적으로 묘사하고 있습니다. 이런 벽화를 모닥불의 일렁이는 불꽃에 비춰 보면 마치 움직이는 것처럼 보였을 겁니다. 예술 활동을 계속 이야기해 보자면 석기 시대에도 상아로 만든 화려한 목걸이, 반짝이는 조가비, 뿔, 실에 꿴 구슬 등의 장신구를 사용했다는 증거가 있으므로 윌마가 목에 건 두툼한 진주 목걸이는 고고학 측면에서 적절한 재현이었습니다.

집 안의 물건을 살펴보기에 앞서 리베카 박사와 저는 당대에 대해 알려진 사실과 〈고인돌 가족 플린스톤〉의 작중 연대를 어떻게 조화시켜야 하는지 논의했습니다. 영화 속 연도는 기원전 1만 년으로 설정돼 있는데, 아마 제작진이 동굴인의 시대가 이즈음부터 시작됐으리라고 생각했던 듯합니다. 그러나 이는 다소 모호한 결론입니다. 게다가 윌마가 원숭이, 거북이, 마스토돈을 식기세척기로 쓰면서 작동이 끝날 때까지 잡지를 읽으며 기다리는 장면도 있는데, 이 잡지의 이름은 《오늘의 여성 기원전 300만 년》이었습니다.

사실 오늘날 치과 대기실에만 가도 엄청나게 오래된 잡지를 만날 수 있긴 하지만, 그래도 출간된 지 300만 년이나 된 잡지는 아니었습니다. 이 애니메이션이 인류가 동굴에 살았던 시대를 폭넓게 포괄한다고 가정한다면 당시 우리 석기 시대 선조들은 한곳에 영원히 정착하는 대신 여러 동굴을 초소로 삼고 돌아다니며 먹잇감을 사냥했을 겁니다. 영화에서 가장 인기 많은 단백질 공급원은 새로운 목초지를 찾아 방랑하는 습성이 있었으므로, 이들은 베드록 마을은 고사하고 아예 영구적인 정착촌을 만들 이유가 없었습니다.

그러나 〈고인돌 가족 플린스톤〉 오프닝 노래에서는 플린스톤 가족을 '현대적인 석기 시대 가족'으로 불렀으니 제가 내린 정의를 조금 더 뻔뻔하게 내세워 보겠습니다. 북아메리카에서 기원전 1만 년은 구석기 시대 후기에 속하던 시기이지만, 당시 동굴인이 살았다는 고고학적 흔적은 많지 않습니다. 반면 터키에서 기원전 1만 년이면 대략 신석기 시대가 시작될 즈음이었습니다. 거대한 변화를 몰고 온 이 시기에 인류는 처음으로 농경과 동물의 가축화를 시도하고 장엄한 종교 건축물을 건설했으며 작은 촌락을 이루고 정착하기 시작했습니다.

지금까지 발굴된 가장 오래된 유적지인 터키의 차탈회위크 Çatalhöyük는 기원전 7000년경 가장 번성했던 듯합니다. 넉넉하게 추산한다면 차탈회위크에는 약 5000명에서 1만 명가량의 주민이 진흙 벽돌로 집을 짓고 살았는데, 석조집이나 여가 시설, 일터 등을 보면 〈고인돌 가족 플린스톤〉 속 베드록 마을과 크게 다르지 않습니다. 현대적인 석기 시대 가족이라면 이곳에 살았을 겁니다. 그러니 플린스톤 가족은 사실상 터키인이라고 봐야겠습니다.

게다가 4500년 전으로 거슬러 올라가면 스코틀랜드 해안가의 오크니섬에서 〈반지의 제왕〉 속 호빗 마을을 닮은 신석기 정착촌 스카라브레를 만날 수 있습니다. 이곳의 풀밭 언덕 아래에는 한 칸짜리 방이 여덟 개 있었고 방마다 통로가 연결되어 있으니, 이 공동체에는 100여 명이 살았다고 추정할 수 있습니다.

특이하게도 곧장 눈에 띄는 점이 있다면 선사 시대에 사용했던 가구가 아직도 남아 있다는 겁니다. 돌을 깎아 만들기는 했어도 침대와 선반이 있는 수납장, 창고, 중앙 조리용 아궁이 등을 알아볼 수 있습니다. 소형 도심 아파트와 크게 다르지 않은 모습이지만 아마 집세는 더 저렴했겠죠. 이 현대적인 석기 시대 집은 이상하리만치 우리의 집과 비슷하게 느껴지며 〈고인돌 가족 플린스톤〉의 집과도 비슷하게 보입니다. 특히 프레드와 윌마가 석판 헤드보드가 붙은 돌침대에 누워 잔다는 점에서 더욱 비슷하죠.

스카라브레 주민들은 나무를 거의 사용하지 못했던 듯하지만, 〈고인돌 가족 플린스톤〉을 본 리베카 박사는 가구와 매일 사용하는 물건에 나무가 상당히 많이 사용됐다고 지적했습니다. 안타깝게도 나무와 가죽, 동물 피부 같은 유기 재료들은 고고학적 기록으로 남는 경우가 많지 않습니다. 그렇지만 지금까지 발견된 증거로 미루어 보자면 네안데르탈인과 초기 호모 사피엔스는 목공 솜씨가 좋았으며 나무 둥치, 밧줄, 동물 힘줄로 여러 물건을 만들 수 있었습니다. 바퀴나 축 없이 발로 움직이는 애니메이션 속 자동차는 만들지 못했더라도, 아마 나무속을 파낸 카누나 동물 우리, 낚싯배 정도는 만들었을 수 있습니다.

한편 프레드 플린스톤은 채석장에서 일하는 인물로 잘 알려져 있습니다. 이 또한 전후 미국의 블루칼라 노동자를 나타내는 유머였겠으나 마찬가지로 실제 석기 시대와 아주 다르지는 않았습니다. 석기 시대 도구 제작자들은 많은 원재료를 사용했는데, 리베카 박사에 따르면 대부분 강가 자갈이나 빙하 침식으로 돌이 모인 곳 등에서 돌을 주워다 사용했습니다. 그런데 네안데르탈인과 후기 호모 사피엔스가 암벽이 드러난 곳에서 필요한 만큼 채석해 갔다는 증거도 일부 있습니다. 이들은 채석한 돌을 다른 장소로 가져가 뗀석기 제작에 사용했을 겁니다. 제작 과정에 관해서는 질문 34번을 참조해 주세요.

정리하자면 프레드 플린스톤은 계속 채석장에서 일할 수 있었습니다. 야바다바두! 그렇지만 공룡 크레인 없이 직접 채석해야 했을 겁니다. 야바다바도! 아, 이건 〈심슨〉 대사군요. 미국 만화를 너무 많이 봤나 봅니다.

경이로운 역사 콘서트

49

영국인들은 왜 이렇게
튜더 왕조에 열광하나요?

(질문자) 닉

이 질문을 보자마자 저는 혼자 배꼽을 잡고 웃다가 눈물까지 찔끔 흘렸습니다. 질문자님이 이런 제 모습을 보지 못한 게 정말 다행이지만, 제가 가장 성가시게 생각하는 부분을 건드리셨으니 말이 길어져도 어쩔 수 없습니다. 다행히 인내심 강한 저희 편집자님이 늘 제가 선을 넘지 않게 잡아 주지만, 만약 저 혼자 쓰라고 내버려 두었다면 이번 답변은 400만 단어에 달하는 횡설수설이 됐을 겁니다. 간단히 말하면 모든 영국인이 학교에서 튜더 왕조 시대를 배우고, 이를 역사적 사고의 기반으로 삼기 때문입니다. 그리고 튜더 왕조에 흥미를 느낄 만큼은 알지만 자세히 알지는 못하기 때문에 이들을 다룬 TV 드라마나 책에 끌리는 겁니다.

제가 BBC에서 팟캐스트 진행을 시작했을 때 완강하게 내건 첫 번째 조건은 바로 '히틀러 안 됨, 튜더 왕조 안 됨'이었습니다. 적어도 처음 두어 시리즈까지는 이 조건을 유지했었죠. 사람들이 튜더 왕조에 관심이 없어서가 아니라 마치 초상화 속 헨리 8세처럼 다른 시대에 돌아가야 할 관심을 튜더 왕조 시대가 독차지하기 때문에 청취자 여러분에게 다양한 이야기를 들려 드리고자 정한 규칙이었습니다. 튜더 왕조는 대중의 상상력을 완전히 사로잡고 있습니다. 이는 곧 대중문화 창작자들이 영국인이 원하는 책이나 영화, 드라마, 게임, 팟

캐스트, 포스터, 밈, 관광 여행 상품 등을 앞다투어 출시한다는 뜻이
기도 합니다. 그러면 영국인들은 마치 허기가 가시지 않는 사람처럼
또는 자기 전 디즈니의 〈겨울왕국〉을 아홉 번 연속으로 보겠다고 떼
쓰는 어린아이처럼 또다시 튜더 왕조 이야기를 탐하게 됩니다.

대중 역사가에게 이것은 멋진 현상이지만 그만큼 우려되는 점
도 있다고 생각합니다. 튜더 왕조가 너무나 많은 방송 시간을 잡아
먹는 탓에 이외에도 알아볼 만한 수많은 시대가 관심을 받을 여력
이 줄어들기 때문입니다. 개인적으로 가장 실망스러운 점은 대중이
17세기를 뒤덮은 급진주의를 대수롭지 않게 생각한다는 겁니다. 프
랑스, 미국, 이탈리아, 러시아에서 일어난 혁명과 내전은 국가의 의
의에서 매우 중요한 순간으로 추앙받습니다. 반면 영국에서는 한 세
기 동안 왕의 목을 자르고, 끔찍한 내전이 터지고, 아일랜드가 제노
사이드를 겪고, 역병이 나라를 삼키고, 가톨릭에 반대하는 세력이 정
부를 전복시킨 다음 입헌군주제를 세웠죠. 그런데 이 입헌군주제가
너무 기이하고 타협적인데다 불가해한 통치를 펼쳐서 브렉시트를
논의할 때도 여왕이 의회의 입을 막는 게 법적으로 문제가 없는지 정
확히 아는 이가 없어 논쟁이 벌어졌습니다. 하지만 영국인들은 그저
눈살 한 번 찌푸리고 마는 듯 보입니다. 제가 이 이야기를 TV에서 하
려고 할 때마다 비슷한 대답이 돌아옵니다. "죄송하지만 1600년대는
시청자들이 좋아하지 않아요. 혹시 앤 불린 이야기는 없나요? 사람
들은 앤 불린을 사랑하거든요!"

그렇다면 초등학교 역사 시간 이외에도 영국인이 튜더 왕조에 집
착하게 된 이유는 무엇일까요? 우선 인물들부터 이야기해 보겠습니

다. 1485년부터 1603년까지 영국을 다스렸던 튜더 왕조의 역사는 섹스, 드라마, 권력, 폭정, 아름다움, 영광 그리고 오만으로 축약할 수 있습니다. 영국인들은 튜더 왕조의 인물들이 저마다 너무나 다르지만 얽히고설킨 가족 간의 유대관계로 한데 묶여 있다는 점에 매력을 느낍니다. 결혼과 목숨을 건 이혼, 종교 갈등, 남매간의 대립이 끊임없이 돌아가며 맥을 이어 갑니다.

에드워드, 메리, 엘리자베스는 배다른 남매이며 각기 친모가 다릅니다. 이들은 왕궁을 두고 그 누구도 안전하지 않은 싸움에 뛰어든 적수이자 동맹이었습니다. 실제로 두 자매는 그들의 어머니가 왕의 눈 밖에 나면서 사생아로 낙인찍혔고, 메리는 결국 다섯 명의 서로 다른 양어머니를 거치는 기이한 일을 겪었습니다. 한편 엘리자베스의 어머니는 아버지의 명령에 따라 처형당했습니다. 엘리자베스가 미치지 않았다면 더 이상했을 겁니다. 이들 남매는 서로 종교도 달랐습니다. 성탄절이 되면 정말 어색했을 거예요. 머독Murdoch 가문의 권력 다툼을 다룬 HBO의 스산하게 재미있는 드라마 〈석세션〉이 떠오르네요. 그 드라마에는 머독과 그의 억만장자 자식들만 보이는 게 아닙니다. 튜더 가문 어린이들이 마음의 상처를 입고 호전적인 가장의 그림자에서 빠져나오려 애쓰는 모습도 언뜻 비치죠.

사실 가족 막장 드라마는 튜더 왕조만의 이야기가 아닙니다. 플랜태저넷 왕가도 일족을 들여다보면 막장이 따로 없고, 로마 제국의 율리우스 클라우디우스 왕조도 마찬가지입니다. 그런데 튜더 왕조와 그 일원들은 무언가 순수해서 매력적이라는 식으로 포장되고 있습니다. 선을 조금 넘고 싶은 기분이 들 때면 저는 튜더 왕조가 1990

년대 아이돌 그룹이라고 가정하고 각자 그룹에서 어떤 역할을 맡았을지 상상해 보곤 합니다.

- 헨리 7세: 저평가된 재능. 작곡 담당. 단점은 결혼식장에 참석한 아버님 같은 춤 실력.
- 헨리 8세: 카리스마, 섹시, 치명적. 처방받은 약에 취한 상태로 승무원을 폭행했다가 보석으로 풀려남.
- 에드워드 6세: 아직 수염도 안 난 예쁘장한 얼굴.
- 레이디 제인 그레이: 데뷔 싱글의 흥행 부진으로 레이블에서 퇴출.
- 메리 1세: 노력파, 다소 과함.
- 엘리자베스 1세: 신예 스타, 솔로 데뷔 준비 중. 매니저 통해서만 대화 가능.

사실 이 라인업에서 진정한 스타는 두 명뿐입니다. 하나는 여섯 명의 아내를 둔 것으로 유명한 유해하고 호전적인 폭군 헨리 8세죠. 나머지 하나는 헨리 8세의 딸이자 대담하고 금욕적이고 전략적인 처녀 여왕 엘리자베스 1세입니다. 글로리아나Gloriana로도 불렸던 그녀는 나이가 들어도 아름다움을 잃지 않았죠. 두 사람이 영국인의 상상력을 사로잡은 이유는 분명합니다. 두 사람 모두 수십 년에 걸쳐 집권했고 당대 최고의 예술가들을 고용해 자기 초상을 찍어 냈으며 믿을 만한 친구를 처형했습니다. 또한 복잡한 연애를 했고 종교적으로 도발적인 입장을 취했으며 유럽 열강과 전쟁을 일으켰습니다. 게다가 오늘날에도 관광객이 둘러볼 수 있는 화려한 왕궁을 짓거나 빼앗는 일도 서슴지 않았습니다.

헨리 8세와 엘리자베스 1세는 무모했든 신중했든 간에 위업을 이룩해 영국 역사가 나아갈 방향을 정한 강력한 인물들이었습니다. 일부 역사가들은 본래 가톨릭이던 집단에 극단주의 신학이 남긴 종파 갈등의 흉터가 1500년대 영국에서 일어난 가장 의미심장한 발전이라고 논합니다. 그러나 대중문화에서 튜더 왕조 시대는 사상이 격돌하고 종교적 갈등이 일어났던 시기라기보다 통치자 개인의 변덕과 충동이 도덕적 신념보다 우선시되는 인물 정치가 펼쳐진 거의 세속적인 시대로 그려집니다.

실제로 헨리 8세와 엘리자베스 1세는 동전의 양면으로 묘사됩니다. 헨리 8세가 충동과 욕망, 분노, 반사적 본능에 따라 움직이는 사람이자 고깃덩어리를 뼈째로 잡고 이로 뜯었다는 잘못된 이미지로 유명했다면, 엘리자베스 1세는 처녀성과 자제심, 용서 그리고 조심스럽게 예의주시하는 태도로 유명했습니다. 헨리는 위엄 있는 폭군이었고, 엘리자베스는 아버지가 벌인 난장판을 치우고 할아버지가 신중하게 닦아 놓은 토대 위에 업적을 쌓아 올렸던 금욕주의 성인이었습니다. 물론 이런 평가는 단순한 해석이며 두 사람 모두 이보다 훨씬 복잡한 인물이었습니다. 게다가 두 사람이 남긴 정치 유산은 그렇게 쉽게 축약할 수 없습니다.

개인적으로는 헨리와 엘리자베스 두 사람 대신에 왕조의 창건자였던 헨리 7세Henry VII의 중요성을 강조하고 싶습니다. 그가 유명세는 낮았지만 비범하다고 할 정도로 냉혹하고 잔혹한 통치로 내전에 종지부를 찍었으며 국력이 강하고 재정이 튼튼한 민족국가를 세웠습니다. 공격적인 신흥 권력자였던 헨리 7세는 기진맥진한 칠면조 같던 왕국을 탈취해 황금알을 낳는 거위로 탈바꿈시켰습니다. 헨리 8세가 화려하고 난잡한 드라마의 주인공이 될 수 있었던 이유는 오직 그의 아버지 헨리 7세가 장미 전쟁이라는 위기를 종결하고 군주제의 힘을 기른 분별 있고 단호한 왕이었기 때문이었습니다.

혹시 성난 군중이 들고일어날 수도 있으니 분명히 말해 두겠습니다. 저는 튜더 왕조의 안티팬이 아닙니다. 튜더 왕조는 정말 중요하고, 저도 튜더 왕조가 흥미롭다고 생각합니다. 믿어 주세요. 16세기는 사회, 정치, 문화, 종교, 군사 면에서 엄청난 변화가 일어난 시대였습니다. 인구가 빠르게 증가해 런던이 두 배 규모로 성장했고 해군에 기록적인 자금이 투입됐으며 잉글랜드가 해상 제국을 건설하기 시작했습니다. 아일랜드가 잔혹하게 진압 당했고 가톨릭이 영국 국교회에 자리를 내주었으며 수도원이 약탈당하거나 매각됐습니다. 공용지를 사유지화하는 사례가 늘어났고 화약 기술의 등장으로 기사도의 특권이 무너졌으며 한스 홀바인, 셰익스피어, 에드먼드 스펜서가 문화계에서 꽃을 피웠습니다. 패션계에서는 크면 클수록 좋다는 주문이 쇄도했습니다. 짝짓기 상대에게 깊은 인상을 남기려고 화려한 색을 자랑하는 낙원의 새들처럼 입는 상징적인 스타일이 발달했습니다. 바야흐로 튜더 왕조 시대였습니다.

그렇지만 우리는 튜더 왕조가 쌓아 올린 강력한 이미지에 홀려 있기도 합니다. 튜더 왕조는 교활하게 신화를 만들어 낼 줄 아는 사람들이었고, 이후에도 신화를 지어내 이익을 보았습니다. 사실 튜더 왕조 사람들은 튜더라는 이름이 신분 낮은 웨일스 가문 이름이라며 싫어했습니다. 특히 치를 떨었던 사람은 헨리 8세였습니다. 그는 아버지가 웨일스 지역 정치판의 어느 전투에서 승리하면서 피로 물든 왕관을 찬탈하여 급부상했다고 생각했습니다. 그래서 헨리 8세는 아버지의 피를 물려받은 자식이 아니라 이전의 영웅적이고 정당한 국왕들과 연결된 왕으로 인정받고자 가능한 한 모든 조치를 취했습니다. 당대 영국에 살았던 수백만 명의 사람들도 물론 튜더 왕조라는 말을 쓰지 않았고, 그것이 지금까지도 잘못 사용되고 있습니다.

거물급 인물은 물론 중요하고, 시각 미디어가 발달한 오늘날의 시대에는 더욱더 중요할 겁니다. 그러나 영국인이 뿌리 깊은 튜더 왕조 마니아가 된 데에는 아마 1700년대에 생겨나기 시작해 1900년대까지 이어졌던 〈메리 잉글랜드Merrie England〉 선전 신화도 분명 작용했을 겁니다. 잉글랜드의 정치 예외주의를 상징하는 목가적이고 낭만적인 동화 〈메리 잉글랜드〉는 정정하고 푸근한 시골 사람들이 마을 술집에서 어울리고 통나무집에서 살고 풀밭이 나부끼는 풍경을 감상하고 민스파이mince pie와 어릿광대, 〈헤이 노니 노니hey-nonny nonnies〉와 명랑한 민요를 즐기는 모습과 함께 유럽 각지로 퍼져 나갔습니다.

빅토리아 시대 사람들은 이처럼 국력을 상징하는 꿈결 같은 환상을 즐겁게 받아들이고 숭상했습니다. 현대의 영국 국회의원이면서 여전히 1800년대를 사는 듯한 제이콥 리스모그Jacob Rees-Mogg도 국회에서 한 연설로 미루어 보자면 이 이야기를 좋아했을 것 같네요. 어쨌든, 빅토리아 시대 사람들은 특히 해상 영웅 프랜시스 드레이크와 월터 롤리에게 주목하면서 추도사에서 이들이 파도를 다스리고 대영

제국의 기사도를 선도했던 이들이라고 칭찬했습니다. 나아가 영어라는 새롭고 뚜렷한 언어에 생명을 불어넣어 준 셰익스피어, 에드먼드 스펜서, 필립 시드니와 같은 시문학의 천재들도 숭상했으며, 원주민을 문명화하는 수단으로 영어를 식민 제국 전역에 수출하고자 했습니다. 그 증거는 전형적인 빅토리아 시대 사람이었던 찰스 디킨스가 시대상을 설명한 글에 잘 드러나 있습니다.

이 치세는 영광스러운 시기였으며, 그 시기에 꽃피운 저명한 인물들 덕분에 한층 더 잘 기억될 것이다. 이 시기에 탄생한 위대한 여행가, 정치인, 학자들은 물론이거니와 베이컨과 스펜서, 셰익스피어의 이름은 언제나 문명 세계의 자부심과 공경과 함께 기억될 것이며 언제나 별다른 대의 없이도 자기 이름의 광채를 엘리자베스의 이름에 나누어 줄 것이다. 위대한 이 치세는 탐험과 상업, 잉글랜드의 계획과 정신 전반을 위한 시기였다. 위대한 이 치세는 프로테스탄트 종교와 잉글랜드를 자유롭게 만들었던 종교개혁을 위한 시기였다.

J. A. 프루드J. A. Froude를 비롯한 19세기 역사학자들의 글에서도 이처럼 짜 맞춘 선한 여왕 엘리자베스의 시대상에 가톨릭에 대한 편협한 반감이 스며 있는 모습을 볼 수 있습니다. 지각 있는 프로테스탄트 교도였던 엘리자베스 여왕이 대영제국 외부에서 온 범선을 피하는 한편 왕국 내 가톨릭교도에게 자비를 베풀어 묵인해 주었다는 겁니다. 엘리자베스의 언니였던 여왕 메리 1세는 프로테스탄트 교도들

을 불태워 죽이면서 블러디 메리Bloody Mary라는 별명을 얻었지만, 사실 메리 여왕의 치세보다는 헨리 8세와 엘리자베스 1세 치세에 훨씬 더 많은 피가 흘렀습니다.

메리 여왕의 낮은 평판은 1560년대 존 폭스John Foxe가 프로테스탄트 순교자들에 관한 책을 펴내 상당한 영향력을 얻으면서 시작됐습니다. 이런 평판은 20세기까지 이어졌는데, 이는 특히 지배층이 가톨릭을 끊임없이 헐뜯었기 때문이기도 했습니다. 실제로 1829년에 '가톨릭교도 해방령'이 공표된 이후에야 영국 및 아일랜드 가톨릭교도들은 정치에서 적극적인 역할을 맡을 수 있게 됐습니다. 우연하게도 이와 비슷한 시기에 몇몇 국회의원은 어린 빅토리아 공주가 훗날 왕위에 오른다면 여왕 엘리자베스 2세라는 이름을 써서 순진한 초보 군주를 영광스러운 역사적 인물과 동격으로 끌어올려야 하지 않겠냐고 논의하기도 했습니다. 빅토리아 여왕은 결국 엘리자베스의 이름을 따르지 않았으나, 그래도 오늘날 영국에는 드디어 엘리자베스 2세가 살고 있습니다. 그것도 꽤 오래 살고 계시죠.

요컨대 영국인이 튜더 왕조에 집착하는 이유는 현대 들어 나타난 중독 현상이 아니라 오랜 습성입니다. 게다가 이 집착을 만드는 데 들어간 재료들을 살펴보면 거물급 인물, 간편한 낙인찍기, 가벼운 외국인 혐오 그리고 황금기 전원생활을 꿈꾸는 갈망을 한데 모아 만들었음을 알 수 있습니다. 그러나 소설가와 극작가에게 왜 16세기에 이끌리느냐고 물으면 이렇게 답할 겁니다. 아마 튜더 왕조가 목숨을 건 검투사 경기장처럼 똑똑하고 아름다운 사람들만이 가장 높은 지위에 오를 수 있는 곳이면서도, 변덕스럽고 편협하면서 아버지와 사이가 안 좋은 전제 군주들이 통치하기 때문에 언제든 목덜미에 도끼가 따라 붙는 곳이기 때문이라고 말입니다. 두말할 필요도 없지만 멋진 드라마 소재로 손색이 없습니다. 계속해서 튜더 왕조에 관한 TV 드라마, 영화, 책이 나오는 데는 이유가 있습니다. 다만 저는 많은 사람들이 역사 속 다른 이야기들에도 더 관심을 가지면 좋겠다고 생각합니다.

50

역사 속 인물로 영화 〈오션스 일레븐〉처럼
도둑질을 할 정예 멤버를 뽑는다면
누구를 뽑으시겠어요?

(질문자) 익명

이 질문을 이 책의 대미를 장식할 마지막 질문으로 지금까지 아껴 두었습니다. 후보를 떠올리는 일이 재미있긴 했지만, 너무 많은 후보가 떠오르는 바람에 후보를 추리는 데 심하게 오래 걸렸기 때문입니다. 대부분은 최종 후보 명단에서 탈락했습니다. 예컨대 18세기 절도범 잭 셰퍼드Jack Sheppard는 감옥에서 무려 네 번이나 탈출하면서 유명해졌습니다. 분명 어느 건물에 살금살금 들어가야 할 때 유용했을 인물이지만 머지않아 또 잡힐 게 뻔하다는 것이 단점이었습니다. 경찰을 우리 집 현관까지 데려올 매력적인 바보는 필요 없으니 제외했습니다.

또 폭력적인 사람과 같이 일하고 싶지는 않습니다. 아무리 도둑이라도 마음씨 고운 사람이 좋으니까요. 여기에서 역사상 가장 악명 높은 은행털이범 중 하나인 이오시프 스탈린Иосиф Сталин은 제외했습니다. 무시무시한 폭군으로 거듭나기 훨씬 전인 젊은 시절의 스탈린은 일련의 절도 사건을 기획한 배후 세력의 하나였습니다. 현재 조지아의 트빌리시는 1907년에 티플리스라고 불렸는데, 이곳의 주요 광장에서 벌어진 요란한 강도 사건도 그의 작품이었습니다. 스탈린은 혁명을 꿈꾸는 볼셰비키의 활동에 필요한 자금을 모으기 위해 이 강도질을 도모했습니다. 매우 폭력적인 사건이었죠. 범인들은 폭탄을 사용했고 수많은 이들이 목숨을 잃었습니다. 당국이 지폐의 일련번호를 추적할 수 있었기 때문에 훔친 돈을 사용하지 못하게 됐으니 아무 죄 없는 사람들만 죽인 셈이었습니다. 스탈린은 제가 찾는 따뜻하고 쾌활한 악당이 아니라 괴물 같은 사이코패스였습니다. 스탈린을 끼워 준다면 분명 영화 마지막에서 다른 모든 팀원을 배신할 겁니다. 그러니 제외하겠습니다.

그렇다면 제 가상의 도둑들이 될 역사 속 인물은 누구일까요? 오랜 고민 끝에 선택한 정예 멤버들을 소개합니다.

총책: 무함마드 이븐 암마르

천재 무함마드 이븐 암마르Muhammad Ibn-Ammar는 11세기 세비야의 교양 있는 통치자 압바드 3세 알 무타미드Abbad III al-Mu'tamid의 궁정 참모이자 시인으로 유명했습니다. 중세 모로코의 역사학자 압델와히드 알 마라쿠시Abdelwahid al-Marrakushi에 따르면 이븐 암마르는 눈부신 시인이었고 인상적인 행정가였던 데다 난공불락의 체스 마스터였다고 합니다. 체스라면 무엇보다 침착함과 통찰력을 바탕으로 계획을 세우고 일이 잘못 돌아갈 때 빠르게 새로운 계획으로 넘어갈 수 있는 능력이 필요하지 않을까요? 카지노는 언제든 털릴 것에 대비하는 법인데, 체스 천재라면 정교한 계획을 누구보다 잘 세울 수 있을 겁니다.

실제로 이븐 암마르의 체스 경력은 화려했습니다. 그는 세비야를 침략한 카스티야의 왕 알폰소 6세Alfonso VI를 체스 게임으로 이겨 도시를 구해 냈다고 전해집니다. 이야기에 따르면 그는 손으로 깎아 만든 아름다운 체스판을 사용해 알폰소 6세에게 경기를 제안했다고 합니다. 알폰소가 이기면 그가 체스판을 가져가고, 이븐 암마르가 이기면 알폰소가 어떤 요청이라도 들어주는 게 조건이었습니다. 물론 승리를 거둔 이븐 암마르는 알폰소에게 군대의 전면 퇴각을 요청했습니다. 믿거나 말거나 한 이야기지만 아무렴 어떻습니까. 이븐 암마르는 압박이 심한 상황에서도 냉정함을 유지할 수 있는 똑똑한 전략가 같습니다. 팀에 오신 것을 환영합니다! 계획을 좀 세워 볼까요?

기술자: 소송

카지노의 보안을 뚫으려면 최고 수준의 기계 마니아가 필요합니다. 물론 역사 속에는 니콜라 테슬라, 토머스 에디슨, 이점바드 킹덤 브루넬, 앨런 튜링, 찰스 배비지, 에이다 러브레이스를 비롯한 수많은 과학 천재들이 있습니다. 그중 제가 가장 좋아하는 역사 속 인물이 누구냐고 물으신다면 저는 팬심으로 레오나르도 다빈치라고 대답하겠습니다. 레오나르도는 여러 분야에서 탁월한 기량을 뽐냈으나 마감 기한에 거부 반응을 일으키기로 유명했습니다. 제가 금고 문을 뚫으려고 애쓰고 있을 때 레오나르도 다빈치는 한쪽 구석에서 기계 사자를 만들기 시작할지도 모릅니다.

그러니 레오나르도보다는 미루는 버릇이 덜하면서 그만큼 탁월한 박식가였던 사람을 선택하겠습니다. 바로 11세기 중국의 관료 소송蘇頌이었습니다. 그는 시문학, 의학, 천문학, 수학, 지도 제작술, 미술 이론까지 수많은 분야를 섭렵했으며 무엇보다도 시계 만들기로 유명했습니다. 소송이 만든 수운의상대水運儀象臺는 자동 수차가 시계의 탈진기(회전 속도를 고르게 하는 장치)에 동력을 제공하는 방식으로 움직이는 독창적인 수력 천문시계입니다. 공학적으로 엄청난 성과였던 것은 물론이고, 그 구성이 너무나 정교해서 현대 학자들도 실물 크기 모형을 만드는 데 애를 먹었습니다. 그는 와이파이가 탄생하기 1000여 년 전에 살았던 사람이지만 그래도 그가 카지노 보안 카메라를 쉽게 뚫을 수 있으리라고 생각합니다.

유인: 조세핀 베이커

〈오션스 8〉에서 배우 앤 헤서웨이는 영화 첫머리에 타깃인 슈퍼스타로 등장하지만 결국 도둑들과 합류합니다. 유명세 덕분에 공주의 보석에 가까이 접근할 수 있었기 때문이죠. 저도 이와 비슷한 부류를 선택했지만 사실 제가 선택한 사람이 더 좋습니다. 실제로도 슈퍼스타였던 연예인이자 첩보원이기도 했기 때문입니다. 조세핀 베이커Josephine Baker는 20세기 역사에서 가장 비범한 인물 중 하나입니다. 미주리 출신의 가난하고 어린 아프리카계 미국인 댄서였던 그녀는 훗날 파리의 감각적인 재즈 퀸으로 거듭납니다.

베이커는 아주 유쾌하고 아름다우며 야한 사람이었고, 극장에 갈 때는 다이아몬드로 치장한 치타를 반려동물로 데리고 다녔으며, 춤과 노래에 혁신을 일으킨 공연가였습니다. 이후 나치가 프랑스를 침공했을 때 베이커는 자기 유명세를 이용해 프랑스 레지스탕스의 첩보원으로 활동하면서 검문소 너머로 프랑스군의 메시지를 전달하곤 했습니다. 누가 감히 베이커를 검문했겠습니까? 여기서 끝이 아니었습니다. 훗날 베이커는 미국 시민권 운동의 선두주자로 나섰습니다.

마틴 루서 킹 주니어가 '나에게는 꿈이 있습니다' 연설을 했던 바로 그 운동에서 베이커도 수백만 명에게 인상적인 연설로 용기를 불어넣었습니다. 베이커는 가는 곳마다 사람들의 시선을 빼앗았기 때문에 그 틈을 타 우리 도둑들이 경비원들을 따돌리기에 안성맞춤일 것 같습니다. 합격입니다!

변장의 귀재: 메리 제인 리처즈

완벽한 도둑질을 벌이려면 내부 공모자가 필요합니다. 현장에 잠입해 제 눈과 귀가 되어 줄 사람은 바로 메리 제인 리처즈Mary Jane Richards입니다. 메리 바우저Mary Bowser라는 이름으로 잘못 알려진 이 인물도 능력 있는 흑인 여성이었습니다. 노예로 태어났지만 나중에 해방을 맞아 교육을 받았으며, 미국 남북 전쟁 당시 엘리자베스 반 루Elizabeth Van Lew에게 고용되어 첩보망에서 일했습니다. 리처즈는 연맹의 대통령이었던 제퍼슨 데이비스Jefferson Davis의 집에 위장 취업했으며 최소 한 번 이상 핵심 군사 기밀을 찾기 위해 데이비스의 문서를 뒤졌습니다. 메리 제인 리처즈가 완벽한 기억력을 가지고 있다거나 데이비스의 집을 불태우려고 했다는 등 과장된 이야기가 많지만, 사실 그녀는 자기 할 일을 잘했으며 첩보원 신분이 들통난 적이 한 번도 없었습니다. 저희 팀에 딱이죠?

사기꾼: 조르주 살마나자르

화려한 언변으로 타깃의 사적인 영역에 들어갈 수 있는 사기꾼이 필요하니 조르주 살마나자르George Psalmanazar를 고용하겠습니다. 1703

년에 런던에 도착한 그는 신비의 섬 포모사에서 온 사람 행세를 하고 다녔습니다. 런던 사람들을 속이기 위해 그는 가짜 언어와 달력, 종교, 문화 관습을 만들어 냈으며, 이로 인해 당대의 거의 모든 학식 있는 신사들이 그에게 속아 넘어갔습니다. 그가 쓴 베스트셀러 책에는 상세한 이야기가 담겨 있으며 단어 하나하나가 주옥같습니다. 게다가 듣는 사람이 의심스러워할 때면 살마나자르는 상대가 지쳐 떨어질 때까지 주야장천 이야기를 늘어놓을 수 있었습니다. 결국 모든 게 사기였고 사실 프랑스인이었음이 밝혀진 이후에도 그는 계속해서 존경을 받았습니다. 아무리 곤란한 상황에서도 감언이설로 빠져나올 수 있는 사람이 있다면 그건 아마 조르주 살마나자르일 겁니다.

커뮤니케이션 관리자: 낸시 웨이크

도둑질이 원활하게 진행되려면 사람을 잘 다룰 줄 아는 프로덕션 매니저가 필요하겠죠. 조직에 관련된 전문가로는 낸시 웨이크Nancy Wake보다 탁월한 사람을 떠올릴 수가 없습니다. 뉴질랜드 태생의 정보 장교였던 웨이크는 프랑스 저항군과 영국 특수작전국에서 주요 역할을 맡아 당시 프랑스를 점령한 나치 세력을 몰아내고 연합국 공군을 나라 밖으로 내보내는 데 도움을 주었습니다. 웨이크는 어떤 경우에든 쾌활한 사람이었다고 전해집니다. 재미있고 용맹하고 결단력 있으면서 일이 잘 풀리지 않으면 직접 총을 들기도 했죠. 그녀는 주로 물류와 통신을 담당했지만 생사가 오가는 전투를 계획하고 직접 참전해 필요할 때면 적군 병사를 죽이기도 했습니다. 때로는 길을 지나가기 위해 보초병에게 추파를 던지기도 했다고 합니다. 중요한 메시지를 전하기 위해 런던에서부터 500km 거리를 단 72시간 만에 자전거를 타고 달려왔다는 이야기는 유명합니다. 적군이 그녀를 알아보고 흰쥐라는 별명으로 불렀지만 그녀는 엄청난 기지를 발휘해 나라를 탈출하는 데 성공했습니다. 낸시 웨이크는 최강의 여성이었고, 우리 팀에서도 역할을 톡톡히 해 줄 거라고 믿어 의심치 않습니다.

내부자: 헨리 박스 브라운

저는 도둑질 솜씨가 형편없습니다. 사실 과자 한 봉지 한번 훔쳐 본 적이 없을 정도로 범죄 경력이 빈약하죠. 그렇지만 영화 〈나우 유 씨 미〉를 보고 나니 이야기에 화려함을 더하려면 마술사 한 명은 있어야겠다는 생각이 들었습니다. 가장 먼저 떠오르는 인물은 물론 위대한 해리 후디니Harry Houdini였습니다. 탈출의 귀재인 그는 비범한 힘과 민첩함, 호흡 조절, 집중력을 자랑합니다. 그렇지만 다소 자존심이 강하다고 하니 그보다는 팀에 어울리는 사람이 좋겠습니다. 제2차 세계대전 중 영국군에게 고용된 마술사 재스퍼 마스켈라인Jasper Maskelyne도 있습니다. 재스퍼는 카이로를 사라지게 하고 가짜 군대를 등장시키는 등 거대한 속임수를 써서 나치를 속인 적이 있다고 주장했습니다. 겉으로는 완벽하게 들릴지 모르지만, 현대 학자들은 그가 기회주의자며 그의 말을 대부분 지어낸 이야기라고 봅니다. 너무 비열하죠? 탈락입니다.

이제 헨리 '박스' 브라운Henry 'Box' Brown을 소개하겠습니다. 그는 1815년 버지니아에서 노예로 태어났습니다. 아내와 아이들이 다른

곳으로 팔려 나가자 그는 탈출을 마음먹고 노예제 폐지론자와 접촉
했죠. 헨리는 그들의 도움으로 작은 나무 상자 안에 숨은 채 버지니
아 주를 빠져나왔습니다. 무려 27시간 동안 작은 상자 안에 웅크리
고 있었던 그는 다양한 기차와 마차에 실려 가면서 이리저리 부딪히
고 덜컹거렸으며, 먹을 거라고는 작은 물 한 병과 비스킷 조금뿐이었
습니다. 그러나 결국 그는 안전한 곳까지 가서 자유를 되찾았습니다.
브라운은 노예제 폐지 운동에서 영웅으로 유명해졌으며, 나중에는
관객들 앞에서 자기가 상자 안에 어떻게 숨었는지 시연하며 영국 투
어를 돌기까지 했습니다. 시간이 갈수록 그는 유랑 마술사로 변모했
으며 화려한 속임수와 기법을 배웠습니다. 물론 그가 그럴 의향이 있
고 그의 안전이 보장된다면, 브라운이 들어간 상자를 카지노 금고 안
에 옮겨 놓도록 만든 다음 금고 안쪽에서 먼저 돈을 쓸어 담고 있어
도 좋을 것 같습니다.

금고 따기 전문가: 아멘파누페르

때로는 진짜 범죄자가 필요하기도 합니다. 물건을 훔치는 방법을
알면서 경찰에 대처하는 방법도 아는 사람이면 좋겠죠. 역사 속에는
훌륭한 도둑들이 많았지만, 제가 금고 따기를 맡길 사람은 고대 이
집트의 노동자 아멘파누페르Amenpanufer입니다. 태어난 지 3000년이
나 됐으니 경험은 말할 필요도 없겠죠. 실제로 아멘파누페르는 주기
적으로 무덤을 도굴했습니다. 우리가 그의 행적을 알 수 있는 이유는
그의 자백이 기원전 1108년에 쓴 〈마이어 파피루스〉에 남아 있기 때
문입니다. 그 또한 결국 법망에 걸렸다는 뜻입니다. 그런데 그는 면

담에서 자기가 지금까지 많은 무덤을 도굴했으며, 걸렸을 때는 공무원에게 뇌물을 주고 또 다른 무덤을 도굴했다고 주장했습니다. 환영합니다!

운전기사: 가이우스 아풀레이우스 디오클레스

일이 꼬이거나 빠르게 탈출해야 할 때를 대비해 빠르고 공격적이며 온갖 장애물을 피해 달릴 수 있는 사람이 필요합니다. 가이우스 아풀레이우스 디오클레스Gaius Appuleius Diocles는 고대 로마의 유명한 전차 몰기 선수였습니다. 그가 획득한 대회 상금을 모두 합해 오늘날의 금액으로 환산하면 역대 가장 부유한 스포츠 스타로 꼽힐 만큼 기량이 뛰어났죠. 우승자의 자리를 1462번이나 지켜 낸 그는 운전을 잘했을 뿐 아니라 위험천만하기로 유명한 전차 경기에서 목숨을 부지하는 능력도 탁월했습니다. 그는 놀랍게도 총 4257회 경주 끝에 은퇴했는데, 그때쯤 다른 선수들은 대부분 이미 사고로 세상을 떠난 지 오래였습니다. 디오클레스는 천재였거나 운이 정말 좋았던 겁니다. 어느 쪽이든 제 자동차 열쇠를 맡겨도 좋겠습니다.

여기까지 제가 꼽은 팀원들을 모두 살펴보셨습니다. 그러니 이제 도둑질에 나서 볼까요? 이오시프 스탈린만 부르지 말아 주세요, 제발.

책을 쓴다는 건 어려운 일이고, 끔찍한 팬데믹 한가운데에서 글을 쓰는 건 더 어려웠습니다. 어느 순간부터 우리는 백신이 나오고 사랑하는 사람들이 코로나19에 걸려 고생하지 않기만을 바라며 신문 1면과 정부의 브리핑을 걱정스럽게 챙겨 보기 시작했습니다. 슬프게도 이미 너무나 많은 소중한 생명이 이 세상을 떠났고, SNS에는 제가 수년간 이야기를 나누며 지내 온 사람들이 소중한 사람을 잃었다는 가슴 아픈 소식으로 가득했습니다. 슬픔과 두려움으로 기진맥진했던 한 해였고, 그 와중에도 즐겁고 재미있는 이야기를 쓸 생각을 하니 늘 쉽지만은 않았습니다.

팬데믹이 찾아오면서 제 업무량도 예상치 못하게 두 배로 많아졌습니다. 하룻밤 사이에 일정이 두 배로 늘어났죠. 갑자기 두 권의 책을 쓰는 동시에 세 가지 팟캐스트 시리즈를 진행해야 했으며, 한편으로는 자라나는 앞니 때문에 종일 괴로워하는 갓난아기를 돌봐야 했습니다. 우리 부부가 제대로 잠을 잔 게 언제인지 모르겠습니다.

이런 이유로 제 놀라운 아내 케이트에게 가장 고맙다고 말하고 싶습니다. 아내는 초인적인 참을성과 침착함을 발휘하고 저와 우리 예쁜 딸을 세심하게 보살펴 주면서 자기 일까지 멋지게 해냈죠. 덕분에 저는 하루에 14시간씩 일하며 산더미처럼 쌓인 일을 처리할 수 있었습니다. 아내에게 이처럼 사랑과 지원을 받을 수 있다니 저는 정말 운 좋은 사람입니다.

제 친구이자 동료인 헨리 워드에게도 정말 고맙다는 말을 전합니다. 지난 수 년간 TV 프로그램 〈끔찍한 역사〉에서 함께 일해 온 워드는 집요한 역사 연구가인 동시에 열정과 긍정적인 에너지가 끝없이 샘솟는 사람입니다. 처음부터 우리가 같이 일할 생각은 없었고 이 책도 2023년에나 마무리될 장기 프로젝트였지만, 아시다시피 코로나19가 찾아오면서 역사가 새로 쓰이게 됐네요.

오랜 시간 저 때문에 고통 받아 온 탁월한 대리인 도널드 윈체스터에게도 진심으로 감사드립니다. 너무나 긴 전화 통화와 이메일 폭격을 받아 내면서도 한 번도 닥치라는 소리가 없었으니까요. 그렇지만 닥치라고 해도 괜찮으니 필요할 땐 하세요. 바인펠트 앤드 니콜슨의 편집자 매디 프라이스에게도 큰 빚을 졌습니다. 프라이스는 제가 비슷한 아이디어를 팟캐스트로 계획하고 있었다는 점을 모른 채 저와 점심 식사를 같이하며 책에 대한 아이디어를 제시했죠. 저는 과연 이 아이디어가 잘 풀릴지 약간의 의구심이 있었습니다만 결국 여기까지 왔네요. 정말 감사드립니다.

저는 앞서 말한 것처럼 이 책의 집필 기한을 2023년까지 연장해 달라고 했고, 너무 피곤해서 최소 2년간은 책을 쓰고 싶지 않다고 빌었는데요. 이렇게 무리한 부탁을 했을 때도 매디는 늘 제 편이 되어 주었습니다. 그렇지만 두 달 뒤 제가 먼저 전화를 걸어 지금 바로 진행해도 되겠냐며 말을 바꾸었죠. 제가 좀 골칫거리입니다. 매디는 친절하고 응원을 아끼지 않으며 통찰력이 넘치고 신뢰할 수 있는 편집자로, 그녀의 마법 같은 빨간펜은 제 두서없는 이야기를 다듬는 데 가장 큰 도움이 됐습니다.

제 전작 《유명 인사》에서처럼 제가 미처 발견하지 못한 오탈자와 비문, 문법적 오류를 바로잡아 준 조 위트퍼드와 로레인 제럼에게 다시 한 번 감사 인사를 드립니다. 9만 5000단어짜리 글을 그토록 샅샅이 살펴보려면 엄청난 집중력이 필요할 텐데, 고맙게도 많은 오류를 잡아 주었습니다.

또한 누구나 마음이 빼앗길 수밖에 없는 멋진 영국어판 표지를 만들어 준 데 대해 레오 니콜스에게도 감사하다는 인사를 전합니다. 색감뿐 아니라 거대한 설치류가 특히 마음에 듭니다. 구매욕을 한껏 자극하는 아름다운 표지이니 미션 성공입니다. 감사합니다!

책을 쓴다는 건 오직 외톨이 작가만 해낼 수 있는 거대한 작업처럼 보이기도 합니다. 책 표지에는 한 사람의 이름만 올라가기 때문입니다. 그렇지만 책은 언제나 수많은 협력이 한데 모여 탄생합니다. 책 한 권을 출판하려면 얼마나 많은 사람과 얼마나 많은 작업이 필요한지 모를 겁니다. 참여해 주신 모든 분께 감사 인사를 드립니다.

아마 상상하실 수 있으시겠지만, 이 책처럼 폭넓은 주제를 다루는 책은 내용의 사실을 검증하기가 다소 까다롭습니다. 그러니 이 자리를 빌려 팬데믹이 한창인 와중에도 귀중한 시간을 내어 제 원고를 읽고 오류를 고치거나 논의를 개선할 수 있도록 방법을 알려 주신 친절한 역사학자 여러분께 진심으로 감사 인사를 드립니다. 특별한 순서 없이 나열하자면 피터 프랭코판 교수, 수재너 립스콤 교수, 티네케 다에셀리어 박사, 캠벨 프라이스 박사, 세라 본드 교수, 르웰린 모건 교수, 셉 포크 박사, 자니나 라미레스 박사, 자이프리트 버디 박사, 애니 그레이 박사, 펀 리델 박사, 조너선 헤일리 박사, 무디 알 라시드 박사, 데이비드 비버스 박사, 엘리너 제네가 박사, 캐서린 플레처 교수, 린지 피츠해리스 교수, 올리비아 와이어트, 아루니마 다타 교수, 캐롤라인 도즈 페녹 박사께 다시 한 번 감사드립니다.

특히 석기 시대의 석기와 〈고인돌 가족 플린스톤〉에 관한 질문을 도와준 리베카 랙 사익스 박사 그리고 이 책에서 가장 어려운 질문이었던 아프리카 국경의 역사적 기원에 관해 큰 도움을 준 엠마 헌터 교수께 특별히 감사드립니다. 뒤늦게야 알았지만 이 질문은 사실 제 대리인인 도널드가 보낸 질문이었습니다. 저한테 이메일을 너무 많이 받은 나머지 달콤한 복수가 하고 싶었나 보군요…. 그래도 정말 감동입니다. 고맙습니다!

질문을 보내 주신 여러분께 모두 감사드립니다. 제가 받은 수백 가지 질문 중 책에 실릴 질문을 고르는 데 정말 오랜 시간이 걸렸습니다. 여러분의 질문이 여기에 없더라도 너무 서운해하지 않기를 바랍니다. 여러분이 어떤 점을 궁금해하는지 알아보는 일은 언제나 즐겁습니다. 여러분도 제 대답으로 궁금한 부분이 어느 정도 해결됐으면 좋겠습니다.

　마지막으로 시간을 내어 이 책을 읽어 주신 독자 여러분께 감사드
립니다. 제가 책을 쓰면서 재미있고 흥미진진했던 만큼 여러분도 읽
으면서 재미있고 흥미진진했기를 바랍니다. 더 많은 이야기를 알고
싶다면 제 전작이나 제가 진행하는 BBC 팟캐스트를 참고해 주세요.
또한 추천 도서 목록에서 다음 책을 골라 또 다른 역사 속으로 여행을
떠나 보는 것도 좋을 듯합니다. 역사가 놀라운 이유는 아무리 보고 또
봐도 더 볼 게 남아 있다는 것입니다. 다시 만날 때까지 안녕히!

여러분의 행복을 빌며
그레그 제너
2021년 4월

이 책을 재미있게 읽고 관련 주제를 자세히 알아보고 싶다면 읽어 볼 만한 책을 몇 가지 추천해 드립니다. 구하기도 쉽고 읽기도 쉬운 책들 위주로 선별했으나, 종종 학술지에 게재된 논문이나 박사학위 논문 외에 참고할 만한 자료가 없는 경우도 있었습니다. 재미있게 읽으시기 바랍니다!

1장. 진실 혹은 거짓

1. 지금까지 살았던 모든 사람 중에서 가장 부자는 누구인가요? 어떻게 그렇게 큰 부자가 됐나요?

    John Kampfner, *The Rich: From Slaves to Super-Yachts: A 2,000-Year History* (현대 집권층origarch의 이야기를 전반적으로 훑어보고 이들이 역사 속 가장 부유했던 사람들과 어떻게 비교되는지를 다룬 풍자적인 취재성 글에 가깝지만, 재미있는 이야기도 담겨 있습니다)

멘사 무사에 관한 현대의 전기는 다소 선정적이고 이미 사실무근으로 밝혀진 신화를 되풀이하고 있으므로, 그 대신 매우 읽기 좋은 다음의 책을 추천합니다.

François-Xavier Fauvelle, *The Golden Rhinoceros: Histories of the African Middle Ages*

Greg Steinmetz, *The Richest Man Who Ever Lived: The Life and Times of Jacob Fugger*

Philip Beresford and William D. Rubinstein, *The Richest of the Rich: The Wealthiest 250 People in Britain since 1066* (다소 오래된 목록이긴 하지만 역사교수와 〈선데이 타임스〉 부자 목록 편집자가 작성했다는 데 의미가 있습니다)

2. 죽은 교황을 재판에 세웠다는 게 사실인가요?
    John Julius Norwich, *The Popes: A History* Chris Wickham, *Medieval Rome: Stability and Crisis of a City, 900-1150* (다소 학구적인 글입니다.)

3. 앤 불린은 정말 유두가 세 개였나요? 역사 선생님은 이런 이유로 앤 불린이 재판에서 마녀 선고를 받았다는데요.
    Stephanie Russo, *The Afterlife of Anne Boleyn: Representations of Anne Boleyn in Fiction and on the Screen*
    Susan Bordo, *The Creation of Anne Boleyn: In Search of the Tudors' Most Notorious Queen*

4. '아틀란티스의 존재는 외계인이 있다는 증거다.'라는 말은 진짜일까요?
    Ronald H. Fritze, *Invented Knowledge: False History, Fake Science and Pseudo-religions*
    Stephen P. Kershaw, *A Brief History of Atlantis: Plato's Ideal State*

5. 최초의 유머집은 언제 나왔나요? 그중 재미있는 유머도 있었나요?

   Mary Beard, *Laughter in Ancient Rome: On Joking, Tickling, and Cracking Up*

   Jim Holt, *Stop Me If You've Heard This: A History and Philosophy of Jokes*

6. 최초의 월요일은 언제였나요?

   Eviatar Zerubavel, *The Seven Day Circle: The History and Meaning of the Week* (학술서이지만 재미있습니다)

7. 윈드러시 세대가 영국에 처음 도착했을 때 마주한 상황은 어땠나요?

   David Olusoga, *Black and British: A Forgotten History*

   Peter Fryer, *Staying Power: The History of Black People in Britain* Amelia Gentleman, *The Windrush Betrayal*

8. 생일은 언제부터 축하하거나 기념하는 날이 됐나요?

   Katheryn Argentsinger, 'Birthday Rituals: Friends and Patrons in Roman Poetry and Cult', in *Classical Antiquity*, October 1992, Vol. 11, No. 2 (이 글은 정통 학술서입니다)

3장. 건강과 의학

9. 20세기 이전의 여성들은 생리할 때 어떻게 했나요?

   Elissa Stein and Susan Kim, *Flow: The Cultural Story of Menstruation*

   Sara Read, *Menstruation and the Female Body in Early Modern England* (고가의 학술서이지만 정말 재미있습니다)

헬렌 킹Helen King 교수의 저서에는 고대 의학 및 여성 의학에 관한 수많은 흥미로운 연구가 담겨 있습니다. 학술서는 구하기 어렵지만, 헬렌 킹 교수는 정기적으로 블로그에 기고하고 방송에 출연하고 있습니다.

10. 고초열(꽃가루 알레르기)은 옛날에도 알레르기였나요? 아니면 현대인들이 도시에 살면서 생긴 병인가요?

Mark Jackson, *Allergy: The History of a Modern Malady*

11. 유럽인들은 정말로 미라를 땅에서 파내어 먹었나요?

Richard Sugg, *Mummies, Cannibals and Vampires: The History of Corpse Medicine from the Renaissance to the Victorians*

12. 세상에서 가장 이상하고 겉보기에 전혀 신뢰할 수 없는 과거의 치료법 가운데 실제로 의학적 효과가 있는 방법은 무엇인가요?

Charles G. Gross, *A Hole in the Head: More Tales in the History of Neuroscience*

Harold Ellis, *A Brief History of Surgery*

13. 현대를 제외한다면 역사 속 어떤 시대가 좀비 바이러스에 가장 잘 대처할 수 있었을까요?

Neil Price, *The Children of Ash and Elm: A History of the Vikings*

4장. 음식과 문화

14. 최초의 채식주의자는 누구였나요?

Colin Spencer, *Vegetarianism: A History*

15. 카레는 만들어진 지 얼마나 됐나요?

Lizzie Collingham, *Curry: A Tale of Cooks and Conquerors*

Yasmin Alibhai-Brown, *Exotic England: The Making of a Curious Nation*

Arunima Datta, 'Curry Tales of the Empire', *Journal of Victorian Culture*

16. 요리는 어떻게 발달했나요? 어쩌다가 빵이나 치즈를 만들었고, 왜 달걀흰자를 분리해 되직해질 때까지 휘저었나요? 그러니까 누가 머랭을 처음 만들었고, 왜 만들었나요?

Alan Davidson, *The Oxford Companion to Food*

17. 인류는 빵 만드는 방법을 어떻게 발견했나요?

William Rubel, *Bread: A Global History*

5장. 역사 편찬

18. 저는 동물학자이고 공룡을 정말 좋아합니다. 그런데 공룡은 선사 시대 생물이잖아요. 그렇다면 역사는 언제 시작됐나요?

Chris Gosden, *Prehistory: A Very Short Introduction*

E. H. Carr, *What Is History?* (진정한 고전이지만 어조는 다소 건조합니다)

Helen Carr and Suzannah Lipscomb(eds), *What Is History, Now?* (저명한 대중 역사가 다수의 심도 있는 논문을 실은 신간입니다)

19. 시대 이름은 누가 정하나요? 영국에는 과거에도 엘리자베스 시대가 있었는데, 미래 역사학자들은 지금 시대를 뭐라고 부를까요?

Helen Carr and Suzannah Lipscomb(eds), *What Is History, Now?*

Jacques Le Goff, *Must We Divide History into Periods?*

20. 존재했으나 현존하지 않는 문헌 중 역사상 가장 위대한 문헌은 어떤 것인가요?
    Stuart Kelly, *The Book of Lost Books: An Incomplete History of All the Great Books You Will Never Read*

21. 작가님이 가장 좋아하는 '역사 속 만약'은 무엇인가요?
    Mark Millar, *Superman: Red Son* (슈퍼맨이 미국이 아니라 소련에 떨어졌다면 어떻게 됐을지를 그린 고전 만화책입니다)
    Catherine Gallagher, *Telling It Like It Wasn't: Counterfactual Imagination in History and Fiction*
    Richard J. Evans, *Altered Pasts: Counterfactuals in History* (읽기는 쉽지 않으나 힘 있는 사상을 품은 저자가 쓴 책입니다)

6장. 동물과 자연

22. 악마는 왜 염소의 모습인가요?
    Robert Muchembled, *A History of the Devil: From the Middle Ages to the Present*

23. 햄스터는 언제부터, 어떤 연유로 반려동물이 됐나요?
    Michael R. Murphy, 'History of the Syrian Golden Hamster', in H. I. Siegel (ed.), *The Hamster: Reproduction and Behavior*

24. 헨리 8세 재위 당시 런던에서는 말 대소변이 하루에 얼마나 많이 나왔고, 이를 모두 어떻게 처리했나요?
    Peter Edwards, *The Horse Trade of Tudor and Stuart England*
    Leona J. Skelton, *Sanitation in Urban Britain, 1560-1700*
    Hannah Velten, *Beastly London: A History of Animals in the City*

25. 언제, 어디서, 누가 처음으로 씨앗을 봉지로 팔았나요? 씨앗을 팔기 전에는 무엇을 사용했나요?

Roderick Floud, *An Economic History of the English Garden*

Peter Frankopan, *The Silk Roads*

Amy Bess Williams Miller, *Shaker Herbs: A History and a Compendium*

Thomas J. Mickey, *America's Romance with the English Garden*

Malcolm Thick, 'Garden seeds in England before the late eighteenth century - II, The Trade in Seeds to 1760', Agricultural History Review, Vol. 38, No. 2 (1990)

26. 역사 속에서 중요했던 나무나 웃긴 일화를 남긴 나무가 있나요?

Simon Wills, *A History of Trees*

Jonathan Drori, *Around the World in 80 Trees*

7장. 패션과 미용

27. 아름다움의 기준 중 가장 이상했던 기준은 무엇이고, 그런 기준이 생긴 이유는 무엇인가요?

Gretchen E. Henderson, *Ugliness: A Cultural History*

Umberto Eco, *On Beauty: A History of a Western Idea* (20세기 최고의 지성인 저자가 쓴 이 책은 읽기 쉽지 않지만 그만큼 매력적입니다)

Rebecca M. Herzig, *Plucked: A History of Hair Removal*

28. 고대 그리스 조각상들은 왜 성기가 작은가요?

David M. Friedman, *A Mind of its Own: A Cultural History of the Penis*

Paul Chrystal, *In Bed with the Ancient Greeks*

29. 하이힐은 언제부터 유행했고, 왜 주로 여성들이 신게 됐나요?

Elizabeth Semmelhack, *Shoes: The Meaning of Style*

30. 가장 위험하거나 치명적이었던 미용 관리법은 무엇이었나요?

Sarah Jane Downing, *Beauty and Cosmetics - 1550 to 1950*

Elizabeth Haiken, *Venus Envy: A History of Cosmetic*

Surgery Sander L. Gilman, *Making the Body Beautiful: A Cultural History of Aesthetic Surgery*

8장. 사상과 기술

31. 누가 수학을 발명했나요?

John Stillwell, *Mathematics and Its History: A Concise Edition*

Eleanor Robson and Jacqueline Stedall(eds), *The Oxford Handbook of the History of Mathematics* (상당히 학술적인 내용입니다)

훌륭한 웹사이트도 추천합니다. https://mathshistory.st-andrews.ac.uk/ 수학을 잘 모르는 사람들의 흥미를 돋우는 데 탁월한 솜씨가 있는 알렉스 벨로스Alex Bellos의 책도 추천합니다

32. 거울은 언제 발명됐고, 그전까지 사람들은 자기 모습을 어떻게 확인했나요?

Mark Pendergrast, *Mirror Mirror: A History of the Human Love Affair with Reflection*

Sabine Melchior-Bonnet, *The Mirror: A History*

33. 달이나 다른 행성으로 가야겠다는 생각은 누가 가장 먼저 했나요? 구체적인 계획도 있었나요?

Barbara J. Shapiro, *John Wilkins, 1614-72* (중고로 구할 수밖에 없는 오래된 책이

지만 존 윌킨스의 사상이 잘 담겨 있습니다)

John Wilkins, *A discourse concerning a new world & another planet in 2 bookes* (온라인에서 읽을 수 있습니다)

34. 최초의 석기는 단순한 돌멩이와 어떻게 구분하나요?

John C. Whittaker, *Flintknapping: Making and Understanding Stone Tools*

9장. 민족과 제국

35. 중국은 거대하잖아요. 황제가 죽거나 새로운 법이 통과되면 중국 전역에 소식이 알려지기까지 얼마나 걸렸나요?

Mark Edward Lewis and Timothy Brook, *China's Cosmopolitan Empire (History of Imperial China): The Tang Dynasty*

Timothy Brook, 'Communications and Commerce', in Denis C. Twitchett and Frederick W. Mote (eds), *The Cambridge History of China, Vol. 8: The Ming Dynasty, Part 2: 1368-1644*

36. 칭기즈칸은 정말 가는 데마다 나무를 심었나요?

Peter Frankopan, *The Silk Roads*

John Man, *The Mongol Empire: Genghis Khan, His Heirs and the Founding of Modern China*

37. 이탈리아는 왜 이탈리아라고 불리나요?

Vincent Cronin, *Italy: A History*

Charles L. Killinger, *The History of Italy*

David Gilmour, *The Pursuit of Italy: A History of a Land, its Regions and their Peoples*

David Abulafia (editor), *Italy in the Central Middle Ages*

38. 오늘날 아프리카 국가들의 국경은 어떻게 만들어졌나요?

Paul Nugent, *Boundaries, Communities and State-Making in West Africa* (방대한 학술서이지만 가장 최신 연구들이 담겨 있습니다)

Steven Press, *Rogue Empires: Contracts and Conmen in Europe's Scramble for Africa* (유럽의 원전과 시각에 다소 지나치게 의존하는 경향이 있으나 그래도 읽어 볼 만합니다)

카미유 르페브르와 앤서니 아시와주의 논문도 추천합니다.

10장. 전쟁과 전투

39. 아샨티족은 왜 황금 의자를 가지고 있었나요?

M. D. McLeod, *The Asante* (절판되고 오래된 책이지만 읽어 볼 만합니다)

제가 진행하는 BBC 팟캐스트 〈넌 나한테 죽었어〉에도 박물관 큐레이터이자 미술사학자인 거스 케슬리 헤이퍼드Gus Casely-Hayford 박사와 가나계 영국인 코미디언 소피 듀커Sophie Duker가 출연해 아샨티에 관한 내용을 다룬 회차가 있습니다.

아샨티 의자의 아름다운 모습은 주요 박물관 온라인 홈페이지에서 볼 수 있습니다.

40. 바이외 태피스트리에는 성기, 특히 말 성기가 왜 그렇게 많이 그려져 있나요? 자수를 놓은 사람들이 여자였다면 엄청 민망했을 것 같아요.

David Musgrove and Michael Lewis, *The Story of the Bayeux Tapestry: Unravelling the Norman Conquest*

Carola Hicks, *The Bayeux Tapestry: The Life Story of a Masterpiece*

41. 대중에게 잘 알려진 전투 중에서 가장 유명하면서도 영향력이 적었던 전투

는 무엇인가요?

Anne Curry, *Agincourt: A New History*

Juliet Barker, *Agincourt: The King, the Campaign, the Battle*

Stephen Cooper, *Agincourt, Myth and Reality 1415-2015*

42. 어릴 때부터 궁금했지만 한 번도 만족스러운 대답을 들어 본 적이 없는 질문이 있습니다. 갑옷으로 완전무장한 기사들은 화장실 갈 때 어떻게 했나요?

Christopher Gravett and Chris McNab, The Medieval Knight (아이들이 읽기에도 좋습니다)

Donald Larocca, *How to Read European Armor* (Metropolitan Museum of Art) (미술사학자가 들려주는 갑옷 발달사입니다)

11장. 언어와 의사소통

43. 영국에서 수화는 언제 처음 사용하기 시작했고, 보청기는 언제 처음 만들어졌나요?

Gerald Shea, *The Language of Light: A History of Silent Voices*

Jaipreet Virdi, *Medicalizing Deafness: Aural Surgery in Victorian Britain*

Katie Booth, *The Invention of Miracles: Language, Power, and Alexander Graham Bell's Quest to End Deafness*

Marc Marschark and Patricia Elizabeth Spencer (eds), *The Oxford Handbook of Deaf Studies, Language, and Education*

44. 여러 대륙의 제국들은 서로 어떻게 소통했나요? 통번역사가 있었나요?

Frances Karttunen, *Between Worlds: Interpreters, Guides, and Survivors*

Ruth Rowland, *Interpreters as Diplomats: A Diplomatic History of the Role of Interpreters in World Politics*

Lucas Christopoulos, 'Hellenes and Romans in Ancient China', *Sino-Platonic Papers*, No. 230, August 2012, p.44

Rachel Mairs, 'Translator, Traditor: The Interpreter as Traitor in Classical Tradition', *Greece and Rome*, Vol. 58, No. 1 (2011)

Kayoko Takeda and Jesus Baigorri-Jalón (eds), *New Insights in the History of Interpreting*

45. 지명은 왜 언어마다 다른가요? 예를 들어 런던은 프랑스어로 '롱드르Londres'이고, 뮌헨은 영어로 뮤니크Munich잖아요. 지명에 관한 공식 체계가 있나요?

John Everett-Heath, *Place Names of the World: Historical Context, Meanings and Changes*

Adrian Room, *Placenames of the World: Origins and Meanings of the Names for 6,600 Countries, Cities, Territories, Natural Features, and Historic Sites*

46. 과거에 사람들이 어떤 억양으로 어떻게 말했는지 알 방법이 있나요?

Melvyn Bragg, *The Adventure of English: The Biography of a Language*

David Crystal, *The Oxford Dictionary of Original Shakespearean Pronunciation*

Joshua C. Kendall, *The Forgotten Founding Father: Noah Webster's Obsession and the Creation of an American Culture*

W. Sidney Allen, *Vox Latina 2nd edn: A Guide to the Pronunciation of Classical Latin*

47. 가장 고증이 잘된 역사 영화는 무엇인가요? 영화 속에서 역사적으로 잘못된 점이 보이면 짜증이 나시나요?

Alex von Tunzelmann, *Reel History: The World According to the Movies*

48. 〈고인돌 가족 플린스톤〉에서 석기 시대를 올바르게 재현한 부분이 있나요?

Rebecca Wragg Sykes, *Kindred: Neanderthal Life, Love, Death and Art*

Roland Ennos, *The Wood Age: How One Material Shaped the Whole of Human History*

Francis Pryor, *Scenes from Prehistoric Life: From the Ice Age to the Coming of the Romans: One Million Years of Life in the British Isles*

49. 영국인들은 왜 이렇게 튜더 왕조에 열광하나요?

Cliff Davies, 'Is Tudor England a Myth?', University of Oxford: https://www.ox.ac.uk/news/2012-05-29-tudor-england-myth

Basil Glynn, 'The Tudors', in Mandy Merck (ed.), *The British Monarchy on Screen*

50. 역사 속 인물로 영화 〈오션스 일레븐〉처럼 도둑질을 할 정예 멤버를 뽑는다면 누구를 뽑으시겠어요?

Henry 'Box' Brown, *Narrative of the Life of Henry Box Brown*

Simon Sebag Montefi ore, *Young Stalin*

Maria Rosa Menocal, *The Ornament of the World: How Muslims, Jews and Christians Created a Culture of Tolerance in Medieval Spain*

Joseph Needham, *Heavenly Clockwork: The Great Astronomical Clocks of Medieval China* (재판된 옛 책으로 내용이 다소 오래됐으나 매력적인 기술 정보가 가득합니다)

Bennetta Jules-Rosette, *Josephine Baker in Art and Life: The Icon and the Image* (비범한 이 여성을 다룬 책은 셀 수 없이 많지만 하나같이 믿을 수 없는 이야기들입니다. 이 책은 그녀의 삶과 그녀가 자기 자신을 어떻게 그렸는지를 분석한 책으로 더 훌륭한 내용을 담고 있습니다)

소설가 루아 르빈Lois Leveen이 메리 제인 리처즈(메리 바우저)를 다룬 논문은 다음에서 볼 수 있습니다. https://lareviewofbooks.org/article/the-vanishing-black-woman-spy-reappears/

Michael Keevak, *The Pretended Asian: George Psalmanazar's Eighteenth-century Formosan Hoax*

Russell Braddon, *Nancy Wake: World War Two's Most Rebellious Spy*

경이로운 역사 콘서트

초판 1쇄 발행 2022년 10월 26일

지은이 그레그 제너
옮긴이 서종민
펴낸이 고영성

책임편집 윤충희　**디자인** 강지은　**저작권** 주민숙

펴낸곳 주식회사 상상스퀘어
출판등록 2021년 4월 29일 제2021-000079호
주소 경기도 성남시 분당구 성남대로 52, 그랜드프라자 604호
전화 070-8666-3322
팩스 02-6499-3031
이메일 publication@sangsangsquare.com
홈페이지 www.sangsangsquare.com

ISBN 979-11-92389-03-5　03900

• 이 책은 저작권법에 따라 보호를 받는 저작물이므로 무단 전재와 복제를 금지하며,
　이 책 내용의 전부 또는 일부를 사용하려면 반드시 저작권자와 상상스퀘어의 서면 동의를 받아야 합니다.
• 파손된 책은 구입하신 서점에서 교환해 드리며 책값은 뒤표지에 있습니다..